주제별로 보는 **선교적 해석학**

주제별로 보는 **선교적 해석학**

—

지은이 강아람
펴낸곳 도서출판 케노시스

등 록 제2011-24호(2011. 5. 23)
전 화 02) 453-2208, 450-5435-6
팩 스 02) 2201-6953
주 소 서울시 광진구 광장로 5길 25-1

인 쇄 2018년 12월 18일
발 행 2018년 12월 21일

ISBN 979-11-85698-21-2 (93230)

값 16,000원 (*파본은 바꿔드립니다)

주.제.별.로.보.는

선교적 해석학

강아람 지음

도서출판 케노시스

저자 서문

『주제별로 보는 선교적 해석학』이라는 제하에 두 번째 단행본을 출간하게 되었다. 이 중 몇 편의 글은 필자의 첫번째 단행본인『선교와 해석학』에 실린 글들이지만, 차제에 주제별로 엮으면서 다시 수록하게 되었다. 또 한편 첫 단행본의 인쇄부수가 적어서 더러 찾는 분들이 있었으나 재고가 없어 드리지 못하였으므로 재수록을 결정하게 되었다. "선교적 해석학"(missional hermeneutics)은 성경 전체를 신구약을 관통하는 하나님의 선교라는 큰 주제(meta-narrative)의 빛 아래서 조망하는 것이다. 따라서 본 책에 포함된 다양한 주제들에 대한 선교적 해석학 연구는, 신구약 성경 전체를 통해 어떻게 그 주제들이 관통되고 있는지를 살펴보는 연구라고 할 수 있다.

수록된 주제들을 하나씩 간단히 소개하면 다음과 같다. 1장은 '언약'(covenant) 개념으로 보는 선교적 해석학 연구다. 언약 개념을 통해 성경 전체가 하나님의 선교라는 하나의 큰 거대담론(meta-narrative)으로—다양한 미시적 이야기들을 포함하고 있지만—구성되어있다는 주장을 펼친다. 이는 '정경 속의 정경'을 만들어 선교본문을 선택적으로 사용하던 방식을 지양하는 것이다. 2장에서는 선교와 윤리(성도의 삶의 질)의 관계를 존재론적 선교개념으로 조명하는데, 특히 3차 로잔대회 문서인 케이프타운 서약을 작성한 크리스토퍼 라이트(Christopher H. Wright)의 선교적 해석학을 소개한다. 3장은 선교적 교회론의 근간을 지탱하는 선교적 해석학의 지표가 될 만한 4가지 초점을 GOCN(Gospel and Our Culture Network)의 연구를 빌려서 정리한다. 이

글은 우리나라에서 한참 부상하고 있는 선교적 교회론을 지지해줄 한국적 선교적 해석학의 출현을 기대하면서 쓴 글이다.[1)]

4장에서는 예수의 선포의 주제이자 전체성경의 주제인 하나님나라 신학을 통해서, 궁극적으로 하나님께 속한 선교의 메시지는 성경적 계시 전체에서 끌어내야한다고 주장한다. 에반젤리칼 선교와 에큐메니칼 선교의 첨예한 대립양상도, 한국교회 병폐인 번영신학과 교회성장주의도 균형잡힌 하나님나라 신학으로 치유될 수 있다. 하나님나라 사상이 집약된 '희년'(Jubilee) 주제로 볼 때 성서는 협소한 선교개념을 지지하지 않는다. 5장은 한국적 상황에서 나온 질문에서 출발하여, 신구약성경 전체에 일관되게 나타나는 통전적인 하나님의 선교를 출애굽 구속모델로써 보여준다. 하나님의 본성에서 나오는 하나님의 선교는 성경의 일부에서 발췌되어서는 안 되며 성경 전체를 선교적으로 조망하는 '선교적 해석학'으로 다루어야 한다. 성경을 그렇게 읽을 때 총체적/통전적 선교의 성경적인 전망을 포착할 수 있다.[2)]

1) 1-3장은 순서대로 『선교신학』 제33집, vol Ⅱ (2013): 11-45; 『선교신학』 제34집, vol Ⅲ (2013): 11-46; 『선교신학』 제36집 (2014): 11-45에 게재된 것이다.

2) 4장은 하나님나라연구소(김희성 명예교수)의 지원을 받아(2015) 진행된 미간행연구물이며, 5장은 임희모 교수 정년퇴임 기념논문집인 『생명봉사적 통전선교의 이해와 전망』, 임희모 교수 정년퇴임 준비위원회 편 (서울: 도서출판 케노시스, 2015), 33-65에 같은 제목으로 실린 글을 다소 수정한 것이다.

6장에서는 성전신학(Temple Theology)을 통해 교회론을 다루면서 신구약성경을 선교적 해석학으로 연구하는 사례를 보인다. 라이트(Christopher Wright)의 선교적 해석학이 전체성경을 다양한 작은 이야기들을 아우르는 하나님의 선교의 거대서사로 본다면, 그레고리 비일(Gregory K. Beale)은 이중적 상호텍스트성이라는 개념으로 신구약성경의 통일성을 규정한다. 성전이라는 개념틀로 살펴본 선교적 해석학이 현금의 교회에 주는 메시지가 도출될 것이다. 7장은 신구약성경에 일관되게 나타나는 '약함의 신학'(Theology of Weakness)을 조사하는데, 특히 바울신학과 요한계시록에 나타나는 약함의 신학을 중심으로 살핀다. 이로써 선교적 해석학으로 훑어본 약함의 신학이 생명공학과 인공지능의 시대에서 갖는 중요성을 역설한다. 8장은 '서서평'의 삶과 선교사역에 대한 선교해석학적 고찰로서, 즉 "무엇이 서평으로 하여금 제국주의 시대에 비제국주의적 선교를 하도록 하였는가"라는 질문에 선교해석학으로 응답한다.[3)]

9장은 기독교 정체성 유지 · 제고의 문제로 난항중인 현금의 기독교대학에서 선교적 해석학을 통한 성경교수법이 유망한 하나의 방식임을 보인다. 종교에 상관없이 많은 수강생들이 '선교적 해석학'을 통해 성경을 이야

---

3) 6–8장은 각각 "비일의 성전신학으로 보는 선교적 해석학," 『선교신학』 44집 (2016. 11); "약함의 신학으로 보는 선교적 해석학," 『선교와 신학』 43집 (2017. 10); "모놀로그에서 다이얼로그로: 패러다임 전환의 선교해석학적 성찰," 『선교와 신학』 42집 (2017. 6)에 게재된 것이다.

기로, 메타내러티브로 이해하게 됨으로써 성경의 거대서사 안에서 자신의 자리를 발견하게 되었다고 설문을 통해 피력하였는데, 이것이 바로 메타내러티브로서 성경의 기능임을 역설한다. 10장과 11장에서는 공공신학적 접근을 취한다. 먼저 '굿 컴퍼니'에 대한 선교적 해석학 연구는, 건강한 노동과 조화로운 삶을 통해 공공선(common good)을 추구하며 새 문화를 창출하는 굿 컴퍼니들이 통전적인 하나님의 선교의 길을 여는 파트너라고 주장한다. 자본과 권력에 의해 통제되는 현실 속에서 진정한 의미의 공동체 복원이 절실한 이 시대에 몇몇 '착한기업'(Good Company)들이 자본의 삶 한복판에서도 인간을 도구화하지 않고 인간과 그 삶 자체를 최우선 목적으로 삼는 삶은 세상문화에 대한 저항을 통한 대안문화를 만들어감으로써 문화명령을 수행하는 길이다. 마지막으로 '영화'에 대한 선교해석학적 성찰은, 21세기 한국교회가 대중문화와의 소통을 통한 수용 및 변혁의 과제를 제대로 수용해야만 한국사회에서 선교적 사명을 감당할 수 있다는 생각에서 나온 글이다. 교회보다 앞장서 세상속에서 일하시는 하나님의 선교에서 영화라는 대중매체는 그 공적인 역할을 감당한다. 구체적 현실을 시청각 이미지로 재현하여 현실을 다시 보게 하며 은폐된 부조리를 드러내어 공적책임을 환기시킨다. 그간 문화신학 측면에서의 영화신학이 주였다면, 이 글은 영화의 공공신학적 측면이 강조되어있다.[4)]

4) 9-11장은 "기독교대학의 성경교수법에 대한 소고: 선교적 해석학을 활용하여," 『선교신학』

'선교의 성경적 기초'(Biblical Foundations of Mission)는 성경이 권위있는 책이라는 전제하에 선교명령을 명시하는 성경구절들을 찾아내지만, 성경에 대한 '선교적 해석학'(Missional Foundations of Bible)은 선교와 관련하여 성경적 권위의 본질 그 자체를 탐구한다. 전자의 방식으로 접근하여 선교를 예수의 대위임령 같은 몇몇의 명령에 지나치게 의존하여 이해하면, 성경에서 명령이 아닌 부분들은 선교와 연결시키기 어렵다. 즉 권위를 명령의 견지에서만 고려하면, 명령이 아닌 본문들에서의 선교적 권위는 묵살된다. 권위란 명령의 목록들뿐 아니라 그 경계선 내에서 행동할 자유의 권한도 준다. 다시 말해 자유의 실상과 원천과 경계를 내포한다. 따라서 성경의 권위는 실재—피조물의 권위 배후에 계신 참된 권위를 지닌 하나님 자신의 실재—와 접촉하게 해준다. 선교적 해석학으로 성경을 읽고 깨닫게 됨으로써 우리는 그 실재와 관계를 맺게된다. 이는 또한 우리가 하는 선교적 삶과 행위의 자유에 권한을 부여하고 그 자유 주변에 경계를 설정한다. 그 실재는 우리의 선교가 적절하고 타당하며 불가피한 것으로 규정해준다. 성경은 우리의 선교가 어떤 실재에 근거하는지 보여주므로 우리의 선교에 대한 권위는 바로 성경에서 나온다.

선교적 교회가 든든하게 서가려면, 무엇보다 그 내부에 도사리고 있는

47집 (2017. 8); "굿 컴퍼니에 대한 선교적 해석학,"『선교신학』51집 (2018. 8); "영화의 선교해석학적 성찰,"『선교와 신학』46집 (2018. 10)에 게재된 것이다.

이기적인 욕망과 탐욕을 저지할 수 있어야 한다. 그러려면 하나님나라 가치관에 우리 자신을 비춰볼 수 있는 비전(큰 그림)이 필요한데, 선교적 해석학을 통해 하나님의 선교라는 성경의 큰 맥 안에서 우리를 비춰볼 필요가 있는 것이다. 선교적 해석학은 성경을 자의로 읽을 것이 아니라, 성경이 우리 삶을 읽어내도록 그분의 큰 그림에 우리를 내어맡기라고 도전장을 던진다!

2018년 늦가을에

숭실대학교

1장
성경에 대한 선교적 해석학 연구
: 언약 개념을 중심으로

Ⅰ. 서론

Ⅱ. 선교학과 성경해석학

Ⅲ. 언약 개념 이해

Ⅳ. 언약 개념을 통해 본 선교적 해석학: 에큐메니칼 해석학을 지향하며

Ⅴ. 결론

I. 서론

성경은 선교학에서 결정적으로 중요하다. 그러면 그동안 우리는 성경에 비추어 기독교선교를 이해해왔는가? 아니면 하나님의 선교에 비추어 성경을 이해해왔는가? 성경적 선교신학인가? 선교적 성경해석인가? 그동안 성경적 선교신학(Biblical Theology of Mission)을 다룬 책들은 일반적으로 구약부분이 먼저 나오고 나서 훨씬 많은 분량의 신약이 나온다. 그리고는 각 부분 특히 신약성경의 여러부분을 다루거나, 복음서 저자들이나 사도바울 같은 특정저자의 선교신학을 따로떼어 다루는 경향이 다분하였다. 하지만 이글은 하나님의 선교 및 이에 대한 백성의 참여를 성경 전체의 해석틀로 보는 성경해석학을 모색한다. 성경에 대한 '선교적 해석학'은 선교의 성경적 기초가 아니라, 성경의 선교적 기초를 지지한다. 성경이 처음부터 끝까지 '하나님의 선교'(Mission of God)라는 거대서사(grand narrative)로 구성되었다는 것이다.

이글은 하나님의 선교에 대한 일관적인 성경내러티브를 언약(Covenant) 개념에 집중하여 풀어나갈 것이다. 성경의 거대서사 전체에 흐르고 있는 몇가지 근본적 주제 중의 하나인 '언약'개념은 이스라엘의 자아정체성과 세계관을 구성하는 주요항목 중 하나였다. 구약의 노아 언약에서부터 아브라함 언약, 시내산 언약, 다윗 언약 그리고 신약의 새 언약은 모두 일관되게 하나님의 선교라는 큰 하나의 이야기로 통합된다. 각 언약들은 이전것과의 연속성없이 새롭게 주어진다기보다는, 이스라엘이 맞이하는 상황의 변화에 따라 이전의 언약들이 재확인되고 광범위한 내용으로 재적용된 것이다. 신구약성경에서 언약은 마치 중추신경과도 같이 하나님의 선교라는 일관된 이야기를 관통하여 흐르고 있다. 본글은 하나님과 이스라엘간의 언약형성과 갱신과정을 살펴봄으로써 성경의 다양한 미시적 이야기들 속에서 힘차게 고동치고 있는 하나님의 선교 이야기의 일관성을 증명해낼 것이다.

논문은 다음과 같이 전개된다. 먼저는 선교학과 성경해석학의 관계에 대한 논점을 다루면서 '선교의 성경적 기초'를 넘어서는 '선교적 해석학'(Missional Hermeneutic)을 제안한다. 또 다문화적 해석학과 포스트모던 해석학을 넘어서는 '선교적 해석학'의 해석학적 일관성의 초점을 하나님의 선교로 정위한다. 그리고 나서 전체성경이 하나님의 선교라는 거대서사로 점철되어 있음을 증명하는 예시적 개념틀로 '언약'(Covenant)에 대한 연구를 시도한다. 고대근동의 언약 개념과 신구약성경에 나타난 언약의 형성과 갱신과정 즉 노아 언약, 아브라함 언약, 시내산 언약, 다윗 언약, 새 언약 등을 훑어볼 것이다. 마지막으로 언약개념을 통해 살펴본 '선교적 해석학'을 에큐메니칼 해석학을 지향하는 대안적 해석학으로 제시하고자 한다.

II. 선교학과 성경해석학[1)]

A. 선교적 해석학: '선교의 성경적 기초'를 넘어서

어떻게 성경을 선교적으로 읽을 수 있을까? 선교(학)적으로 올바르게 성경을 대하는 방식은 무엇일까? 성경은 선교학에서 결정적으로 중요하다. 선교하시는 하나님은 부름받은 공동체인 교회를 세상에 파송하셨다. 이러

1) 본글의 Ⅱ부는 필자의 박사학위 논문 중, 근대-이후 선교학적 해석학의 5가지 논점 가운데 하나인 "선교학과 성서해석학"에 대한 문제제기에서 일부 인용한 것이다. 이글은 필자의 학위논문에서 제기된 과제에 대한 하나의 응답으로 나온 것이라 할 수 있다.

한 교회의 선교적 사명 실천의 근거는 하나님 말씀인 성경에 있다. 그러기에 초대교회 이래 시대별로 특정한 성경구절을 선교의 본문(text)으로 간주하는 경향이 있었다. 그러한 본문이 명백히 인용되지 않았다 하더라도 암묵적으로 그 시대 선교패러다임을 표현해준다. 시대별 선교본문은 각각의 선교이해를 극명히 반영하고 있다.

복음주의 대(對) 에큐메니칼 논쟁도 대체로 성경을 선택적으로 사용한 것에서 기인한다. 즉 복음주의 계열은 성경을 연역적으로, 에큐메니칼측은 귀납적 방법을 취하는 경향이 있다. 두 방법의 상대성과 제한성을 고려한다면 하나님 말씀, 상황의 분석, 복음을 전하는 선교사 개인과 그가 속한 문화권에서 해석된 복음이라는 측면이 모두 참작되어야 한다. 성경을 편리한 광산처럼 사용하여 자신들의 주장을 뒷받침하려고 적절한 본문을 찾아내게 되면, 협소한 자료에 묻혀서 자기 연구의 목적에 맞는 구절에 결정적인 역할을 부여하게 된다. 이럴 때 정경속에서 또 하나의 정경을 발전시키는 일이 불가피해지고 어떤 특정입장에 잘 맞지 않는 것은 묵살되어버린다. 예를 들어 해방신학계에서는 출애굽 이야기나 나사렛 회당의 예수의 메시지(눅 4:16-20)가 정경 속의 정경을 형성하는 반면, 복음주의 선교사들은 대위임령(마 28:18-20)을 선교에 대한 핵심명령으로 받아들인다. 복음주의자들은 선교의 주된 동기를 그리스도의 대위임령에서 찾으며, 또 그만큼 주된 동기를 우리가 선교하지 않으면 복음을 듣지 못한 사람들이 영원한 멸망에 이르게 된다는 확신에서 찾는다. 그들은 우리가 사는 이 세계를 '이 세상 임금'(요 16:11; 요일 5:19)에게 넘어간 본질적으로 악한 세상으로 간주한다. 이렇듯 성경을 시대마다 자신들의 관점에 따라 마치 광산인 듯 편리하게 사용해왔다.[2)]

---

2) 다음은 선교역사의 각시대별 선교이해를 보여주는 선교의 성경적 논거들이다: 요 3:16-교부시대; 눅 14:23-중세 로마가톨릭시기; 롬 1:16f-개신교 종교개혁기; 계몽주의 선교는 다

우리는 그동안 '선교의 성경적 기초'(Biblical Foundations of Mission)라는 과목을 가르치고 배워왔다. 그런데 성경에는 선교활동의 이론적 근거를 제공하는 많은 본문이 포함되어 있을 뿐만 아니라, 여기에서 더 나아가 전체 성경 자체가 근본적으로 선교적 현상이다. 이처럼 성경이 온통 선교에 관한 것이라는 말은 모든 성경구절에서 전도와 관련된 무언가를 찾아내야 한다는 뜻이 아니다. 그것은 성경 전체와 관련된 좀더 넓고 깊은 차원을 가리킨다.

> 현재 성경을 구성하는 글들은 그 자체가 하나님의 궁극적 선교의 산물이며 증거다. 성경은 하나님의 창조세계 전체를 위해 하나님나라에 관여하는 하나님의 백성을 통한 하나님의 선교 이야기다. 성경은 이렇게 목적을 갖고 움직이시는 하나님의 드라마다. 하나님은 과거, 현재, 미래, 이스라엘과 열방, 생명과 우주와 만물을 포괄하면서 그 선교의 중심, 초점, 절정, 완성은 예수 그리스도 안에 두고서 우주적으로 그 목적을 이루는 선교를 하고계신다. 선교는 성경이 말하는 여러 사항 중 하나로, 다른 것보다 좀더 긴급하다고 말하는 것이 아니다. 매우 남용되는 말이긴 하지만, 선교는 '전부'다.[3)]

면적이므로 선교본문이 여럿이다: 행 16:9-서구 그리스도인들이 다른 인종과 타종교인을 깊은 절망 속에 사는 자로 보고 서구인들에게 그들을 돕도록 간청하는 자로 간주하던 시기에 주목되었다; 마 24:14-전천년주의자들; 요 10:10-사회복음 진영; 마 28:18-20-계몽주의기에 가장 널리 사용된 본문이며, 19C말 대위임령은 '순종'이 강조되어 주된 선교본문으로 다른 구절을 완전히 대체하였다; 눅 4:16-20-마 28:19-20이 개신교 선교에 강한 영감이 되어왔고 해방신학이나 에큐메니칼에서 눅 4:16-20로 대체하려는 경향이 있었지만 대개의 복음주의자들은 마 28:18-20을 주된 선교의 동기로 간주한다. [David Bosch, *Witness to the World*, 전재옥 역, 『세계를 향한 증거』(서울: 두란노, 1995), 61-63 참조.]

3) Christopher Wright, *The Mission of God*, 정옥배/한화룡 역, 『하나님의 선교』(서울: IVP, 2010), 24-25. 여기서 선교가 '전부'라는 라이트의 언급은 소위 범선교주의를 표방하는 말은 아니다.

박보경은 '선교적 해석학'을 모색하면서 서로 다른 길을 걸어온 선교에 대한 '성서학적 접근'과 선교의 기초를 다루는 '선교학적 접근'의 괴리현상을 지적한다. 전자는 선교를 다루면서도 목적과 의도에 대한 선교학적 질문을 간과하였고(뉴비긴), 후자는 성서학적 연구방법론의 결과를 수용하지 않고 성경에서 쉽게 선교적 동기를 끌어오는 자의적 주석에 급급하였다. 이에 박보경은 크리스토퍼 라이트(Christopher Wright)를 인용하여, 통전적인 선교적 해석학은 성경 전체를 관통하는 큰 선교적 주제-하나님의 선교의 이야기-를 발견하는 접근이며, 해석학의 과정에서 해석자의 상황을 중요한 요소로 인식하는 접근이라고 주장하고 있다.[4)]

최근에 북미와 호주의 GOCN(Gospel and Our Culture Network)이 추진하는 선교적 교회론은 특히 '선교적 해석학' 방면으로 진행되고 있다.[5)] 그동안 GOCN은 선교적 교회의 성경적 근원에 대한 연구가 부진하였다.[6)] 이는

---

4) 박보경, "선교적 해석학의 모델,"『선교신학』 제18집 / vol. 2 (2008): 77-108.

5) GOCN은 2000년도 중반부터 선교적 해석학에 대한 적절한 방향을 모색하고 있으며, 헌스버거(George Hunsberger)는 선교적 해석학 유형을 4가지로 정리 · 발표하였다: 첫째는 성경 전체를 하나님의 선교에 관한 내러티브로 이해하는 것(Christopher Wright), 둘째는 성경 저술의 목적을 하나님의 선교를 증거하기 위한 것으로 이해하는 것(Michael Goheen), 셋째로 성경을 선교적으로 해석하는 것은 결국 상황이 다른 모든 공동체의 몫이라는 것(Michael Barram), 넷째 선교적 해석학은 성경과 다양한 문화적 요소가 비평적 대화를 지속할 때 올바르게 진행될 수 있다는 유형(James Brownson)이다. [정승현, "선교적 교회론의 과거, 현재 그리고 미래: GOCN의 연구를 중심으로,"『1910년 에딘버러 세계선교사대회 100주년기념 2010 한국대회』 제6분과 (서울: 미션아카데미, 2011), 55-57.]

6) 선교적 교회론에서 선교와 조직에 대해 고려할 때도 성경의 표준적 권위가 작용한다. 선교적 해석학으로 성경을 읽음으로써 성경의 증거안에서 메시지뿐 아니라 메시지가 알려지는 방법도 깨달을 수 있다. 성경은 선교적 순종의 본질과 방법 모두에 대한 답을 준다. 신약의 저술들은 이미 선교하고 있는 공동체들을 염두에 둔 메시지이며, 신약의 목적도 그들이 계속 선교적 임무를 감당하도록 하는 것이었다. 성경말씀은 성령을 통해 선교공동체의 상황과 역경과 고난에 참여하면서 그들을 지도 · 인도한다. 따라서 말씀은 교회의 선교를 위한 근거다. 선교적 교회를 향한 행보는 말씀과의 진지한 관계성안에 뿌리내리고 빚어지도록 모든 교회의 체계들을 성경적으로 철저히 검토해야 한다. 즉 선교적 교회 운동은 교회의 본

선교적 교회론을 주장하는 학자들이 성경을 간과했다기보다 성경 전체에 나타나는 하나님의 선교에 대한 일관된 내용을 다루지 못하고 성경을 부분적으로 사용했다는 것이다. 현재 성경 전체를 선교적으로 읽는 방법이 통일되지는 않았지만, 많은 학자들이 구약성경에서부터 하나님의 선교가 시작되었다는 점과 올바른 해석학을 위해서는 본문만이 아니라 컨텍스트에도 비중을 두어야 한다는 데는 뜻을 같이하고 있다.[7)]

이처럼 해석자의 상황(context)을 중요한 요소로 인식하는 접근은 다문화적 해석학을 지향한다. 그러나 동시에 이러한 접근은 다양한 미시적 이야기들 속에서 일관된 하나의 거대서사를 발견하는 접근이다. 이에 대해 좀 더 살펴보자.

B. 해석학적 일관성의 초점인 '선교': 다문화적 해석학과 포스트모던 해석학을 넘어서

우리는 다국적 교회와 다방향 선교의 시대를 살고 있으며 그에 따라 다문화적 해석학이 공존한다. 다수세계(Majority World)의 상황신학이 등장하고, 서구의 표준적 신학을 포함한 모든 신학이 상황적이라는 인식이 발전하면서 포스트모더니즘과 합류되어 해석학은 크나큰 변화를 겪는다. 계몽주의 세계관에 입각한 현대 서구신학계는 객관성을 중시하여 모든 것을 포괄하는 단 하나의 신학적 개념을 추구하였고 지역적 · 역사적 상황에 치우쳐있는 신학을 좋아하지 않았다. 반면에 포스트모던 시대는 오히려 지역성과 다양성이 환대받는 입장이 되었지만, 지역적이고 상황적인 특수한 것을 찬양

질, 사역, 구조에 대한 성경적 근거를 제시해야한다. 교회의 본질에서 교회의 사역이 나오고, 또 그 본질과 사역에 따라 교회의 구조가 결정되어야 하겠기 때문이다.[Darrell Guder, *Missional Church*, 정승현 역, 『선교적 교회』(서울: 주안대학원대학교출판부, 2013), 8장.]

7) 정승현, "선교적 교회론의 과거, 현재 그리고 미래: GOCN의 연구를 중심으로," 55-57.

할 뿐만 아니라 그것이 전부라고 한다. 모든 것을 아우르는 거대서사는 없다. 삶과 의미 전체를 포괄하는 통합적 일관성을 지닌 진리개념은 없다.[8)]

그런데 해석학적 다양성이 다원주의나 상대주의 이데올로기에 대한 허가장은 아니다. 여전히 성경본문의 의미를 이해하는 출발점은 문법적, 역사적 도구를 신중히 사용하여 저자나 편집자의 맥락에서 의미하는바를 가능한한 잘 찾아내는 것이다. 그리고 나서 그 본문의 함의를 우리상황에 적용할 때 문화적 다양성이 발휘되어야 한다. 이는 방법론적 · 신학적 한계를 갖는 다양성이다. 해석학적 다양성은 성경 안에서도 만날 수 있다. 신약은 구약에 대한 해석학적 혁명으로 태어났다. 초대교회 이래 2천여 년간 기독교선교는 다양한 문화적 상황문제에 직면해왔다. 제임스 브론슨(James Brownson)은 다양성의 해석학을 논의하고 나서 일관성의 해석학을 말한다. 성경이 다양성 가운데 방향을 잡아주는 좌표로서 제공하는 하나의 핵심을 파악해야 한다는 것이다.[9)] 그는 신약이 다양한 형태로 복음을 제시하지만 그속에는 타협불가능한 핵심이 있다고 한다. "이 모든 다양성 속에서 복음은 일관성과 공통성을 제시하는 틀역할을 한다."[10)]

크리스토퍼 라이트는 여기서 한걸음 더나아가 일관성의 해석학이 구약 창세기에서부터 시작하며 성경 전체에 적용된다고 주장한다. 그에 따르면 성경 전체는 모든 열방을 향한 하나님의 마음과 목적에서 나오는 이야기로서, 이것이 바로 성경 전체에 대한 '선교적 해석학'이다.[11)] 선교적 해석학은 우선적으로 사람들이 성경본문을 해석하는 관점과 상황이 여러 가지임

---

8) Christopher Wright, *The Mission of God*, 정옥배/한화룡 역, 『하나님의 선교』, 52-53.

9) James Brownson, "Speaking the Truth in Love: Elements of a Missional Hermeneutic," *The Church between Gospel and Culture*, George Hunsberger and Craig Van Gelder eds. (Grand Rapids: Eerdmans, 1996), 239.

10) 위의 글, 258.

11) Christopher Wright, *The Mission of God*, 정옥배/한화룡 역, 『하나님의 선교』, 48.

을 인식해야 한다. 본문을 읽는 독자들의 다양한 관점은 세계교회가 풍성한 해석을 누리게 되는 중요한 요소다. 한 문화권의 사람이 특정본문을 해석하는 문화적 관점은, 다른 문화의 사람이 그 본문에서 분명하게 깨닫지 못하는 차원이나 함의를 설명해줄 수 있다.

성경(해석)이 선교학에서 중요한 위치를 차지하는 또 하나의 이유는, 모든 기독교인의 공통유산인 성경이 연합의 역할을 하기 때문이다. 여러 이유로 교회가 나뉘었는데, 성서해석의 차이가 그 원인의 하나다. 성서의 통일은 은사와 명령으로서 교회의 통일과 연결되어있다. 성서의 통일과 교회의 통일의 연결에서, 성경해석에 적용된 각기 다른 교리적 강조가 그것이 나온 해석적 상황의 선입견(편견)과 긴밀히 뒤섞여있음을 깨닫게 된다. 여기서 해석학의 필요가 생겨난다. 해석학은 이해와 해석의 관점에서 과거와 현재사이의 간격(gap)에 다리를 놓으려는 시도이다. 이 간격은 자기주체성과 멀리 떨어진 과거의 주체성 사이의 반성적 관계로 묘사할 수 있으며, 당시와 현재의 진리에 대한 지식들이 어떻게 연결되는가의 문제이기도 하다. 이러한 점에서 선교적 해석학은 다양한 미시적 이야기들 속에서 하나님의 선교라는 거대서사를 붙잡음으로써 공시적 · 통시적인 전세계 교회들의 연합에 기여하는 해석학이 될 수 있다.

이제부터는 전체성경이 하나님의 선교라는 거대서사로 점철되어 있음을 증명하는 예시적 개념틀로서 '언약'(Covenant)에 대한 연구를 시도하려 한다. 아래의 분석을 통해 신구약성경에서 언약이 마치 중추신경과도 같이 하나님의 선교라는 일관된 이야기를 관통하여 흐르고 있음을 관찰하게 될 것이다.[12)]

---

12) 이하 Ⅲ부는 앞의 각주5)에서 분류된 4가지 유형 중, 크리스토퍼 라이트의 견해를 취해서 필자가 정리하여 소개하는 파트가 될 것이다. 그러므로 라이트의 글에 대한 인용이 많을 것이다.

Ⅲ. 언약 개념 이해

A. 고대근동의 언약 개념

유목민인 이스라엘에게 언약은 매우 중요한 개념이었다. 유목사회에서는 친구나 친척이 아니면 적으로 간주되었다. 친족이 아닌 경우 협정을 맺어 친족이나 사회의 일원으로 허입되는 일이 빈번하였다.[13] 고대 셈족사회에서 종족간의 언약은 평화로운 공동체 관계를 만드는 법적 계약이었던 것이다. 그런데 이스라엘이 언약전통을 사용하는 유일한 민족은 아니었다. 언약의 보편적 특성은 고대근동 사회에서의 광범위한 영향력에서 찾아볼 수 있다. 다른 사회집단과의 관계창출과 규정의 도구로서 언약은 고대사회에서 보편적이었던 것으로 보인다. 언약들은 고대근동 사회의 제국들에서 정치 사회적 복지를 위해 필수불가결한 것이었다.[14]

어떤 학자들은 구약성경의 언약관계가 고대셈족의 민법전통에서 차용된 것으로 보며[15] 다른이들은 아랍문학과 헬라문학에 기초하고 있다고 본다.[16] 여기서 이스라엘의 독특함은 다양한 자료에서 가져온 개념을 개량·

13) 고대 언약전통의 기원에 관하여는 다양한 견해가 병존한다. 혹자는 법학분야에서 차용되어 신학적으로 적용되었다고 주장한다. [Paul Kalluveettil, *Declaration and Covenant: A Comprehensive Review of Covenant Fomulae from the Old Testament and the Ancient Near East*, Rome: Biblical Institute Press, 1982, 15.]

14) Robert Gallagher, "상황화 모델로서의 히브리언약," Charles Kraft (ed), *Appropriate Christianity*, 김요한 외 역, 『말씀과 문화에 적합한 기독교』 (서울: 생명의말씀사, 2007), 226, 229.

15) Ernest Wright, *The Old Testament against Its Environment* (Chicago, IL: Henry Regnery Co., 1950), 55; George Mendenhall, "Covenant Forms in Israelite Tradition," *The Biblical Archaeologist* 17 (1954): 50.

16) E.W.Nicholson, "The Covenant Ritual in Exodus 24:3-8," *Vetus Testamentum* 32 (1982):

개선하여 여호와종교에 차용했다는 데 있다.[17] 하나님은, 선택하신 이스라엘에게 문화적으로 친숙한 언약관계를 사용해서 관계를 맺어나가셨다.[18] 하나님께서 이스라엘과의 관계를 표현하시려고 히브리 언약형식을 사용하신 방법을 이해하려면 근동사회에서 실행된 언약의식을 살펴볼 필요가 있다. 고고학적 연구로써 BC 14세기의 다양한 정치문헌이 드러났는데 그중 히타이트제국의 조약문서들이 성서학자들의 눈에 띄었다. 고고학자들은 영주와 봉신간에 맺은 조약에서 보편적으로 사용된 6가지 항목을 발견하였다.[19]

1) 명칭과 족보를 통해 영주나 군주의 신원을 밝히는 전문(preamble)
2) 영주의 덕을 강조하며 봉신과의 관계를 서술하는 역사적 서문(historical prologue)
3) 두당사자간에 기대되는 규정들(stipulations), 대개가 영주를 향한 봉신의 의무규정(obligations)
4) 봉신이 믿는 신전에서의 보관규정과 계약문서의 정기적인 낭독규정
5) 양당사자, 특히 봉신이 조약에 대한 충성을 맹세할 때 증거로 삼을 신의 이름들
6) 조약의 규정을 지키거나 어김으로 인해 생기는 축복과 저주의 내용인 제재조항들(sanctions)

정치적인 조약의 기본구조가 일부 성경적 언약에서 그대로 찾아진다.

79; Delbert Hillers, *Covenant: The History of a Biblical Idea* (Baltimore, MD: Johns Hopkins Press, 1969), 27.

17) Ernest Wright, *The Old Testament against Its Environment*, 15.

18) Charles Kraft, Thomas Wisley, *Readings in Dynamic Indigeneity* (Pasadena, CA: William Carey Library, 1979), 114.

19) Steven McKenzie, *Covenant* (St.Louis, MO: Chalice Press, 2000), 32.

출애굽기 20장에서 레위기 27장에 처음 기록된 모세 언약(Mosaic covenant)은 민수기에 부가조항이 나오고 신명기에서도 반복된다. 5번째 조항에서 신들 대신 하늘과 땅을 증인으로 삼는 것 말고는 히타이트조약과 모세언약은 매우 유사한 구조를 보인다. 언약들은 고대근동 사회의 제국들에서 정치사회적 복지를 위해 필수적이었다. 그런데 이스라엘의 언약과 조약문화는 이웃국가와 유사하면서도 동시에 구분되는 성격을 가지고 있었다.[20] 이하에서 성경적 언약의 특성을 살펴보자.

B. 신구약성경에 나타난 언약의 형성과 갱신

1. 노아 언약

구약성경에 나오는 첫 언약(*berit*)은 방주를 짓기 전 하나님께서 노아와 체결하신 언약이다.[21] 첫 언약 이래로 하나님은 계속 아브라함(창 15:18)과 이삭(창 26:3-5)과 야곱(창 28:13-22), 이스라엘 백성(출 19:5), 레위지파(말 2:4-10)와 비느하스(민 25:11-13), 다윗(시 89:3, 28, 34)과 계약을 체결하신다.[22] 각 언약이

20) Robert Gallagher, "상황화 모델로서의 히브리언약," 229. 이스라엘과 하나님 간의 계약은 이방 셈족의 신들이 그 숭배자들에게서 예배와 양식을 착취하려고 계약을 맺는–인간사회에서 봉건영주들이 예속민들에게서 재물을 착취하는 것처럼–동기와는 아주 대조적이다. [G. L. Archer, Jr, "Covenant," 신성종 책임번역, 『Baker 신학사전』 (서울: 도서출판 엠마오, 1989), 537.]

21) 보겔스는 창 1-2장에서 언약이라는 말은 사용되지 않았지만, 타락이전에 하나님과 인류를 포함한 피조물간의 관계에서 언약적 양식을 발견하고 증거가 되는 본문들을 인용한다: 암 1:9; 호 2:20, 6:7; 사 24:5, 54:9-17; 렘 33:20-25; 겔 34:25; 슥 11:10; 집회서 17:12, 44:18 등. [Walter Vogels, *God's Universal Covenant: A Biblical Study* (Ottawa: University of Ottawa Press, 1986), chap. 1.] 한편, 언약신학에서는 하나님과 아담간에 맺어진 것을 행위언약으로 분류하여 은혜언약과 구별한다. [George Collins, "Covenant Theology," 신성종 책임번역, 『Baker 신학사전』, 538-39.]

22) 이하에서는 노아 언약, 아브라함 언약, 시내산 언약, 다윗 언약만을 다룰 것이다.

하나님에 의해 주도되었음은 하나님께서 그 백성들과 연합하기 원하심을 보여준다. 언약체결은 다양한 사회계층에서도 나타난다. 지도자와 이스라엘 백성 사이,[23] 지도자들 간에도[24] 언약이 체결되었고, 개인 간에도 언약이라는 용어가 사용되진 않았어도 법적조약이 체결되었다. 구약의 언약조항에서 언약전통이 정규적으로 사용되었음을 알 수 있다. 언약은 개인과 종족간의 정치, 사회적 연합을 위한 엄숙한 과정으로 간주되었다.[25]

창세기 8:15-9:17에서 하나님이 노아와 맺은 언약은 모든 인류와 맺은 약속이며 하나님의 일반은총을 포함하는데 이로써 문화적 위임(cultural mandate)을 계속 감당하도록 하셨다(창 9:1-7). 하나님은 땅을 퇴폐케 하는 폭력을 제한시키시고(6:11) 살인을 금하셨는데(9:5-6), 이는 하나님의 율법을 구체적 계시로 드러내는 시발점이 된다. 하나님의 법은 사회에서 하나님의 정의를 반영한다(창 9:6). 모든 생명은 하나님께로 왔으며 그분께 속한다. 이에 따라 피에 대한 금기가 생겨나고 레위기 성결규례에 영향을 주었다(레 17-26장). 생명의 신성함은 구속원리의 기초가 된다(히 9:11-10:18). 이런 특성은 사도들의 설교에도 드러나 있다(행 15:20; 21:25).[26]

하나님의 약속은 인간들만이 아닌 '땅의 모든 생물'(창 9:10)과도 맺어졌다. 우리는 비록 타락 이후 저주받은 땅에 살지만 또한 언약을 맺은 땅에 산다. 땅은 하나님의 땅이며 하나님은 땅의 생존에 언약적으로 헌신하고 계신다. 이는 세상에 대한 하나님의 헌신안에서 살아간다는 안정감과 노아

23) 여호수아(수 24:1-28), 여호야다(왕하 11:17), 히스기야(대하 29:10), 요시야(왕하 23:3), 에스라(스 10:3).

24) 아브라함과 아비멜렉(창 21:27-32), 라반과 야곱(창 31:43-55), 다윗과 그의 장로들(삼하 5:1-3), 아합과 벤하닷(왕상 20:34), 그리고 다윗과 요나단(삼상 18:3) 같은 친구간에도 체결되었다.

25) Robert Gallagher, "상황화 모델로서의 히브리 언약," 230.

26) Arthur Glasser, *Announcing the Kingdom*, 임윤택 역, 『성경에 나타난 하나님의 선교』 (서울: 생명의말씀사, 2006), 75.

와 맺은 언약 밖에 있는 것은 아무것(데)도 없다는 선교적 범위를 제공한다. 하나님이 홍수끝에 노아에게 하신 말씀은 창세기 1장을 반영한다. 이것은 모든 피조물의 새로운 시작이다. 우리가 하나님의 피조물이며 창조에 대해 하나님의 목적이 있다는 자체로서 인간이 해야 할 선교가 있다. 피조물을 돌보는 일은 인간에게 주신 최초의 목적선언으로서 이 땅에서 우리의 최우선적 선교다.[27] 하나님이 헌신하신 중대한 선교 및 궁극적 성취는 인간의 구원만이 아니라 전체 창조세계의 구속이다. 하나님은 구속받은 백성들의 부활체가 거할 곳으로서, 변혁과 갱신을 통해 창조세계를 새롭게 창조하는 일을 하고 계신다. 노아 언약은 하나님이 남은 인간과 자연의 역사를 통해 지속적인 선교를 해나가시는 기반과 하나님의 선교에 참여하는 우리의 선교의 기반을 제공한다. 우리의 선교는 창조질서에 대한 하나님의 보편적 약속이라는 틀 안에 이루어진다.

2. 아브라함 언약

아브라함과 맺은 언약은 선교학적으로 의미심장하다. 이는 하나님이 열방을 축복하는 도구로 이스라엘을 선택하신 기원이며, 신약에서 이방인들에 대한 바울의 신학과 선교의 기반이다(특히 갈 3:8). 뒤에서 살펴볼 시내산 언약과 다윗 언약도 이와 다른 별개의 언약으로 보지 않고, 아브라함 언약 기본골격이 새로운 환경에서 발전된 것으로 보는것이 신학적으로 옳다.[28]

구약은 세계역사의 무대에서 시작된다. 창세기 1-11장은 창조기사이후 하나님이 타락한 인류와 열방이 지닌 문제와 도전을 다루는 이야기다. 타락, 가인과 아벨, 홍수, 바벨탑 이야기 이후 과연 열방에게 미래가 있겠

---

27) Christopher Wright, *The Mission of God*, 정옥배/한화룡 역, 『하나님의 선교』, 409-411.

28) Arthur Glasser, *Announcing the Kingdom*, 임윤택 역, 『성경에 나타난 하나님의 선교』, 90-91.

는가? 심판만이 하나님의 결론인가? 전세계적 죄악과 심판의 상황에서 바로 그때 복주시려는 하나님의 선택이 나타난다. 아브라함의 선택과 그와 맺은 언약은 깨어진 세상에 대한 하나님의 응답이다. "땅의 모든족속이 너로 말미암아 복을 얻을 것이라"는 단언(창 12:3)은 창세기에만 6번 반복된다. 복음과 선교는 신약시대에 가서가 아니라 바로 창세기에서 시작되며, 하나님이 아브라함과 맺은 언약의 핵심으로 열방을 복주시려는 창조주의 구속적 의도에서 나온다. 선교는 깨어진 인류에 대한 하나님의 응답으로서 하나님의 선교의 궁극적 목적과 범위는 처음부터 보편적이었다. 그러나 그 수단은 "너와 너의 후손으로 말미암아"라는 특정성을 띤다. 이스라엘의 선택은 이스라엘만을 위한 것이 아니라 세상을 위한 그분의 목적과 관련되어 있다. 이스라엘의 선택으로 열방이 거부되는 것이 아니라 그 선택은 오히려 열방의 유익을 위한 것이었다. 선택의 목적은 선교적이다.[29]

3. 시내산 언약

아브라함과의 언약은 시내산에서 모세를 통해 이스라엘과 맺은 언약에서 재확인되고 광범위한 내용을 갖게 된다.[30] 시내산 언약의 광범위한 선교적 차원을 드러내는 첫 본문인 출애굽기 19:4 6은 하나님의 선교를 위해 이스라엘이 율법을 가르치고(레 10:11; 신 33:10; 렘 18:18; 말 2:6-7; 호 4:1-9), 제사드리는 일(레 1-7장)을 맡았음을 선포한다. 제사장직은 하나님을 아는 지식을 백성에게 전하고 백성들의 제사를 하나님께 드리는, 하나님과 백성 사이의

29) 아브라함 언약 및 하나님 본성의 특정성과 보편성에 대한 선교적 성찰은 Richard Bauckham, *The Bible and Mission: Christian Mission in a Postmodern World* (Carlisle,UK: Paternoster, 2003)를 참조하라.

30) 시내산 언약을 특히 아브라함 언약과 연관시켜 기술한 내용은 Christopher Wright, *Knowing Jesus through the Old Testament* (Downers Grove: InterVarsity Press, 1992), 85-88을 참조하라.

중재과업이었다. 이외에도 야웨의 이름으로 사람들을 축복하는 특권과 책임이 있었다(민 6:22-27).

한편, 하나님의 백성가운데 계신 하나님의 임재는 언약의 가장 귀중하고 본질적인 특징의 하나다: "내가 내성막을 너희 중에 세우리니 내 마음이 너희를 싫어하지 아니할 것이며 나는 너희 중에 행하여 너희의 하나님이 되고 너희는 내백성이 될것이니라"(레 26:11-12). 하나님의 임재는 윤리적 거룩함과 의식적 정결함을 요구하였고, 하나님의 임재는 이스라엘이 열방과 구별된 존재라는 표시였으며 바로 이 구별됨이 하나님의 선교의 필수요소였다. 그런데 에베소서 2:11-22은 바울이 이방인 신자들에게 하나님과의 관계안에서 그들의 신분변화를 말할 때 언약적 비유로 표현하여, 이제 그들도 하나님의 성전의 일부가 되었음을 선포한다. 만일 그리스도가 이방인 가운데 계시다면 이스라엘의 첫번째 특권인 하나님의 언약임재가 바울의 선교로 열방에게 확장된 것이며 구약약속들이 성취된 것이다.[31]

결국 신명기 27-32장에 나타난 이스라엘의 실패와 저주에 대한 하나님의 예측대로 하나님의 임재는 상실되었다. 그러나 에스겔 34-37장의 비전은 하나님의 회복된 백성이 언약을 지키고 언약에 충성하여 순종하며 언약과 연합되어 살아가는-하나님의 언약적 처소가 그들 가운데 회복되는(레 26장) 일관된 환상이다. 이처럼 정결케 된 이스라엘에 하나님의 임재가 회복된 것은 열방에 (선교적)영향을 미칠 것이다(겔 37:26-28).[32] 이사야 60장, 스가랴 8장 등도 이러한 비전을 공유한다. 이처럼 많은 율법과 선지서의 근간이 되는 시내산 언약은 선교학적 의미가 크다. 따라서 선교적 해석학의 렌

31) Christopher Wright, *The Mission of God*, 정옥배/한화룡 역,『하나님의 선교』, 418-27 참조.

32) 내가 그들과 화평의 언약을 세워서 영원한 언약이 되게 하고 또 그들을 견고하고 번성하게 하며 내 성소를 그 가운데에 세워서 영원히 이르게 하리니/ 내 처소가 그들 가운데에 있을 것이며 나는 그들의 하나님이 되고 그들은 내 백성이 되리라/ 내 성소가 영원토록 그들 가운데에 있으리니 내가 이스라엘을 거룩하게 하는 여호와인 줄을 열국이 알리라 하셨다 하라

즈로 모세오경을 읽을 때는 다음을 고려해야 한다.[33)]

- 이스라엘의 지위와 역할: 그들은 열방 가운데서 하나님의 언약 제사장이다.
- 하나님이 임재하시는 주요특권: 이것이 이스라엘의 독특성이며 그들이 열방에 증거할 내용이다.
- 이스라엘의 예측된 실패: 이로써 하나님의 오묘한 섭리로 열방에 구원의 문이 열릴 것이다.

이스라엘이 시내산에서 맺은 언약의 국제적 · 선교적 차원은 결국 예수와 바울의 선교신학과 실천에 큰 영향을 주었으며 그리스도 안에서 새로운 언약백성인 교회에도 타당성을 가진다. 이에 대하여는 '새 언약'을 다루는 부분에서 살펴볼 것이다.

4. 다윗 언약

이스라엘의 이야기는 마침내 전국민이 왕을 요구하기에 이르렀다. 사울이 실패한 후 다윗치하에서 군주제가 설립되었다. 다윗은 언약백성에 대한 왕이었으므로 하나님은 다윗 및 그 후손과 특별한 언약을 맺으셨다. 이것도 시내산 언약과 관련 없는 새로운 언약이 아니라 그 언약이 군주제 상황에서 특정한 형태로 나타난 것으로 보는게 옳다. 시내산 언약은 야웨가 이스라엘의 참된 왕임을 분명히 표현했다(출 15:18). 가나안에 도착한 이스라엘은 오래도록 야웨가 참된 왕이심을 확신하고 인간왕의 개념이 없었다.[34)] 기드온은 왕의 권유를 받았을 때 거절했는데, 그 기회를 엿본 아비멜렉은 비참한 종말을 맞았고 사울의 통치도 그러하였다.

---

33) Christopher Wright, *The Mission of God*, 정옥배/한화룡 역, 『하나님의 선교』, 431.

34) Arthur Glasser, *Announcing the Kingdom*, 임윤택 역, 『성경에 나타난 하나님의 선교』, 197.

사무엘하 7장에서 다윗의 집과 맺은 언약은 다윗과 그 후계자들이 이스라엘에서 야웨의 통치를 구현하는 데 있다. 왕은 야웨의 궁극적 통치의 대리자로서 다스릴 것이다. 다윗 언약은 주로 이스라엘에 초점이 맞춰있지만, 이스라엘 자체가 하나님의 선교에서 한 지역 이상의 의의를 가졌던 것처럼 그들의 왕도 그러하였다. 시편 2:7-9은 예루살렘에 있는 다윗계열의 왕이 세계를 통치하는 것을 상상한다. 72편 8-11절도 비슷한 기대를 하는데 17절은 아브라함 언약을 명백히 반영하고 있어서 다윗 언약과 아브라함 언약이 연결된다. 열왕기상 8:41-43에서 성전봉헌하면서 이방인들의 기도까지도 들어달라는 솔로몬의 간청은, 이방인들이 이스라엘의 하나님께 축복을 구할 것이라는 아브라함 언약의 성취를 내포한다. 언약백성이 아닌 자들의 기도를 들어달라는 간청의 동기는 선교적이다.[35] 이스라엘 신앙이 발전하면서 이 시점부터 다윗 언약과 긴밀히 연결된 '성전'은 아브라함 언약 성취의 초점이 된다. 예수는 자신으로 이뤄지는 성전과 자신에게로 모을 자들로 이뤄지는 성전에서 이사야 56:1-7이 성취될 것을 아셨기에 당시 성전파괴를 예언하실 때 이 본문을 인용하셨다(막 11:17). 이런 강렬한 연관성으로 마태복음 1:1은 예수를 위대한 두조상, 아브라함과 다윗의 자손으로 말한다. 신약성경은 예수를 아브라함 언약과 다윗 언약의 보편적 왕권을 구현하는 분으로 소개하며 시작하고 있다.[36]

한편, 다윗이 이스라엘의 황금기를 맞을 때 그는 큰 민족을 이루는 아브라함 언약을 성취하는 자로 보였다. 솔로몬 사후 왕국분열과 계속되는 부

35) 또 주의 백성 이스라엘에 속하지 아니한 자 곧 주의 이름을 위하여 먼 지방에서 온 이방인이라도/ 그들이 주의 크신 이름과 주의 능한 손과 주의 펴신 팔의 소문을 듣고 와서 이 성전을 향하여 기도하거든/ 주는 계신 곳 하늘에서 들으시고 이방인이 주께 부르짖는 대로 이루사 땅의 만민이 주의 이름을 알고 주의 백성 이스라엘처럼 경외하게 하시오며 또 내가 건축한 이 성전을 주의 이름으로 일컫는 줄을 알게 하옵소서(왕상 8:41-43).

36) Christopher Wright, *Knowing Jesus through the Old Testament*, 90-91.

패와 배교로, 경건한 유대인들은 다윗시대를 되돌아보며 선지자들이 포함시킨 "다윗에게 약속한 신실한 사랑의 언약"에서 많은 것을 생각해냈다(사 55:3). 이 신실한 사랑은 언약으로 보증되었다. 다윗가문은 하나님과 특별한 관계를 유지할 것이고 다윗왕조는 영원할 것이다(삼하 7:14-16; 23:5). 하나님은 그 백성을 구원하시고 열방을 축복하기 원하시므로 사람에게서 난 다윗의 자손이 메시아가 될 것이다. 그가 원수를 분쇄하고 신실한 남은 자들을 변화시켜 다스리고, 결국 열방에게 축복을 가져올 것이다(사 9:1-7; 11:1-5; 미 5:2-4). 새 아담이 새에덴에서 새롭고 확대된 이스라엘 백성을 다스리며 하나님의 도성, 예루살렘으로부터 모든 나라들을 축복할 것이다(사 2:2-4; 11:6-9; 미 4:1-4). 다윗왕조는 BC 587년 무너졌지만 "다윗에게 약속한 신실한 사랑의 언약"은 언제나 변치 않을 것이다(사 55:3; 렘 22:24-30). 이사야 55:3-5은[37] 하나님백성의 미래를 포로생활에서 돌아오는(하나님께 돌아오는 것까지) 소망 및 다윗 언약의 회복과 연결시킨다. 이새의 줄기에서 '한싹'이 나서 결실한다(사 11:1, 10; 53:2; 슥 3:8; 6:12)는 이사야의 예언은 죽음과 부활의 모티브로서 다윗의 뿌리에서 나온 줄기가 무너진 다윗왕조와는 다르다는 점을 강조한다. 백성들의 깊은 갈망은 영광과 권능으로 오시는 다윗의 자손 메시아로 인해 실현될 것이다. 이처럼 죄악을 제하시고 정의와 평화가 넘쳐나도록 회복된 이스라엘을 통치하시는 다윗과 같은 왕의 최후승리는, 바벨론 포로기와 그 이후 계속된 고난의 세기 동안 이스라엘을 지탱시켜준 소망이었다.[38]

누가복음 1-2장에서 요셉의 혈통(1:27), 가브리엘의 수태고지(1:32-33), 스가랴의 노래(1:69-73), 천사들의 합창(2:10-11), 시므온의 고백(2:30-32) 등을 통

---

37) 내가 너희를 위하여 영원한 언약을 맺으리니 곧 다윗에게 허락한 확실한 은혜니라/ 보라 내가 그를 만민에게 증인으로 세웠고 만민의 인도자와 명령자로 삼았나니/ 보라 네가 알지 못하는 나라를 네가 부를 것이며 너를 알지 못하는 나라가 네게로 달려올 것은...

38) Arthur Glasser, *Announcing the Kingdom*, 임윤택 역, 『성경에 나타난 하나님의 선교』, 240-41.

해 누가는 메시아 예수의 보편적, 선교적 의의와 그분의 아브라함적, 다윗적 혈통이 신적약속의 성취로 주어졌음을 기록한다. 사도행전의 예루살렘공의회에서 야고보는 열방이 와서 여호와의 이름으로 일컬음 받게 될 뿐 아니라 다윗의 무너진 장막이 재건될 것임을 예언하는 아모스 9:11-12를 인용한다(행 15:12-18). 이스라엘의 언약은 성취되어야 한다. 이스라엘은 구속받고 다윗왕국이 회복되며 다윗의 성전은 재건되어야 한다. 오직 그럴때 라야 열방이 모여들 수 있다. 야고보는 일어나고있는 사건들을 목도하면서 거슬러올라가 이야기한다. 민족들이 모여들고 있고 그리하여 하나님나라의 백성과 함께 성전의 돌들이 되도록 해야 한다. 예수의 부활은 다윗의 통치와 성전의 회복이기도 하다. 이는 더 이상 이스라엘만을 위한 것이 아니라 모든 민족을 위한 것이다.[39]

로마서는 아직도 하나님이 이스라엘에게 하신 약속에 신실하시다고 하면서, 하나님의 구원사역에서 열방이 이스라엘에 포함된다고 선포하는 복음의 성경적 근거를 제시한다. 열방이 포함되는 것은 하나님이 이스라엘에게 하신 약속이 이루어진 것이다.[40] 바울은 다윗의 아들이며 하나님의 아들인 예수의 이름으로 열방 가운데 믿어 순종하게 하는 선교적 위임을 받았다(롬 1:5). 예수와 관련된 다윗 언약의 마지막 언급은 요한계시록에 나온다. 하나님의 목적 안에서 인간역사의 의미를 풀어줄 열쇠를 가진 분은 유대지파의 사자 다윗의 뿌리이신 죽임당한 어린양이다. 예수의 십자가는 역사에 나타난 하나님의 모든 계획의 열쇠다. 다윗의 뿌리이신 분이 아브라

---

39) G. K. Beale, *Temple and Church's Mission: A Biblical Theology of the Dwelling Place of God* (Leicester,UK: Apollos, 2004), Chap. 6 참조.

40) 이 복음은 하나님이 선지자들을 통하여 그의 아들에 관하여 성경에 미리 약속하신 것이라/ 그의 아들에 관하여 말하면 육신으로는 다윗의 혈통에서 나셨고/ 성결의 영으로는 죽은 자들 가운데서 부활하사 능력으로 하나님의 아들로 선포되셨으니 곧 우리 주 예수 그리스도시니라(롬 1:2-4).

함에게 주신 언약을 성취하셨고 하나님의 선교의 완성을 본다(5:1-10).[41]

5. 새 언약

세월은 흐르고 흘러 신명기에서 예측된 실패와 반역이 현실화되었다. 이스라엘 백성 전체가 시내산 언약의 기준을 따라 사는 데 실패했다. 위에서 모든 언약들이 이스라엘의 경계를 넘어서는 차원과 기대를 지니고 있었듯이, 새 언약은 더더욱 광대한 선교적 소망을 담고 있다. 예레미야 31:31-37은 새 언약의 보편성에 대한 직접적 언급은 없지만, 구약에서 '새 언약'이라는 단어를 명백히 사용하는 유일한 본문이다. 이 본문을 보면 시내산에서 맺은 옛언약은 잠정적인 것으로서 이스라엘 백성들은 그것을 파기하였다. 그들은 하나님을 개인적 구주로 알지 못했으나 때가 이르면 하나님이 그들의 마음속에 거룩한 율법을 주셔서 하나님의 거룩한 표준대로 살려는 성품을 지니게 될 것이다. 또한 새 백성들은 영을 통해 하나님을 개인적으로 알고 사랑하게 되겠으므로 아무도 그들을 가르칠 필요가 없을 것이라고 단언한다.[42] 에스겔 34-37장은 이스라엘의 회복과 정착을 노아, 다윗, 시내산의 모든 언약을 반영하는 언어로 상상하므로(예컨대 34:23-31) 미래에 대한 에스겔의 환상은 전반적으로 언약적이다. 열방의 모든 소망은 이스라엘의 회복에 완전히 의존되어 있었다. 이사야 42:6; 49:6은 야웨의 종의 사명을 '백성의 언약'이 되는 것으로 표현하는데, 이는 야웨의 구원을 땅끝까지 이르게한다는 '이방의 빛'의 대구법으로 이해해야 한다. 이사야 42장의 정의와 토라라는 말은 시내산 언약을 상기시키며 55:3-5은 다윗 언약의 보편화 경향이 현실화되어 나타난다. 54:7-10을 보면, 노아 언

41) 그들이 새 노래를 불러 이르되 두루마리를 가지시고 그 인봉을 떼기에 합당하시도다 일찍이 죽임을 당하사 각 족속과 방언과 백성과 나라 가운데에서 사람들을 피로 사서 하나님께 드리시고(5:9).

42) G. L. Archer, Jr, "Covenant," 신성종 책임번역, 『Baker 신학사전』, 538.

약에도 자기백성을 위해 장차 축복을 내리겠다는 하나님의 약속의 신실함이 들어있다.[43)]

구약 언약의 발전과정에서 예상된 새 언약은, 앞의 모든 언약들에서 주제를 채택하고 부분적으로 그 주제들을 확대시켜 하나님의 구원하시는 언약적 선교의 궁극적 범위에 열방을 포함시킨다. 구약 전체 이야기의 언약 궤적이 종말론적이고 보편적인 방향으로 전개되면서 신약에서는 그것들의 '성취'라는 선교적 언어로 펼쳐진다. 고린도후서 1:20은 그리스도 안에서의 언약적인 '예'(Yes)를 주장하고 있다.[44)]

> 예수 그리스도, 사람이 되신 하나님의 아들, 다른 인간들처럼 육신이 되신 하나님의 말씀이신 그분은 하나님의 모든 약속에 '예!'가 되기 위해 보냄받았다. 나사렛 예수 안에서 하나님은, 그안에서 모든 민족이 복을 받아야 하는 아브라함의 후손, 세상에 은혜와 진리를 가져오는 것에서 모세를 능가하는 모세와 같은 선지자, 그 의로운 통치가 절대 끝나지 않을 다윗의 아들, 그분 자신에게로 세상에 흩어진 백성들을 한데 모으는 언약이 되신 고난받는 종을 주셨다.[45)]

신약에는 언약이라는 어휘가 잘 나오지 않는다. 예수도 바울도 그 말을 특별히 자주 사용하지 않았다. 언약의 실상이 명백히 언급되든 아니든, 모든 성취의 주제에서 언약의 실상을 깨달을 수 있기 때문이다. '새 언약'이라는 말의 결정적 사용은 마지막 유월절 식사 때 나온다. 출애굽과 시내산 언약을 기억하는 긴장된 순간에 예수는 식사도중 네 번째 잔을 취하셔

43) Christopher Wright, *Knowing Jesus through the Old Testament*, 93-100 참조.

44) 하나님의 약속은 얼마든지 그리스도 안에서 예가 되니 그런즉 그로 말미암아 우리가 아멘 하여 하나님께 영광을 돌리게 되느니라.

45) Christopher Baker, *Covenant and Liberation: Giving New Heart to God's Endangered Family* (New York: Peter Lang, 1991), 323-24.

서 "이 잔은 많은 사람을 위하여 흘리는 내 피로 세운 새 언약"이라 선언하신다(고전 11:25; 마 26:28; 막 14:24; 눅 22:20). "많은 사람을 위하여"라는 말은 하나님의 종의 죽음을 통해 유익을 얻게될 모든 사람을 위한 종의 대속적 고난과 관련시킨 것이다(사 53:11 등). 바울은 그리스도께 나아오는 이방인들이 언약에 포함될 것을 주장한다. 언약구성원 자격이 열방까지 확장된다는 것이다. 사실 이방인들이 포함되어야만 아브라함에게 주신 약속이 실현된 것이다. 이에 대한 최고의 설명은 엡 2:11-12이다. 전에 언약 밖에 있던 이방인은 더 이상 외인도 나그네도 아니고 하나님의 백성과 권속의 완전한 구성원이다. 그들은 하나님의 임재로 나아가고 실제로 하나님의 거하실 처소인 성전을 구성한다. 언약적 비유의 최상급이다. 선교는 복음이 전파되는 곳마다 언약구성원의 경계를 확장시킨다.[46] 대위임령도 새 언약의 명령이다. 구약 언약의 핵심요소는, 첫째 하나님이 자신을 모든 권세를 가진 왕으로 소개하는 것(마 28:18), 둘째 언약의 주님이 주신 명령인 언약관계의 긴급한 요구(28:19-20a), 셋째 축복의 약속인데(28:20b) 모두 대위임령에 나타나 있다.[47] 최후만찬 때 예수께서 하신 말씀이 그분의 죽음과 관련하여 새 언약을 제정한 것처럼, 대위임령도 부활하신 주님이 새 언약을 공포하신 것으로 볼 수 있다.

요한계시록 21-22장은 모든 언약의 비유적 표현이 집결된다. 노아는 심판 후 등장하는 새 하늘과 새 땅의 환상에서, 아브라함은 모든 방언과 언어에서 온 민족들이 모이고 축복받는 데서, 모세는 "그들은 하나님의 백성이 될 것이고 하나님이 그들과 함께 계셔 그들의 하나님이 되실 것"이며 "하나님의 처소가 사람들과 함께 있으며 하나님이 그들과 함께 하실 것"이라는 언약적 주장에서, 다윗은 거룩한 성 새 예루살렘과 예수를 유다의 사자와

46) Christopher Wright, *The Mission of God*, 정옥배/한화룡 역, 『하나님의 선교』, 443-44.

47) Walter Vogels, *God's Universal Covenant: A Biblical Study*, 134-35.

다윗의 뿌리로 표현한 데서, 새 언약은 이 모든 것이 죽임당한 어린양의 피에 의해 성취될 것이라는 점에서 나타난다. 요한계시록은 성경 전체를 이어온 기나긴 언약역사의 절정으로 완성된 선교를 기록한다.[48] 성경 전체를 관통하는 거대서사와 언약들에서도 핵심어는 바로 하나님의 선교다.

이처럼 '선교하시는 하나님'의 모습으로 차고 넘치기 때문에 성경은 선교적 책이다. 여기서 구약의 저자들이 '열방의 빛'이 되라는 것을 선교로 보았는지 또는 이스라엘 백성이 '열방의 빛'으로 선교임무를 완성했는지의 여부는 결정적인 내용이 아니다. 사실 이스라엘은 실패를 거듭했다. 그럼에도 하나님의 의도가 열방에 축복을 가져다주는 것이었고, 열방을 시온으로 나아오도록 만드셔서 그분에게로 부르시리라는 분명한 '약속'이 있었다.[49] 구약의 관점에서 열방선교는(아직까지는) 하나님의 백성을 선교사로 파송하는 문제가 아니라, 종말에 하나님이 하실 행동이었다. 즉 이스라엘 백성에게 선교는 야웨를 예배하고 언약규정에 기쁘게 순종하며 그분의 뜻을 행하는 것이었다. 전세계적 선교는 이스라엘의 순종의 결과들이었고 장차 종말에 일어날 일이었다. 그들에게 선교의식은 어떤 곳에 '간다'는 의미가 아니라 어떤 것이 '된다'는 의미였다. 이 '선교하시는 하나님'의 모습이 신약에서는 예수 안에 구체화되었다.[50]

---

48) Christopher Wright, *The Mission of God*, 정옥배/한화룡 역, 『하나님의 선교』, 446.

49) 엄밀히 볼 때 언약에는 무조건성과 조건성, 즉 직설법과 명령법으로의 양면성이 있다. 언약은 때가되면 반드시 성취되는 선언적 특성과 참된 순종(은혜 안에서)이라는 조건이 동시에 결부되어 있다.

50) 정승현, "선교의 성경연구 동향분석: 1980년대 이후 영미권을 중심으로," 『미션네트워크』 제1집 (2012): 80-81; Christopher Wright, *The Mission of God*, 『하나님의 선교』, 634-35.

IV. 언약 개념을 통해 본 선교적 해석학: 에큐메니칼 해석학을 지향하며

지금까지 신구약성경을 언약 개념을 통하여 전반적으로 훑어보았다. 신구약에서 '언약'은 하나님의 선교라는 일관된 이야기를 관통하여 흐르고 있었다. 하나님과 이스라엘 간의 언약형성과 갱신과정을 고찰함으로써 성경의 다양한 미시적 이야기들 속에서 힘차게 고동치고 있는 하나님의 선교 이야기의 일관성을 확인할 수 있었다.

예수 그리스도는 하나님의 모든 약속에 '예!'가 되기 위해 보냄받았다(고후 1:20). 나사렛예수 안에서 하나님은, 그 안에서 모든 민족이 복을 받아야 하는 아브라함의 후손, 세상에 은혜와 진리를 가져오는 것에서 모세를 능가하는 모세같은 선지자, 그 의로운 통치가 절대 끝나지 않을 다윗의 아들, 그분 자신에게로 세상에 흩어진 백성들을 한데 모으는 언약이 되신 고난받는 종을 보내주셨다. 모든 제자들에게 성경에 대한 해석학적 일관성을 제공하신 분은 부활하신 예수셨다. 즉 성경을 메시아이신 예수의 정체성에 비추어, 또 성령의 권능으로 모든 민족에게 나아가야할 제자들의 선교에 비추어 해석하도록 친히 제자들의 눈을 뜨게 하셨다.[51] 그것은 그리스도께로 이끄는 이야기(메시아적 해석)와 그리스도로부터 나오는 이야기(선교적 해석)

---

51) 또 이르시되 내가 너희와 함께 있을 때에 너희에게 말한바 곧 모세의 율법과 선지자의 글과 시편에 나를 가리켜 기록된 모든 것이 이루어져야 하리라 한 말이 이것이라 하시고/ 이에 그들의 마음을 열어 성경을 깨닫게 하시고/ 또 이르시되 이같이 그리스도가 고난을 받고 제삼일에 죽은 자 가운데서 살아날 것과/ 또 그의 이름으로 죄 사함을 받게 하는 회개가 예루살렘에서 시작하여 모든 족속에게 전파될 것이 기록되었으니/ 너희는 이 모든 일의 증인이라(눅 24:44-48).

에 비추어 성경을 해석하는 것이다.[52] 모든 역사의 의미를 나타내는 두루마리를 열기에 합당하신 분은 십자가에서 하나님의 선교를 완수하신 예수뿐이다(계 5:9). 따라서 모든 성경을 읽는 해석학적 방향과 의제는 메시아적, 선교적이어야 한다. 우리는 전체성경의 광대한 이야기–하나님의 선교–의 초점을 십자가에 달려 죽으시고 부활하신 그리스도 안에서 찾아야 한다.

선교적 해석학은 다문화적 해석학이나 포스트모던 해석학의 한계를 극복하게 해준다. 선교적 해석학은 에큐메니칼 해석학을 지향하며, 에큐메니칼 해석학은 선교적 해석학을 포함한다. 선교적 해석학은 다양한 미시적 이야기들 속에서 하나님의 선교라는 거대서사를 붙잡음으로써 공시적 · 통시적인 교회들의 연합에 기여하는 해석학이 될 수 있다. 필자는 선교적 해석학을 단지 성경 안의 작은 이야기들만이 아니라 공시적이고 통시적인 전세계 모든 교회의 다양한 문화적 배경에서 나온 이야기들까지 아우르는 해석학으로 정의하고자 한다.

'에큐메니칼 해석학'은 "교회들이 대화에 참여할 때 어떻게 다양한 교회들의 텍스트와 상징과 실천을 해석하고 전달하며 상호수용할 것인지에 초점을 맞추는 특수한 과제를 수행한다." 이런 의미에서 그것은 '교회의 일치를 위한 해석학'이다.[53] 기독교신앙과 공동체의 통전적 일치를 나타내려는 이러한 해석학은 '통일성의 해석학'(hermeneutics of coherence)이라고 불려왔다. 동시에 해석학적 성찰의 과정은 전통적인 형태와 정식(forms)의 시간제한적 성

52) Christopher Wright, *The Mission of God*, 정옥배/한화룡 역, 『하나님의 선교』, 48.

53) *A Treasure in Earthen Vessels*, pp. 8–9: 5항. WCC 신앙과 직제 위원회가 공동작업으로 출판한(1998) 이 텍스트는 에큐메니칼 해석학 관점에서 성서해석의 통일성과 다양성에 관한 여러 각도의 접근을 통한 교회일치의 길을 제시한다. 먼저 하나의 전통(Tradition)에 대한 공동의 이해를 보다 성숙한 해석학적 관점에서 탐구한 후에, 하나의 복음이 다양한 상황 가운데서 어떻게 상황화와 보편성이라는 두 대조적인 성격을 통합할 수 있는지를 논구하고, 마지막으로 해석학적 공동체로서의 교회의 본성과 과제에 대한 진술을 제공해준다. [*A Treasure in Earthen Vessels*, 3–4: preface 참조.]

격과 아울러 과거와 현대 해석자들의 모호한 선수여적(先受與的) 관심을 폭로한다. 이는 해석자들 역시 해석되어야 함을 의미한다. 해석학적 과제의 이러한 비판적 · 검증적 측면은 '의심의 해석학'으로 알려져 있다. 끊임없이 지속되는 과정 속에서 책임적인 에큐메니칼 해석학은 의혹에 의해 각성되면서도 언제나 통일성을 지향함으로써 진리에 봉사하고자 노력해야[54] 한다.

교회가 에큐메니칼 운동을 통해 증대되는 교회간 교제와 대화에 참여할 때 더 진전되고 광범위한 해석학적 공동체가 창조될 것이다. 에큐메니칼적 만남에 참여할 때 각각의 교회와 전통은 다른 교회와 전통들에 의해 해석되도록 자신을 개방한다. 타자의 말을 듣는 것은 다른 교회와 전통에 의해 해석되도록 말을 받아들이는 것만을 의미하지 않고, 오히려 성령이 타자들을 통해 그 안에서 말씀하시는 가능성을 인정하는 것을 의미한다. 이는 '확신의 해석학'(hermeneutics of confidence)이라 불릴 수 있다. 일치를 위한 해석학은 에큐메니칼적 방법을 수반해야 한다. 그래야 다양한 문화 및 상황과 서로 다른 교파의 기독교인들이 서로를 존중하는 마음으로 만날 수 있으며, 참된 가슴과 마음의 변화로서의 회개에 열려있게[55] 된다.

풍부한 문화적 언어적 차이를 고려할 때, 또 시대의 흐름 속에 출현했던 다양한 결단의 구조와 여러 방식의 성서읽기를 고려할 때, 그리고 어떤 인간의 표현도 초월하는 하나님의 헤아릴 수 없는 신비를 고려할 때 우리는 사도적 신앙에 대한 '해석'과 '실천'의 많은 다양성을 즐길 수 있다. 우리는 하나님의 감추어진 신비가 다양한 방식으로 계시된다는 점과 아울러 그 신비가 이해, 표현되고 경험되는 방식의 다양성을 인식할 필요가 있다. 또한 신앙의 통일성과 공동체의 일치를 위해서 해석과정에 대한 공동의 이해가 매우 중요한데, 해석과정에 대한 공동의 이해는 교회가 자신들의 공통

54) 위의 문서, 9: 6항.

55) 위의 문서, 10: 8항.

된 기독교적 정체성을 함께 확증할 수 있게 해주며, 서로의 신앙과 삶과 증언을 통해 성령이 말씀하시는 바에 자신을 개방할 수 있도록 해준다.[56]

정리해보자. 기독교선교는 오랫동안 포스트모던적 도전을 경험해왔다. 성경은 다양성을 기뻐하고 다수의 인간문화를 긍정하고 찬미한다.[57] 성경은 특정한 지역적 사건을 신학적 주장들의 기초로 삼고 있다. 성경은 모든 것을 추상적 견지가 아닌 구체적인 관계적 견지에서 바라본다. 성경은 미시적 이야기라는 매체를 통해 이러한 일을 하고 있다. 포스트모던 정신은 성경의 이런 특징들(문화적, 지역적, 관계적, 설화적)을 환영한다. '선교적 해석학'이 급진적 포스트모더니티와 구별되는 것은 이런 다양성, 지역성, 특수성, 변화에도 불구하고 성경이 하나의 큰 이야기라는 주장에 있다. 이 큰 이야기에서 바로 하나님의 역사가 나온다. 하나님의 선교의 이야기는 창조부터 새 창조까지 분명하게 나타나는 거대서사다. 그것은 보편적 주장을 가진 일관된 이야기지만, 특정한 문화적 다양성을 지닌 인류를 긍정하는 이야기이기도 하다. 이것은 모든 작은 이야기들에 분명한 위치와 궁극적 의미를 부여해주는 보편적 이야기다.[58]

---

56) 위의 문서, 11: 10항.

57) 성경안에 나타나는 다양한 장르-즉 율법, 설화(이야기), 시, 지혜문학, 예언, 묵시문학 등-만 보아도 알 수 있다.

58) Christopher Wright, *The Mission of God*, 정옥배/한화룡 역, 『하나님의 선교』, 55.

V. 결론

모든 인간의 세계관은 어떤 이야기의 산물이다. 사람들은 그들이 참되다고 믿거나 그럴싸하다고 생각하는 이야기(들)에 의해 살아간다. 여기 바로 그 이야기(The Story)가 있다.[59] 창조부터 새 창조까지 펼쳐지는 원대한 우주적 이야기와 그 사이에 있는 모든 것에 대한 이야기다. 하나님은 이야기의 창시자, 이야기를 말씀하시는 분, 이야기의 주인공, 이야기 줄거리를 계획하고 인도하시는 분, 이야기의 의미, 이야기의 궁극적 완성이시다. 하나님이 처음과 끝이며 중심이시다. 그것은 다른 어느 누구도 아닌 바로 이 하나님의 선교의 이야기다. 크리스토퍼 라이트는 이렇게 하나님의 선교를 모든 실상, 창조, 역사, 우리 앞에 놓인 모든 것의 핵심으로 이해할 때 철저하고 완전한 하나님 중심 세계관이 생겨난다고 주장한다.

> 하나님의 선교를 모든 존재의 중심으로 놓는 이 세계관은 체제전복적이며, 거대한 틀안에서 우리 자신의 위치를 불편하게 상대화시킨다. 그것은 분명 자기중심적 강박관념에 사로잡혀있는 많은 서구문화(심지어 서구 기독교문화까지도)에 대한 건강한 교정책이다. 그것은 작은 세계가 제공하는 안락한 자아도취에 빠져들기 좋아하는 우리에게 큰 그림에 눈을 뜨라고 끊임없이 강요한다.[60]

선교적 해석학은 선교학과 성서학의 오래된 분리를 넘어서는 통합의 길

59) 크리스토퍼 라이트는 최근에, 자신들이 속한 그 이야기(The Story)를 아는 백성들의 실제적인 삶이 어떠해야 하는가라는 사명선언서와 같은 책 *The Mission of God's People* (2010/한글번역본: IVP, 2012)도 저술하였다.

60) *The Mission of God*, 671-72.

을 제시한다. 온전한 신학은 선교적 관점을 가져야 하고 신학적 기초가 약한 선교행위도 바람직하지 않기 때문이다.

2장
선교적 교회론의 성경적 근거
: 크리스토퍼 라이트의 선교적 해석학 중심으로

I. 서론

2008년 기독교윤리실천본부에서 처음 '한국교회 사회적 신뢰도 조사'를 실시했다. 이 조사에서 한국교회를 신뢰하느냐는 질문에 18.4%만 긍정적 대답을 하였다. 2005년 인구주택총조사를 기준으로 할 때 기독교인이 18.3%인 점을 고려하면, 이 숫자는 겨우 기독교인의 비율을 넘어선 것이다. 조성돈 박사는 여기서 신뢰한다고 대답한 18.4%보다 신뢰하지 않는다고 답한 48.3%를 눈여겨보아야 한다고 말한다. 설문을 실시하면 보통이라는 대답이 가장 큰 비율을 차지하는 것이 세계적으로 공통된 현상이다. 그런데 한국인들은 전국민의 반가량인 48.3%가 한국교회에 대해서만큼은 자신의 의견을 두루뭉술하지 않게 명확히 표현하고 있다. 기독교인들은 한국교회에 더더욱 충성하고 있을지라도 비기독교인들은 한국교회를 신뢰하지 않고 불신이나 반감을 품고 있는 것이다. 이 상황이 한국교회의 위기다. 이 가운데서 목회하며 교회의 부흥을 기대한다는 것자체가 무리수다. 복음을 전하기도 전에 마음을 닫아버린 사람들에게 무슨 말로 설득을 하겠는가? 이는 교회의 프로그램이나 목회방법론으로 풀 수 있는 문제가 아니다. 현재 한국교회는 어느 때보다 프로그램이나 목회방법론이 발달했으나, 이러한 한국교회 전성기는 암흑기와 맞물려가면서 전방위적 변화를 요구받고 있다.[1)]

오늘의 한국교회는 서구에서 선교적 교회론(Missional Church)이 나올 수밖에 없었던 때와 유사한 위기 앞에 있다. 한국교회의 위기는 크게, 그릇된 윤리적 가치관과 오래된 해묵은 패러다임에서 온다. 한국교회는 신앙가치관

1) 조성돈, "지역과 함께 서는 교회," 선교적 교회론 세미나 강의안, 장로회신학대학교 세계선교연구원 주최 (2012년 11월 15일~12월 20일).

의 본질상실과 사회적합성 부재라는 이중적 원인으로 인해, 안으로는 부패와 밖으로는 무능과 신뢰상실을 낳게 된 것이다.[2] 현재 역사상 최대위기에 다다른 한국교회는 안으로는 본질적 가치－하나님의 주권, 사랑과 공의, 언약적 신실성, 제자도 등－를 회복하고, 밖으로는 변화된 한국사회와 효과적으로 소통해야할 절실한 과제 앞에 있다. 이처럼 '정체성'과 '적합성'을 회복하고 교회안팎의 당면문제를 해결하려면 현재의 교회패러다임으로는 불가능하다.[3]

서구교회가 거의 반세기 동안 형성해온 선교의 중심주제가 선교적 교회론으로 집결되어 나타났는데, 이는 기독교제국(Christendom)의 회복이나 교회성장(Church Growth)의 또다른 원리방법을 찾아내려는 것이 아니다. 오히려 교회의 상황을 선교적 관점에서 반성하며 연구하여 바람직한 교회운동이 선교회복운동과 맞물려 일어난 것이다. 최근 호주와 북미의 GOCN(Gospel and Our Culture Network)은 선교적 교회 운동을 선교적 해석학(Missional Hermeneutic) 방면으로 추진해가고 있다. 선교적 교회 운동이 교회의 본질에 대한 성경적 근거를 제시해야 하기 때문이다. 하나님의 본성에서 나오는 선교는 성경의 몇몇 구절이 아니라, 성경 전체에 나타나있는 하나님의 선교에 대한 일관된 내용으로 다루어져야 한다. 이에 본글은 크리스토퍼 라이트(Christopher Wright)가 전개하는 선교적 해석학을 소개하려 한다. 필자의 견해로 헤아릴 때, 라이트의 선교적 해석학의 전체맥락은 내용상 선교와 윤리의 관계성으로 모아진다. 따라서 이 연구는 선교적 교회론의 특성인 윤리적/존재론적[4] 측면의 선교를 조명해주는 계기가 될 것이다.

---

2) 이학준, "한국교회의 새로운 패러다임의 핵심, '공적영성'," 「목회와 신학」 (2013.3): 69.

3) 위의 글, 71.

4) 필자는 기존에 선교를 교회의 행위로 보고, 신자의 인격과 삶이 배제된 채 활동 및 프로그램 위주의 선교사업에 힘쓴 데 반해, 신앙과 삶이 일치된 하나님백성의 선교적 삶이 강조되고, 공적 제자도를 실천하여 지역사회 속에서 복음의 사회적 영향력을 고려하는 점, 권위주의적 승리주의적 방식이 아닌 섬김과 약함을 통한 성육신적 선교가 견지되는 점에서, 선교적 교회

선교와 윤리의 관계는 긴밀하다. 필자는 이글에서 윤리성이야말로 교회를 세상과 구별하여 참으로 교회되게 하는 표지이며, 윤리성 자체가 선교를 구성한다고 주장할 것이다. 선교적 교회론에서 교회는 빛과 소금처럼 지역사회 일원으로 존재함으로써 윤리성 자체가 선교를 구성한다. 본글은 다음과 같이 전개될 것이다. 먼저 선교적 교회론의 특성을 핵심적으로 정리하고 나서, 선교적 교회론에서 선교적 해석학의 위치와 비중을 논한다. 그리고 선교적 해석학으로 신구약성경을 조망하면서 이스라엘 백성 및 교회의 '선택'-'구속'-'언약'의 각 측면과 긴밀히 연관된 윤리와의 관계성을 보여줄 것이다. 이를 통해 선교가 윤리를 필요로한다는 데서 더 나아가 윤리자체가 선교를 이루고 구성한다고 주장할 것이다.

Ⅱ. 선교적 교회론과 선교적 해석학

A. 선교적 교회론의 특성

서구교회의 위기에서 형성된 선교적 교회론은 복음으로의 회귀이며 교회의 지속적 회심과 연관된 교회론이다. 이는 교회가 세상속에서 진정으로 선교적 공동체로 존재하려면 왜곡된 이데올로기적 가치-질서, 효율, 진보, 근대적 성장이데올로기, 종교적 소비주의 등-의 외피가 벗겨져야 한다고 주장하는데, 이때 비판의 도구는 복음자체다.[5] 대럴 구더(Darrell Guder)는 선교

론의 선교개념을 존재론적/윤리적 측면의 선교로 표현하고자 한다. 이에 대하여 이 글의 Ⅲ부에서 상세히 다룰 것이다.

5) 최동규, "GOCN의 선교적 교회론과 교회성장학적 평가," 「선교신학」 제25집/Vol.Ⅳ (2010): 235-36.

적 교회론이 기독교제국이나 크리스텐덤을 회복하려는 것도 아니고, 교회성장을 추구하는 다른 원리나 방법을 찾아내는 것도 아니며, 진지하게 교회가 속한 상황을 선교적 관점에서 반성하고 학문적으로 연구함으로써 바람직한 교회운동과 선교회복운동이 함께 시작된 운동이라고 말한다.[6] 사회 전반적으로 기독교문화였던 서구교회는 문화에 대한 고민을 할 필요가 없었다. 그러나 어느덧 목전에 반기독교문화를 직면한 서구교회는 교회론적 반성과 선교적 반성, 더불어 문화적 성찰을 하지 않을 수 없게 되었다.[7] 따라서 선교적 교회론은 성경적 · 신학적 담론과 문화인류학적 담론 모두를 포괄한다. 즉 교회의 본질에 대한 고민과 교회의 교회됨이 드러나야하는 사회문화적 상황에 대한 선교인류학적 고민을 하나님의 선교라는 핵심앵글에 비춰 풀어나간다.[8]

정승현은 북미와 호주 여러학자의 견해를 제시한 후에 선교적 교회론의 특성을 하나님의 선교 관점에서 다음과 같이 정리한다.[9]

> 선교적 교회론은 기독교세계 안에서 형성된 교회론의 반성에서 출발한다. 선교는 삼위일체 하나님의 본성에서 기인하고 교회의 본질이기에, 교회는 하나님의 선교를 프로그램화하거나 선택하거나 조정할 수 없고 오직 신실한 도구로 참여한다. 선교적 교회의 모든 교인들은 자신들의 정체성을 보내는 자가 아니라 보내심을 받은 자로 인식한다. 그러기에 그들은 복음을 축소하거나 일회적으로

6) 대럴 구더/정승현 역, 『선교적 교회』 (서울: 주안대학원대학교출판부, 2013), 저자서문 참조.

7) 한국일, 특집대담:"선교적 교회론의 실천으로 한국사회의 신뢰를 회복해야 합니다," 「목회와 신학」 (2013.3): 28.

8) 이대헌, "선교적 교회론에 입각한 선교 및 교회 이해," 「목회와 신학」 (2013.3): 44-45.

9) 선교적 교회론을 하나님의 선교 관점에서 정리한 글로는 다음을 참조 바람: 정승현, "하나님의 교회와 선교적인 교회-빌링겐 IMC를 중심으로," 「선교와신학」 제20집 (2007): 186-212.

받아들이지 않고, 매일 자신들의 삶에서 예수 그리스도의 선교를 실천함으로 하나님나라를 위해 봉사한다.[10]

교회는 하나님의 선교에 참여하는 특권으로 부름받은 하나님의 백성이다. 모든 교회는 하나님에 의해 특정한 사회문화적 상황으로 보내심을 받은 선교적 공동체이다.

현금의 한국교회는 서구에서 선교적 교회론이 나올 수밖에 없었던 때와 같은 위기에 봉착해있다. 한국교회가 자신의 '정체성'과 '적합성'을 회복하고 교회안팎의 당면과제를 해결하려면 기존의 패러다임으로는 안 된다. 아래의 표는 선교적 교회와 기존교회의 교회론 및 선교론에 관한 패러다임의 차이를 잘 보여준다.[11]

	선교적 교회	기존 교회
초점	교회의 본질: 교회는 본질적으로 선교적	교회의 행위: 선교활동, 선교프로그램, 해외선교치중
주안점	하나님백성의 선교적 삶: 신앙과 삶의 일치	선교사업과 프로그램: 신자의 인격과 삶 배제
선교지	지역사회에 대한 관심: 지역사회가 중요한 선교현장	해외선교에 치중하고 지역사회에 무관심
강조점	복음의 사회적 영향력 고려: 공적 제자도 실천	개인구원과 회심에 치중
지향점	하나님나라의 성장: 선교의 주체는 하나님	개체교회의 이기적인 성장: 개인주의적, 자본주의적 사고
(선교)실천 방법론	성육신적 사역: 섬김과 약함을 통한 선교	권위주의적 방식: 교회의 승리주의적 관점을 통한 선교

10) 정승현, "선교적 교회론의 과거, 현재 그리고 미래: GOCN의 연구를 중심으로," 『1910년 에딘버러 세계선교사대회 100주년기념 2010 한국대회』 제6분과 (서울: 미션아카데미, 2011), 54-55.

11) 최동규, "선교적 교회, 무엇이 다른가?," 「목회와 신학」 (2013.3): 43.

한편 록스버그(Alan Roxburgh)와 보렌(Scott Boren)은 선교적 교회를 규정하기 위해 다음과 같이 '선교적 교회가 아닌 것'을 정리한다. 그들은 선교적 교회를 어떤 조직이나 프로그램으로 규정하기보다 '하나님나라를 향한 운동'으로 언급하고 있다.[12)]

1. 선교적 교회는 타문화권 선교사역을 강조하는 교회가 아니다.
2. 선교적 교회는 교회 밖을 향한 관심을 강조하는 프로그램이 아니다.
3. 선교적 교회는 교회성장과 교회의 효율성을 강조하는 것이 아니다.
4. 선교적 교회는 복음전도에 효율적인 교회가 아니다.
5. 선교적 교회는 자신의 존재목적을 제시하는 선교와 비전선언이 아니다.
6. 선교적 교회는 시대에 뒤떨어진 비효율적인 교회형태를 변화시키는 방법이 아니다.
7. 선교적 교회는 초대교회로 돌아가려는 운동이 아니다.
8. 선교적 교회는 전통적인 교회에 관심 없는 사람들에게 접근하는 새로운형태를 추구하는 것이 아니다.[13)]

이상에서 보았듯이 선교적 교회의 핵심개념은 삼위일체 하나님의 선교, 하나님나라(하나님의통치), 세상으로 보냄받은 교회, 제자로서 모든 그리스도인의 선교적 삶 등으로 정리할 수 있다. 선교적 교회의 강조점은 하나님의 통치권 자체에 있다. 이는 제도적 · 기능적 · 조직적 차원의 교회 이해를 극

---

12) Alan Roxburgh & Scott Boren, *Introducing the Missional Church: Why it is, Why it Matters, How to Become One* (Grand Rapids, MI: Baker Books, 2009), 31-34.

13) 이처럼 어떤것을 정의내리기 위하여 오히려 그것이 아닌 것들을 묘사함으로써 어떤 것의 특성을 규정하는 것을 apophasis(陽否陰述: 어떤사항에 대해 언급하지 않겠다고 하면서 넌지시 암시하는 어법)라고 한다. 이 방식은 직접적으로 정의내리는 것보다 빠지기 쉬운 함정과 오해를 피해가면서 좀더 본질적으로 규정할 수 있는 장점이 있다.

복하려는 것이다.[14] 하나님의 부르시고 보내시는 행위가 교회의 정체성을 형성하므로 교회의 선교는 교회자체의 확장을 위한 노력이 아니라 이 세상에서 하나님의 통치를 이루는 것이다.[15] 따라서 선교적 교회론은 교회중심적 선교이해를 수용하지 않고, 타락한 피조계를 구속하고자 하시는 하나님의 성품이 발현되는 모든 과정을 선교를 구성하는 실제내용으로 이해한다. 선교사역을 통해 하나님의 주권이 철저히 인정·구현되도록 하나님의 통치로 대변되는 하나님나라 가치가 온전히 구현되는 선교를 이루어가야 한다.[16]

향후 선교적 교회론의 과제로서 선교교육의 장이 마련되어야 할 것이다. 교회의 본질이 선교라면 그 본질에서 모든 사역이 비롯되어야 하고, 교회의 본질과 사역내용에 의해 교회구조나 조직이 결정되어야 한다. 이 순서가 뒤바뀌지 않아야 하며, 이것이 실천적 면에서 제기되어 교회의 삶 전반으로 확산되어야 한다. 교회의 본질이 선교라고 주장한다고 해서 자동으로 실천에 옮겨지는 것은 아니기에, 교회 내적갱신이 일어나서 실제로 교회가 의도적으로 선교적으로 행하며 선교적 우선순위를 세울 필요가 있다. 서구에서는 선교적 교회론 개념이 학문적, 추상적이라는 비판 앞에 북미와 호주의 교회를 중심으로 선교적 교회를 위한 실제적 안내지침과 사례들이 나오고 있다.[17] 한국교회는 서구에서 유래된 교회성장 프로그램과 불신자를 끌어들이고 신자들의 욕구를 채우는 다양한 소그룹 프로그램들을 실시해왔지

14) 최동규, "GOCN의 선교적 교회론과 교회성장학적 평가," 「선교신학」 제25집 (2010): 238.

15) 최형근, "선교적 교회란 무엇인가?," 「목회와 신학」 (2013.3): 39-40.

16) 이대헌, "선교적 교회론에 입각한 선교 및 교회 이해," 46-47.

17) 최동규는 GOCN 학자들이 이런 안내서가 많이 나와야 함에는 동의하지만, 무시간적 진리처럼 여겨지는 매뉴얼의 제시보다 각 지역교회 환경에 상황화할 수 있는 원리와 가치를 제시하는 데 중점을 두고있다고 말한다. 모든 상황에 통용되듯 제시되는 매뉴얼은 선교적 역동성과 상상력을 말살하고 성공의 가치만 난무하여 선교적 교회의 철학과 가치를 훼손할 것이기 때문이다. "GOCN의 선교적 교회론과 교회성장학적 평가," 247.

만, 이런 것들은 교회의 본질에 대한 철저한 성찰에서 비롯된 것이라기보다 성장지향적 경쟁논리에서 나온 효율성중심의 프로그램들이었다. 성경적이고 신학적인 성찰과 선교적 의식의 전환 없이 선교적 교회를 운운하는 것은 또다른 효율성을 추구하는 프로그램으로 전락할 위험소지가 있다.[18]

최근에 서구의 선교적 교회 운동은 교회의 본질에 대한 성경적 근거를 연구하고 있다.[19] 한국교회 갱신과 개혁을 위한 도전을 던지는 선교적 교회론은 제도화 속에서 경직되고 세속화된 한국교회에 도사리고 있는 세속적 가치관을 제거하기 위해, 하나님나라 가치관을 드러내는 성경적 기준을 제시해야 한다. 현재 국내에서 선교적 교회론은 학문적 논의의 장을 형성하고 있으며 새로운 선교적 교회들의 부상은 태동기에 있다.[20] 이러한 때 중요한 것은 학문적 논의가 목회와 선교현장의 가교를 형성하도록 하여 목회자, 선교사, 디아스포라 교회지도자들과의 지속적 논의와 적용을 통해 실행가능한 사례들을 만들어내는 일이다.[21]

B. 선교적 교회론에서 선교적 해석학의 위치

최근 유럽과 북미 GOCN이 선교적 교회론 연구는 선교적 해석학 방면으로 집약되고 있다. GOCN은 2000년도 중반부터 선교적 해석학에 대한 적절한 방향을 모색해오고 있으며, 헌스버거(George Hunsberger)는 이러한 선교적 해석학 유형을 4가지로 정리하여 발표하였다: 첫째 유형은 성경 전

18) 최형근, 위의 글, 42.

19) GOCN web-site의 "Missional Hermeneutic" 참조.

20) 최형근, 위의 글, 43.

21) 최근 한국상황에서 선교적 교회론의 이론을 정리하고, 목회 및 선교현장 사례를 소개한 학술지로서 「선교와신학」 제30집 (2012)과 이후천, "한국적 상황에서 '선교적 교회'가 갖는 의미 연구," 「선교신학」 제21집/Vol. Ⅱ (2009): 81-107 참조 바람.

체를 하나님의 선교에 관한 내러티브로 이해하는 것(Christopher Wright), 둘째는 성경 저술의 목적을 하나님의 선교를 증거하기 위한 것으로 이해하는 것(Michael Goheen), 셋째는 성경을 선교적으로 해석하는 것은 결국 상황이 서로 다른 모든 공동체들의 몫이라는 것(Michael Barram), 넷째로 선교적 해석학은 성경과 다양한 문화적 요소들이 비평적 대화를 지속할 때만 올바른 방향으로 진행될 수 있다는 유형(James Brownson)이다. 이렇듯 성경을 선교적으로 읽는 방법이 완전히 통일되지는 않았지만 공통적인 점은, 많은 학자들이 구약성경에서부터 하나님의 선교가 시작되었다는 것과 올바른 해석학을 위해서는 본문만이 아니라 컨텍스트에도 무게를 두어야 한다는 점에 뜻을 모으고 있다.[22)]

선교적 교회론에서 성경적 근거는 아무리 강조해도 지나치지 않다. 선교적 교회 운동은 교회의 본질에 대한 성경적 근거를 제시해야 한다. 최동규는 GOCN의 선교적 교회론이 이론적 강점에도 불구하고 교회나 하나님백성의 선교적 삶에 대한 개념이 모호한 약점을 지닌다고 지적한다.[23)] 그동안 GOCN의 연구는 선교적 교회론에서 크리스텐덤과 그 유산에 의한 교회론의 문제점과 현대 서구문화에 집중되었다. 이것이 쇠퇴일로에 있는 서구교회 지도자들의 동의를 얻어내긴 했지만, 정작 선교적 교회의 성경적 근원에 대한 연구는 부진하였다. 이는 선교적 교회론을 주장하는 학자들이 성경을 간과했다기보다 성경 전체에 나타나있는 하나님의 선교에 대한 일관된 내용을 다루지 못하고 성경을 부분적으로 사용했다는 것이다.[24)] 하나님의 본성에서 나오는 하나님의 선교는 성경의 몇몇 구절에 의해서만 정의될 수 없다.

---

22) 정승현, "선교적 교회론의 과거, 현재 그리고 미래: GOCN의 연구를 중심으로," 55-57.

23) 최동규, "GOCN의 선교적 교회론과 교회성장학적 평가," 「선교신학」 제25집 (2010): 254.

24) 정승현, 위의 글, 55-56.

선교적 교회론에서 선교적 해석학은 이 운동의 성경적 근거를 제시한다. 교회의 본질이 선교임을 알고 실천하려 할 때 어떻게 선교를 실천할 것인가도 대단히 중요한 사안이다. 그러므로 교회와 선교에 대하여 성경적으로 옳으며 신학적으로 적절한 이해가 절실히 요청된다. 이에 성경은 선교적 순종의 본질과 방법 모두에 대한 답을 준다. 신약의 저술들은 이미 선교하고있는 공동체들을 염두에 둔 메시지이며 신약의 목적도 그들이 계속 선교적 임무를 감당하도록 하는 것이었다. 성경말씀은 성령을 통해 선교공동체의 상황과 역경과 고난에 참여하면서 그들을 지도하고 인도한다. 따라서 말씀은 교회의 선교를 위한 근거다. 선교적 교회를 향한 행보는 말씀과의 진지한 관계성 안에 뿌리내리고 빚어지도록 모든 교회의 체계들을 성경적으로 철저히 검토해야 한다. 즉 선교적 교회 운동은 교회의 본질, 사역, 구조에 대한 성경적 근거를 제시해야 한다. 교회의 본질에서 교회의 사역이 나오고, 또 그 본질과 사역에 따라 교회의 구조가 결정되어야 하겠기 때문이다.[25]

선교적 교회론이 한국교회 갱신과 개혁을 위한 도전을 주긴 하지만, 기존의 경직화 · 제도화 · 세속화된 한국교회 내부에 도사리고있는 성공, 탐욕, 권력, 명예라는 우상들을 제거하고 예수 그리스도의 복음의 증인이 될 수 있느냐가 관건이다. 이러한 점에서 하나님나라 가치관을 드러내는 성경적 기준이 제시되어야 한다. 뉴비긴(Lesslie Newbigin)은 교회가 새로운 사회질서를 만들어낼 수 있는 가장 중요한 공헌은, 교회자체가 새로운 사회(정치)적 질서가 되는 것이라 하였다. 새로운 사회질서, 즉 하나님나라의 통치를 구현하기 위해서는 성경으로 돌아가야 한다. 한국교회의 갱신은 말씀(Word)의 대의에 따라 대조사회적인 대안문화를 형성해가는 기존교회의 주변부에서부터 일으켜나가야 할 것이다.[26]

---

25) 대럴 구더/정승현 역, 『선교적 교회』, 8장 참조.

26) 최형근, 위의 글, 43.

이러한 필요성 앞에서 본글은 선교적 교회론의 성경적 근거를 선교적 해석학의 렌즈로 조명하는 일례를 보이고자 한다. 다음 파트에서는 성경 전체를 하나님의 선교에 관한 메타내러티브로 보는 크리스토퍼 라이트를 따라[27] 성경에 나타난 선교와 윤리의 관계를 고찰할 것이다. 성경에 줄기차게 나타나는 거대서사로서 하나님의 선교 이야기는, 하나님의 백성의 측면에서 볼 때 내용상 선교-윤리 문제로 집결 · 귀결된다. 라이트의 논지는 성경의 몇몇 구절에서가 아니라, 이스라엘 및 교회의 선택-구속-언약을 통해 일관되게 나타나는 선교와 윤리의 긴밀한 관계성을 보여줄 것이다.

III. 크리스토퍼 라이트의 선교적 해석학: 선교와 윤리의 관계[28]

A. 구약에 나타난 선교와 윤리

구약에서 하나님의 선교는 선택, 구속, 언약으로 자신과 결합시킨 백성

---

27) 전체성경이 하나님의 선교라는 거대서사로 점철되어있음을 언약(Covenant)이라는 개념적 예시틀로 증명한 필자의 다른 논문을 참조하라: 강아람, "성경에 대한 선교적 해석학 연구-언약개념을 중심으로," 「선교신학」 제33집/Vol. II (2013): 11-45.

28) 라이트는 그의 *Mission of God*의 1부에서 선교적 해석학의 정의를, 2부는 선교의 하나님, 3부는 선교의 백성, 4부는 선교의 무대로서 세상/땅, 인류/죄와악, 지혜와문화, 열방과 미래를 논하고 있다. 특히 3부에서 그는 선택과 선교(6-7장), 구속과 선교(8-9장), 언약과 선교(10장)를 다루고나서, 연이어 11장에서 바로 앞장들에서 다룬 선택-구속-언약의 각 측면과 연결하여 '윤리와 선교'를 집중적으로 재정리하고있다. 따라서 본글의 III부는 크리스토퍼 라이트/정옥배 · 한화룡 역, 『하나님의 선교』 (서울: IVP, 2010)의 11장("하나님의 선교적 백성의 삶")을 위주로 참조하였고, 소논문의 특성과 지면상 그의 책 전체를 다루지는 못하였음을 밝힌다.

을 통해 모든 열방이 복을 받는 것이다. 이스라엘 신앙과 정체성의 세기둥(선택, 구속, 언약)은 하나님의 선교와 연결된다. 라이트는 윤리와 선교에 대한 세 본문(창 18장, 출 19장, 신 4장)에 주목한다.

1. (선교적)[29] 윤리와 선택(창세기 18장)

"너는 복이 될지라"는 말로 하나님은 세상에 구속적 축복의 역사를 시작하셨다. 창세기에서 강조하는 아브라함의 믿음과 순종은 대대로 그 후손을 위한 본보기가 되었다. 후손들 역시 의와 정의로 야웨의 길을 걸어서 아브라함을 선택하신 선교적 목적을 성취해야한다. 창 22:16-18은 열방을 축복하는 하나님의 약속을 이행하실 이유로서 순종이 강조되었다. 아브라함 언약은 하나님의 선교전략이며 하나님백성의 도덕적 의제다(창 18:18-19).[30]

세상의 모델인 소돔은, 타락한 세상방식으로서 하나님의 심판의 원형이다. '제아카'/'체아카'는 학대당하는 자들의 고통이나 도움의 외침을 나타내는 전문용어다.[31] 소돔과 부근에 사는 이들은 억압에 대항해 부르짖고 있었다. 소돔으로부터 하나님께로 올라가는 '부르짖음'이 있다(창 18:20-21). 신명기 29:23은 우상숭배로 하나님의 진노아래 있는 이스라엘에 닥칠 운명이 소돔 고모리에 비교되는데, 이는 두 도시에 사회직 익과 함께 우상숭배의 죄가 포함되어 있음을 시사한다. 이사야는 당시 이스라엘의 유혈사태

29) 라이트는 그리스도인의 윤리자체가 본질상 선교적이라는 의미에서, 윤리 앞에 '선교적'이라는 형용사를 붙여 사용한다. 이하에서는 생략해서 쓸 것이다.

30) 아브라함은 강대한 나라가 되고 천하만민은 그로 말미암아 복을 받게 될 것이 아니냐/ 내가 그로 그 자식과 권속에게 명하여 여호와의 도를 지켜 공의와 정의를 행하게 하려고 그를 택하였나니 이는 나 여호와가 아브라함에게 대하여 말한 일을 이루려 함이니라.

31) 이스라엘이 애굽에서 종살이하며 부르짖을 때(출 2:23-24), 시편기자들이 부당한 대우에 대한 부르짖음을 들어달라고 하나님께 호소할 때(시 34:17), 강간당하는 여자가 도움을 청할 때(신 22:24, 27) 등. 이 단어에 대한 상세한 논의는 Richard Nelson Boyce, *The Cry to God in the Old Testament* (Atlanta: Scholars Press, 1988) 참조하라.

와 부패를 정죄하면서 소돔 고모라에 비유한다. 바벨론의 교만에 대해 하나님이 장차 내리실 심판도 소돔 고모라의 재현으로 묘사된다(사 13:19). 구약의 증거를 볼때 소돔은 전형적 범례–최악의 상태에 처한 인간사회와 그에 대한 하나님의 불가피한 포괄적 심판모델–로 사용되었다. 소돔은 억압, 학대, 폭력, 왜곡된 성, 교만, 궁핍한 자들에 대한 자비와 돌봄이 전혀 일어나지 않는 장소였다. "하나님의 진노가 … 하늘로부터 나타나나니 … 이같은 일을 행하는 자는 사형에 해당한다"(롬 1:18-32)는 바울의 언급도 소돔 고모라에 내린 유황과 불의 비를 암시한다.[32]

세상의 모델 소돔은 아브라함이 가라고 명령받은 땅에 있었기에 선교의 배경이었다. 하나님이 두 천사와 소돔을 조사하시고 신적심판을 내리기 직전, 창 18장의 대화가 이루어진다. 하나님은 악한사회에 심판을 내리는 도중 멈춰서 열방을 복주시겠다는 자신의 궁극적 목적을 스스로 상기하신다(18절). 당장은 조사와 심판을 하시지만, 궁극적인 보편적 목표는 축복이다. 하나님은 아브라함과 사라, 노부부에게서 인류역사를 위한 선교목적 전체를 보셨기에 오셔서 함께 식사하셨고 아브라함은 중보기도–아브라함이 가까이 나아가 이르되 주께서 의인을 악인과 함께 멸하려 하시나이까(창 18:23)–로 반응한다. 10명의 의인이 없어 심판이 임했지만 "의인을 악인과 함께 멸하지" 말라는 아브라함의 첫 요청은 수용되었고 롯과 딸들은 구조되었다. 소돔과 고모라에 대해 부르짖은 자들은 성들의 파괴로 해방되었을 것이다. 제사장적인 중보자 역할은 열방에 복을 주는 도구로서 아브라함이 담당한 또 하나의 역할이다. 소돔 고모라에게는 심판을 면케 해달라고 간청하는 아브라함이 있었다. 야웨와 아브라함의 대화를 통해 신적축복을 열방에 전달하기 위해 선택받은 사람들이 어떤 반응을 나타내야 하는지–중보기도의

32) Philip E. Esler, "The Sodom Tradition in Romans 1:18-32," *Biblical Theology Bulletin* 34 (2004): 4-16.

선교적 의의-를 배운다.[33]

창세기 18:19은 윤리적 의제가 아브라함의 선택 및 하나님의 선교와 연결된다. 아브라함은 여호와의 도, 의와 공도를 가르치는 선생이 되도록 선택받았다. "여호와의 도를 지킴/행함"은 이스라엘 윤리의 특징을 묘사하던 구약의 비유다. 야웨의 길과 소돔의 길이 대조된다. 다른 신이나 민족들의 길, 자신의 길이나 죄인들의 길과는 다른, 야웨의 길에 행한다는 것이다. 이스라엘이 행할 야웨의 도는 아브라함과 후손을 축복의 수단으로 선택하는 자신을 낮추시는 사랑의 도였고(신 10:14-15) 보답으로 사랑과 겸손의 반응이 요구되었다(10:16). 야웨의 도의 구체적 의미는 하나님이 그들을 위해 해주셨거나 해주고자 하시는 것을 다른 사람을 위해 하는 것이다(신 10:17-19). 의와 공도는 구약윤리의 중요한 다섯 어휘에 속한다. '체데크'/'체다카'는 영어성경에서 '의'로 번역되지만 어원적 의미는 '곧은'이다. 이는 규범을 뜻하는데 올바르고 기대되는 것을 추상적 방식이 아닌 특정한 관계의 요구나 구체적 상황의 현실에 맞게 따르는 것이다. '미쉬파트'는 소송의 전과정을 말하며 '정의'라는 뜻이다. 미쉬파트는 질적인 일련의 행동으로서 해야하는 무엇이고, 체데크/체다카는 질적인 일의 상태로서 이루고자 목표하는 것이다. 창 18:19은 두 단어가 짝을 이룬 포괄적 문구로 하나의 복합개념을 표현하는데 이에 가장 가까운 단어는 '사회정의'다. 히브리 단어가 지닌 역동성을 담아낸다면 의와 정의는 우리가 성찰하는 어떤 개념이 아닌, 실제로 행하는 무엇들이다. 18장의 대화에서 히브리어 어순으로 야웨가 말씀하시는 첫마디는 제아카(부르짖음)다. 하나님이 소돔을 살펴보고나서 행동을 취하신 것은 소돔의 죄뿐 아니라 그 희생자들의 부르짖음 때문이었다. 이 사건은 하나님의 성품, 행동, 요구사항을 실용적으로 규정한다. 아브라함이 목격하고 가르친 여호와의 도는 억압받는 자들을 위해, 억압하는 자들

33) John Goldingay, *Old Testament Theology*, vol. 1: Israel's Gospel (Ill: IVP, 2003), 43.

에 대항해서 의와 정의를 행하는 것이다.[34)]

창 18:19은 세절로 나뉘는데, 선택에 대한 하나님의 단언(내가 그를 알았나니), 선택의 윤리적 목적(그로 그 자식과 … 의와 공도를 행하게 하려고), 열방을 축복하시는 하나님의 선교(나 여호와가 … 함이니라)다. 이 구절은 선택-윤리-선교를 하나님의 의지, 행동, 바람을 나타내는 구문론적 신학적 순서로 연결하여, 선택에 대해 설명하며 윤리를 통합하는 선교적 단언이다. '윤리'가 선택과 선교의 중간에서, 전자의 목적이자 후자의 기초가 된다. 아브라함의 선택은 하나님의 성품을 윤리적으로 나타내는 공동체를 만들기 위함이다. 열방을 축복하는 하나님의 선교는 그런 공동체의 실존을 근거로 한다. 18:19의 선교적 논리는 어느쪽 끝에서 접근해도 윤리가 중간에 나온다.[35)] 하나님백성은 하나님의 선교를 위해 그분의 윤리적 성품을 따라 형성된 공동체가 되려하기에, 억압과 불의로 찬 세상에서 의와 정의에 주의를 기울인다. 그런 공동체만이 열방에 축복이 된다. 열방을 축복하려는 하나님의 의도는 축복의 행위자가 되도록 창조하신 백성에게 부과된 윤리적 요구와 밀착된다. 성경적 윤리 없이 성경적 선교는 없다!

2. 윤리와 구속(출애굽기 19장)

출 19:4-6은 이스라엘의 정체성-거룩한 나라-을 다룬다. "내가 애굽사람에게 어떻게 행하였음을 너희가 보았느니라" 하나님은 이스라엘이 무엇을 해야하는지 말씀하기 전에 자신이 하신 일을 가리키신다. 구속의 은혜에서 하나님의 주도권은 이후의 사건들-율법수여, 언약수립, 약속의 땅으로 전진 등-의 우선적 사항이다. 그들의 현재와 미래의 삶은 은혜로 살아야한

---

34) "정의와 공의"에 대한 라이트의 상세한 연구는 김재영 역, 『현대를 위한 구약윤리』(서울: IVP, 2006), 8장을 참조하라.

35) 이절의 끝에서부터 볼 때도 선교->윤리->선택, 처음에서부터 볼 때도 선택->윤리->선교.

다. 즉 하나님의 음성을 듣고 언약을 지키는 것이다. 이는 구속을 얻는 조건이 아니라 그들의 정체성이 부과하는 사명성취의 조건이다. 정체성과 순종은 은혜에서 온다. 윤리는 성경적 구속에 대한 반응이다. 우리의 순종의 한 차원인 선교도 은혜에서 나온다. 그것은 성취된 구속의 은혜와 하나님의 미래의 목적들의 은혜이다.

"세계가 다 내게 속하였나니 … 너희는 모든 민족 중에서" 이 본문은 온 세상에 대한 하나님의 소유권과 모든 민족에 대한 하나님의 보편적 관심을 단언한다. 또 이스라엘이 야웨의 귀중한 개인적 소유로서 그분의 제사장 나라요 거룩한 백성이라는 독특한 정체성을 지님을 단언한다. 이스라엘의 존재와 역사에서 비밀스러운 것은 아무것도 없다. 싫건 좋건 이스라엘은 열방 앞에 드러날 것이므로 하나님 야웨에게 자랑거리가 될 수도 망신거리가 될 수도 있다. 열방 한가운데서 역사적 여행을 시작할 때 하나님은 그들이 제사장다운 거룩한 행동으로 그분의 귀중한 소유라는 지위에 걸맞게 살기를 바라신다. 하나님백성의 삶은 원하든 말든 항상 그들을 지켜보는 열방을 향하고 있다. 세상에서 그분의 특별한 백성으로 사는 것은, 보편적으로 하나님께 속해있는 세상자체에 대한 하나님의 선교의 일부다. 여기서 윤리와 선교의 관련성은, 하나님을 위해 열방과 온 세상 가운데 살면서 거룩하라는 이스라엘의 부르심에 있다.

"너희가 내게 대하여 제사장 나라가 되며 거룩한 백성이 되리라" 이스라엘이 제사장직을 담당하려면 거룩해야 했다. '거룩함'의 기본적 의미는 '다르거나 독특한'이다. 야웨가 다른 신들과 다르듯, 이스라엘은 다른 민족과 달라야 했다.[36] 이스라엘의 거룩함엔 두 측면이 있고, 이는 교회에도 적

36) 이 주제에 대한 연구는 Peter Machinist, "The Question of Distinctiveness in Ancient Israel," F.E. Greenspan ed., *Essential Papers on Israel and the Ancient Near East* (New York University Press, 1991), 420-42를 참조하라.

용된다. 일면 거룩함은 정해진 것으로 이스라엘 존재의 실상이었다. 하나님은 이스라엘을 거룩하게 구별하고 열방과 분리시키셨다(레 20:26; 21:15 등). 구속의 경험처럼 거룩함은 은혜의 선물이다. 한편 거룩함은 과제였다. 이스라엘은 그분의 거룩한 백성의 지위가 실제로 의미하는 바를 매일 삶속에서 표현해야 했다. 거룩함의 실제과업 중 상징적 차원에서 이스라엘은 짐승, 음식, 일상사에 관한 정결규정으로 된 복잡한 제도를 통해 열방과 구별됨을 나타냈다. 거룩함의 윤리적 차원을 보여주는 레 19장은 거룩함을 개인적 경건이나 종교의식으로 간주하기보다, 그분을 반영하는 거룩함이 철저히 현실적 · 사회적인 것임을 보여준다.[37] 이스라엘은 실제적인 사회윤리적 방식으로 구속주를 반영함으로써 구속에 반응해야 했다. 그러면서 그들이 열방과 다른 독특한 존재임을 입증하고 또 야웨가 열방 신들과 다름을 나타내보여야 했다. 레 19장과 출 19장은, 하나님백성이 선교를 수행하기 위해 주로 할 일이 그들의 신분에 걸맞은 존재가 되는 것임을 보여준다. 이스라엘의 정체성(제사장 나라가 되는 것)은 선교를 선언하며 이스라엘의 선교는 윤리를 요구한다(거룩한 백성이 되는 것).

3. 윤리와 언약(신명기 4장)

아브라함의 선택 및 후손들과 언약을 맺으신 첫 단계와 이스라엘이 출애굽을 통해 구속받는 단계를 거쳐, 이스라엘 신앙의 셋째 단계가 시내산

---

37) 가족과 공동체 내에서 존중(3, 32절); 하나님 야웨께만 충성을 바침: 적절한 제사법(4, 5-8절); 농업에서 경제적 관대함(9-10절); 사회적 관계에 대한 명령을 준수함(11-12절); 직장에서 경제정의(13절); 불구자에 대한 사회적 동정(14절); 법제도에서 사법적 진실성(12, 15절); 이웃에 대한 태도와 행동: 이웃을 자신처럼 사랑하는 것(16-18절); 종교적 독특성의 상징적 표지들을 지키는 것(19절); 성적고결함(20-22, 29절); 우상숭배나 사이비종교와 연관된 의식을 거부함(26-31절); 인종적 소수집단을 학대하지 말고 율법 앞에서 인종적 평등성을 나타내며 외국인 체류자를 자신처럼 실제적으로 사랑하는 것(33-34절); 모든 거래에서 상업적으로 정직할 것(35-36절) 등.

에서의 언약갱신과 전체민족과의 언약확립을 통해 나타난다. 탁월한 언약문서인 신명기 전체의 축도는 4장이다. 이 장은 교차배열법적, 동심원적 구조를 갖는데 중심부인 15-31절의 취지에 따라 거울처럼 정렬되어 있다.

A 하나님의 명령에 순종하여 살라. 너희가 땅에서 살도록 하기 위함이다(1-2절).

B (실례) 다른 신들을 따르면 멸망하고만다. 야웨께 충성하면 안전해진다(3-4절).

C 이스라엘과 같은 백성, '큰 나라'가 있는가?(5-8절).

D 불과 하나님의 음성(9-14절).

E 우상숭배에 대한 경고와 위협(15-28절; 3절 참조).

E' 회개와 충성에 대한 자비의 약속(29-31절; 4절 참조).

D' 불과 하나님의 음성(33,36절).

C' 야웨와 같은 신이 있는가? '큰 나라'들이 쫓겨날 것이다(32-38절).

B' 야웨 한 분만이 하나님이시다. 그러니 그 교훈을 명심하라(39절).

A' 하나님의 명령에 순종하여 살라. 너희가 땅에서 장수하도록 하기 위함이다(40절).[38)]

4장은 위협과 경고, 자비와 약속으로 구성된다. 야웨에 대한 이중묘사에 초점이 있다. 우상숭배하고 불순종하는 백성은 질투하시는 하나님을(24절), 회개하고 순종하는 백성은 자비하신 하나님을 대면할 것이다(31절). 24, 31절은 모순처럼 보이지만 야웨의 일관성을 표현한다. 모순되는 행위자는 백성들이다. 하나님은 반역자에게 진노로, 회개하는 자에게 자비로 대하시는 일관된 분이다. 야웨만 예배하고 언약에 충성해야 한다. 야웨와 이스라엘의 언약은-윤리적 반응과 함께-열방 가운데 그분의 선교와 어떻게 관

38) 크리스토퍼 라이트/정옥배 · 한화룡 역, 『하나님의 선교』, 473.

련될까? 라이트는 4장에 기초해서 말한다.[39]

사회의 가시성(신 4:6-8): 율법순종은 이스라엘이 세상 한복판에 살면서 나타낼 특징이었다. 이스라엘 역사 속의 모든 일은 열방의 평가를 받았다. 열방이 이스라엘 율법의 지혜를 보고 감명받아 긍정적 역할을 할 수도, 이스라엘이 하나님의 도를 저버리고 심판받을 때처럼 부정적 역할을 할 수도 있다. 열방은 이스라엘 사회상과 토라의 사회 · 경제 · 정치 · 종교적 측면에 주목한다. 그 사회제도는 이스라엘이 '큰 나라'요 '지혜와 지식'이 있는 백성이라는 찬사를 듣게 할 것이다. 이스라엘의 위대성은 야웨께서 백성에게 가까이 계심과(7절) 토라의 의에(8절) 근거하므로 견줄 수 없는 하나님과의 친밀함과 사회정의의 특성을 띤다. 열방이 보기에 이스라엘의 다른 점은 지혜와 지식의 문제지만, 내적실재는 하나님의 임재와 토라의 정의다. 선교학적 관점에서 이 구절은 율법순종의 '동기'를 표현한다. 하나님백성의 윤리적 삶이, 열방을 살아계신 하나님께로 이끄는 중대한 요소가 된다는 선교적 도전이다. 하나님백성이 율법을 따라 살려는 동기는 궁극적으로 열방을 축복하기 위함이다. 열방은 하나님의 의로운 율법에 기초해 세워진 사회의 실제적 증거만 본다. 하나님백성들이 말하는 안 보이는 종교적 주장과 보이는 실제적 사회윤리는 깊이 관련된다. 세상은 후자를 볼 때 전자에 관심을 갖는다.

예배의 배타성(신 4:9-31): 열방에게 하나님을 보여주는 모델이 되는 책임은 대단히 크다. 그분의 율법을 잊고 다른 신의 유혹에 빠져 하나님을 잊어버리면 그 책임은 위협받는다. 하나님이 가까이 계심과 율법의 공의로움을 열방에 증거하려면, 이스라엘은 야웨만 경배하고 율법에 순종해야 했다.

---

39) 이하 4장의 논평은 C. Wright, *Deuteronomy*, New International Bible Commentary (Peabody Mass: Hendrikson; Carlisle, UK: Paternoster, 1996)와 『하나님의 선교』, 476-86 참조.

9-31절의 부정적 경고를 6-8절의 긍정적인 선교적 잠재력에 비춰볼 때 6-8절의 소망은 백성들이 이 언약의 일차적 요구(오직 야웨만 예배하고 섬기는)를 소홀히 하면 실현되지 않을 것이다. 우상숭배는 이스라엘(과 우리)의 선교의 큰 위협이다. 이점은 시내산에서 야웨의 말씀은 들었지만 보지는 못했다는 사실의 강조로 부각된다. 우상들은 '형태'를 가지지만 말은 못한다. 야웨는 형태가 없으시지만 '말씀'하신다. 야웨는 약속과 요구, 선물과 주장으로 백성들에게 명료히 말씀하신다. 야웨는 다른 신들과 다르게 생겨서가 아니라, 다른 민족들과 다르게 보일 백성을 요구하신다는 점에서 구별된다. 야웨의 백성은 뚜렷이 다른 생활방식과 사회질서와 예배역학을 보여줌으로써 살아계신 하나님을 증거할 것이다.

경험의 독특성(신 4:32-35): 이 구절은 신명기의 모세의 이야기의 절정이다. 모세는 시내산 하나님의 현현과 출애굽을 전례 없는 '큰 일'로 언급한다. 야웨는 어떤 백성도 경험치 못한 방식으로 말씀하셨고(시 147:19-20) 어떤 백성도 알지 못한 방식으로 구속하셨다(암 3:1-2). 이스라엘은 살아계신 하나님의 정체성(야웨만 하나님이시며 우주 어디에도 다른 신은 없다)을 배웠다. 그들에게 위임된 계시와 구속의 독특한 체험으로, 유일하신 하나님을 아는 그들의 지식을 확신할 수 있었다. 역사적 경험 안에 나타났고 우주적 언어로 장식되어 있는 유일신론은 윤리적 반응을 요구한다.

순종이 지닌 선교적 책임: 신명기 4:40은 1-2절로 돌아가서 이스라엘의 순종을 촉구한다. 40절이 말하는 두 가지는 순종의 동기부여(야웨께서 행하신 큰일)와 목표(사회정의가 실현되는 경건한 나라로서 땅에서 잘살고 열방에게 증인되는 것)이다. 신 4장은 언약적·선교적 논리를 드러낸다. 솔로몬의 성전봉헌 기도는(왕상 8장) 이 본문의 영향을 받았다. 기도에 표현된 선교적 소망["땅의 만민이 주의 이름을 알고 주의 백성 이스라엘처럼 경외하게"(43절)하도록 이방인들의 기도도 응답하시라는]은 이스라엘 백성의 선교적 도전으로 바뀐다.

B. 신약에 나타난 선교적 윤리와 교회

베드로는 그리스도인 독자를 이스라엘 유산 전체와 연결시켜(벧전 2:9) 그가 인용하는 말(출 19:4-6)을 들은 사람들과 연속성을 지닌 백성, 메시아 예수를 통해 하나님의 동일한 목적을 지닌 상속자라고 밝힌다. 그리스도 안에 있는 이들은 아브라함 안에 있는 자들과 같은 목적으로 부름받고, 같은 하나님께 구속받았으며, 같은 반응–윤리적 순종–에 헌신한 자들이다. 신약도 하나님백성에게 주어진 윤리적 요구가 '선택'–'구속'–'언약'에 대한 적절한 반응임을 말한다. 그리스도인도 하나님께 부름과 구속을 받고 그분과 상호관계를 맺은 사람들이다. 기독교윤리는 이미 받았으며 앞으로 받을 은혜에 대한 반응으로 이해해야한다.

바울서신은 흔히, 하나님의 부르심에 대한 가르침에 이어 그에 따른 윤리적 반응이 나온다. 바울은 신자들의 삶에서 택하심의 증거를 본다(살전 1:4). 4장은 하나님의 뜻(3절)과 거룩함에의 부르심(7절)과 관련해 '하나님을 기쁘시게'(1절) 하는 삶을 촉구한다. 선택에 대한 반응인 변화된 삶은 하나님을 기쁘시게 할 뿐 아니라 또한 외인들이 관찰하게 된다. 열방 가운데 이스라엘처럼 신자들은 더 큰 사회의 주목을 받는다. 골 1:19-20과 엡 1:10은 좀더 분명히, 전피조물에 대한 하나님의 목적이라는 넓은 맥락에서 말한다. 목적은 그리스도의 십자가를 통해 모든 피조물을 하나님과 화목시키는 것이다. 신자들의 윤리적 행동은 피조물의 치유를 위한 하나님의 보편적 선교에 필수적이다. 이는 사도들의 전도설교에도 진정성을 담보한다.

디도서는 46구절에서 '선한 일'을 8번 반복하는데 구속과 구원을 언급하는 맥락에서 나온다. 하나님의 구속과 인간의 윤리적 반응의 연결은 종들에게 주는 바울의 교훈에서 절정에 이르고 강한 선교적 동기를 띤다. 그리스도인 종들이 행동으로 하나님의 구원 메시지를 전할 수 있다는 것으로

(딛 2:14), 원칙적으로 교회 내 모든 지체에게 적용된다. 윤리는 선교를 후원한다. 복음을 아름답게 장식하든가 수치를 가져오거나 둘 중 하나다. 벧전 2:9-12에서 베드로는 신자들에게 사 32:20-21, 호 2:23, 출 19:3-6을 적용해 "택하심을 받은"자, "어두운데서 불러낸"자, "하나님의 백성"으로 부르며 핵심단어(선택-구속-언약)를 결합한다. 제사장적 정체성과 거룩한 부르심을 암시한 후 구약의 용례와 동일한 윤리적 · 선교적 함의를 끌어낸다. 베드로는 열방 앞에 나타내 보이는 비언어적 도덕적 증거를 그리스도인이 명령받은(9절) 하나님의 '덕'/'탁월성'에 대한 구두선포와 연결시킨다(사 42:12의 반영). 이사야는 야웨의 종의 선교에 영향받은 열방에게도 그렇게 하라고 권유한다. 이제 열방도 이스라엘의 목적에 합류된다. 이스라엘의 포로들처럼 흩어진 신자공동체가 하나님의 탁월성을 선포함으로 이스라엘과 열방의 예배와 증거가 결합된다. 교회의 선교는 말의 선포와 윤리적 삶을 모두 필요로 한다. 베드로는 성경적 거룩함과 선함을 기준으로 사는 삶에 선교적 능력이 있음을 강조한다(2:11-12).[40]

벧전 2:12은 그가 예수께 직접 들은 가르침을 반영한다. 예수는 놀라는 제자들에게 말씀하셨다: "너희는 세상의 빛이라 … 이같이 너희빛이 사람앞에 비치게하여 그들로 너희 착한 행실을 보고 하늘에 계신 너희 아버지께 영광을 돌리게 하라"(마 5:14,16). 예수가 택한 이미지는 하나님이 이스라엘에게 주신 과제-'열방의 빛'이 되는-그대로다. 이스라엘이 열방을 끌어들이도록 빛을 비춰야했던 것처럼, 예수의 제자들은 선한 행위의 빛을 비추어 사람들이 살아계신 하나님께 영광을 돌리도록 해야 한다. 마태복음의 대위임령도 언약이 배경이며 신명기적 분위기를 자아낸다. 하늘과 땅의 권세가 주어졌고 예수는 제자들에게 세상에 나아가서 열방 가운데 순종하

40) Mark Boyley, "1Peter-A Mission Document?," *Reformed Theological Review* 63 (2004): 86.

는 공동체를 만들어 자기복제하라는 사명을 주신다. 그들은 가르치고 열방은 배워야 한다. 이는 순수 신명기의 한 부분 "내가 너희에게 분부한 모든 것을 지키는 것"을 의미한다. 선교는 윤리적 순종을 통해 배우고 가르침을 통해 전수되는 복제된 제자도다.[41] 요한도 예수의 명령에 대한 제자들의 순종을 저자의 선교적 소망을 배경으로 말한다. 누구나 그리스도 안에서 구원받는 믿음에 이를 수 있다(요 20:30-31). 사랑은 신명기 언약언어를 반영하며 그리스도의 명령에 대한 순종으로 간주된다. 언약언어는 하나님과 관계를 맺은 사람들의 은혜로 시작되고 순종으로 반응하는 언어다.

Ⅳ. 크리스토퍼 라이트의 선교적 해석학 적용: 선교적 교회론

지금까지 성경의 윤리적 가르침을 선교적 각도에서 조망해봄으로써 성경을 선교적 해석학으로 읽는 길을 따라왔다. 선교적 교회론의 성경적 근거로서 신구약성경 여기저기에서 임의적 산발적으로 다양한 본문을 끌어올 수 있을 것이다. 그러나 선교적 해석학, 특히 라이트의 유형은 성경 전체를 하나님의 선교라는 거대서사로 바라보면서 윤리와 선교의 관계를 전개하고 있다. 구약은 선택-구속-언약의 큰 줄기에서 윤리(삶)의 문제를 창세기, 출애굽기, 신명기 본문을 주로 사용해 풀어나갔다. 신약도 역시 선택-

41) 마태복음에 나오는 언약주제에 대하여는 Robert L. Brawley, "Reverberations of Abrahamic Covenant Tradition in the Ethics of Matthew," Prescott Williams & Theodore Hiebert eds. *Realia Dei* (Atlanta: Scholars Press, 1999), 26-46 참조하라.

구속-언약의 큰 틀에서 하나님의 언약백성인 그리스도인들이 선한 삶으로 세상의 빛이 되고(베드로전서), 순종으로 배워 열방에 순종을 가르치며(마태복음), 서로 사랑함으로 누구에게 속했는지 세상에 보여주는 사람이 되는 것(요한복음)으로 정리했다. 우리는 구약성경에서 윤리가 열방을 위한 하나님의 보편적 선교 안에서 이스라엘의 정체성 및 선교와 연결되어 있음을 보았고, 신약에서도 윤리가 하나님의 새 언약백성의 선교적 특성으로 그리스도 안에서 하나님의 새로운 백성은 세상을 위한 백성이며 이것이 그들의 삶 가운데 반영되어야 함을 보았다. 성경적 윤리 없이는 성경적 선교도 없다!

필자는 선교적 교회론에서 신앙과 삶이 일치된 하나님백성의 선교적 삶이 강조되고, 공적 제자도를 실천하여 지역사회 속에서 복음의 사회적 영향력을 고려하는 점, 권위주의적 승리주의적 방식이 아닌 섬김과 약함을 통한 성육신적 선교가 견지된다는 점에서, 선교적 교회론의 선교개념을 존재론적/윤리적 측면의 선교로 표현하고자 했다. 이는 기존에 선교를 교회의 행위로 보고 신자의 인격과 삶이 배제된 채 프로그램과 활동위주로 선교사업을 힘쓴 것과는 대조적이다. 라이트의 성경해석에서 종말론적 공동체인 교회는 세상을 향해 열려있는 공동체로서 종말론적 윤리를 지향한다. 이미 시작된 종말 안에서 그 완성의 때까지 계속될 교회의 회복과 그러한 교회에 유입되는 세상이라는 이중적 종말론적 사건 안에 선교가 존재한다. 종말론적 사건인 선교는 회심을 위한 직접적인 복음선포뿐 아니라 '교회의 존재론적 목적 성취'(교회의 삶의 회복)를 위한 사역을 포함한다.

최동규는 교회가 올바른 선교적 공동체로 존재할 때 나타나는 삶의 특징들을 4가지로 제시한다. 첫째, 교회는 성육신적 원리를 체험할 뿐만 아니라 그것을 세상 안에서 드러내야 한다. 둘째, 교회를 가리키는 하나님의 백성들은 메시아적 공동체로서 모임을 통해 나누고 체험한 복음적 삶을 그들의 삶에서도 구현하고 경험해야 한다. 셋째, 교회는 자신의 선교적 본질을 구현하는 방식으로 조직되어야 한다. 넷째, 교회는 복음의 관점에서 문화적 적합성을 지닌 공동체가 될 뿐만 아니라 문화를 변혁시켜야 한다는 것이다.[42)]

그동안 한국교회는 세상과의 관계에서 분리적 성별주의 태도로 존재해 왔다. 노아방주적 교회관을 가지고 악한 세상에서 물러나 사는 영성으로 거룩한 신앙생활을 영위해왔다. 그 결과는 어떠한가? 교회가 세상과 다른 거룩한 삶의 열매를 알알이 내며 희망 없는 세상 앞에 삶의 대안들을 제시하고 있는가? 아니, 오히려 교회 안에도 세속적 풍습들이 판을 치고 있다. 교회는 죄악된 세상과 자신을 분리시켜가며 거룩한 삶을 살아보려고 발버둥 쳐왔음에도 결과는 왜 이럴까? 그렇다면 문제는 교회내부에 있는 것이다. 죄악은 세상에만 만연한 것이 아니라 기독교 신자이건 비신자이건 모든 인류 안에 상존하고 있다. 이러한 현실 앞에서 요한복음 17:15-20은 선교적 교회론의 본질적 함의를 잘 통찰하게 해준다.

> 내가 비옵는 것은 그들을 세상에서 데려가시기를 위함이 아니요 다만 악에 빠지지 않게 보전하시기를 위함이니이다 내가 세상에 속하지 아니함 같이 그들도 세상에 속하지 아니하였사옵나이다 그들을 진리로 거룩하게 하옵소서 아버지의 말씀은 진리니이다 아버지께서 나를 세상에 보내신 것 같이 나도 그들을 세상에 보내었고 또 그들을 위하여 내가 나를 거룩하게 하오니 이는 그들도 진리로 거룩함을 얻게 하려 함이니이다 내가 비옵는 것은 이 사람들만 위함이 아니요 또 그들의 말로 말미암아 나를 믿는 사람들도 위함이니 아버지여, 아버지께서 내 안에, 내가 아버지 안에 있는 것 같이 그들도 다 하나가 되어 우리 안에 있게 하사 세상으로 아버지께서 나를 보내신 것을 믿게 하옵소서

---

42) 최동규, "선교적 교회개척의 의미와 신학적 근거,"「선교신학」 제28집/Vol.Ⅲ (2011): 280-84.

하나님백성은 세상에 선교적 존재로 보내어졌다. 그들은 세상에서 살되 세상에 속하지는 않았지만, 세상속에서 진리이신 하나님의 말씀으로 거룩함을 입고 산다. 세상에서 물러나는 영성이 아니라 세상 한복판에서 진리의 거룩함을 힘입고 거룩한 백성의 빛을 비추며 산다(윤리). 예수조차도 자신을 믿는 자들을 위해 스스로 거룩함을 입으신 것처럼, 하나님백성들도 그들에게서 비쳐지는 진리의 빛을 보고 믿게 될 사람들을 위해서 진리의 거룩함을 입어야 한다. 진리로 거룩함을 입는다는 말은 새로운 존재로 변화시키는 하나님의 능력 안에서 새로운 존재로 변혁된 인간성으로 살아가는 삶을 가리키는 것이다. 존재론적 변화가 선교를 가능케 한다. 변화된 존재에서부터 선교가 시작되며 그 변화는 계속되어 나간다. 물론 이 모든 것은 삼위일체 하나님 안에 거할 때 은혜로 말미암아 가능한 일이다.

최근에 바울의 선교이해가 행위론적 선교가 아니라 존재론적 선교였다고 주장하는 연구가 나왔는데, 이도 또한 선교적 교회론에 시사하는 바가 크다. 연구자는 그동안 바울자신의 선교역할 이해에 대한 연구는 많았지만, 교회의 선교적 역할에 관한 바울의 이해에 대한 연구는 상대적으로 간과되었다고 지적한다. "바울이 과연 직접적인 구두(oral) 방식의 복음전도를 교회의 목적론적 자기이해로 이해하고 있는가?"라는 질문에 대해 연구자는 'No'라고 답한다. 바울이 교회회중들이 적극적인 복음전도를 해야만한다고 언급하지 않는 가장 확실한 이유는–그가 서신을 쓰는 교회들에게 '참된 하나님의 백성이 되라'는 단호한 가르침을 주는 것을 볼 때–바울이 교회에 대한 존재론적 선교이해를 가지고 있다는 것이다. 이에 따르면, 교회는 종말론적 공동체이며 그 회중들은 종말론적 선포자(herald)들이다. 선교란 하나님 자신에 의한 종말론적 사건개념으로, 바울의 복음전파는 종말론적 사건의 완성을 위한 실행방식의 하나이다. 이 종말론적 사건은 회심을 위한 일차적 복음선포뿐만 아니라 이스라엘의 회복, 즉 교회의 존재론적 목적성취를 위한 사역을 포함하는 개념이다. 바울은 서신서에서, 교회가 존재론적 방식으로 목적론적 사명을 수행하면서 자신이 속한 종말론적 선포자들이라는 사건과 맞물려 종국을 지향한다는 점을 강조한다. 바울의 종말론적 공동체 이해는 단지 하나의 윤리인식체계가 아니라, 외부인을 향하여 열려있는 공동체의 존재론으로서 종말론적 윤리의식이다.[43]

선교적 교회론은 복음으로의 회귀이며 지속적인 회심론이다. 정체성과 적합성을 상실한 교회는 주님의 비유대로 짠맛을 잃은 소금이 되어 세상에서도 밟히는 쓸모없는 존재로 전락한다. 소금이 소금의 맛을 낼 때라야 세상도 교회를 반길 것이다. 교회는 하나님의 통치를 구현하는 삶을 통해 대안 없는 세상에 대안으로 존재해야 한다. 교회안팎에서 교회가 교회답기를 간절히 바라고 있다. 교회가 그 존재됨에 충실해질 때 선교적 사명도 그와 함께 가는 것이다.

V. 결 론

필자가 이 논문을 쓰고 있는 동안, 선교적 교회론이 유래한 유럽현장에서 오래 사역해온 한 선교사로부터, 21세기 선교는 교회나 학교, 병원 등을 세워주어야 하는 때가 아니므로 기독교복음의 본질로 돌아가서 기독교적 삶을 살아냄으로써 선교해야 할 때라는 언급을 들었다.[44] 건물과 제도

43) 강보영, "Heralds and Community: An Enquiry into Paul's Conception of Mission and Its Indebtedness to the Jesus-Tradition," Ph.D. 학위논문, Trinity College Bristol/University of Bristol, 2012.

44) 장로회신학대학교 세계선교연구원이 주관한"유럽재복음화 선교대회"(2013.09.26-27) 강

로서의 교회가 아니라 건조한 종교생활로 인해 영적으로 고갈된 유럽인들을 참된 기독교 영성이 깃든 삶으로써 감싸주어야 한다는 것이다. 이런 말은 문자로 된 책에서 나온 말이 아니고 유럽교회와 사회의 한복판에 살면서 피부로 느끼는 바를 표현한 것이다. 채수일은 서구기독교가 소수자 종교로 전락하는 원인을 국가종교로서의 기독교가 가지는 관료성에 있다고 본다. 그 오랜 전통이 빠른 사회변화를 수용하지 못하고 시대의 도전에 적극 응전하지 못하도록 고삐를 잡고 있다는 말이다. 이에 대해 그는 기독교인의 실천적 참여와 경험에 기초한 소통하는 새로운 신학하기에 희망의 징표가 있다고 강조한다.[45] 또 최형근은 소비주의 마케팅과 엔터테인먼트 중심의 신앙형태로 굴절된 오늘날 한국교회의 위기를 '혼합주의'로 명명하면서, 살아있는 복음의 해석으로서 예수 그리스도의 이야기를 살아가는 것이 한국교회 회복의 과제라고 단언한다.[46] 이처럼 현 세대는 동서양을 막론하고, 교회론과 선교론이 결합된[47]-교회의 본질이 선교이며 교회의 존재론적 모습이 선교가 되는-선교적 교회론을 절실히 필요로 하고 있다.

현금의 한국교회는 1세대 목회자들의 독재적 헌신기가 끝나가고 그 뒤를 시대에 맞게 올곧게 이어가야할 중차대한 과제가 목전에 와있다. 무엇보다 한국교회는 한국사회 속에서 그 신뢰도가 추락하고 있다. 교회의 공적영성 회복이 폭풍의 눈이라 할 수 있는데, 이런 상황 속에서 선교적 교회운동으로 한국교회의 출구를 찾아보려는 시도가 행해지고 있기도 하다. 한

연 중에서.

45) 채수일, "오늘의 서유럽 교회, 어디로 가고 있나?," 「선교신학」 제18집 (2008): 210-12.

46) 최형근, "한국교회의 공공성 회복을 위한 역사적, 신학적, 문화적 고찰," 「선교신학」 제21집 (2009): 74.

47) 최동규는 선교적 교회론이 선교학과 교회론이 만나는 학문영역이라면, 조직신학이나 선교신학의 연조만큼이나 오래되었다고 언급한다. "GOCN의 선교적 교회론과 교회성장학적 평가," 「선교신학」 제25집 (2010): 233.

국교회의 위기는 방법론으로 풀 수 없으며, 진정성을 통해 다시금 이 사회의 신뢰를 회복하고 사회와 소통하며 교회의 자리를 사회속에 만들어가는데 살길이 있다. 그길에서 한국교회 회복과 부흥의 비전을 찾아야할 것이다. 이런 위기의 때에 오히려 한국교회의 거품과 군살이 빠지고 교회다운 교회의 본질을 찾아 붙잡는 교회들이 되도록, 많은 기도와 연구와 운동들이 줄기차게 일어나 전화위복의 계기를 함께 만들어가야 하겠다.

3장
선교적 교회론과 선교적 해석학
: GOCN의 연구를 중심으로

Ⅰ. 서론

Ⅱ. 선교적 교회론과 성경

Ⅲ. 선교적 해석학의 4가지 유형

Ⅳ. 선교적 해석학의 전망

Ⅴ. 결론

I. 서론

한 학생이 여태껏 선교적 교회론에 대한 강의를 다 듣고 나서, 펼쳐놓은 책들을 꾸리고 있는 교수에게 나와서 질문하였다. "교수님, 그런데 선교적 교회론의 성경적 근거가 되는 구절이 어디입니까?" 필자는 이 질문이 여러 가지 이슈를 함축하고 있다고 본다. 기독교신자라면 어떤 신학적 이론이나 실천에 대한 새로운 소개를 접하게 될 때 무엇보다도 그 성경적 근거를 찾고, 그 새로운 이론이나 실천이 성경적이라는 나름의 확신을 얻어야 거기에서 안심하게 될 것이다. 이 질문에서 우리가 파악할 수 있는 또 다른 사항은, 그동안 선교적 이론이나 실천의 성경적 근거를 전체성경이 아닌 성경의 일부에서 부분적으로 찾으려 해왔다는 것이다.

위 학생의 질문처럼, 선교적 교회론의 성경적 근거에 대한 논구(論究)가 이 글의 주제이다. 선교적 교회론에 대한 강의를 잘듣고 나서도 그 성경적 근거가 되는 구절이 어디냐고 물은 것은 선교적 교회론과 성경적 근거, 즉 선교적 교회론과 성경해석의 이슈가 간과할 수 없는 핵심적 주제임을 시사해준다.

성경에 나타난 선교에 대한 연구는, 성경을 문자적으로 있는그대로 받아들여서 선교의 당위성이나 특정 선교단체의 목적을 위해 성경의 일부를 차용하던 방식에서부터, 성경 전체를 역사비평적으로 연구해 하나님의 선교를 증명해내는 방식에로, 여러 학자들의 연구를 통해 서서히 변화해왔다.[1] 한마디로 말하자면 '선교의 성경적 기초'에서 '성경의 선교적 기초'로

1) 정승현, "선교의 성경연구 동향분석: 1980년대 이후 영미권을 중심으로,"「미션네트워크」 제1집 (2012): 58.

바뀌어왔다고 표현할 수 있다.

하나님의 마음과 본성에서 나오는 하나님의 선교는 성경의 일부에서 발췌되어서는 안 되고, 성경 전체를 선교적으로 조망하면서 다루어야 한다. 영미권 중심으로 볼 때 1980년대 이전에는 대개 전문적인 성서학자보다는 선교학자들이 성경을 선교적 관점으로 보는 방식이 주류였다. 이러한 방식은 자의적 안목으로 성경의 특정부분을 강조하는 한계가 있었으며, 특히 구약성경은 십 수 년 전까지도 선교와 많은 관련성을 갖지 못한 책으로 치부되었다. 다른 한편 성서학자들은 하나님의 선교가 성경에 분명히 나타남에도 불구하고, 기존의 역사비평에 의존하여 성경 전체를 선교적으로 읽지 못하였고 선교현장을 고려한 해석학도 발전시키지 못했다.[2]

서구교회가 반세기 동안 형성해온 선교의 중심주제가 '선교적 교회론'으로 집결되어 나타났다. 이는 교회의 상황을 선교적 관점에서 반성하면서 바람직한 교회운동이 선교회복운동과 맞물려 일어난 것이다. 즉 선교적 교회론은 교회론과 선교론이 결합되어있는 형태이다. 선교적 교회 운동이 교회의 본질에 대한 성경적 근거를 제시해야 하겠기에, 최근 호주와 북미의 GOCN(Gospel and Our Culture Network)은 '선교적 해석학'(Missional Hermeneutic) 방면으로 이 운동을 추진해나가고 있다. *Missional Church*의 저자인 구더(Darrell Guder)는 선교적 해석학이 선교적 신학에서 그 중요성이 날로 부상하고있는 분야임을 재차 강조하고 있으며,[3] 뉴비긴(Lesslie Newbigin)의 제자인 헌스버거(George Hunsberger)도 바야흐로 선교적 해석학의 때가 무르익었다고

---

2) 위의 글, 60-61. 신약학자인 보쉬(David Bosch)의 *Transforming Mission* 발간 이후로 선교에 대한 성경연구의 깊이와 넓이에서 괄목할 성장을 이루어갔다는 지적이다.

3) Darrell Guder, "Missional Hermeneutics: The Missional Authority of Scripture-Interpreting Scripture as Missional Formation," *Mission Focus: Annual Review* vol 15 (2007): 106 et al.

단언한다.[4] 현재 국내에서 선교적 교회론은 학문적 논의의 장이 점차 형성되면서 다양한 선교적 교회들이 부상하고 있는 상황이다. 한국교회 갱신을 위해서도 도전하는 선교적 교회론은 제도화 속에 경직화된 한국교회에 도사리고 있는 세속적 가치관을 제거하기 위해, 하나님나라 가치관을 드러내는 성경적 기준을 제시해야 한다. 이 시점에서 필자는 선교적 교회론의 뿌리가 되는 교회와 선교의 본질에 대한 성경연구를 '선교적 해석학' 분야에서 성찰하면서 그러한 성경연구의 표지(標識)가 되는 초점들을 제시할 것이다.

논문은 이렇게 진행될 것이다. 먼저 선교(학)에서 성경이 그동안 어떻게 다루어져 왔는지를 간략히 살필 것이다. 그리고 나서 선교적 교회론에서 선교적 해석학의 중요성을 논할 것이다. 다음으로 선교적 해석학을 헌스버거를 따라 4유형으로 분류하여 크리스토퍼 라이트(Christopher Wright), 대럴 구더(Darrell Guder) 및 마이클 고힌(Michael Goheen), 마이클 바람(Michael Barram), 그리고 제임스 브론슨(James Brownson)의 입장을 소개하려 한다. 마지막으로 선교적 해석학 연구의 미래 방향성을 논하고 마칠 것이다.

Ⅱ. 선교적 교회론과 성경

A. 선교학과 성경해석: 선교에 관한 성경연구의 변천

성경에 선교적으로 접근하는 올바른 길은 무엇인가? 그동안 우리는 '선교

4) George Hunsberger, "Proposals for a Missional Hermeneutic: Mapping a Conversation," *Missiology: An International Review* 39-3 (July 2011): 310.

의 성경적 기초'(Biblical Foundations of Mission)라는 과목을 가르치고 배워왔다.[5] 그런데 성경에는 선교활동의 이론적 근거를 제공하는 많은 본문이 포함되어 있을 뿐만 아니라, 더 나아가 전체성경 자체가 근본적으로 선교적 현상이다. 이 말은 모든 성경구절에서 전도와 관련된 무언가를 찾아내야 한다는 뜻이 아니다. 그것은 성경 전체와 관련된 좀더 넓고 깊은 차원을 가리킨다.

1970년대 선교에 관한 성경연구로서 피터스(George Peters)와 케인(Herbert Kane)을 들 수 있다. 피터스는 구약은 구심적(centripetal), 신약은 원심적(centrifugal) 선교가 주로 이뤄졌다고 주장하였고, 케인은 구약에 구심적이고 원심적인 선교가 모두 나타나고 있으며 이스라엘이 포로기에 디아스포라로 살면서부터 원심적 형태가 촉진되었다고 지적한다. 정승현은 1980년대 이후로 영미권에서 선교에 대한 성경연구 동향을 분석하였다. 그에 따르면 이 분야의 연구초기에는 성경을 비평 없이 있는 그대로 받아들여 선교의 의미를 정리하다가, 가톨릭계 구약학자 스툴뮐러(Carroll Stuhlmueller)와 신약학자 시니어(Donald Senior)가 역사비평적으로 선교를 고찰함으로써 한 단계 업그레이드되었다. 개신교진영의 글라서(Arthur Glasser)는 신구약의 연속성이 하나님의 선교를 통해 가능하다고 보면서, 역사비평으로 인해 성경이야기가 단절되지 않도록 성경을 하나의 거대한 내러티브로 간주하였다. 정승현은 이러한 연구의 변화추세를 선교에서 구약성경을 주목하게 된 점, 신약연구의 초점이 바울에게서 예수 그리스도로 옮겨진 점, 그리고 역사비평이 본격적으로 사용되게 된 점 등으로 정리한다.[6]

신약을 선교문서로 이해한 보쉬(David Bosch)는 마태, 마가, 누가-사도

5) 한 예로서 장로회신학대학교에서 나오는 학술지 「선교와신학」 창간호(1998)의 특집주제가 "선교의 성경적 기초"이다. 이 주제하에 다루고있는 논문들로는 성주진, "오경의 선교:선교의 언약신학적 이해", 이광순, "요나서를 통해 본 선교", 송용조, "성령과 선교", 이용원, "바울과 선교" 등이다.

6) 정승현, "선교의 성경연구 동향분석: 1980년대 이후 영미권을 중심으로," 58-67 참조.

행전과 바울의 서신들을 검토하여 다양한 모델을 뽑아냈다. 이러한 연구를 신약학자 니센(Johannes Nissen)이 계승 발전시켰는데, 의미와 의의를 구분하여 본문중심 연구의 한계를 노출하였다. 그는 본문에서 발견한 의미를 상황이 각기 다른 현장들에서 똑같은 의의로 수용할 수 없다고 하였다. 각 현장은 그들만의 고유한 조건하에 형성되었고 그에 따른 특정한 해석학에 의해 발견된 의미를 모두 같은 의의로 받아들일 수 없다는 것이다. 한편 라킨(William Larkin)과 윌리엄스(Joel Williams)가 편집한 책-*Mission in the New Testament: An Evangelical Approach,* 2005-에서 여러 저자들은 성경에 나타난 하나님의 모습을 파송의 관점에서 신중히 조사하고, 하나님은 보내시는 분으로서 그 보내심을 통해 선교하는 분임을 증명하였다. 정리하면, 복음서와 바울연구에 그쳤던 선교에 대한 신약연구는 신약 27권 전체로 확장되었고, 역으로 신약성경 한 권을 집중분석하거나[7] 바울만을 체계적으로 연구하는 경향도 생겨났다.[8] 즉 이전에 신약을 통해 선교를 말할 때는 복음서 특정구절이나 바울의 방법에 의존했던 데 비해, 이제는 신약성경 전체를 선교적 해석학으로 보면서 역사비평을 통해 심층연구가 이뤄지고 있다.[9]

2000년대 들어서 구약의 선교에 대한 괄목할만한 저서로서 카이저(Walter Kaiser Jr)는 구약에 선교적 명령이 확실히 들어있음을 주장했으며, 오코예(James Okoye)는 문서설에 근거하고, 라이트(Christopher Wright)는 내러티브 방식으로 구약의 하나님의 본성과 그분의 선교를 방대하게 연구하였다.

7) 한국의 선교학자 중에도 최근에 신약을 한 권씩 체계적으로 집중연구하고 있는 예로서 홍기영을 들 수 있다. 가장 최근의 것으로 "요한계시록에 나타난 선교학적 주제들에 대한 고찰," 「선교신학」 제33집, vol Ⅱ (2013)을 참조하라. 그 외 7-8편의 논문이 더 있다.

8) 그동안 바울자신의 선교역할 이해에 대한 연구가 많았는데, 최근 교회의 선교적 역할에 관한 바울의 이해에 대한 연구들이 나오고 있으며 2014년 11월 샌디에고 GOCN 포럼에서도 다뤄질 예정이다. 이 주제에 대해 강보영, "바울과 교회 사이의 선교적 상관관계," 「선교신학」 제35집, vol I (2014): 11-42 참조.

9) 정승현, "선교의 성경연구 동향분석: 1980년대 이후 영미권을 중심으로," 68-77 참조.

이제 구약도 그 자체로 다양한 선교적 함의를 띤다고 이해하게 되었다.[10] 이처럼 여러 학자의 연구를 통해 우리는 전체성경을 선교적 관점으로 이해하도록 고무된다. 즉 '선교의 성경적 기초'에서 '성경의 선교적 기초'에로의 동향변화를 한눈에 볼 수 있다.

또한 이제는 현장의 중요성과 다양성을 이해하고 있는 성서학자들에 의해 성경본문만을 연구하는 것을 넘어서 현장을 고려하는 쌍방향의 순환적 해석학의 필요성에 눈뜨게 되었다. 선교학이 상황화 이전 시대로 되돌아갈 수 없는 것처럼, 선교에 대한 성경연구도 현장을 고려하지 않는 해석학으로는 현장에서 의미를 갖기 어렵다. 특정한 해석학이 모든 현장에 답을 주기 어렵다는 사실을 인식할 때 텍스트와 컨텍스트 간의 계속되는 대화가 필수적이라 하겠다. 여기에서 선교학과 성서학의 동역이 요청된다. 현장이해에 치중하느라고 성경연구가 미비해서도 안 되고, 성경본문의 의미를 충실히 밝혀낸다고 해서 현장의 문제들을 자동적으로 해결할 수 있는 것도 아니기 때문이다.

성경(해석)이 선교학에서 중요한 위치를 차지하는 이유 중 하나는, 모든 기독교인의 공통유산인 성경이 연합의 역할을 담당하기 때문이다. 교회가 나뉘게 된 여러 이유 중 하나가 성서해석의 차이다. 성서의 통일은 은사이자 명령인 교회의 통일과 연결되어있다. 성서의 통일과 교회의 통일의 연결에서, 성경해석에 적용된 각기 다른 교리적 강조가 그것이 나온 해석적 상황의 선입견(편견)과 뒤섞여있음을 깨닫게 된다. 해석은 이해의 관점에서 과거와 현재 사이의 간격(gap)에 다리를 놓는 시도이다. 이 갭은 자기주체성과 과거의 주체성 사이의 반성적 관계, 또는 당시와 현재의 진리에 대한 지식이 어떻게 연결되는가의 문제이다. 아래에서 다루겠지만, 성경에 대한 '선교적 해석학'을 주장하는 학자들은 성경이 큰 '하나의 책'이라는 점에는 모두가 기본적으로 동의한다. 이 점에서 선교적 해석학은 다양한 작은 이야기들

10) 위의 글, 57-58, 78-82 참조.

가운데서 하나의 거대서사를 붙잡음으로써 공시적 · 통시적인 전세계교회의 연합에 기여할 수 있다. '선교적 해석학'은 더 이상 선택사항이 아니다!

B. 선교적 교회론과 선교적 해석학

선교적 교회 운동은 교회의 본질에 대한 성경적 근거를 제시해야한다. 선교는 하나님의 마음에서 시작되었고, 성경은 하나님의 선교로 인해 그분이 부르시고 이루시며 세상에 보내신 하나님백성의 공동체를 통해 성령의 능력으로 형성된 산물이다.[11] 하나님의 본성에서 나오는 하나님의 선교는 성경의 몇몇 구절로써 정의될 수 없다. 그동안 GOCN의 연구는 선교적 교회론에서 크리스텐덤 유산에 의한 교회론의 문제와 현대 서구문화에 집중되었다. 이러한 연구가 쇠퇴기로에 있는 서구교회 지도자들의 마음을 사긴 했지만, 정작 선교적 교회의 성경적 근원에 대한 연구가 부진하였다. 이는 선교적 교회론을 주장하는 학자들이 성경 전체에 나타나있는 하나님의 선교에 대한 일관된 내용을 다루지 않고, 성경을 부분적으로 사용했다는 말이다.[12]

선교적 교회론은 '선교적 해석학'으로 이 운동의 성경적 근거를 제시할 수 있다. 교회의 본질이 선교임을 알고 실천하려 할 때 '어떻게' 선교를 실천할 것인가도 중요하기 때문에, 교회와 선교에 대해 성경적으로 옳으며 신학적으로 적절한 이해가 요청된다. 성경은 선교적 순종의 '본질과 방법' 양쪽에 답을 준다. 선교적 해석학으로 성경을 읽음으로써 성경적 증거의 메시지뿐 아니라 메시지가 전해지는 방법도 깨닫게 된다. 신약의 저술들은 이미 선교하고 있는 공동체들을 염두에 둔 메시지이며, 신약의 목적 또한

11) 최형근, "선교적 교회란 무엇인가?," 「목회와 신학」 (2013.3): 43.

12) 정승현, "선교적 교회론의 과거, 현재 그리고 미래: GOCN의 연구를 중심으로," 『1910년 에딘버러 세계선교사대회 100주년기념 2010 한국대회』 제6분과 (서울: 미션아카데미, 2011), 55-56.

그들이 계속 선교적 임무를 감당하도록 하는 것이었다. 성경말씀은 성령을 통해 선교공동체의 상황과 고난에 참여하면서 그들을 지도하고 인도한다. 말씀은 교회의 선교를 위한 근거다. 선교적 교회론에서 선교와 조직에 대해 고려할 때도 성경의 표준적 권위가 작용한다. 선교적 교회의 행보가 말씀과의 뿌리깊은 관계성 안에서 빚어지도록 모든 교회체계를 성경적으로 철저히 검토해야 한다. 즉 선교적 교회 운동은 교회의 본질-사역-구조에 대한 성경적 근거를 내보여야 한다. 교회의 '본질'에서 교회의 '사역'이 나오고 그 본질과 사역에 따라 교회의 '구조'가 결정되어야 하기 때문이다.[13)]

선교적 교회론은 한국교회 갱신을 위해서도 도전을 주는데 경직화 · 제도화 · 세속화된 한국교회 폐부에서 기생하는 성공, 탐욕, 권력, 명예의 우상을 제거하고 예수 그리스도의 복음의 증인들로 일어서게 해야한다. 그러려면 하나님나라 가치관을 드러내는 '성경적 기준'을 보여줘야 한다. 구더는 성경이 성령의 도구로서 신자들의 마음-사고, 행동, 감정-을 변화시켜(롬 12:2) 복음의 실천을 가르쳐주는 형성적 권위가 있다고 주장한다.[14)] 뉴비긴도 교회가 새로운 사회질서를 만들어낼 수 있는 지대한 공헌은, 교회 자체가 새로운 사회(정치)적 질서가 되는 것이라 하였다. 새로운 사회질서인 하나님나라 통치를 구현하기 위해서는 성경으로 돌아가야만 한다.

때마침 GOCN(Gospel and Our Culture Network)이 추진해온 선교적 교회론 연구가 특히 '선교적 해석학' 방면으로 집약되고 있다. 선교적 해석학 토론을 위한 첫모임은 2002년부터 SBL(Society of Biblical Literature)과 AAR(American Academy of Religion)의 11월 모임에서 20여명의 학자들이 모여 "하나님의 선교와 교회의 선교적 본성의 관점에서 성경에 접근한다면 (기존의 성경읽기와) 어

13) 대럴 구더/정승현 역, 『선교적 교회』(서울: 주안대학원대학교출판부, 2013), 8장 참조.

14) Darrell Guder, "Missional Hermeneutics: The Missional Authority of Scripture-Interpreting Scripture as Missional Formation," 119-20.

떤 차이가 있을까?"라는 핵심질문으로 진지한 대화를 나누기 시작했다. 처음에는 토론토의 틴데일신학교가 주최하여 조찬(朝餐)을 같이하는 비공식적 모임이었지만, 2005년부터는 GOCN의 후원 아래 AAR/SBL의 프로그램으로 반(半)공식적인 특별모임이 되었다. 2009년에는 합병조직 SBL로 공식화되어 "선교적 해석학에 관한 GOCN 포럼"으로 계속 모이고 있다.[15)]

헌스버거(George Hunsberger)에 따르면, 처음에는 모인 학자들 간에 '선교적 해석학'이 무엇인가에 대해 날카로운 대립이 있었고 이에 대한 획일한 정의나 방법을 얻을 수 없었다고 한다. 그가 보기에 접근방법과 뉘앙스, 강조점과 목적 등이 점점 분명해져갔고 이것은 새로이 부상하고있는 선교적 해석학 분야가 성숙하고 있다는 징후였다. 포럼 발제자들의 각기 다양한 학문훈련과 삶의 경험들로 인해 다양한 상상력이 쏟아져 나왔다고 한다. 그는 이를 통해 선교적 삶과 성경해석이 오버랩되고 그들의 관심과 방법론이 긴밀히 연결되는 것을 관찰하였다. 바야흐로 선교적 해석학의 때가 무르익은 것이다![16)]

헌스버거는 토론의 발전과정 속에서 '선교적 해석학'의 정의내림과 그것이 성경해석에 어떻게 영향을 미치는가를 성찰해왔다. 최근 들어 성서학자, 선교학자 및 타분야 신학자들 간에 일련의 대화가 선교적 해석학을 정의내리기 위한 서로 구별된 강조점을 내놓고 있다고 한다. 다양한 강조점에 따라 4유형으로 정리할 수 있다: 첫째 유형은 성경 전체의 주제를 하나님의 선교에 관한 보편적 내러티브로 이해하는 것(Christopher Wright), 둘째는 성경저술의 목적을 하나님의 선교를 증거하기 위해 교회를 준비시키는 것으로 이해하는 것(Darrell Guder, Michael Goheen), 셋째는 성경을 선교적으로 해석하는 것은 결국 상황적, 선교적 자리가 서로 다른 모든 공동체들의 몫이

15) G. Hunsberger, "Proposals for a Missional Hermeneutic: Mapping a Conversation," 309.

16) 위의 글, 309-310.

라는 것(Michael Barram), 넷째로 선교적 해석학은 성경과 다양한 문화적 요소들이 역동적으로 비평적 대화를 지속할 때만 올바른 방향으로 진행될 수 있다는 유형(James Brownson)이다.[17)]

이하에서는 헌스버거가 분류한 선교적 해석학의 4유형을 좀더 살펴보려 한다. 각 유형은 "성경을 선교적으로 해석하게 하는 가장 본질적인 것이 무엇인지"에 대해 강조점이 다르다. 또 선교적 해석학이 취해야만 하는 접근방법에 대해서도 강조점이 서로 다르다. 유형들을 연구하면서 한 강조점이 다른 강조점과 어떻게 연결되는지, 아니면 서로 만나지 않는 평행선을 그리는지, 또는 서로 보완적인 상승작용을 하는지, 이 모든 측면이 다 나타나는지 등의 관계성을 고려하면서 진행할 것이다.

Ⅲ. 선교적 해석학의 4가지 유형

A. 성경이야기의 선교적 방향성(Missional Direction of the Story): 라이트

선교적 교회론의 성경적 근거로서 신구약성경 여기저기에서 임의적 · 산발적으로 다양한 본문을 끌어올 수 있을 것이다. 그러나 크리스토퍼 라이트(Christopher Wright)의 선교적 해석학은 성경 전체를 '하나님의 선교'의 거대서사로 바라본다.[18)] 그에 따르면, 현재 성경을 구성하는 글들은 그 자

17) 위의 글, 309.

18) 라이트의 선교적 해석학의 구체적 예시로서 다음을 참조하라: 강아람, "성경에 대한 선교적 해석학 연구: 언약개념을 중심으로,"「선교신학」제33집, vol Ⅱ (2013); "선교적 교회론의 성경적 근거: 크리스토퍼 라이트의 선교적 해석학 중심으로,"「선교신학」제34집, vol Ⅲ (2013).

체가 하나님의 궁극적 선교의 산물이며 증거다. 성경은 하나님의 창조세계 전체를 위해 하나님나라에 관여하는 하나님의 백성을 통한 하나님의 선교 이야기다. 성경은 목적을 두고 행하시는 하나님의 드라마다. 하나님은 과거, 현재, 미래, 이스라엘과 열방, 생명과 우주만물을 포괄하여 그 선교의 중심, 초점, 절정, 완성을 예수 그리스도 안에 두고 우주적으로 그 목적을 이루는 선교를 하고 계신다.[19]

성경 전체는 모든 열방을 향한 하나님의 마음과 목적에서 나오는 이야기로서, 이것이 성경 전체에 대한 '선교적 해석학'이다.[20] 라이트에 의하면, 성경의 다양한 미시적 이야기들 속에서 힘차게 고동치고 있는 하나님의 선교 이야기의 일관성을 확인할 수 있다. 각 부분들은 전체에 비추어서 읽혀야 한다. 그러므로 하나님의 선교는 성경해석의 실마리이자 해석학적 열쇠로서 구조틀–성경읽기(해석)와 성서신학의 설명을 체계화하는 데 있어서–을 제공해준다.

라이트는 이러한 일관성의 해석학이 구약 창세기에서부터 시작하여 성경 전체에 적용된다고 주장한다. 신구약의 다양한 작은 이야기들 속에서 하나님의 선교 이야기의 일관성이 확인되는 예를 들어보자. 예수 그리스도는 하나님의 모든 약속에 '예!'가 되기 위해 보냄받았다(고후 1:20). 나사렛 예수 안에서 하나님은, 그 안에서 모든 민족이 복을 받아야하는 아브라함의 후손(아브라함 언약), 세상에 은혜와 진리를 가져오는 것에서 모세를 능가하는 모세 같은 선지자(시내산 언약), 그 의로운 통치가 절대 끝나지 않을 다윗의 아들(다윗 언약), 그분 자신에게로 세상에 흩어진 백성들을 한데 모으는 언약이 되신 고난받는 종을 보내주셨다(새 언약). 모든 제자들에게 성경에 대한 해석학적 일관성을 제공하신 분은 부활하신 예수셨다. 즉 성경을 메시아이신 예수의 정체성에 비추어, 또 성령의 권능으로 모든 민족에게 나아가야할 제자들의

19) 크리스토퍼 라이트/정옥배 · 한화룡 역, 『하나님의 선교』 (서울: IVP, 2010), 24–25.

20) 위의 책, 48.

선교에 비추어 해석하도록 친히 제자들의 눈을 뜨게 하셨다. 그것은 그리스도께로 이끄는 이야기(메시아적 해석)와 그리스도로부터 나오는 이야기(선교적 해석)에 비추어 성경을 해석하는 것이다.[21] 모든 역사의 의미를 나타내는 두루마리를 열기에 합당하신 분은 십자가에서 하나님의 선교를 완수하신 예수뿐이다(계 5:9). 따라서 모든 성경을 읽는 해석학적 방향과 의제는 메시아적, 선교적이어야 한다. 전체성경의 광대한 이야기-하나님의 선교-의 초점은 십자가에 달려 죽으시고 부활하신 그리스도 안에서 찾아진다.

크리스토퍼 라이트는 이렇게 하나님의 선교를 모든 실상, 창조, 역사, 우리 앞에 놓인 모든 것의 핵심으로 이해할 때 생기는 철저한 하나님중심 세계관은 체제전복적이며, 거대한 틀 안에서 우리의 위치를 불편하게 상대화시킨다고 말한다. 이는 자기중심적 강박관념에 사로잡혀있는 서구(기독교)문화에 대한 건강한 교정책이며, 작은 세계관이 제공하는 자아도취에 빠져있는 우리에게 큰 그림에 눈뜨라고 촉구한다.[22]

마이클 고힌(Michael Goheen)도 성경이 하나의 이야기라는 점에는 라이트와 견해를 같이한다.[23] 라이트와 고힌뿐 아니라 앞으로 기술할 나머지 선교적 해석학 유형들도 성경이 하나의 이야기라는 데는 기본적으로 동의한다. 고힌은 삼위일체 하나님 사이의 상호파송, 그리고 하나님에 의한 이스라엘과 교회의 파송을 구분하면서 후자를 실제로 더 강조한다.[24] 라이트는 교회의 몇몇 신자들만 헌신하는 제한적 선교개념을 지양하고, 원대한 안목

21) 위의 책.

22) 위의 책, 671-72.

23) Michael Goheen, "The Urgency of Reading the Bible as one Story," *Theology Today* 64 (2008): 469-83.

24) M.Goheen, "Notes towards a framework for a Missional Hermeneutic," 미간행자료, 2006. http://www.gocn.org/resources/articles/notes-toward-framework-missional-hermeneutic

에서 펼쳐지는 포괄적 의미의 선교개념을 선호하면서 하나님의 선교와 교회의 선교를 모두 언급하고 있다.[25)]

그런데 리처드 보캄(Richard Bauckham)은 성경이 제시하는 거대담론은 가난하고 소외된 자들에게 특권을 부여하며, 다른 거대담론에서 발견되는 사회적 · 문화적 억압을 지양하고 다문화적 표현이 번창하기를 기대하는 종류라고 주장한다.[26)] 포스트모던적 다원성을 운운하면서 어느 종류의 거대담론이건 간에 반대하는 학자들도 있지만, 우리는 성서이해를 위한 열쇠와 실마리가 될 모종의 핵심내러티브를 성서에서 분별해내야 한다. 우리가 계속해서 솔직하게 인정해야할 통일성과 다양성 사이의 순환성이 존재하는데, 다양한 해석학 유형들 속에 나타나는 동일한 순환성을 주의해 보아야 한다. 나선형으로 전진하며 확대되는 해석학적 순환과 그 실천에 의존하여 자기비판적이고 자기교정적인 선교적 해석학이 되도록 해야 하기 때문이다.[27)]

제임스 브론슨(James Brownson)은 성경이 공동체에 나눠준 공유된 정체성은 세상을 향한 하나님의 선교에 실천적으로 참여하기 전에는 완전히 이해되거나 구현될 수 없다고 말한다. 그러한 실천은 하나님백성들의 삶의 질이 그들이 선포하는 복음의 구현이 되도록 각 공동체에 주어진 문화적 정체성을 소멸하지 않고 변혁시킨다. 이 변혁은 부름받고 보냄받은 경험에 수반되는, 그리고 선교적 해석학이 스스로를 바로잡을 비평적 원칙을 만드는 모종의 변위(dislocation 變位)를 일으킨다고 주장한다.[28)]

---

25) Christopher Wright, "Mission as a Matrix for Hermeneutics and Biblical Theology," Craig Bartholomew et al eds, *Out of Egypt: Biblical Theology and Biblical Interpretation* (Grand Rapids: Zondervan, 2004), 102-143.

26) Richard Bauckham, *Bible and Mission: Christian Witness in a Postmodern World* (Grand Rapids: Baker Academic, 2003) 참조.

27) James Brownson, "An Adequate Missional Hermeneutic," 미간행 발표자료, 2002.

28) 위의 글.

B. 성경저술의 선교적 목적(Missional Purpose of the Writings): 구더, 고힌

첫 유형의 선교적 해석학이 성서신학 영역에 놓여있다면, 이 유형은 성서문학의 특성을 띤다. 전자가 정경적 내러티브로서의 성경본문을 하나님의 선교의 산물과 그것에 대한 증거로 본다면, 후자는 성경저술의 목표와 목적 및 형성적(formative) 효력을 갖는 정경적 권위를 강조한다.[29)]

대럴 구더에 따르면, 예수는 몸소 그의 선교를 위해 첫 세대 그리스도인들을 형성하였고 그 후로는 그들의 증거가 계속되는 형성을 위한 도구가 되었다.[30)] 따라서 선교적 공동체의 계속적 형성을 위한 사도적 전략이 그들의 저술동기가 되었다. 신약성경은 교회로 하여금 증거를 준비시키는 목적으로 저술되었다. 선교를 위해 준비시키고 형성하는 이 목적은 특히 서신서에 잘 나타난다. 서신서들은 특정 공동체 상황에서 제기된 도전들에 직접 관여하면서 이 형성을 수행하였다. 서신서들은 십자가에 이르기까지 예수의 지상사역을 통해 그분과 함께 하는 제자들로 구성된 제자화 과정에로 초청한다. 이 제자들이 사도들이 되었고 복음서 안에서 선교적 형성이 생겨나고 있었다.[31)] 결국 기록된 말씀의 목적은 선교적 교회의 계속적 형성을 위한 것이(었)다. 이 형성은 성경말씀이 강력하게 공동체 안에 역사할 때 일어난다.[32)]

구더는 계속되는 소명–성도의 회심과 양육, 증거를 위한 파송–을 위한 성령의 도구로서의 성경의 권위를 말한다. 그러한 성경의 권위는 궁극적으로

---

29) G. Hunsberger, "Proposals for a Missional Hermeneutic: Mapping a Conversation," 313.

30) Darrell Guder, "Biblical Formation and Discipleship," *Treasure in Clay Jars: Patterns in Missional Faithfulness*, Lois Barrett ed. (Grand Rapids: Wm.B.Eerdmans, 2004), 62.

31) Darrell Guder, "Missional Hermeneutics: The Missional Authority of Scripture-Interpreting Scripture as Missional Formation," 107–108.

32) Darrell Guder, "Biblical Formation and Discipleship," 62.

그들을 형성하는 능력으로 드러나며 선교적 증거와 선포와 실천을 위한 정경, 기준, 표준으로 작용한다. 한마디로 성경의 권위는 믿음의 증가를 가져오는 능력에 놓여있다는 것이다.[33]

마이클 고힌(Michael Goheen)은 신약성경에 의존한 구더의 주장에 비해 구약성경을 통해 유사한 제안을 한다. 고힌은 구약성경이 하나님백성의 선교적 목적을 준비시키기 위해 기록되었다고 말한다. 그는 또 신약성경도 "세상 속에서의 선교를 위해 교회를 형성하고 준비시키고 갱신"하기 위해 기록되었다고 한다.[34]

그러므로 성경해석을 가이드하는 기본질문은 이것이다. "그러면 어떻게 이 본문이 하나님백성의 선교적 증거를 위해 그들을 준비시키고 형성하였는가? 그리고 현재는 어떻게 우리를 형성하는가?"[35] 성서문학의 준비시키는 목적에 대한 구더와 고힌의 강조는, 선교적 해석학 분야의 향후 진로에 신중한 지침을 준다. 계속될 작업들은 각 성서문헌이 증거를 위해 준비되도록 하나님백성을 형성하는 신적인 목적 안에서 이해되도록 면밀히 분별해내야 한다. 이것은 그 문학에 의해/안에서 포괄적으로 일관되게 강조되고있는 하나님의 취지와, 다양한 장르와 시대와 개성을 지닌 성서문학 안에서 저자의 구체적인 상황적 의미와 의도 사이의 관계를 연동시켜야 함을 의미한다. 이런 경우 상상력을 발휘해 식별하지 않으면, 언뜻 보기에는 잘 감지되지 않을 수도 있다.[36]

---

33) Darrell Guder, "Missional Hermeneutics: The Missional Authority of Scripture-Interpreting Scripture as Missional Formation," 120-21.

34) Michael Goheen, "Continuing Steps Towards a Missional Hermeneutic," *Fideles: A Journal of Redeemer Pacific College* 3 (2008): 92-99.

35) Darrell Guder, "Missional Hermeneutics: The Missional Authority of Scripture-Interpreting Scripture as Missional Formation," 109.

36) G. Hunsberger, "Proposals for a Missional Hermeneutic: Mapping a Conversation," 314.

뒤에서 다루겠지만, 브론슨은 구더나 고힌의 입장과 유사하면서도 하나님백성을 준비시킨다는 개념을 더 넓은 프레임으로 확대시킨다. 브론슨에 의하면, 성서의 기본목적은 하나님의 선교에 참여하도록 부름받은 하나님백성들이 지체로서 각각 할당된 정체성을 나누는 것이다. 동시에 그들의 정체성의 중심은 예수의 삶과 죽음과 부활 안에서의 기쁜 소식인 복음에 뿌리박혀 있으며, 거기서 세상을 구원하시는 하나님의 구원목적의 정점을 볼 수 있다.[37)]

C. 독자들의 선교적 자리(Missional Locatedness of the Readers): 바람

이 접근은 충실한 성경해석을 위해 기독교공동체의 선교적 자리를 필요로 한다. 마이클 바람(Michael Barram)은 하나님백성을 형성하려는 성경의 목적이라는 관점을 긍정적으로 평가하면서도, 마치 동전의 양면과 같은 관점-형성되고 있는 공동체의 입장-에서 선교적 해석학의 특성을 바라본다. 그는 선교적 해석학을 해석방법론이나 성경에 나타난 하나님의 선교의 거대담론적 스케치-이런 것들이 필수적인 토대가 되지만-그 이상으로 정의한다. 그에 따르면, 하나님의 신교에 붙잡힌 기독교회중들은 선교로 특징지어지는 각자의 사회적 자리에서 성경을 읽는다.[38)]

바람은 선교적 해석학은 하나님의 선교 안에서 신앙공동체의 소명과 임무를 분별하기 위해, 끊임없이 자의식을 가지고 의도적으로 교회의 목적(선교)과 관련된 로칼(local)에서 나오는 분명하고 비판적인 질문들을 가지고 성경본문에 접근하는 것이라고 피력한다. 이러한 질문들은 본질적으로 상황

37) James Brownson, "An Adequate Missional Hermeneutic," 미간행 발표자료, 2002.

38) Michael Barram, "The Bible, Mission, and Social Locations: Toward a Missional Hermeneutic," *Interpretation* 61-no.1 (Jan 2007): 42-58.

적이다.[39] 그는 오늘날 교회가 어떻게 성경을 충실하게 읽을 것인가에 있어서 공동체를 강조한다. 즉 준비시키는(성서저자들과 그 해석자들) 주제에 대한 강조점을, 준비되고 있는 공동체에로 이동시킨다. 따라서 해석의 수동적 수용자가 아니라 능동적 주체로서 공동체를 바라본다. 그는 학문적, 목회적 인사(人士)들만이 공동체를 위해 해석을 제공하는 것을 경고하면서, 혹 그들이 설교를 하더라도 공동체의 일원으로서 해야 한다고 지적한다.[40]

케냐에서 가르친 경험이 있는 제임스 밀러(James Miller)도 선교적 해석학이 근본적으로 지역교회 상황에 속해있다고 하면서, 교회를 선교적으로 이해하는 곳에서의 읽기와 실천, 기도와 사고의 습관들이 뿌리내리고 자라나서 열매를 맺는다고 주장한다.[41] 신학자로서 라틴아메리카 바닥교회공동체의 삶을 경험한 파블로 리처드(Pablo Richard)도 성경해석은 우리가 우리자신을 발견하는 장소에 의존되어 일어난다고 말한다. 즉 특정한 해석주체가 다른 주체들과 다르게 그 정체성을 얻는 공공장소가 바로 그러한 장소라는 '해석학적 공간' 개념을 설명한다. 전통적으로 '학문적 공간'–전문가, 주석가, 성서학 교수들이 성경해석의 주체–과 '예전적 공간'–안수받은 목회자와 권한을 받은 평신도가 해석주체–이 해석학적 주체로 인식되었는데, 그는 이것이 여전히 정당하지만도 하나님말씀을 경험하고 바르게 해석하는 제3의 새로운 방식으로서 공동체 안에서의 성경읽기를 권장한다. 그리고 이를 '공동체적 공간'이라 부른다. 리처드는 제1, 2, 3의 공간들을 분열시키지 않으면서도 그동안 주로 간과되었던 제3의 공간을 교회들에게 열어주기 원한

---

39) Michael Barram, "Located Questions for a Missional Hermeneutic," 미간행 인터넷 자료, 2006. www.gocn.org/resources/articles/located-questions-missional-hermeneutic

40) Michael Barram, "The Bible, Mission, and Social Locations: Toward a Missional Hermeneutic," 52.

41) James Miller, "Missional Hermeneutics: An Experiment in Implementation and Reflection," 미간행 인터넷 자료, http://galileo.stmarys-ca.edu/mbarram/jimMiller-AARSBL2005.htm

다. 바로 그 공간에서 하나님백성의 영적이고 신비적이며 예언적이고 묵시적인 창조성이 번성할 수 있다고 보기 때문이다.[42]

마이클 바람은 이에서 좀더 나아가, 세상 속에서 기독교공동체의 선교적 자리가 바로 성경본문에 접근하는 해석학적 열쇠라고 주장하는 것이다. 그는 하나님백성의 사회적 자리가 선교적 해석학의 심장부라고 확신한다. 공동체는 하나님백성으로서 그 시간과 장소에 보냄받았고 그들이 은사와 소명을 분별하면서 살아가는 바로 거기에서 현실적 시공의 정황적 질문들이 불거져 나온다. 여기서 성경본문에 대한 질문과 성경읽기에 대한 질문 간에 상호작용이 생긴다. 본문이 무엇을 가리키는가와 우리의 본문읽기가 그것을 다루는 데 대한 질문이 일어나는 것이다. 그 질문은 내가 처해온 나의 사회적 자리가 간과하거나 회피하게 했던 결정적으로 중요한 선교적 질문들이다. 그리고 그 질문들은 우리의 질문과 결론 모두가 그것에 의해 계속 검증되어야 할 어떤 결정적 기준을 제공한다. 우리의 읽기는 공동체 전체의 책임을 뒷받침하는 읽기여야 하며, 공동체는 그 읽기가 항상 검증에 열려있어야 한다는 사실을 기억해야 한다.[43]

D. 문화들의 선교적 연대성(Missional Engagement with Cultures): 브론슨

오늘날 성서본문을 충실하게 읽기 위해 공동체의 자리를 강조하는 것은 하나의 해석학에 적절한 다리를 놓는 것이다. 공동체는 자신들이 본문의 첫 청자요 독자로서 그들이 처한 시공 안에서 특정한 의미를 담지한다는 사실을 인식하고서 성경본문에 관여한다. 자신들이 살아가고 있는 시공

42) Pablo Richard, "Word of God-Source of Life and Hope for the New Millennium," 미간행 인터넷 자료, http://sedosmission.org/old/eng/richard.html

43) Michael Barram, "Located Questions for a Missional Hermeneutic," 미간행 인터넷자료, 2006.

에서 나온 질문들을 가지고 본문을 대하면서, 과거와 현재의 시공 사이에 대화가 시작된다. 4번째 유형은 바로 이러한 역동성에 강조를 두고 있다.

제임스 브론슨(James Brownson)은 '선교적 해석학'(Missional Hermeneutic)이라는 말을 처음으로 사용했으며, GOCN 선교적 해석학 포럼에 길을 열어준 인물로서 목회경험과 신약학자요 선교학자로서의 면모를 활용하여 선교적 해석학을 전개해왔다. 그는 수용된 성서전통이 특정한 인간상황과 비평적 대화를 일으킬 때 복음이 해석의 '모체'로서 기능한다고 주장한다.

브론슨은 신약저자들이 구약의 문헌들을 전용(轉用)했을 때 신약성경 안에 무슨 일이 일어났는지, 그리고 그리스도 안에서 살아가는 새로운 시대와 그것이 어떻게 관계되는지에 대한 질문을 던진다. 이 질문이 중요한 것은 신약성경의 저자들이, 모든 장소와 문화 속에서 복음을 증거해야할 크리스천인 우리들과 유사하게 행했을 것이기 때문이다. 그러한 경우 신약저자들이 행했던 열매가 일부 정경으로 수용되었다. 또한 그것들이 작용하는 방식도 우리자신의 선교적 해석학 형성을 위해 중요하다. 즉 신약에서 무슨 일이 일어났는가는 오늘날 우리자신의 문화(들)와 복음이 일상에서 어떻게 관계되는지를 위한 범례를 제공한다. 이 만남이야말로 교회의 소명과 선교의 본질이다.

브론슨은 그의 멘토인 베커(Christian Beker)의 도움을 받아 바울사역의 일관성과 우발성의 관계에서 오는 역동성을 발견하는데, 그는 이 두 요소 외에도 신약저자들의 작업에서 결정적으로 중요한 제3의 요소를 찾아낸다. 전통의 어느 부분이 현상황의 어느 차원에다가 어떤 특별한 방식으로 영향을 주는지에 관하여 신약저자들을 안내해주는 내부에서 회전하는 내적인 안내체계가 있다는 것이다. 이 요소가 바로 복음이다. 전통과 상황의 역동적인 상호작용이 복음에 의해 통제된다는 의미에서 복음은 해석의 모체이다.[44] 복음은 충성과 결단을 요구한다. 그것은 공적인 지평과 보편적인 범위를 전제하고 있다. 그것은 죽음과 부활을 범례로 다룬다. 그것은 모든 시공에서 성서메시지의 새로운 해석을 안내해주는 기준으로 작용한다.[45]

정리해보자. 성경 안에서 해석학적 다양성을 만날 수 있다. 신약은 구약에 대한 해석학적 혁명으로 태어났다. 초대교회 이래 2천여 년간 기독교 선교는 다양한 문화적 상황 문제에 직면해왔다. 브론슨은 다양성의 해석학을 논의하고 나서 일관성의 해석학을 말한다. 그에 따르면 성경이 다양성 가운데 방향을 잡아주는 좌표로서 제공하는 하나의 핵심을 파악해야한다.[46] 신약이 다양한 형태로 복음을 제시하지만 그 속에는 타협불가능한 핵심이 있다는 것이다. "이 모든 다양성 속에서 복음은 일관성과 공통성을 제시하는 틀 역할을 한다."[47] 이에 비해 라이트(Christopher Wright)는 일관성의 해석학이 구약 창세기에서부터 시작하며 성경 전체에 적용된다고 주장함을 앞에서 본바 있다.

뉴비긴은 선교적 삶과 증거에서 성경과 전통문화와 선교사가 해석한 기독교 사이의 역동성에 주의를 기울인다. 하나님말씀, 상황분석, 복음을 전하는 선교사와 그가 속한 문화권에서 해석된 복음이라는 점이 모두 참작되어야 한다. 이것은 모든 기독교공동체의 일상적 삶과 증거의 역동성이다. 교회는 항상 복음과 문화가 공존하는 곳에서 존재한다. 뉴비긴에 의하면, 복음은 이러한 내적대화를 통해 삶을 지속적으로 변화시키는 기쁜 소식이

---

44) James Brownson, *Speaking the Truth in Love: New Testament Resources for a Missional Hermeneutic* (Harrisburg, PA: Trinity Press International, 1998), 42-43.

45) 위의 책, 50-51.

46) James Brownson, "Speaking the Truth in Love: Elements of a Missional Hermeneutic," *The Church between Gospel and Culture,* George Hunsberger and Craig Van Gelder eds. (Grand Rapids: Eerdmans, 1996), 239.

47) 위의 글, 258.

다. 이 대화 속에서 성경을 충실하게 읽게 되고 지속적인 회심을 환영함으로써 교회는 날마다 복음의 충만한 표현을 갖추어간다. 기존의 성서비평은 어떤 해석학이 성경을 이해하는 데 가장 적합한가를 물었다면, 선교적 해석학은 어떤 공동체가 충실한 해석학을 일으킬 것인가를 물어야 한다. 선교적 해석학은 사람들이 성경본문을 해석하는 관점과 상황이 여러 가지임을 인식해야 한다. 본문을 읽는 독자들의 다양한 관점은 세계교회가 풍성한 해석을 누리게 되는 중요한 요소다. 한 문화권의 사람이 특정본문을 해석하는 문화적 관점은, 다른 문화의 사람이 그 본문에서 분명하게 깨닫지 못하는 차원이나 함의를 설명해줄 수 있기 때문이다.

IV. 선교적 해석학의 전망

헌스버거는 위에서 분류한 각 유형들을 독립적으로 다루어 상호배타적으로나 경쟁적으로 보기보다는, 각기 다른 강조점들이 서로서로를 필요로 하는 상호의존적인 유형들로 보기를 권한다. 그럴 때 시너지 효과를 볼 수 있다는 것이다. 그렇게 할 때 이들은 앞으로 계속해서 발전해나갈 선교적 해석학의 토대를 놓아준다.

위에서 소개한 유형들은 앞으로 전개될 선교적 해석학 연구를 위한 구조틀(framework-하나님의 선교의 내러티브), 선교적 해석학의 목적(aim-증거를 위한 교회 구성), 선교적 해석학의 접근방법(approach-독특한 사회적 자리에서 나온 질문들), 그리고 선교적 해석학의 해석적 모체[48](matrix-해석적 열쇠로서의 복음)를 제공해

48) 브론슨이 사용하는 모체(matrix)의 의미는 크리스토퍼 라이트가 모체를 말하는 방식과는

준다. 이들간에 열린 대화가 계속될 때 선교적 해석학의 미래전망은 밝아진다. 이러한 대화는 '내용과 형식'의 양측면에서 건전한 선교적 해석학 발전에 기초를 놓아준다. GOCN 포럼은 이 4가지 동향을 다른 자료들의 적절성을 시험하는 작업가설(working hypothesis)로 삼기로 했다.[49)]

필자는 선교적 교회론에서 교회와 선교의 본질에 대한 깊이있는 성경연구의 필요성을 역설하였다. 선교적 교회론이 길을 잃지 않도록 든든한 조력기반이 되어줄 선교적 해석학 연구는 향후 더욱 활발히 전개될 것이며 또 전개되어야만 한다. 위에서 제시한 작업가설이 앞으로 출현할 여러 가지 선교적 해석학 연구들의 적절성을 시험하는 시금석이 될 표지(標識)로서 활용되기를 소망한다. 본 소고는 위의 4가지 초점이 앞으로 다양하게 전개될 선교적 해석학 연구들의 기틀이 되며 방향을 잡아주는 역할을 해주기 바라면서 제안해보았다. 그 초점들은 향후 전개될 선교적 해석학의 틀거리, 목적, 접근방법, 그리고 해석의 모체로서 작용하며 다양한 연구들의 지표(指標)가 되어줄 것이다. 이를 발판으로 하여 다양한 선교적 해석학의 출현을 기대해본다.

다음은 선교적 해석학에 관한 2011년 GOCN 포럼의 일반 취지문(Current Purpose Statement) 일부이다

> 선교적 해석학에 관한 복음과 우리문화 네트워크 포럼은... 교회의 선교적 본성에서 나오는 해석학적 이슈들에 집중하면서 선교학, 교회론, 성경해석의 교차점을 탐구한다. 특히 포럼의 발제자와 참가자들은 본문 안에 맞물려있는 다음과 같은 여러 가지 사실에 주의를 기울여야만 충실한 성경해석이 된다는 것을 발견하고 있다: ① 성경본문이 전피조물을 향한 선교에 헌신하시는 하나님의 선교를

다르다.

49) Hunsberger, "Proposals for a Missional Hermeneutic: Mapping a Conversation," 318-19.

보여주는 방식; ② 피조물을 향한 하나님의 선교에 참여하도록 부름받은 하나님의 백성을 구성할 목적으로 성경본문이 형성된 방식; ③ 성경본문이 독특한 선교적 자리를 가진 각 공동체의 다양한 해석적 읽기와 질문들을 일으키고 도전하는 방식; ④ 예수 그리스도 안에서 하나님의 통치라는 기쁜 소식의 관점에서 성경본문이 특정한 상황의 기존전통과 관련되는 방식; 그리고 ⑤ 문화적, 사회적 타자들과 더불어 읽을 때라야 성경본문의 충만한 의미가 드러나는 방식.[50]

이 취지문을 보면, 위에서 각기 강조점을 달리한 4가지 선교적 해석학 유형에다 5번째가 더해진 것을 볼 수 있다. 이렇듯 취지문에서 5번째가 첨가된 것은, 선교적 해석학이 이미 성숙을 향한 발전도상에 있음을 시사해준다.

참고적으로 GOCN은 2014년 11월 22-25일 샌디에고(SanDiego)에서 차기 선교적 해석학 포럼을 개최하였다. 그 모임에서 발표한 학자와 주제들을 검토해보면, 선교적 해석학이 어떤 면모로 발전하고 있는지를 파악할 수 있다. 강좌1과 강좌3의 주제는 동일하게 "하나님, 성서 그리고 선교적 소명에 대한 선교적 성찰"(Thinking Missionally about God, Scripture, and Missional Vocation)이다. 두 번째 강좌의 주제는 "바울과 선교적 해석학에 대한 성찰: 톰 라이트와의 대화"(Reflecting on Paul and Missional Hermeneutics: A Conversation with N. T. Wright)로서 톰 라이트 바울신학의 선교학적 차원에 대한 패널토의가 있다. 이 내용을 간략히 살펴보면, 바울과 하나님의 신실하심 안에서 톰 라이트는 바울신학의 핵심을 특징짓는 세 가지 주제-이스라엘의 유일신 하나님, 하나님의 백성, 세상에 대한 하나님의 미래-를 정리한다. '신학과 교회론과 종말론' 사이의 이 역동성은 GOCN의 선교적 해석학 포럼에서 되풀이되어온 주 관심사였다. 차기모임에서 톰 라이트는 바울을 강조하여 다

50) 선교적 해석학에 관한 2011년 GOCN 포럼의 Current Purpose Statement 중에서.

루면서 하나님의 백성들이 참여하도록 부른다는 측면에서 선교의 의미를 명확히 조명하였다. 그는 "이러한 선교의 기원에 대해 성경은 어떻게 묘사하고 있는가--하나님은 누구시며 무엇을 꾀하고 계시는가? 이 선교는 하나님의 백성이 된다는 의미에 대해 우리가 생각하는 방식을 어떻게 재형성하는가? 또 이 선교는 우리가 부름받은 희망을 어떻게 형성하는가?"[51]라는 질문들에 응답하였다.

그 외에도 다양한 분야 학자들의 다음과 같은 주제의 글들이 발표될 예정이다. "이스라엘은 선교적으로 실패했는가?: 이사야의 야웨의 종과 미시오 데이 새롭게 말하기"; "하나님의 선교의 구성요소로서의 고난"; "삼위일체 하나님의 삶에 참여하기: 베드로전서의 선교적 정체성을 삼위일체

---

51) *Session 1* "Thinking Missionally about God, Scripture, and Missional Vocation." Derek Taylor, Duke University, "Is Israel a Missionary Failure?: Isaiah's Servant of Yahweh and a New Telling of the Missio Dei"; James C. Miller, Asbury Theological Seminary, "Suffering as a Component of the Mission of God"; Kelly Liebengood, LeTourneau University, "Participating in the Life of the Triune God: Reconsidering the Trinitarian Foundation of 1Peter's Missional Identity"; Darrell L. Guder, Princeton Theological Seminary, respondent; George Hunsberger, Western Theological Seminary, respondent; *Session 2* "Reflecting on Paul and Missional Hermeneutics: A Conversation with N.T.Wright."--Panel Discussion(N.T.Wright, Sylvia Keesmaat, Michael J. Gorman, James V. Brownson), N.T.Wright, University of St.Andrews, panelist; Sylvia Keesmaat, Toronto School of Theology, panelist; Michael J. Gorman, St.Mary's Seminary & University, panelist; James V. Brownson, Western Theological Seminary, panelist; N.T.Wright, University of St.Andrews, panelist; *Session 3* "Thinking Missionally about God, Scripture, and Missional Vocation." Andy Johnson, Nazarene Theological Seminary "Ecclesiology, Election, and Holiness: A Missional Reading of the Thessalonian Correspondence"; Jonathan Geddes, Sydney Missionary & Bible College, "Luke's Missional Thinking about God, Scripture and Missional Vocation: 'Taking the Temperature' of Luke/Acts at Four Key Points" Colin H. Yuckman, Duke Divinity School "'That the Works of God Should Be Made Manifest': Vision and Vocation in John 9"; Eunice McGarrahan, First Presbyterian Church, Colorado Springs, respondent; Michael Barram, St.Mary's College of California, respondent. [http://www.gocn.org/ 참조]

론적 근거로 재구성하기"; "교회론, 선택 그리고 거룩함: 데살로니가 서신의 선교적 읽기"; "하나님, 성서 그리고 선교적 소명에 대한 누가의 선교적 성찰: 누가-사도행전의 4가지 핵심의 관찰"; "'하나님이 하시는 일을 나타내는 것': 요한복음 9장의 비전과 소명" 등이다.[52)]

앞서 지적했던 바대로, 최근의 선교적 해석학 연구는 성경 전체가 하나의 책이라는 개념을 기본으로 하면서도 성경 한 권 또는 바울을 선교적으로 심도 있게 체계적으로 연구하는 추세를 한눈에 확인할 수 있다.

V. 결론

순서가 중요하다! 교회의 본질이 선교라면 그 '본질'에서 모든 '사역'이 비롯되어야 하고 교회의 본질과 사역내용에 의해 교회 '구조나 조직'이 결정되어야 한다. 그러나 한국교회만 보더라도 별다른 신학적 성찰없이 구조가 먼저 조직되어 있고 교회절기별로 활동과 프로그램이 난무하며, 이런 상황에서 교회가 무엇이냐라는 본질적인 질문은 떠올려볼 겨를조차 없다. 한국교회는 그동안 서구에서 유래된 교회성장 프로그램과 불신자를 끌어들이고 신자들의 욕구를 채우는 다양한 소그룹 프로그램을 실시해왔지만, 이런 것들은 교회의 본질에 대한 철저한 성찰에서 비롯된 것이라기보다 성장지향적 경쟁논리에서 나온 효율성 중심 프로그램들이었다. 올바른 순서대로 살아내지 못해서, 한국교회와 한국교회가 책임져야 할 한국사회의 형편이 뒤죽박죽 되어버렸다. 상식선에서만 살았다면 멀쩡해야할 세월호를

52) http://www.gocn.org

뒤집어놓고도, 기적을 구하는 기도를 아무렇지도 않게 드리는 모습이 한국 교회와 또한 사회의 가감 없는 실상이다.

순서가 뒤바뀌지 않아야 한다. 그래서 성경이 중요하다. 깊이 있고 체계적인 성경연구를 통해, 하나님의 선교에 동참하도록 부름받은 교회의 본질과 그 교회를 교회되게 하는 선교의 본질에 대해 끊임없이 성찰해야 한다. 교회가 무엇이냐라는 이 근본적인 질문은 거듭거듭 되물어져야 한다. 성경은 선교적 교회론을 세워가는 데 내용과 방법 면에서 정답이 아닌 해답을 줄 수 있다. 한국교회 개혁을 위해서도 일침을 놓는 선교적 교회론은 실험적인 선교적 교회들이 다양하게 부상하고 있는 이때에 하나님나라 가치관을 드러내는 성경적 기준을 제시해야만 한다. 그럼에도 교회의 본질이 선교라고 주장한다고 해서 자동으로 실천에 옮겨지는 것은 아니다. 교회 내적갱신이 일어나서 실제로 교회가 의도적으로 선교적 우선순위를 세우고, 선교적 행함이 교회의 삶 전반으로 퍼져나가도록 해야 할 것이다.

선교적 교회론 개념이 추상적 · 학문적이라는 비판 앞에 북미와 호주의 교회를 중심으로 선교적 교회를 위한 실제 안내지침과 사례들이 나오고 있다. 그러나 만일 체계적인 성경적 · 신학적 성찰과 그에 따른 선교적 의식의 전환 없이 선교적 교회를 진작시키는 것은, 또 하나의 효율적 프로그램으로 전락할 위험이 있다. 최근에 GOCN이 선교적 해석학에 몰두하게 된 것은 참으로 다행스러운 일이다. 한국교회도 서구의 선교적 해석학을 번역하는 수준을 넘어서, 성서학자와 선교학자와 타분야 학자들이 힘을 모아[53)]

53) 한 예로서 최성일은 선교학자로서 구약의 선교를 논하면서 구약학자들과의 대화를 통해 더욱 발전시키고 밝혀내야 할 주제가 많다고 피력한다. 구약의 선교를 원심적 · 구심적 · 선택론적 · 보편론의 관점에서만 설명하면, 이들이 구약성서 전반에 걸친 개념이 아니므로 자칫 구약성서 전체와 관련없는 지엽적 주장이 될 위험성이 있다고 지적한다. 그는 통전적인 구약이해를 통한 선교개념 추적을 위해 하나님의 선교 개념을 택하고 있다. "구약의 선교," 「선교신학」 제25집, vol Ⅳ (2010): 9-35, 특히 34.

자생적인 선교적 해석학 연구를 도모함으로써 한국교회를 살릴 수 있는 진정한 변혁의 힘을 가진 한국적인 선교적 교회로 든든히 서갈 수 있도록 후원해야 할 것이다.

필자는 바로 이것을 바라는 마음으로 서구의 선교적 해석학 유형들을 소개해보았다. 그래서 선교적 교회의 성경적 근거본문이 어디냐고 묻는 사람들에게[54] 오히려 성경 전체가 선교적 근원을 가진 책이라는 점을 설명해 주는 강단이 되길 소망한다. 모든 실천의 배후에 암시되어 있는 신학을 처음에 선택–의도적이건 비의도적이건–하는 폭보다 그 선택한 결과의 간극은 훨씬 더 크게 벌어진다. 번영신학이 한국교회를 이토록 추하게 빚어놓았다면, 이제는 성경에 충실한 선교적 신학이 대세가 되도록 하는 일에 함께 분연히 경주해나가야 하겠다.

---

54) 다음은 필자가 이 글의 집필을 마무리하는 와중에 한 동료와 카톡(KakaoTalk)으로 주고받은 대화이다: "성경본문은 이번에 뭐하셨나요?"; "특정본문은 따로 없고요, 전체에요~"; "스케일이 크시네요!"; "……." 이 대화의 맥락 또한 필자가 서론에서 제기한 학생의 질문과 상통한다고 생각한다.

4장
희년으로 보는 하나님나라와 선교

Ⅰ. 서론

Ⅱ. 하나님나라와 성서

Ⅲ. 하나님나라와 교회

Ⅳ. 하나님나라와 선교

Ⅴ. 결론

I. 서론

예수님은 '하나님나라'를 그의 사역과 메시지의 출발점으로 삼았다(막 1:15). 하나님나라는 예수의 가르침과 비유의 핵심이기도 하다. 그 나라는 어떠하고, 어떻게 들어가며, 하나님나라 백성들은 어떻게 살아야 할 것인가가 그의 전체 가르침의 주제였다.[1] 또 예수님은 죽음을 앞두고 자신을 재판하는 빌라도에게 그 나라에 대해 말씀하였으며, 부활 후 승천하실 때까지 택하신 사도들에게 하나님나라의 일을 말씀하셨다(행 1:3). 슈라게(Wolfgang Schrage)는 "하나님의 구속사에서 종말론적 시대의 전환점으로서 하나님나라의 가까움과 시작에 대한 예수의 선포는, 그의 전체활동과 사역의 전조이자 그의 모든 활동이 지향하는바를 이해할 수 있는 지평을 열어주는 시계(視界)"[2]라고 잘 통찰하였다.

최근에 신구약 성서학자들에게 '선교'가 매우 역동적인 개념으로 관심을 받고 있는데, 선교학은 하나님나라와 긴밀한 관계를 갖는다. 하나님나라야말로 선교학을 구성하는 데 가장 적절한 출발점으로 간주된다. 선교학은 하나님나라와 교회의 관계 그리고 바로 이것이 세상에 대해 무엇을 의미하는지를 성찰해야 한다. 충실한 교회가 되고 효과적으로 선교하기 위해서는 하나님의 나라가 무엇인지 알아야 하고, 교회와 하나님나라를 구분할

---

1) 조지 피터스는 복음서의 다양하고 복잡한 이야기들이 결국 예수님의 가르침과 설교에서 하나님나라가 중심내용임을 말해주는 것이라고 한다. George Peters, *A Biblical Theology of Mission* (Chicago: Moody Press, 1972), 39.

2) Wolfgang Schrage, Ethik des Neuen Testaments (Göttingen: Vandenhoeck & Ruprecht, 1989), 24, 장홍길, "예수의 하나님나라 선포,"『하나님나라와 선교: 서정운 명예총장 은퇴기념 논문집』(서울: 대한기독교서회, 2001), 41-42에서 재인용.

수 있어야 하며, 험난한 세상에서 교회의 하나님나라 역할을 이해할 수 있어야 한다. 즉 교회와 하나님나라를 혼동하지 않고 역동적으로 연결시키며 이것이 세상에 대해 의미하는바를 역동적으로 보여주어야 한다.[3)]

이에 글은 다음과 같이 진행될 것이다. 먼저 하나님나라가 성경 전체에서 어떤 역할을 하는지와 전체성경을 통해 어떻게 조망되고 있는지를 살펴보고 나서, 하나님나라와 예수 그리고 하나님나라와 교회의 관계를 다룰 것이다. 이어서 성서가 말하는 하나님나라에 비추어 하나님의 선교와 교회의 선교를 논할 것이다. 마지막으로 신구약성경에 나타난 희년(the Jubilee)을 예시적 개념틀로 삼아, 희년주제가 하나님나라 관점에서 선교의 비전과 모델을 발전시키는 데 일조하며 세상에서 하나님나라 운동의 패러다임으로 활용될 수 있음을 보이려 한다.

II. 하나님나라와 성서[4)]

A. 하나님나라 이야기: 전체성경의 틀

하나님나라는 예수의 말씀과 행위의 중심내용이었다. 요한의 언급대로 전체성경의 메시지가 예수님에 대해 증거하는 것이라면(요 5:39), 예수님의 가르침의 핵심이 되는 하나님나라는 전체성경의 주제라고 할 수 있다.[5)]

---

3) 하워드 스나이더/박민희 역, 『하나님의 나라, 교회 그리고 세상』 (서울: 드림북, 2007), 4-5 참조.

4) 이 글에서는 '성서'와 '성경'을 혼용하여 사용할 것이다.

5) 김진욱, 『하나님의 나라』 (서울: 한국장로교출판사, 2009), 3-4 참조.

러블레이스(Richard Lovelace)는 메시아 왕국은 예수의 설교의 주요 주제일 뿐만 아니라 성서계시를 통합하는 중심범주라고 보았고,[6] 존 브라이트(John Bright)는 실제로 하나님나라 개념은 성서의 전체 메시지와 관련되며 하나님나라가 의미하는 바를 이해하는 것이 성서의 구원의 복음의 심장에 근접해가는 것이라고 말하면서 성경 66권을 "다가오는 하나님나라의 책"으로 부르자고 제안하였다.[7] 또 오래전에 스탠리 존스(E. Stanley Jones)는 예수의 메시지였던 하나님나라는 그가 가르쳤고 행했던 모든 것의 중심과 범위였고, 모든 것을 그 안으로 결집시키고 그것에 구속, 통일, 목적, 목표를 제공해주는 중심개념, 기본계획, 중심목적, 중심뜻이라고 지적했다.[8] 이처럼 하나님의 나라는 성서 전체를 관통하는 하나의 주된 요소이다.

그런데 여기에서 성서를 신조에 대한 안내서나 교리를 모아 엮은 책으로 이해하는 것과 달리 '이야기'로 이해하는 것이 중요하다. 이야기로서의 성서는 하나님의 진리를 인간적인 이야기로 만들어주고 인간화시켜 준다. 그럼으로써 세대를 초월해 다른 인간적인 이야기들과 잠정적인 관련을 맺게 해준다. 마이어즈(Bryan Myers)의 말을 들어보자.

> 성서의 이야기는 "우리의 이야기들은 무엇을 위한 이야기들인가? 그 이야기들은 어디로 가고있는가? 누구의 이야기가 진짜 참된 이야기인가?"라는 질문의 답을 찾는데 큰 도움을 주는 하나의 틀을 제공한다. 모든 공동체가 가진 이야기는 어떻게 시작되는지, 왜 그 이야기는 고통과 불의와 투쟁으로 가득 차 있으면

---

6) Richard F. Lovelace, "The Kingdom come on Earth and in Heaven" (Colloquy on the Hallowing of Life, Notre Dame, Indiana, 1982), 2.

7) John Bright, *The Kingdom of God* (Nashville: Abingdon, 1953), 2, 7. 브라이트는 그 나라를 역사적으로 다루었다.

8) E. Stanley Jones, *Is the Kingdom of God Realism?* (New York: Abingdon-Cokesbury, 1940), 53.

서도, 기쁨과 사랑스러운 관계들과 소망으로 가득한지를 설명해준다. 그 공동체의 이야기들이 어떻게 … 그들을 창조주께서 의도한 방향으로 다시 되돌아서게 하는지 답을 제공하고, 하나님나라의 은유를 통해서 가장 좋은 인간이야기가 어떤 것인지를 묘사해준다. 또한 우리의 모든 이야기들이 어떻게 끝날 것인지를 이야기해준다. 가장 중요한 것은 우리의 이야기들이 무엇을 위한 것인지를 배울 수 있다는 점이다. 그것은 한 분 참 하나님을 예배하기 위한 것이다.[9)]

모든 인간의 세계관은 어떤 이야기의 산물이다. 사람들은 그들이 참되다고 믿거나 그럴싸하다고 생각하는 이야기(들)에 의해 살아간다. 여기 바로 그 이야기(The Story)가 있다. 창조부터 새 창조까지 펼쳐지는 원대한 우주적 이야기와 그 사이에 있는 모든 것에 대한 이야기다. 하나님은 이야기의 창시자, 이야기를 말씀하시는 분, 이야기의 주인공, 이야기 줄거리를 계획하고 인도하시는 분, 이야기의 의미, 이야기의 궁극적 완성이시다. 하나님이 처음과 끝이며 중심이시다. 그것은 다른 어느 누구도 아닌 바로 이 하나님의 선교-하나님의 나라 이야기를 전하는-의 이야기다. 크리스토퍼 라이트(Christopher Wight)는 하나님의 선교를 모든 실상, 창조, 역사, 우리앞에 놓인 모든 것의 핵심으로 이해할 때 철저하고 완전한 하나님 중심 세계관이 생겨난다고 다음과 같이 주장한다.

하나님의 선교를 모든 존재의 중심으로놓는 이세계관은 체제전복적이며, 거대한 틀안에서 우리 자신의 위치를 불편하게 상대화시킨다. 그것은 분명 자기중심적 강박관념에 사로잡혀있는 많은 서구문화(심지어 서구기독교문화까지도)에 대한 건강한 교정책이다. 그것은 작은 세계가 제공하는 안락한 자아도취에 빠져

9) Bryan Myers, *Walking with the Poor: Principles and Practices of Transformational Development* (Maryknoll, NY: Orbis, 1999), 11-12.

들기 좋아하는 우리에게 큰 그림에 눈을 뜨라고 끊임없이 강요한다.[10]

성경은 특정한 지역적 사건들을 신학적 주장의 기초로 삼고있다. 성경은 모든것을 추상적 견지가 아닌 구체적인 관계적 견지에서 바라보면서 미시적 이야기라는 매체를 통해 이러한 일을 하고 있다. 성경은 문화적, 지역적, 관계적, 설화적 특성을 환영하면서도 이러한 다양성, 지역성, 특수성에도 불구하고 하나의 큰 이야기로 구성되어 있다고 할 수 있다. 이 큰이야기에서 바로 하나님의 역사가 나온다. 하나님나라 이야기를 전하는 하나님의 선교의 이야기는 창조부터 새 창조까지 분명하게 나타나는 거대서사다. 그것은 보편적 주장을 가진 일관된 이야기지만, 특정한 문화적 다양성을 지닌 인류를 긍정하는 이야기이기도 하다. 이것은 모든 작은 이야기들에 분명한 위치와 궁극적 의미를 부여해주는 보편적 이야기다.[11]

요약해보자. 하나님나라는 성서 전체를 덮고 있으면서 다른 모든 주제들을 의미 있게 만드는 최우선적 주제로서 전체성서의 틀을 잡아준다. 처음과 마지막과 중간이 있는 하나님나라 이야기가 성서의 구성요소가 되며 성서의 다양한 지면을 하나로 결합하고 일관성 있게 연결해준다. 성서를 하나님나라에 대한 권위 있는 이야기로 보는 관점은 성서를 그 전체성 안에서 보도록 하며, 다양성 가운데서 통일을 이루는 책으로 보게 하고, 예수 그리스도가 그 중심인물로 등장하시는 성령의 감동으로 된 책으로 대하도록 해준다.[12]

이하에서는 신구약성경에 나타나는 하나님나라를 조망해보려 한다.

---

10) Christopher Wright/정옥배 · 한화룡 역, *The Mission of God*, 『하나님의 선교』, 671-72.

11) 위의 책, 55.

12) 앨 타이즌/이광순 · 이용원 공역, 『로잔 이후의 변화』 (인천: 주안대학원대학교 출판부, 2015), 211-15.

B. 신구약성경에 나타난 하나님나라

김근주는 복음의 핵심은 하나님나라이며, 하나님나라로 표현된 부활 신앙이 구약을 관통하는 핵심이라고 말한다.[13] 그에 따르면, 성문서로 끝나는 유대교 성경과 달리 기독교 구약은 예언서로 끝마치면서 오실 그분을 기대하는 것으로 마무리된다. 이처럼 기독교구약은 불완전하며 신약은 '아브라함과 다윗의 자손 예수 그리스도'라는 구절로 시작된다. 따라서 구약성경은 철저히 예수 그리스도를 지향한다. 이런 점에서 예수가 전한 메시지는 철저히 구약의 예언자들이 전한 약속과 기대가 성취된 것이다. 그러므로 예수의 메시지를 제대로 이해하려면 예언자들이 외쳤던 미래가 무엇인지 깊이 이해하는 일이 선행되어야 한다.

예수가 성취하신 것은 구약의 단편적인 단어나 글자의 차원-신구약에서 나귀나 베들레헴 등의 어구를 짜맞추는 식-이 아니라 예언자들을 통해 선포된 영광스런 미래이다. 신약성경도 역시 다시 오실 그분을 기대하는 것으로 마무리되는데 이로 볼때 기독교신앙의 본질은 기다리는 자세라고 할 수 있다.[14]

구약은 하나님나라의 본질을 야훼하나님과 동행하는 삶, 공동체와 더불어 하나님을 섬기는 삶으로 증언한다.[15] 구약에 '하나님나라'라는 표현은 단 한 번도 안 나오지만, 그럼에도 하나님나라를 이해하는 첫단추는 구약에서 끼워져야 한다. 구약의 하나님나라와 그에 대한 소망을 읽어내지 못한다면, 신약성경을 볼 때 값비싼 보석으로 장식된 미래에 투자하는 비법을 소개하는 책으로서 현실성 없이 읽게 될 것이다.[16]

---

13) 김근주, 『구약으로 읽는 부활신앙』(서울: SFC출판부, 2014), 191.

14) 위의 책, 192-95 참조.

15) 위의 책, 201.

16) 위의 책, 202-203.

구약과 신약 사이에 질적인 변화가 생긴 것은 오랫동안 고대하던 바가 예수의 인격과 사역 속에서 나타났기 때문이다. 하나님나라가 "아버지의 뜻을 행하려고" 오신 예수 그리스도 안에서 인격화되었다. 그의 말과 행위는 하나님의 뜻에 대한 복종을 나타냈다. 그가 선포한 메시지는 회개하고 새로운 질서에 연합하라는 요청이었다. 래드(George E. Ladd)에 따르면 하나님의 나라, 즉 그의 통치가 예수의 인격과 사역 속에서 이미 역사 속으로 개입하셨다. 하나님나라의 현존은 그의 통치의 역동적 임재를 의미한다. 하나님이 더 이상 사람들이 그의 통치에 복종하도록 기다리지만 않으시고 주도적으로 새롭고 뜻밖의 방식으로 역사 안으로 침입해 들어오신 것이다. 하나님나라는 하나님이 모든 것을 다스리시는 영원한 왕이라는 추상적 개념만이 아니라, 또한 현재도 활동하신다는 역동적 개념이다.[17]

하나님나라는 현재 임하였지만 오직 믿음의 눈으로만 볼 수 있다. 세상은 하나님나라를 인식하지 못한다. 하나님나라는 초자연적이다. 인간적 측면에서 우리는 그것을 조종하거나 통제할 수 없고, 단지 하나님의 통치에 복종할 뿐이다. 래드는 하나님나라의 주요특징을 묘사한 성경구절들을 다음과 같이 정리하였다.

> 하나님나라는 사람들에게 가까이 오며 임할 수 있다(마 3:2, 4:17; 막 1:15); 그것은 오고(마 6:10; 눅 17:20) 도래하고(막 12:28) 나타나고(눅 19:11) 활동한다(마 13:13-52). 하나님은 사람들에게 하나님나라를 줄 수 있다(마 21:43; 눅 12:32). 그러나 사람들은 그것을 서로서로 줄 수 없다. 게다가 하나님은 하나님나라를 사람들에게서 빼앗을 수 있다(마 21:43). 비록 그들이 하나님나라에 사람들이 들어가는 것을 막을 수 있을지라도, 그러나 그들은 서로서로에게서 그것을 빼앗을 수 없다. 사람들은 하나님나라에 들어갈 수 있다(마 5:20, 7:21; 막 9:47, 10:23). 그러나 그들

17) George E. Ladd, *Jesus and the Kingdom* (Waco: Word Books, 1964), 140.

이 그것을 세우거나 만든다고 말할 수는 없다. 그들은 하나님나라를 받을 수 있고(막 10:15; 눅 18:17), 그것을 상속받을 수 있고(마 25:34), 소유할 수 있다(마 5:3). 그러나 결코 그것을 설립할 수는 없다. 사람들은 하나님나라를 거절할 수 있고 받아들이기를 거부할 수 있으며(눅 10:11) 거기에 들어갈 수 있고(마 23:13) 그곳을 맹렬히 침공할 수 있다(마 11:12). 그러나 그들은 그곳을 멸망시킬 수는 없다. 그들은 그곳을 바랄 수 있고(눅 23:51) 그것의 도래를 위해 기도할 수 있으며(마 6:10) 그것을 찾고 구할 수 있다(마 6:33; 눅 12:31). 그러나 그들이 그것을 가져올 수는 없다. 사람들이 하나님나라 안에 있을 수는 있지만(마 5:19, 8:11; 눅 13:29), 그러나 하나님나라가 성장한다고 말할 수는 없다. 사람들이 하나님나라를 위해 일할 수는 있지만(마 10:7; 눅 10:9), 그러나 그들이 하나님나라 자체에 영향을 미친다고 말해서는 안 된다. 사람들은 하나님나라를 설교할 수 있지만(마 10:7; 눅 10:9), 오직 하나님만이 그것을 사람들에게 주실 수 있다(눅 12:32).[18]

하나님나라는 종말론적으로 이해되어야 한다. 그것은 예수에 의해 시작되었지만 그 충만함에 도달하지는 못하였다. 예수의 지상사역은 '종말의 시작'을 표시하였다. 예수가 지상에서 행하셨고 그의 사람들에게 위임하신 모든 것은 그가 다시 오실 완성의 때를 가리킨다. 따라서 기독교인은 현재 경험과 모든 역사를 그리스도의 재림의 관점에서 해석해야 한다. 미래를 끌어당기는 것-우리가 소망이라 부르는 것-은 우리가 하고 있는 일들과 지속적으로 관계된다. 이는 우리가 '지금'과 '아직 아니' 사이의 긴장 속에서 살고있음을 뜻한다. 교회가 '지금'에 사로잡혀서 '아직 아니'를 놓칠 때마다 방향감각과 능력을 잃게 되어, 교회를 하나님나라와 동일시하고 교회가 그 관심과 행위의 중심이 되어버린다. 또 만일 교회가 '아직 아니'에 집중한다면 세상에서 도피하려 할 것이다.

18) 위의 책, 189.

래드는 신학의 역사에서 하나님나라에 대한 다양한 해석들이 생겨나게 된 원인으로서 그 나라에 관한 성경의 가르침이 매우 복잡하다는 사실을 지적한다. 그에 따르면, 신학적 논고에서 볼 수 있는 대부분의 해석들은 나름대로 성경구절을 근거로 하고 있다.

> 그 나라는 현재 실재하는 것이요(마 12:28), 그러면서도 미래의 축복이다(고전 15:50). 그 나라는 오직 거듭남으로써만 체험할 수 있는(요 3:3) 내적인 영적 구속적 축복이면서도(롬 14:17) 또한 세상나라들을 다스리게 될 것이다(계 11:15). 그 나라는 사람들이 지금 들어가는 하나의 영역이면서도(마 21:31) 동시에 그것은 그들이 미래에 들어가게 될 영역이기도 하다(마 8:11). 그 나라는 하나님이 미래에 베풀어주실 하나님의 선물인 동시에(눅 12:32) 현재에 받아 누리는 선물이기도 한 것이다(막 10:15). 하나님나라에 대한 가르침이 이렇게 풍성하면서도 다양하므로, 이를 간단히 설명해 치울 수가 없는 것은 너무도 분명하다.[19]

그는 이러한 복잡한 문제에 대한 기본적인 해결책으로 "나라"가 무슨 뜻이냐는 근본적인 질문을 던진다. 답부터 말하자면, 하나님의 나라는 '영역'이나 '백성'이 아니라 하나님의 다스림, "하나님의 주권적인 통치"이다. 그런데 성경의 어떤 구절은 하나님나라를 하나님의 통치로, 또 어떤 구절들은 지금 우리가 들어가서 그의 통치의 축복들을 경험할 수 있는 영역으로, 또 다른 구절들은 우리 주 예수 그리스도께서 다시 오실 때 비로소 임하고 그때 우리가 들어가서 그의 통치의 완전함을 경험하게 될 미래의 영역으로 말씀하고 있다. 따라서 우리가 먼저는 각 구절들마다 그 문맥 속에서 뜻을 파악하고 나서, 그런 후에 전체적인 해석 가운데서 서로 하나로 묶

19) 조지 래드/원광연 역, 『하나님나라』 조지래드 전집 1 (서울: 크리스챤 다이제스트, 1997), 19-20.

어 이해해야 한다고 래드는 권면하고 있다.[20]

III. 하나님나라와 교회

A. 하나님나라와 예수: 하나님나라 이야기의 주인공

예수가 그 나라 이야기의 주인공이시다. 실상 예수와 하나님나라는 서로 독립된 두 주제가 아니다. 예수의 삶 전체는 하나님나라라는 주제를 통해서만 조명될 수 있다. 갈릴리에서 선포하신 것은 물론 성령으로 잉태하신 것, 세례 때 성령충만 받은 사건, 십자가에 달리시고 부활하신 것, 다시 오시겠다는 약속 모두 하나님나라를 통해서만 그 의미를 깊이 이해할 수 있다. 또 한편 하나님나라가 무엇인지 이해하려면 예수를 바라보아야 한다. 예수님은 단지 하나님나라를 선포하셨을 뿐만 아니라 가져오셨다. 하나님나라는 예수를 통해 규정된다.[21]

예수 당시의 대중들과 종교지도자들은 예수와 그의 메시지를 이해하는데 실패하였다. 그럼에도 그분은 사명 앞에 주저하지 않으셨다. 제자들에게 가르치신 기도에서 그의 사역의 중심주제를 확고히하셨다: "당신의 나라가 임하옵시며 뜻이 이루어지이다." 지상사역의 끝이 다다랐을 때 예수는 자신에게 하나님나라의 통치권이 주어졌다고 하시며 제자들에게 위임

20) 위의 책, 20-24 참조.

21) 몰트만은 "예수는 인격으로 오신 하나님나라다. … 신비스러운 하나님의 나라가 본래 무엇인지를 알고자 한다면 예수를 바라보아야 한다. 다른 한편으로 예수가 본래 무엇인지를 이해하려고 한다면 하나님의 나라를 경험해보아야 한다."라고 잘 지적하였다. 위르겐 몰트만/이신건 역, 『오늘 우리에게 예수는 누구인가?』(서울: 대한기독교서회, 1997), 15-16.

령을 주신다(마 28:18-20; 요 20:21-22).

공관복음은 예수가 그의 사명의 목적과 내용을 드러내는 일련의 상관된 사건들을 통해 사역을 시작하셨음을 보여준다. 세례요한에게 공개적으로 세례받음으로 예수는 자신을 예언자 전승과 동일시했다. 요한은 자신은 예수가 아니며 예수가 오셔서 불과 성령으로 세례를 줄 것이라고 선언했다. 예수의 메시아되심을 인친 것은 그의 삶속에 성령의 임재였다. 그리스도/메시아는 "기름부음 받은 자"이다. 메시아를 이전의 모든 예언자, 제사장, 왕들과 구별짓는 것은 하나님의 성령의 충만함이 메시아 위에 있다는 것이다. 세례받으실 때 이 예수가 하나님의 아들이라는 소리가 선포되었다(시 27; 사 42:1). 하나님은 고난받는 종의 모습으로 사람들이 볼 수 있도록 현존하게 되셨다. 하나님의 아들이 '고난받는 종'이라는 사실은 유대인들을 혼란케 했다. 그러나 이것이 구원자됨을 표현하기 위해 하나님이 선택하신 방식이셨다.[22]

예수가 메시아라는 공적인 발표 후 즉시 사단과의 직면으로 이어진다(눅 4:1-2). 두 종류의 권세가 정면으로 맞섰고 대결이 시작되었다. 예수와 사단의 대결에 뒤이어 예수는 갈릴리에서 공적사역을 시작하셨다. 예수는 하나님나라가 그의 메시아직의 목표이자 내용임을 천명하셨다. 누가복음에서 예수는 자신을 이사야와 다른 구약 예언자들의 메시아 비전과 결부시킨다. 이는 마태와 마가가 "하나님나라가 가까이 왔다", "때가 찼다"고 할 때 가정하는 것을 묘사하는 하나의 방식이다. 메시아 시대는 하나님의 구원의 새로운 질서가 완전히 경험되는–사회적, 육체적, 인격적 장애물의 제거를 포함하는– 때일 것이다.

하나님나라를 구현하는 길은 십자가를 통한다. 메시아는 기꺼이 생명

---

22) Wilbert R. Shenk, "Kingdom, Mission, and Growth," *Exploring Church Growth* (Grand Rapids: Eerdmans, 1983), 209-210.

을 바치셨다. 그 점에서 그가 그의 백성들을 어떻게 다루며 통치할 것인가를 계시하셨다. 그가 메시아 즉 참으로 성령으로 충만한 기름부음 받은 자라는 궁극적인 증거는 성령이 그를 다시 살리셨다는 것, 그래서 그를 주님으로 인정하고 자신의 삶속에 다스림을 받아들이는 모든 자에게 소망과 생명을 제공하신다는 것이다. 하나님나라는 예수의 삶과 사역의 가장 위대한 통합적 주제이다.

취임 이후 예수는 제자들을 뽑으시고 군중들에게 설교하고 치유하시며 사단의 권세에서 자유케 하는 일을 시작하셨다. 마가복음은 예수의 축귀사역을 강조한다. 메시아를 통해 하나님의 능력이 사단의 권세를 좌절케 하셨다. 공관복음에서 같은 유형이 본질적으로 계속된다. 예수는 하나님나라를 시작하러 오셨고 하나님나라 선포와 새로운 질서의 의미를 공표하는 일을 나눠주려고 제자들을 부르셨다(마 10:5-15; 막 6:7-13; 눅 9:1-6; 10:1-12).[23]

B. 하나님나라에서 교회론의 위치

예수와 하나님나라가 분리될 수 없듯 하나님나라도 교회와 분리되어 이해되지 않아야 한다는 데서, 교회론은 신학의 여러 주제 중의 하나가 아니라 신학 전체의 방향과 성격을 결정짓는 중대한 차원이라 할 수 있다.

하나님나라는 교회와 긴밀한 관계에 있다. 하나님나라는 개인에게 직접 도래하기보다 교회를 통해 개인에게 다가간다. 이런 점에서 교회를 구원의 기관이라 할 수 있다. 하나님나라 없는 교회 사상도, 교회 없는 하나님나라 사상(예: 자유주의)도 문제이다. 교회와 하나님나라를 일치시켜서는(예: 중세 가톨릭신학) 안 되지만, 하나님나라의 초월성이 피조세계에서 해소되어서도 안 된다. 교회가 아무리 하나님나라와 밀접한 관계에 있다 하더라도

23) 위의 글, 210.

하나님나라와 교회의 차이는 분명히 구별되어야 한다.[24)]

자유주의 신학은 하나님의 나라를 개인주의적으로 설명함으로써 사상가 예수가 대두되며 교회의 필연성이 들어설 자리가 없다. 이때 교회는 예수의 선포에 근거하지 않으며, 단지 초대교회의 산물로 본다. 구원을 이루어가는데도 교회가 필요하지 않으며, 하나님은 믿지만 교회의 권위는 받아들이지 않는 근대 계몽주의와 맥이 같다. 그러나 성서는 개인주의적 사고와 거리가 멀다. 예수가 선포한 하나님나라는 하나님의 백성과 늘 연관되어 있음을 놓치면 안 된다. 예수는 복음을 선포하셨을 뿐만 아니라 하나님나라를 받아들여 그 나라의 빛을 발할 백성을 불러모으셨다. 그 백성이 주 안에서 하나될 때 하나님나라의 빛이 발해져 이방인들이 하나님께로 돌아올 수 있기 때문이다.[25)](요 17:20-23).

하나님나라에 대한 교회의 관계는 늘 논쟁과 혼란의 주제였다. 어떤 이들은 이 둘이 같은 것에 대한 다른 용어라고 하지만, 성경은 교회와 하나님나라가 동일하다고 말하지 않는다. 둘은 긴밀히 연관되면서도 구별되는 두 개의 실재이다. 예수님이 처음 제자들을 선교여행 보내실 때 교회의 복음을 설교하라고 지시하지 않으셨다. 공관복음은 "보내는 것"에 대해서는 몇 번 언급하지만 교회에 대해서는 거의 말하지 않으며 공관복음 저자는 하나님나라를 주된 주제로 삼고 있다. 오순절 이후의 교회는 결코 교회와 하나님나라를 혼동하지 않았다.[26)]

하나님나라와 교회는 종종 긴장관계로 존재한다. 배교한 교회는 하나님나라에 대해 거짓증거를 하며 하나님나라에 의해 심판받는다. 현 시대의

24) 한스 큉/정지련 역, 『교회』(서울: 한들출판사, 2011), xxxvii-xxxviii.

25) 위의 책, xxxviii.

26) 행 8:12은 빌립이 믿음에 반응하고 세례받은 사마리아인들에게 "하나님나라와 예수 그리스도의 이름에 대한 좋은 소식을 전한다"고 기록하고 있다(행 19:8; 20:25; 28:23, 31).

교회는 하나님의 통치의 실재를 완전히 표현할 수 없다. 래드는 하나님나라와 교회의 관계를 네 가지로 잘 정리해준다: 첫째로 하나님나라는 교회를 창조한다. 하나님나라는 이에 반응하는 사람들을 초청하는 역사속의 역동적인 통치다. 신적초대에 응하는 자는 지상의 교회에서 하나님 백성으로 통합된다. 어떤 이들은 하나님나라에 위임하지 않으면서도 유아세례를 받았거나 비순수한 동기로 교회에 다닌다. 하나님나라에의 위임은 교회의 삶에 진정으로 참여하는 것을 포함하지만, 그 참여 자체가 하나님의 통치하에 산다는 증거는 아니다; 둘째로 교회는 하나님나라를 증거한다. 교회는 하나님의 통치에 대해 세상에 증거하라고 부름받았다. 그럼에도 교회의 증거가 하나님나라를 세우거나 설립하는 것은 아니며, 단지 하나님의 통치를 즐겁게 선포하라고 부름받는다. 교회는 과거의 하나님의 행위를 인용하고 미래의 약속을 가리키면서 하나님의 통치를 설명해준다. 아울러 교회가 자신의 삶속에서 하나님의 통치의 실재(Reality)를 드러내는 만큼, 하나님나라가 무엇인지를 눈에 보이게 증명하고 있는 것이다;

셋째로 교회는 하나님나라의 도구이다. 교회는 단지 하나님나라와 그 사건에 대해 말하는 보고자만이 아니라, 하나님나라의 행동에 참여하고있다. 예수는 그의 몸(교회)에게 그가 시작하신 일들을 계속 수행하라고 위임하셨다. 오순절 이후 제자들은 예수가 하셨던 것처럼 설교하고 치유하고 축사했다. 교회는 두 왕국 간의 긴장과 투쟁을 회피할 수 없다. 신실한 그리스도인들이 하나님나라의 참여자로서 이 투쟁에 연대해왔으므로 역사는 순교자들의 피가 교회의 씨앗임을 증거한다. 하나님나라에의 참여는 고난을 포함한다. 성령이 이 증거에서 교회를 인도하신다; 넷째로 교회는 하나님나라의 권위 하에 행동한다. 구약의 이스라엘 민족은 율법을 통해 위임된 하나님 통치의 청지기였다. 예수는 제자들을 뽑고 천국열쇠를 주시며(마 16:19) 그의 권세를 위탁하셨다. 복음은 가볍게 다뤄질 수 없으며 교회의 소유가 아니다. 교회는 하나님나라 복음에 반응함으로 창조되고, 복음을 다른 이들과 나눔으로만 부르심에 진실하게 남아있을 수 있고, 그 통치하심에 순종할 때 하나님과의 강한 결속을 유지할 수 있다.[27)]

요약하면, 하나님나라와 교회는 불가분의 관계임에도 불구하고 동일하지 않다. 하나님나라는 하나님에게서 출발하고 교회는 사람에게서 출발한다. 하나님나라는 그의 통치의 축복이 경험되는 영역이며, 교회는 하나님의 통치를 경험하고 그 축복을 누리는 자들의 교제이다. 하나님나라가 교회를 창출하고 교회를 통해 일하시며 교회에 의해 세상에 전파된다. 교회-하나님의 통치를 인정하는 자들-없이는 하나님나라가 있을 수 없으며 하나님나라 없이도 교회가 있을 수 없다. 그럼에도 하나님나라-하나님의 통치-와 교회-사람들의 교제-는 구별되는 개념으로 남는다.

Ⅳ. 하나님나라와 선교

A. 성서에 나타난 하나님나라 이야기에 근거한 선교

앞서 언급했듯이 포괄적이고 다양성 가운데서도 통일성을 유지하고 있으며, 성령께서 생명을 불어넣으셨고, 그리스도 중심의 하나님나라 이야기로서의 성서는 다음 네 가지 방식으로 선교를 정의하고 형태를 잡아주며 동기를 부여하는 교본의 역할을 한다.[28)]

27) George E. Ladd, *Jesus and the Kingdom*, 258-73 참조.

28) 이러한 역할로 인해, 성서를 "상황에 맞는 통전적 선교를 위한 하나님나라의 교본"이라 칭할 수 있을 것이다. 앨 타이즌/이광순 · 이용원 공역, 『로잔 이후의 변화』, 215 참조.

첫째로 성서가 말하는 하나님나라는 교회의 사명(선교)을, 성령의 능력으로 세상에서 예수 그리스도를 증언하는 것으로 규정해준다. 이런 정의하에 선교는 다른 누구도 아닌 오직 예수 그리스도만을 선포하라고 함으로써 그 폭을 좁힐 수 있으며, 역으로 우리가 통제할 수 없는 성령께서 그 전략을 결정하시게 함으로써 그 폭을 넓힐 수도 있다. 구두로 하는 복음전도, 사회적 관심, 삶의 본 보이기, 예술을 통한 증언, 치유와 기적 등은 교회가 성령께 순종할 때 할 수 있는 선교활동의 극히 일부일 뿐이다. 그분의 뜻대로 임의로 부는 바람처럼 행하시는(요 3:8) 성령께 맡기고 교회가 성령의 창조적인 능력에 완전히 순종한다면 그 선교의 형태는 한계와 공식을 뛰어넘을 것이다.[29]

둘째로 성서가 말하는 하나님나라는 사람을 전인적으로-육체적, 심리적, 사회적, 영적인 면까지 아울러-돌보시는 하나님을 시사해준다. 인간의 마음에서부터 사회적 조직에 이르기까지 모든 것에 관심을 갖고 돌보시는 하나님께서 어느 하나를 다른 것보다 더 큰 관심으로 돌보신다고 가정하는 것은 성서와 배치된다. 하나님께서 인간사에 개입하시는 이야기 즉 하나님나라에 대한 이야기에 비춰보면, 인간존재의 모든 측면에서 하나님과 만나게 되고 또 모든 측면에서 변화하게 된다.[30]

셋째로 성서가 말하는 하나님나라는 인간의 문화와 사회를 통해 교통하시는 하나님을 보여준다. 히브리인들의 혼합적 문화와 초대교회의 이방인 선교에 비추어볼 때 하나님나라는 민족과 문화와 계층을 갈라놓는 장벽을 허무는 것으로 간주된다. 따라서 세계와 더불어, 세계를 위하여, 세계 안에서 선교사역을 행할 때 다문화선교는 물론 상황화선교에 몰두할 수 있을

---

29) 앨 타이즌/이광순 · 이용원 공역, 『로잔 이후의 변화』, 216.

30) 위의 책, 216-17.

것이다.[31]

넷째로 성서가 말하는 하나님나라는 전체세계를 돌보시는 하나님을 여실히 보여준다.[32] '나라'에는 하나님이 다스리는 영역의 의미도 들어있는데, 하나님의 통치는 시간을 초월하여 전세계에 미치는 통치이다. 교회는 확실히 구속받은 이들을 불러 모아 능력을 부여하여 세상에서 하나님의 뜻을 성취시키는 '영역들 중의 영역'으로서 특별한 역할을 감당해야 한다. 즉 교회는 하나님의 주요 모델로서 또 변화를 일으키는 대행자로서 일해야 한다. 그럼에도 궁극적으로 하나님은 그 교회를 통해서 그리고 그 교회를 초월해서 역사하신다. 하나님의 선교(missio Dei)가 전체 피조세계의 구원에도 관계하시기 때문이다.

한마디로 하나님나라 개념은 하나님의 전세계적이고 전우주적인 선교를 이해하는 성서적인 씨앗이라고 말할 수 있다.

B. 희년을 통해 본 하나님나라와 선교

구약성경의 지향점인 하나님나라 사상이 집약된 근사치 모델이 희년(the Jubilee)이다. 이스라엘은 희년공동체이다. 구약에서 법개념은 보다 상위개념인 언약을 통해 이해되어야 한다. 구약에 나타난 희년법은 하나님 백성의 삶의 방식이었다. 희년을 지켜 그 정신을 실현하는 것은 모든 시대 하나님의 언약공동체를 유지시키는 회복장치다. 인간의 본질적 악함과 욕망을 정화시켜 주고, 삶에서 자기포기를 통해 하나님의 성품을 닮아가는 선한의지를 공동체적으로 되살려주는 제도적 장치이다.[33] 그러면 먼저 신구약성

31) 위의 책, 217.

32) 위의 책, 217-18.

33) 장성길, "구약성경에 나타난 희년법," 『희년, 한국사회, 하나님나라』 (서울: 홍성사,

경에서 '땅'의 의의를 살펴보도록 하자.

신약은 팔레스틴 땅에 신학적 의의를 부여하지 않지만, 구약에서 그 땅은 단지 한 조각의 영토가 아닌 신학적·윤리적 전통의 초점으로서 야웨와 이스라엘간 언약관계의 약속과 축복, 요구를 표현한다. 예를들어 구약 여러곳에서 야웨가 그 백성에게 베푸는 축복은 땅과 관련되어 나타난다(시 37:22, 29 외). 이스라엘 신앙의 한 중심은 그들이 거주하는 땅이 '야웨의 땅'이라는 것이다. 그 땅은 이스라엘이 들어가기 전부터 야웨의 땅이었지만(출 15:13, 17) 구속과정에서 이스라엘에게 약속되고 주어졌다. 신명기가 반복하듯 땅은 이스라엘의 소유요 기업이었다. 땅에 대한 이중전통–하나님의 소유이자 하나님의 선물–은 이스라엘 신학의 주요주제들과 연결되었다.[34] 할당받은 야웨의 땅에서 가족과 함께 사는 이스라엘에게, 땅은 하나님 백성의 증표요 그분의 은혜에 반응하는 초점이었다. 땅은 이스라엘 가구에게 그와 가족과 그의 백성들이 하나님과 특별한 언약관계에 있음을 증명하는 거대하고 상징적이며 만질 수 있는 증거였다. 이스라엘 한 개인에게 땅은 안전, 소속, 축복, 동참, 실천적 책임을 의미했다.[35] 하나님 앞에서 이스라엘은 그들에게 의존해사는 거류민들의 지위와 비슷하여 땅에 대한 궁극적 소유권이 없었다(레 25:23). 하나님의 땅에서 야웨가 최고의 지주시며 이스라엘은 소작인이었지만, 야웨의 보호아래 그리고 야웨에게 의존해서 땅이 주는 혜택을 마음껏 누릴 수 있었다. 이스라엘이 하나님 앞에 이런 지위를 누린다면, 가난해지거나 빚지게 된 형제를 대할 때 하나님이 모든 이스

2012), 71.

34) 땅에 대한 약속은 족장선택전통의 핵심부요, 출애굽 구속전통의 목표이자, 언약관계 유지와 땅에서의 안전한 삶이 결합되어 있었다. 하나님의 심판은 결국 땅에서 추방되는 것이었고 회복된 관계는 땅에 돌아오는 것으로 상징되었다.

35) Christopher Wright/김재영 역, 『현대를 위한 구약윤리』 (서울: IVP, 2006), 261-62.

라엘을 대하심과 똑같은 방식-동정, 정의, 관대함-으로 대해야 한다.[36)]

신약에서는 이전의 토지-혈연의 자격조건이 가지던 의의와 기능을, 그리스도가 이어받는다. 그 땅 안에 있던 것처럼, 그리스도 안에 있다는 것은 첫째 하나님이 제공하신 신분과 관계를, 둘째 하나님의 가족 안에 포함되고 그 안에서 누리는 안전한 지위를, 셋째 그들과 동일한 관계를 나누고 있는 사람들에게 실천적 책임을 행하는 데 헌신하는 것을 가리킨다. 사귐(코이노니아)에 대한 구체적인 신약의 이해는, 구약에서 땅의 소유가 이스라엘에게 수행했던 유사한 신학적 · 윤리적 기능을 나타낸다. 그 땅을 예수의 인격과 사역에 연결시키는 예표론적 해석은 예수 자신으로 종점에 이르지 않고, 구약윤리의 사회경제적 의의를 신약의 메시아공동체에서 이뤄지는 실제적 관계윤리로 옮겨놓는다. 헬라어 '코이노니아'는 오늘날 흔히 교회에서 나누는 재미없는 친교시간과는 달리, 우리의 관계와 소유물에 연결되어 있다. 신약성경에서 '코이논'의 어원으로부터 형성되거나 결합되어있는 단어의 상당수가 그리스도인들 간의 실질적인 사회경제적 관계를 의미하거나 그와 관련된 문맥에서 발견된다. 그리스도 안에서 성령을 통한 신자들의 하나됨은 추상적이거나 영적인 개념이 결코 아니며, 오히려 사회적 · 경제적 영역에 대한 실천적 함의를 띤다. '사귐'에 대한 신약의 이해와 실천에 포함되는 사회경제적 영역은 구약의 토지윤리에 깊이 뿌리박고 있다. 여기에서 그리스도가 선포하고 출범시킨 그 나라는 구약을 성취한다. 구약의 사회경제적 패턴을 취해, 작은 땅덩이에서 단 하나의 민족이 경험하던 것을 이제 그리스도 안에서 누구나 어디서나 경험하는 것으로 바꿔놓는다.[37)]

오경의 안식년규례를 토대로하는 레위기의 희년규례는 안식년규례와

36) Christopher Wright/정옥배 · 한화룡 역, 『하나님의 선교』(서울: IVP, 2010), 369-70.

37) Christopher Wright, 『현대를 위한 구약윤리』, 265-71 참조.

다른 것이 아니라, 일곱번째 맞이하는 '대안식년'이라는 점에서 희년사상의 범주에 함께 묶을 수 있다. 레위기 25:8-10은 희년을 50년째 해라고 기록한다.[38] 희년의 주관심사는 가족과 땅이었기에 이스라엘의 친족이라는 사회구조와 그에 근거한 토지보유라는 경제제도에 뿌리를 두고 있다. 이는 또한 이스라엘 신앙의 신학적 차원을 갖고 있었으므로 세 측면에서 희년을 살펴보아야 한다. 사회구조적으로 이스라엘은 지파(tribe), 친족(clan), 집(household)으로 구성되어 있었다.[39] 더 작은 단위인 친족과 집은 이스라엘 개개인에 관련된 혜택과 책임 면에서 사회 · 경제적으로 지파보다 더 중요하며 안전과 보호의 장소이기도 했다(삿 6:30-35). 아버지의 집은 재판에서도 중요역할을 했고 군사적 기능도 갖고 있었으며 이스라엘이 정체성을 발견하고 교육과 종교적 양육을 받는 장소였다. 희년은 일차적으로 아버지의 집 또는 확대가족을 경제적으로 보호하기 위해 고안된 제도였다. 경제적 측면에서 이스라엘의 토지보유제도는 친족단위에 근거했다. 땅은 지파별로 친족에 따라 분배되었고 친족 내의 각집이 유산의 몫을 받았다. 가나안 경제구조와 대조되는 특징은 평등분배와 양도불가성이다. 이스라엘 이전의 가나안은 왕과 귀족이 땅을 차지하고 일반인들은 세금을 내는 소작농이었다. 그러나 이스라엘은 처음부터 규모와 필요에 따라 땅을 분배하였

38) 희년주기에 대하여는 49년 주기설과 50년 주기설이 있다. 이는 주로 레 25:8-9와 25:10-11의 본문상 희년선포시기에 대한 불일치에서 기인하며, 부차적으로는 2년 연속되는 동일법규의 이중실행 여부에 대한 회의와 2년 연속되는 땅의 휴경이 가져올 사회경제적 어려움, 특히 가난한 자들이 겪을 어려움을 고려한 학자들의 견해에서 제기되었다. 희년주기에 대하여는 김병하, 『희년사상의 영성화-오경에서 누가복음까지: 중간기 문헌을 중심으로』 (서울: 대한기독교서회, 2005), 25-32를 참조 바람.

39) 천사가 나타났을 때 기드온의 반응에 세 가지가 다 나온다. "보소서, 나의 집(clan)은 므낫세(tribe) 중에 극히 약하고 나는 내 아버지 집(house)에서 가장 작은 자니이다"(삿 6:15). 한글성경으로는 명확히 구분되지 않는다.

다.[40] 땅은 사거나 팔 수 없었고 가능한한 확대가족 안에, 적어도 그 친족에 속한 가족안에 남아있어야 했다.[41] 신학적 각도에서 레 25:23(토지를 영구히 팔지 말 것은 토지는 다 내 것임이니라 너희는 거류민이요 동거하는 자로서 나와 함께 있느니라)에 나타난 이스라엘이 살고있는 땅(=하나님의 땅)과 이스라엘(=하나님 백성)에 대한 근본적 진술은 희년을 이해하는 데 중요근거가 된다. 희년의 일차적 목적은, 가족과 토지가 묶인 가장 작은 단위들이 비교적 평등하고 독립적으로 생존할 수 있는 다가구 토지보유 사회경제구조를 보전하는 것이었다. 희년은 이스라엘 가족의 생존과 복지를 위해 고안된 메커니즘이었다.[42]

한편 하워드 스나이더(Howard A. Snyder)는 성서의 주제들 중에서 "평화, 땅, 집, 도시, 정의, 안식, 희년"이라는 7가지 주제를 탐구하면서 이 주제들이 함께 엮일 때 하나님나라의 성서적 비전의 포괄적 근거를 제공한다고 주장한다. 그에 따르면 구약에서 이 주제들은 하나님나라의 성격을 드러낸다. 즉 하나님나라는 실제로 땅에 분명히 나타나고, 하나님의 전체 주권과 전능한 행위에 근거하며, 하나님의 백성이 하나님의 계시된 성격에 맞는 삶을 살겠다고 굳게 약속하는 그들과의 언약관계를 포함하는 하나님의 통치이다.[43]

---

40) 민수기 26장에 나오는 지파목록과 여호수아 13-21장에 기록한 상세한 토지분배 내역은 이스라엘 토지제도의 본래 의도가 가능한 한 넓게 친족전체에 걸쳐 땅이 분배되도록 하는 것임을 보여준다.

41) 이 원리는 레위기 25장의 경제규정에 명백하게 드러난다. 나봇이 아합에게 자기 재산을 팔지 않은 이유도 바로 이것이다(왕상 21장).

42) 구약은 레위기를 제외하면 출 21:1-11(종에 관한 법규); 22:25-26(이자금지법); 23:10-11(토지휴경법), 민 36:1-12, 신 15:1-11(부채탕감법); 12-18(노예해방법), 왕상 6-9장; 21:1-18, 사 37:30; 58:1-14; 61:1-3, 렘 32:1-15; 34:8-22, 겔 40장; 46:16-18, 단 9장, 암 2:6-8에 희년법 개념이 반영되어 나타난다.

43) 퍼킨스는 정의-사랑의 최고형태-의 관점에서 볼 때 이 몇가지 주제가 결합하는 예를 묘사한다: 정의는 하나님을 땅의 창조주요 소유자로 인정하는 것이며; 사람들이 자신의 손으로 땅을 긁어파서 그 노동의 열매를 즐기게 하는 것이며; 자신들의 손을 들어 하나님을 찬양할

신약의 메시지는 하나님나라가 예수 그리스도 안에서 가까이 왔으며 가시적이 되었다는 것이다. 하나님나라는 성육신으로 예수 안에서 구체화되었다. 예수는 교회의 하나님나라 증언의 미리맛봄(foretaste)이며 첫열매인 성령을 통해 현재하며 통치한다. 하나님나라는 예수 그리스도가 그 중심에 있다. 스나이더는 신약에서 위의 7개 하나님나라 주제들이 내면화되고 일반화되어 나타난다고 말한다. 즉 내면화되지만 영성화되지는 않고,[44] 일반화되지만 상징화되지는 않으며, 부분적으로 실현되지만 완전하게 실현되지는 않고, 또 이 주제들의 종말론적 초점은 분명해지지만 완전하게 계시되지는 않는다고 탁월하게 통찰하고 있다.

신약은 7개의 주제를 엮어서 강하고 일관된 하나님나라 신학을 형성하는데, 각 주제는 하나님나라의 인격(person)인 예수 그리스도를 가리키며 그분을 통해 하나님나라의 약속들이 성취된다. 예수는 평화의 왕으로, 가난한 자들에게 정의를 가져오는 분이고, 하나님의 도시의 참된 건설자시며, 그분은 현재에 그리고 최종적으로 희년이 완성되는 때에 안식을 약속하셨고 또 가져오신다. 또 예수는 자신 안에서 만물을 통일되게 하고 전체 창조질서를 썩어짐의 종노릇에서 해방하실 하나님나라의 섭리 안에서 자신의 땅인 지구를 구속하는 분이다.[45]

수 있는 것을 뜻하며; 또 정의는 한번의 안식(a sabbath)을 가지는 것이다. [John Perkins, "Leadership for Justice in the Black Community," *Urban Mission* 1:1 (September 1983), 12-13.]

44) 김병하는 성서가 말하는 가장 급진적인 사회개혁법안인 희년제도와 안식년규례가 제2성전기(신구약중간기)를 지나면서 실제 사회개혁적인 성격을 잃어버리고 점차 종말론화, 영성화되어 나타나는 경향을 보인다고 지적한다. 이에 대한 자세한 내용은 『희년사상의 영성화-오경에서 누가복음까지: 중간기 문헌을 중심으로』(서울: 대한기독교서회, 2005)를 참조 바람.

45) 하워드 스나이더/박민희 역, 『하나님의 나라, 교회 그리고 세상』(서울: 드림북, 2007), 111.

희년은 이 모든 하나님나라 주제 중에서 가장 매혹적인 주제이다. 희년은 레위기 25장에 나오고 뒤에는 예언적으로 이사야 58장, 61장에서 발전되어 나타난다.[46] 이는 신학적으로 왕이신 하나님이 땅의 소유자시며 그 백성은 청지기라는 데 근거한다. 희년은 안식중의 안식으로서 모든 땅을 그 본래의 점유자들에게 되돌려줌으로써 안식년 규정이 확대된다. 땅은 묵혀야 하고, 노예들은 자유의 몸이 되어야 하며, 빚은 탕감되어야 하고, 49년 동안 습득한 모든 땅은 되돌려주어야 한다는 것이 4가지 주된 희년규례이다. 이 규정들은 근본적으로 경제적이고 생태학적이다. 희년에 대한 해석이 다양하더라도 다음의 다섯가지 함의는 확실하며 모두 하나님나라를 지시하고 있다: 1) 희년에는 영적, 사회적, 경제적, 예전적, 역사적 차원이 모두 얽혀있다; 2) 희년은 특히 가난한 자들과 소외된 자들과 억압받는 자들을 향한다; 3) 희년은 창조와 구속에서 나타난(창 2:2-3, 출 20장, 신 5장 등) 하나님의 성격에 근거한다; 4) 희년은 하나님의 백성과 하나님의 땅의 관계와 관련되기에 지구와 관련되며 생태학적이다; 5) 희년은 하나님의 주권에 대한 의존과 인간의 자유, 솔선, 책임을 결부시킨다. 즉 하나님이 그 백성과 땅에 대한 주권을 가지시므로 그 백성은 그의 계시된 성격에 따라 행해야 한다.[47]

이사야는 61:1-3에서 하나님나라의 목표를 희년주제로 표현하는데 하나님나라의 본질, 성격, 넓이가 희년용어로 묘사되어 있다. 이 비전이 후에 하나님나라에 대한 예수의 선포(눅 4:16-21)의 배경이 된다. 하나님나라를 알리러 오신 예수는 희년용어를 사용하셨다. '주의 은혜의 해'는 희년의 선포와 관계가 있다. 예수가 누가복음에서 선포한 희년은 무엇을 의도했으며

46) 또 시편 146:7-9절에도 희년의 성격이 드러난다. Thomas D. Hanks, *For God So Loved the Third World* (Wipf & Stock Publishers, 2001), 97-104 참조.

47) 하워드 스나이더/박민희 역, 『하나님의 나라, 교회 그리고 세상』, 97-98.

지금의 우리에게는 무엇을 의미하는가? 이에 대해 문자그대로의 희년선포였다는 해석[48]에서부터 영적인 해방 또는 종말론적 해방으로 보는 관점까지 다양한 해석이 존재한다.

스나이더는 구약의 희년을 지구와 관련되는 현세적인 관심사로 보고 이사야 58장과 61장에서도 그 의미가 영성화되는 것은 아니라고 하면서, 근거없이 누가복음 4장에서 희년의 현세적 의미를 제거하면 안 된다고 강조한다. 반대로 누가복음 4장을 예수 당시 문자그대로의 희년선포로 보는 해석은 나사렛 유대인들의 반응을 적절히 설명하지 못할뿐더러 희년이 두드러져 보이지 않는 예수의 나머지 사역부분과도 잘 연결되지 않는다고 주장한다. 오히려 예수는 한 번의 희년(a Jubilee year)이 아니라 희년(the Jubilee age)–하나님의 그 나라(마 4:17)–을 알리고 있었다. 그 알림은 단지 영적이거나 상징적인 것이 아니었다. 마치 예수의 부활처럼 문자 그대로의 그리고 역사적인 치유들은 하나님나라의 새 질서에 대한 문자그대로의 그리고 역사적인 성격과 침투의 표징들이다. 희년은 영성화되거나 그 효력이 약해져서는 안 된다.[49]

학자들은 신약에서 누가복음 4장 이외에도 '주님이 가르치신 기도'(특히 "우리가 우리에게 죄지은 자를 사하여 준 것 같이 우리 죄를 사하여 주옵시고")와[50] 팔복(마 5:3-6)에서[51] 이사야 61장의 메아리가 공명한다고 주장한다. 산상설교(마 5-7장)는 누가복음의 나사렛설교와 같이 마태복음에서 많은 기능을 하는 희년선포이며 이사야 61장의 예언을 성취한다. 산상설교는 희년을 공표하며 희년의 현재적 하나님나라의 의미가 시작된다. 하나님나라를 공표하는 것은

48) John H. Yoder, The Politics of Jesus (Grand Rapids: Eerdmans, 1972), 64-77 참조.

49) 하워드 스나이더/박민희 역, 『하나님의 나라, 교회 그리고 세상』, 98-102 참조.

50) S. H. Ringe, "The Jubilee Proclamation," *Jesus, liberation, and the Biblical jubilee* (Fortress Press, 1985), 243-58 참조.

51) Robert A. Guelich, *The Sermon on the Mount* (Waco: Word, 1982), 70-76 참조.

주의 은혜의 해를 선포하는 것이다. 마태복음 5:3-10을 이사야 61:1-2와 시편 146:7-8과 비교해보면 팔복의 희년성격이 여실히 드러난다. 즉 이사야 61:1-2은 메시아 시대의 기본적이고 서론적인 행위인 가난한 자들에게 좋은 소식을 전하는 메시아를 묘사하고 있으며, 이는 바로 예수가 하는 일로서 무리들에게 설교하기 시작하신 그의 최초의 말은 가난한 자들에 대한 것으로서 이사야 예언을 성취하는 것이다.[52]

따라서 신약에서 어떤 것도 구약 희년주제의 넓이나 문자그대로의 의미나 생태학적 성격을 무효화하지 않는다. 하나님은 안식중의 안식인 희년을 가져올 것이다. 신약은 오직 예수 그리스도를 통해서만 희년이 온다는 것을 말하고 있다. 하나님나라의 중심에는 예수가 있으며, 땅위에 하나님나라의 온전한 도래는 예수를 믿는 믿음과 그의 말씀에 대한 순종에 달려있다. 예수 안에서 그리고 하나님나라의 온전한 도래에서 하나님은 약함의 능력을 택하셨으므로 하나님의 나라는 고통과 종됨과 이 세상지혜가 미련하다고 부르는 것을 통하여 올 것이다. 그럼에도 하나님나라는 결국 능력 가운데 임할 것이며 모든 부정과 불의에 대해 진노 가운데 임할 것이다. 세상나라가 우리 주와 그 그리스도의 나라가 된다(계 11:15)는 예언은 희년과 연결되며 땅과 연결된다. 하나님은 자신의 큰 권능을 잡으시고 왕노릇하기 시작하신 데 대해 찬양을 받으신다(계 11:17). 심판 때가 왔고 땅을 망하게 하는 자들을 멸망시키실 때가 왔다(계 11:18). 하나님나라의 도래는 최종적인 희년의 도래이며 모든 억압과 소외로부터 땅이 해방되는 것이다.[53]

예수는 자신이 선포하신 희년을 성취하셨다. 예수의 급진적 선교는 구약의 희년선포에서 발견되는 그 하나님의 선교였다. 예수와 초대교회는 정치적으로 도전했다. 예수의 주장은 모든 인간의 권위를 전복시키며 더 높

52) 하워드 스나이더/박민희 역, 『하나님의 나라, 교회 그리고 세상』, 103-104.

53) 위의 책, 104-105.

은 하나님의 정의의 법정에 서도록 요구한다. 하나님이 왕이라면 가이사는 왕이 아니다. 예수가 이스라엘의 메시아 왕이라면, 성전제도로 상징되는 유대 기성체제의 옛 질서는 종식되고 있다. 예수는 경계를 넘고 금기를 깨고 기존 사회질서와 계층을 뒤엎는 방식으로 사회적 통념을 전복시켰다.[54)]

그들은 또한 철저히 예언적 공동체였다. 낡은 세계질서 안에서 이 역사에 개입한 하나님나라의 새질서가 지닌 진리와 가치를 구현하려 했기 때문이다. 성령이 종말론적으로 부어짐으로 세워진 이 공동체는 가능한한 경제적 평등을 통해 영적연합을 표현하기 원했기에 그들 가운데 핍절한 자들이 없도록 했다. 그들을 가르친 사도들은 그리스도인의 일차적 의무는 복음을 전하는 것만이 아니라 '선한 일'을 하고 미움으로 가득한 세상에서 실제적인 사랑의 모델이 되는 것이라 했다. 그들은 선량한 시민이 되고 세금을 낼 뿐 아니라 또한 국가권력자를 향한 하나님의 명령이 정의를 행하고 악을 벌하고 선을 보상하는 것임을 상기해야 했다(롬 13:1-7). 그들은 정치권력이 하나님의 임명으로 존재함은 받아들였지만, 정의를 왜곡하는 정부는 하나님의 준엄한 심판을 받으리라 했던 선지자들의 말을 떠올렸다(렘 22:1-5). 야고보는 선지자적 어투로, 실제적인 사랑과 정의가 결여된 신앙은 죽은 것이며 고용인을 착취하여 방탕하게 사는 고용주의 악행을 비난하는 것이 교회의 사도적 의무라고 강조했다(2:14-17; 5:1-6). 초기 그리스도인들은 복음전도뿐 아니라 신앙이 주변의 정치 · 사회 · 경제적 세계에 대해 지니는 급진적 의미를 인식하고 있었다.[55)]

54) 예수는 정결과 부정에 대한 구분을 뒤엎으셨고, 안식일에 병자를 고치시고 안식일의 의미를 재정의하셨다. 또 사회의 금기로 배척당하는 사람들-여인, 어린이, 병자, 부정한 자, 심지어는 죽은 자들-에게 다가가셨다. 예수는 그 권위로 사람들에게 죄사함을 선언하실 때 성전에 가서 공식적으로 제사드려야 하는 절차를 무시하셨고 세리, 매춘부, '죄인들'과 식사를 하셨다.

55) Christopher Wright/정옥배 · 한화룡 역, 『하나님의 선교』, 392-93.

V. 결 론

신학의 역사를 돌이켜보면 예수의 인격적 본질이나 십자가와 부활이 신학의 초점이 되어왔다. 이에 비해 갈릴리 출신 예수가 여기저기 다니며 무엇을 전하려 했었는지는 비교적 소홀히 다루어졌다. 그런데 20세기 초부터 신학계는 지상의 예수가 했던 말과 행위에 깊은 관심을 보이게 되었다. 그가 말하려는 것은 무엇이었으며 그의 선포의 주제는 무엇인가? "때가 찼고 하나님나라가 가까웠으니 회개하고 …" 예수의 선포의 주제는 하나님나라였다.[56)]

필자는 교회론이 아닌 하나님나라 신학으로라야 한국교회의 병폐인 번영신학과 교회성장주의를 치유할 수 있다고 확신한다. 아울러 에반젤리칼 선교와 에큐메니칼 선교의 대립양상도 균형잡힌 하나님나라 신학으로 해결점을 찾을 수 있을 것이다. 선교는 곧 성경의 하나님에게 속하므로 선교의 메시지는 하나님의 성경적 계시 전체에서 끌어내야 한다. 전체성경의 주제는 하나님나라이다.

돈이 돈을 먹고 자라나는 부익부 빈익빈의 사회적 가속화 현상에 대해 성경은 무어라 말하는가? 한국교회의 생태계 파괴도 신자유주의 경제체제와 똑같이 교회의 부익부 빈익빈 현상을 낳고있다고 볼 수 있다. 하나님의 시각에서는 부자도 가난한 자도 회개해야 한다. 모든 육체가 하나님의 영광을 보도록 초대하는 희년의 나팔소리를 들어야만 한다. 빈곤한 자들에게는 회복의 복된소식이 선언되어야 하고, 부한 자들에게는 참된 행복과 자

56) 한스 큉/정지련 역, 『교회』(서울: 한들출판사, 2011), xxxvi.

유의 소식이 선언되어야 한다.[57] 신학적으로 희년은 하나님나라 신학을 요약하는 사상이면서 또한 동시에 희년규례는 '실제적인' 안전장치이다. 탐욕과 이기심의 고리를 끊는 변혁적 실천의 회개에로 우리를 이끌어 부자나 가난한 자가 함께 누리는 기쁨과 자유와 구원으로 인도해주는 안전장치다. 특히 '부동산 목회, 부동산 선교'라는 별명을 가진 한국교회 상황에서 '땅'에 대한 기독교적 관점인 희년사상에 대한 연구와 그에 따른 적용은 불가피한 일일 것이다.

예수는 죄인들을 의롭다 하시려고뿐만 아니라 세상에서 희년해방을 확실히 나타내는 정의로운 공동체를 형성하시려고 오셨다. 또 하나님나라의 열정에 감화된 교회는 가난한 자들 사이에서 복음을 전하며 예수를 나타낼 것이다. 그리고 복음은 코이노니아-하나님께서 우리에게 주신 삶의 자원을 나누는 방식-와 관계가 있다. 그리스도인들이 모든 믿는 이들과 정의를 행할 때 이 해방은 교회에서 시작되며 또한 사회속에서 경제적 정의를 위한 노력을 지지하는 것을 의미한다. 교회는 최종적인 하나님나라를 기대하면서 어떻게 지금 여기에서 희년정의를 행할 수 있을까? 오늘의 세상에서 희년의 의미를 어떻게 좀더 의도적으로 확실히 보여줄 수 있을까? 복음전도와 아울러 제도적인 부정을 없애는 방법을 찾아서 썩어짐의 종노릇으로부터 가난한 자들을 구원할 실제적인 방법을 찾아야 할 것이다. 참된 희년은 단지 피해자들에 대한 구제가 아니라 정의를 가져올 구조적인 변화이다(레 25장). 희년 그리스도인들은 스스로가 그리스도를 통해 죄로부터 자유케 된 것을 인식하면서 불공정한 고용관행, 주택공급의 차별, 세상의 가난을 구제하려는 것을 가로막는 장애물과 같은 일들 속에서 제도화된 악을 제거하기 위해 일해야 한다.[58]

---

57) 김회권, "희년과 하나님나라,"『희년, 한국사회, 하나님나라』(서울: 홍성사, 2012), 15.

58) 하워드 스나이더/박민희 역,『하나님의 나라, 교회 그리고 세상』, 105-108 참조.

성서는 희년주제에 대해 양자택일을 허용하지 않는다. 우리가 희년의 현재적 타당성을 인정한다면, 희년의 최종적이고 완전하고 종말론적인 의미에서 아무것도 배제할 수 없다. 오히려 우리는 지금 여기에서 복음에 충실하게 희년을 구하여 싸우면서 현재에도 하나님나라의 누룩을 퍼뜨려야 할 것이다.

5장
선교적 해석학으로 보는 통전선교

Ⅰ. 서론

Ⅱ. 한국교회와 성경해석

Ⅲ. 구속모델을 통한
선교적 해석학으로 보는 통전선교

Ⅳ. 결론

I. 서론

폴 피어슨(Paul Pierson)은 한국교회가 이제 성장을 멈추었고 여러 가지 이유로 분열되었으며 총체적으로 갱신되어야 한다고 평가한다. 1980년부터 풀러신학교(Fuller Theological Seminary) 선교대학원장으로 봉직하면서 30년간 선교역사를 강의한 내용을 엮은 책에서 그는, 한국교회를 외부 관찰자의 관점에서 볼 때 아직도 샤머니즘의 영향이 강하게 작용하고 있으며 그러한 한국 기독교인은 자신들의 이익을 위해 영을 조종하는 경향이 있다고 지적한다. 그리고 한국교회가 사회적 불의와 부패에 대해 분명한 입장을 취하지 않는 편인데, 이는 특히 군사정권이 권위주의적이었기 때문이라고 분석한다. 또 피어슨 박사는 한국교회가 2차 세계대전 이전에도 평양에 교인 천명을 넘는 교회가 5개나 있었을 정도로 대형교회로 유명하며, 현재도 서울 중심으로 메가처치가 즐비하다고 언급하고 있다.[1)]

수많은 교인이 교회로 몰려드는 현상은 하나님의 은혜임이 분명하지만, 한국교회는 교회구조의 대형화가 가져오는 폐단에 신중히 대처하지 못하였다. 자본주의 시장경제 논리가 교회 안에 여과 없이 흡수되고 교회성장 논리와 맞물려 설상가상의 형국을 빚어내었다. 결과적으로 교회생태계가 파괴되어 작은 교회들을 죽이는 결과를 낳고 말았다. 교회생태계가 파괴되면 궁극적으로 작은 교회나 큰 교회나 모두 살아남지 못하게 되며 한국교회는 이미 그러한 징후들을 경험하고 있다.[2)] 이에 최근 한국교회에

---

1) Paul Pierson, *The Dynamics of Christian Mission: History through a Missiological Perspective*, 임윤택 역, 『선교학적 관점에서 본 기독교선교운동사』 (서울: CLC, 2009), 578-79.

2) '트루맛쇼'(2011)와 'MB의추억'(2012)을 제작한 김재환 감독이 최근에 다큐멘터리 영화인 '쿼바디스'(2014)를 제작하였는데, 주로 대형화된 한국교회의 비리를 중심으로 파헤치고 있

서 건강한 작은 교회 운동에 이어 다양한 유형의 선교적 교회가 산발적으로 생겨나고 있음은 고무적인 일이다. 작디작은 옹달샘에서 퐁퐁 솟아오르는 맑은 물들이 진창 같은 더러운 먹빛의 큰 강물을 살려낼 수 있을 것이다. 이것이야말로 하나님의 방법이 아니겠는가!

필자는 한국교회의 현상학적 위기상황들이 근원적으로 성경해석 문제에 기인한다고 본다. 한국교회는 성경해석에서 개인적, 영적인 해석이 두드러짐으로써 공동체적이고 실제적인 측면이 부각되지 못하였다. 영적 해석이란 복음을 개인적인 죄사함과 미래에 천국에 들어가는 수단으로만 이해하는 것이다. 사회에서 개인적으로 정직하게 살라는 도덕적 도전이나 다른 사람들을 위한 정의와 동정의 문제에 대해 적극적으로 관심을 가지라는 선교적 도전에는 무심하다. 이는 일종의 개인화된 경건주의로서 같은 신앙의 사람들과는 잘 어울리나 넓은 사회와 관련해서는 예언자적 안목이 없는 신앙인이 된다. 따라서 천국가는 데는 관심 있지만, 주위에서 일어나는 육체적, 물질적, 가정적, 사회적, 국제적 필요와 위기에 대해서는 전혀 관심을 기울이지 않는 그리스도인이 양산된다. 이때 사회적 문제들은 너무 쉽게 아무런 관심도 받지 못하고 선교레이더망에 잡히지 않는 하찮은 것들이 되고 만다.

이에 본글은 한국이라는 사회적 자리에서 나온 질문으로부터 출발하여, 출애굽 구속모델을 통해 신구약성경 전체에 일관되게 나타나는 총체

다. "교회는 점점 커졌고 예수는 점점 작아졌다. 아버지목사가 교회의 주인이고 아들목사가 다음주인이다. 다들 탐욕에 미쳐버렸지만 교회엔 침묵만 흐를 뿐이다. 지금 한국교회는 누구의 가슴도 뛰게 하지 못한다. 교회가 예수를 따르는 이들의 모임이라면 이제 단도직입적으로 물어야 한다. 쿼바디스 한국교회? 쿼바디스 한국사회?..." 이러한 영화 속 대사에서 짐작되듯이 교회의 세속화, 상업화, 대형화로 인한 교회생태계 파괴, 정의와 예언자적 외침의 부재, 목사세습제, 세금면제 등의 내용을 실제적인 데이터를 통해 다루고 있는 다큐멘터리 영화이다.

적인 하나님의 선교를 보여주려 한다.[3] 하나님의 본성에서 나오는 하나님의 선교는 성경의 일부에서 발췌되어서는 안 되고 성경 전체를 선교적으로 조망하는 '선교적 해석학'으로 다루어야 한다. 성경을 그렇게 읽을 때 총체적/통전적[4] 선교의 성경적인 전망을 포착할 수 있다.

출애굽 구속사건은 하나님이 애굽의 정치적, 경제적, 사회적, 영적 착취에서 이스라엘을 '총체적'으로 해방시킨 모델을 보여준다. 인간의 타락이 총체적이기에 우리의 구속 또한 총체적이어야 한다. 우리가 받은 복음은 얼마나 큰가? 복음이 구속에 대한 좋은 소식이라면, 곧 구속에 대한 우리의 이해가 얼마나 큰가를 질문해야 한다. 선교가 근본적으로 하나님의 것이라면, 우리의 선교의 범위는 하나님의 선교의 범위를 반영해야 하며 하나님의 구속사역의 규모와 일치해야 한다. 그런데 구속에 대해 이해하려면 먼저 신약성경을 찾아봐야 할까? 만일 구약시대 경건한 이스라엘 사람에게 "당신은 구속받았습니까?"라고 묻는다면 "물론이죠!"라고 답하면서 길고 흥미진진한 이야기를 들려줄 것이다. 하나님의 구속관을 나타내는 일차적 모델이 출애굽이야기이기 때문이다. 구약에서만 그런 것이 아니라 신약에서도 그렇다. 신약에서 출애굽은 그리스도의 십자가의 의미를 이해하는 열쇠의 하나로 사용되기 때문이다.[5]

---

3) 필자는 '언약'과 '윤리'를 각각 개념틀로 잡아 선교적 해석학 연구를 시도했다. 강아람, "성경에 대한 선교적 해석학 연구: 언약개념을 중심으로," 「선교신학」 제33집, vol Ⅱ (2013); "선교적 교회론의 성경적 근거: 크리스토퍼 라이트의 선교적 해석학 중심으로," 「선교신학」 제34집, vol Ⅲ (2013); 아울러 "선교적 교회론과 선교적 해석학: GOCN의 연구를 중심으로," 「선교신학」 vol 36(2014) 참조 바람.

4) 이 논문에서 통전적/총체적(holistic)은 같은 의미로 사용할 것이다.

5) Christopher Wright, *The Mission of God*, 정옥배/한화룡 역, 『하나님의 선교』 (서울: IVP, 2010), 335.

Ⅱ. 한국교회와 성경해석

한국교회의 현상학적 위기상황들은 근원적으로 성경해석의 문제에서 불거진 것이라고 필자는 생각한다. 한국교회가 그 시작부터 성경을 사랑하는 교회로 자리매김해 온 것이 역사적 사실이라면, 어디에서부터 무엇이 잘못된 것일까?

앞서 피어슨 박사는 한국교회가 샤머니즘의 영향으로 개인의 이익을 위해 영을 조종하는 경향이 있다고 지적했었다. 비슷한 맥락에서, 브라질 상파울로 감신대 학장이면서 3세대 해방신학자인 성정모는 하나님이 '생명의 신'이라면 '죽음의 신'도 있는데 그것이 바로 우상이며, 한국교회에서 하나님은 다른 신(우상)을 섬기게하는 도구로 전락해있다고 피력한다. 그에 따르면 욕망(desire)은 무한적(無限的) 존재에 대한 추구이며 돈에 대한 추구는 신적존재와 관련된 영적문제로서 '세상의 영'과 관련된다. 그러나 기독교는 부활하신 '예수의 영'에 관련된다.[6)]

한국교회는 서구에서 들여온 교회성장 프로그램과 전도 및 신자들의 욕구를 채우는 다양한 소그룹 프로그램들을 실시해왔지만, 이런 유는 성장지향의 경쟁논리와 효율성 중심 프로그램들이었지 교회의 본질에 대한 깊은 성찰에서 나온 것이 아니었다. 최근의 '선교적 교회론'도 만일 성경적·신학적 성찰과 선교적 의식의 전환 없이 거론된다면 효율성을 추구하는 또 다른 프로그램으로 전락할 수 있다. 선교적 교회론이 한국교회 갱신과 개혁에 도전을 주기는 하지만 경직화·제도화·세속화된 한국교회 내부에 기생하는 성공, 탐욕, 권력, 명예의 우상들을 제거하고 예수 그리스도의

6) 성정모, 2014년 10월 20일 장로회신학대학교에서 강연한 내용 중에서.

복음의 증인이 될 수 있으려면, 하나님나라 가치관을 드러내는 성경적 기준이 제시되어야 한다. 교회가 새로운 가치관의 질서를 만들어내는 최선의 길은 교회자체가 새로운 사회(정치)적 질서가 되는 것이다(존재론적). 새로운 사회질서인 하나님나라 통치를 구현하기 위해서는 성경으로 돌아가야 한다. 한국교회 갱신은 말씀(Word)의 대의에 따라 대조사회적 대안문화를 형성해가는 기존교회의 주변부에서부터 일으켜나가야 할 것이다.[7] 폴피어슨은 평생 세계선교역사를 연구하면서 이러한 주제를 '반복해서' 발견하게 되었다고 강조한다. 즉 하나님말씀과 성령을 통한 부흥과 갱신운동은 대개 주변부에서 발생되어 나와 그 사회의 주류와는 대조사회적인 대안문화를 형성해갔다는 것이다.[8]

대조사회적인 대안문화를 조성하려면 성경을 잘 읽어야 한다. 어떻게 읽느냐가 참으로 중요하다. 성경은 하나님말씀으로서의 '권위'가 있는 책이다. 하나님말씀은 나와 전혀 다른 낯선 타자의 말이기 때문에(사 55:8-9) 주의 깊게 경청해야 한다. 레비나스(Emmanuel Levinas)는 낯선 타자와의 만남이 조화를 지향하지 않기에 참고 견디어야 한다고 말한다. 타자와의 만남은 나의 자아지향성을 흔들어놓는 시련이기에 감수해야 한다. 가다머(Georg Gadamer)도 고난(시련)이 경험의 본질적 구성요소, 곧 해석학적 경험의 본질적 구성요소임을 지적했다. 낯선 타자와의 만남은 무기력과 공허함의 경험으로 인도한다. 우리는 타자의 타자성을 인정할 때—내가 설정한 상(像)이나 낯선 이를 만날 때 가지는 기대가 아니라—있는 그대로의 타자성을 인정할 때 배울 수 있다.[9] 하나님은 우리 인간에게 어느 동료인간보다도 낯선 전

7) 최형근, "선교적 교회란 무엇인가?," 「목회와 신학」 (2013.3): 42-43.

8) Paul Pierson, *The Dynamics of Christian Mission: History through a Missiological Perspective*, 임윤택 역, 『선교학적 관점에서 본 기독교선교운동사』, 17쪽 외 도처에서.

9) 테오 준더마이어, "문화간 이해를 위한 해석학," 채수일 역, 『선교신학의 유형과 과제』 (서울: 대한기독교서회, 1999), 171-73.

적타자(sui generis)이시다. 리쾨르(Paul Ricoeur)도 성서해석의 과제는 성서언어의 시적기능 안에서 들려오는 계시에 대한 증언을 듣는 것이라 피력한다. 즉 해석자(독자)는 성서의 증언 안에서 자신의 '존재를 위한 노력과 욕구'를 발견할 때 자아의 주장과 요구가 완전히 '박탈'된다. 스스로 의미의 원천이 되려는 자아의 모든 시도는 "하나님은 누구신가?"라는 물음 앞에 포기되어야 한다.[10)]

이상 레비나스, 가다머, 리쾨르의 조언을 통해 성찰해보면, 한국교회는 우리 욕망의 테두리 저변(底邊)에서 성경을 읽어왔다. 욕망을 가지고 성경에 접근한 결과 한국교회는 살아계신 참 하나님의 말씀을 읽으면서도 죽음의 신을 따르는 길에 서고 만 것이다.

특히 하나님말씀이 인간의 언어로 전달되어 있는 성경을 대할 때는 무엇보다 문맥을 통한 이해가 이루어져야 한다. 언어를 통한 소통은 문맥을 통해 이해해야 하는데, 그렇지 않을 경우 단어만을 따로 따와서 그대로 받아먹게 된다. 말씀의 문맥이나 정황을 무시하고 단어나 문장 하나로서 의미가 완결된 것처럼 읽는 위험에 노출되기 쉽다.[11)] 성경의 한두 단어나 문장을 따와서 오히려 내 삶의 문맥에 적용하려는 우상숭배적 성경읽기는 당장은 기분 좋은 위안을 줄 수 있으나 참된 변화를 가져오지 못하므로 실상 많은 한국교인들이 말씀에 대한 회의에 빠져있다.

그런데 문맥도 문맥이지만 더 큰 문맥, 즉 신구약을 관통하는 '하나님의 선교 이야기'라는 대맥을 따라 성경을 보는 일이 더욱 중요하다. 이 큰 이야기를 놓치면 우리의 작은 삶의 이야기들은 제자리를 벗어나 미로에서

---

10) 윤철호, 『신뢰와 의혹: 통전적인 탈근대적 기독교 해석학』(서울: 대한기독교서회, 2007), 371.

11) 이처럼 말씀의 문맥은 고려하지 않고 오히려 자기나름의 문맥을 무의식적으로 만들면서 성경을 읽게되는 경우를 가리켜 권연경은 '해석학적 우상숭배'라 부른다. C3TV Goodtv, "네가 읽는 것을 깨닫느뇨?," 권연경 교수 강연 (2013.2.21).

방황하게 될 것이다. 우리는 순례자-그 큰 이야기가 이끄는 푯대를 향해 하루하루 나아가는-로 살아가는 것이지, 방랑자로 살고 있는 것이 아니다. 그러므로 하나님말씀이 우리 삶을 떠받치고 인도하고 변화시키는 말씀이 되려면, 성경을 잘 읽고 신중히 들어서 바르게 해석해야 한다. 우리가 "그 큰 이야기에 빠져들어" 말씀의 진의를 깨달았을 때라야, 성경말씀이 우리의 삶을 변화시키고 하나님나라의 능력의 역사를 일으켜서 한국교회를 더욱 건강한 교회로 세워갈 수 있을 것이다.[12)]

바른 성경읽기에 대하여 신약학자 권연경은 성경 속의 '이야기'자체를 즐기라고 권면한다. 오늘 나에게 주시는 말씀을 구하며 교훈하는 바를 애써 찾으려 하지만 말고 이야기 속에 빠져들라는 것이다. 내 의식에 잠겨서 말씀을 보지 말고 이야기 속으로 빨려 들어가야 더욱 잘 듣고 잘 배울 수 있다고 한다. 바로 여기에 '하나님의 선교 이야기'라는 대맥을 따라 '선교적 해석학'으로 성경을 읽어야할 필요성이 있다. 매일 말씀을 받아야만 한다는 강박관념으로 오늘 나에게 주시는 말씀을 구하는 것을 권연경은 '말씀적용 강박증'이라 칭한다. QT를 통해 오늘의 말씀을 받아야만 한다는 강박관념에서가 아니라, 하나님말씀을 꾸준히 오랜 세월 묵상함을 통해서 진리에 대한 분별력과 식견이 생기고 신앙양심을 통한 선악간의 판단력이 생겨서 우리가 점점 성숙해진다는 것이다.[13)] 이렇게 될 때 신비주의적 성경읽기에서 빠져나와 진일보된 읽기가 가능할 것이다.

구약학자 김근주도 한국교회의 도덕적 위기해결의 열쇠를, 신구약성경을 일관되게 포괄하는 성경이해-즉 선교적 해석학-에서 찾는다. 그는 우리가 대개 구약과 그리 상관이 없는 복음을 전하고 있지만 실상 '예수 믿고 구원받으라'는 '복음'에서 '예수믿다', '구원받다'의 의미가 무엇인지 구

---

12) 강아람, "선교학과 성경해석 그리고 한국교회,"『미션네트워크』 제5집 (2014.12): 73-74.

13) 권연경, 위의 강연 자료.

약을 통해 풀어져야 한다고 주장한다. 즉 구약과는 아무 상관없이 누구든지 자기 죄를 예수이름으로 고백하고 회개하면 용서받고 후에 천국에 가게 된다는 것이 그리스도인들의 일반적인 생각이라고 지적한다. 한국교회의 신앙윤리가 극히 개인적인 사적차원으로 축소된 이유에 대해서도 김근주는 '구약의 성취로서의 예수 그리스도'를 간과한 탓이 크다고 본다. 예수가 구약을 성취하셨다는 뜻은 예수를 통해 구약이 선포하고 약속한 온전한 의미가 이뤄졌다는 말이다. 당연히 예수 그리스도의 인격과 사역에 대해 정확히 알기 위한 필수적 작업은 구약이 말하는 바를 먼저 파악하는 일일 것이다.[14)]

김근주는 다른 책에서 복음의 핵심은 하나님나라이며 하나님나라로 표현된 '부활신앙'이야말로 구약을 관통하는 핵심이라 말한다.[15)] 그에 따르면, 성문서로 끝나는 유대교 성경과 달리 기독교 구약은 예언서로 마치면서 오실 그분을 기대하는 것으로 마무리된다. 이처럼 기독교 구약은 불완전하며, 신약은 '아브라함과 다윗의 자손 예수 그리스도'라는 구절로 시작된다. 따라서 구약성경은 철저히 예수 그리스도를 지향한다. 이런 점에서 예수가 전한 메시지는 철저히 구약의 예언자들이 전한 약속과 기대가 성취된 것이다. 그러므로 예수의 메시지를 온전히 이해하려면, 예언자들이 외쳤던 미래가 무엇인지 깊이 이해하는 일이 선행되어야 한다.

예수가 성취하신 것은 구약의 단편적인 단어나 글자의 차원—신구약에서 나귀나 베들레헴 등의 어구를 짜맞추는 식—이 아니라 예언자들을 통해 선포된 영광스런 미래이다. 신약성경도 역시 다시 오실 그분을 기대하는 것으로 마무리되는데 이로 볼때 기독교신앙의 본질은 기다리는 자세라 할 수

14) 김근주, 『구약의 숲』 (서울: 도서출판대장간, 2014), 7.

15) 김근주, 『구약으로 읽는 부활신앙』 (서울: SFC출판부, 2014), 191.

있다.[16] 구약은 하나님나라의 본질을 야훼 하나님과 동행하는 삶, 공동체와 더불어 하나님을 섬기는 삶으로 증언한다.[17] 구약에 '하나님나라'라는 표현이 단 한 번도 안나오지만, 하나님나라를 이해하는 첫 단추는 구약에서 끼워져야 한다. 구약의 하나님나라와 그 소망을 읽어내지 못한다면, 신약성경을 볼 때 값비싸게 장식된 미래에 투자하는 비법을 소개하는 책으로 현실성 없이 읽게 될 것이다. 부활은, 연약하지만 주님만을 바라며 살아가는 사람들에게 주시는 은혜이다. 신약의 부활은 연약하고 고난받는 하나님의 백성들이 기대하는 바로서 구약의 기대와 통한다.[18] 따라서 신구약성경은 통으로 읽혀야 한다.

한편 권연경은 갈라디아서와 로마서 중심으로 바울신학을 연구하면서 한국교회에서 소홀히 취급되는 복음의 '미래지향적' 차원과 '실천적' 차원을 조명함으로써 성경적 교회관을 정립하고 있다. 그에 따르면 바울의 현재적 칭의(稱義, Justification)는 미래적 종말론적 구원과의 관련 하에 다뤄져야 한다. 현재 영생의 씨앗으로 주어진 성령을 따르는 순종의 행위가 우리를 구원으로 인도할 것이다.[19] 복음의 미래지향적, 실천적 차원에 대한 한국교회의 관심결여로 세속화된 개인주의적 영성이 추구되었다.

그러므로 성경해석에서 이미(already)와 아직 아니(not yet)의 신학적 긴장감이 헐거워지지 않도록 항상 각성해야 한다. 미래만을 바랄 때 우리는 현재를 온전히 살아내지 못하고 미래를 위한 율법주의적 공적주의에 치우칠 것이며, 현재만을 바랄 때는 부활의 영이 아닌 세상의 영을 따라 구원과 거

16) 위의 책, 192-95 참조.

17) 위의 책, 201.

18) 위의 책, 202-203. 김근주 인용 부분은 강아람, "선교학과 성경해석 그리고 한국교회," 70-72에서도 볼 수 있다.

19) 권연경의 책 『행위 없는 구원?』 (서울: SFC, 2006); 『로마서 산책』 (서울: 복있는사람, 2010) 등을 참조하라.

리가 먼 삶을 살게 될 것이다. 둘 다 온전한 복음(眞意)에서 멀리 있다. 이처럼 한국교회에서 복음의 미래지향적, 실천적, 공동체적 차원이 간과되고 있다면, 필자는 이것도 환원주의(reductionism) 성경해석에 기인한다고 본다. 이에 전체성경에 대한 "선교적 해석학"이 긴박하게 요청된다. 신구약을 관통하는 선교적 해석학은 복음을 실현하는 교회의 삶에서 '미래지향적' 차원과 현재의 '실천적' 차원이 대립하지 않고 '공동체적' 영성으로 나아가는 데 기여할 것이다.[20]

살펴본 바대로 한국교회의 여러 현상학적 위기 앞에서 '선교적 해석학'으로 성경을 읽는 독법은 이제 필수불가결하다. 필자는 교회의 본성이해와 사역활동 모든 면에서 선교적 해석학으로 성경을 읽는 일이 근원적으로 중요하며 시급하다고 본다. 이하에서는 신구약성경에 나타난 출애굽 구속모델을 훑어보면서 필자의 주장을 입증하려 한다. 구속모델은 성경읽기가 영적 해석이나 정치적 해석의 어느 한편으로 치우치지 않고 정치적, 사회적, 경제적, 영적/신학적 차원이 모두 총체적으로 해석되어야 하나님의 구속의 온전한 의미를 획득할 수 있음을 보여준다. 구속사건에 대한 환원주의적 해석은 우리의 선교활동도 편협하게 이끌 것이다.

III. 구속모델을 통한 선교적 해석학으로 보는 통전선교

브라이언 마이어즈(Bryan Myers)는 '성서'를 신조나 교리에 대한 안내서로 이해하기보다 '이야기'로 이해하는 것의 중요성을 환기시킨다.

20) 강아람, "선교학과 성경해석 그리고 한국교회," 72.

> 성서의 이야기는 "우리의 이야기들은 무엇을 위한 이야기들인가? 그 이야기들은 어디로 가고있는가? 누구의 이야기가 진짜 참된 이야기인가?"라는 질문의 답을 찾는 데 큰 도움을 주는 하나의 틀을 제공한다. 모든 공동체가 가진 이야기는 어떻게 시작되는지, 왜 그 이야기는 고통과 불의와 투쟁으로 가득차 있으면서도 기쁨과 사랑스러운 관계들과 소망으로 가득한지를 설명해준다. 그 공동체의 이야기들이 어떻게 … 그들을 창조주께서 의도한 방향으로 다시 되돌아서게 하는지 답을 제공하고, 하나님나라의 은유를 통해서 가장 좋은 인간이야기가 어떤 것인지를 묘사해준다. 또한 우리의 모든 이야기들이 어떻게 끝날 것인지를 이야기해준다. 가장 중요한 것은 우리의 이야기들이 무엇을 위한 것인지를 배울 수 있다는 점이다. 그것은 한분 참 하나님을 예배하기 위한 것이다.[21]

또 앨 타이즌(Al Tizon)에 의하면, 포괄성과 다양성 가운데서도 통일성을 유지하고 있으며 성령께서 생명을 불어넣으신, 그리스도 중심의 '하나님나라 이야기'로서의 성서는 다음 4가지 방식으로 선교를 정의하고 형태잡아주며 동기부여하는 교본의 역할을 한다.[22] 성서가 말하는 하나님나라는 우선 교회의 선교를, 성령의 능력으로 세상에서 예수 그리스도를 증언하는 것으로 규정하며, 둘째로 사람을 전인적으로–육체적, 심리적, 사회적, 영적인 면까지 아울러–돌보시는 하나님을 시사해준다. 하나님나라 이야기에 비춰볼 때 인간존재의 모든 측면에서 하나님과 만나게 되고 모든 측면에서 변화하게 된다. 셋째로 성서가 말하는 하나님나라는 인간의 문화와 사회를 통해 교통하시는 하나님을, 또 마지막으로 전체세계를 돌보시

---

21) Bryan Myers, *Walking with the Poor: Principles and Practices of Transformational Development* (Maryknoll, NY: Orbis, 1999), 11-12.

22) 이런 역할로 인해, 성서를 "상황에 맞는 통전적 선교를 위한 하나님나라의 교본"이라 칭할 수 있다. 앨 타이즌, 이광순 · 이용원 공역, 『로잔 이후의 변화』 (인천: 주안대학원대학교 출판부, 2015), 215.

는 하나님을 여실히 보여주고 있다. 하나님의 선교는 전체 피조세계의 구원에도 관계하신다.[23] 그러면 성경에 나타난 출애굽이야기에 우리의 눈을 돌려보자.

창세기 48:16 야곱의 축복에 '구속'이라는 말이 한 번 나온 외에 출 6:6과 15:13에 최초로 구속이라는 말이 나온다. 두 경우에 히브리어 동사는 가알(gaal)이다. 인격적 존재-하나님이든 사람이든-가 이 동사의 주어가 될 때는 고엘(goel, 구속자)로 묘사된다. 역사적 사건인 출애굽은 이스라엘의 사회적, 경제적 생활에서 나온 비유로써 해석되고 있다. 구속하다(redeem)는 영어단어는 라틴어에서 유래한 말로서 혹자가 전에 상실한 것을 되사는 재정적 거래를 말하거나 제3자를 자유케 하려고 혹자가 다른 사람에게 값을 치르는 재정적 거래를 말한다. 고대 이스라엘에서 고엘의 역할은 친척의 요구와 관련된 더 넓은 사회적 측면이 있다. 즉 확대가족에 속한 구성원으로 가족의 이익을 보호하거나 특별한 필요를 갖고 있는 가족구성원을 보호할 의무가 있는 사람이었다.[24]

이스라엘은 하나님을 자기백성을 '가알'하기로 약속하신 분으로(출 6장), 또 그렇게 하신 데 대해 찬양받으실 분으로 풍성한 비유로써 묘사한다(출 15장). 이 내용의 핵심은 가족관계, 강력한 개입, 회복이다. 야웨는 이스라엘의 고엘로서 그분자신과 이스라엘의 유대를 인간 친족간의 유대만큼이나 친밀하고 헌신적인 것으로 확언하시며 이스라엘을 당신의 가족으로 수용하는데 필요한 의무를 행사하신다. 고엘로서 야웨는 이스라엘을 보호하고 구출하기 위해 필요한 것은 무엇이나 행하실 것이다. 하나님의 '편팔'은 행동하는 고엘의 모습을 생생히 표현해준다. 또 고엘로서 하나님은 이스라엘

23) 위의 책, 216-18 참조.

24) 다음 세 가지 상황은 고엘의 역할을 잘 보여준다: 흘린 피에 대한 복수(민 35:12), 땅이나 노예를 구속함(레 25장), 상속자를 제공함(신 25:7-10; 룻 4장).

을 노예와 억압에서 벗어나 자유케 하시며 바람직한 상황으로 회복하실 것이다.[25)]

구속의 의미를 성경적으로 이해하려면 여기서부터-하나님은 행동하시는 고엘로서 세상과 인류역사 가운데서 무엇을 행하셨는가?- 시작하여 하나님이 이스라엘을 구속하신 상황과 그 이유, 또 이스라엘이 구속받고 변화된 현실에 대한 모든 것을 탐구해야한다. 이는 선교의 의미를 성경적으로 이해하는 데 필수적이다.[26)]

먼저 구속이야기를 정치적 측면에서 살펴보자. 애굽에 있는 이스라엘 사람들은 이민자요 소수인종으로서 본래 기아난민으로 애굽에 와서 환대받고 피난처를 얻었지만 왕조가 바뀌면서 그들에 대한 정책도 변화되었다. 그들은 공포감, 정치적 음모, 부당한 차별의 표적이 되어 매우 취약한 상태에 있었다(출 1:8-10). 그들은 수가 불어나면서 애굽인의 적대감을 샀다. 이 같은 일은 현재도 일어난다. 출애굽과 그 장기적 결과에 대한 이야기에서 하나님은 이스라엘을 정치적으로 부당한 대우를 받는 처지에서 해방시킨 후 독립국가를 세우기 위해 행동하셨다. 애굽인들의 환대로 일시적으로 살 수 있게 된 것은 아브라함의 씨를 위한 하나님의 목적에 일시적으로 공헌했지만, 애굽의 억압 가운데서 영원히 종살이하게 된 것은 하나님의 목적을 좌절시켰으며 참을 수 없는 일이었다.

경제적 측면에서 보자. 이스라엘은 강제노동으로 착취당했고(출 1:11-14) 자신들이 사는 땅을 소유하지 못했다. 그 땅을 자신들의 유익을 위해 사용하기는커녕-본래 그 땅은 그러한 목적으로 주어짐- 애굽의 경제적 이익을 위해 노동을 착취당했다. 애굽인들은 이스라엘 사람들을 이용해 농사짓고 건

25) '가알'은 출애굽과 관련해 이스라엘이 사용한 풍부한 어휘 중 유일한 동사는 아니다.

26) 이스라엘이 구속받고 변화되어야 했던 정치적 · 경제적 · 사회적 · 영적 현실에 대한 아래의 내용은 Christopher Wright, *The Mission of God*, 정옥배/한화룡 역, 『하나님의 선교』, 339-43을 참조하였다.

설공사를 했다. 소수인종이 애굽왕을 위해 더럽고 힘든 일을 한 것이다. 현대사회도 이런 일이 많이 일어난다. 출애굽에 앞서 하나님이 명백히 말씀하신 약속 중 하나는 하나님이 이스라엘에게 땅을 주시겠다는 것이다(출 6:8). 역사적으로 드러나는 이스라엘 해방의 경제적 측면을 묘사하기 위해 고엘제도가 은유적으로 사용된다. 고엘이 가난한 자들의 경제적 활기를 회복시키려 행동할 때는 특히 경제적으로 위협받고 상실당할 위험에 처했을 때다. 이스라엘을 노예노동으로부터 구출하는 것은 출애굽 구속의 핵심이었다.

다음으로 사회적 측면을 살펴보자. 출애굽기 1장 나머지 부분은 야만적인 애굽정부가 이스라엘 사람들을 향해 국가폭력을 행사하는 장면을 보여준다. 산파들이 기지를 발휘해 용기 있게 불순종함으로 이스라엘을 내부로부터 무너뜨리려는 계획에 실패한 바로는, 국가가 후원하는 학살을 시도하여 모든 백성을 선동해 이스라엘 남아들을 죽이도록 한다. 이스라엘은 기본적 인권을 크게 침해당하고 또 가정생활에 크나큰 훼방을 받는다. 이스라엘 가정은 계속 두려움 가운데 살 수밖에 없었다. 임신한 여자들은 9개월 동안 공포에 떨면서-보통은 큰 기쁨을 가져와야 하지만("아들이에요")- 슬픔의 소식을 기다려야 했다(출 2:1-2). 후에 몰락하는 정권에 재앙이 닥쳤을 때 애굽 장자들의 죽음은 애굽인들이 이스라엘 남아들을 죽이려한 사실을 상기시킨다. 유월절은 이스라엘에게 하나님의 구속의 사회적 · 가정적 본질과 광적인 악에서 구출받은 사실을 영원히 상기시킨다. 이스라엘이 하나님과 언약관계를 맺고 새 사회를 건설할 때 생명의 신성함과 사회정의가 그들의 사회적 · 법적 구조에서 핵심요소를 차지할 수밖에 없다.

마지막으로 영적측면을 보자. 출애굽기 1-2장은 이스라엘이 처한 정치적 · 경제적 · 사회적 궁지에 초점을 맞추고 있지만, 하나님이 이 드라마에 등장하면서 다른 한 측면을 인식하게 된다. 이스라엘의 운명은 하나님을 섬기고 예배하는 것이었지만, 바로의 노예로 붙잡혀있는 한 가능하지 않았다. 모세와 아론의 요청과 바로와의 긴장감이 고조되면서 이야기가 강조하는 점은 야웨는 노예를 해방시키는 데 목적이 있는 것이 아니라, 예배자들을 만드는 데 목적이 있다는 것이다. 출애굽은 하나님이 참으로 어떤 분이신지를 보여준다. 하나님이 그분을 반대하고 그 뜻을 거역했던 모든 세력에 대해 결정적인 승리를 이루신 결과, 이스라엘은 야웨가 하나님이시며 다른 신은 없다는 사실을 알고(신 4:35, 39) "여호와께서 영원무궁하도록 다스리시도다"(출 15:18)라고 축하한다. 출애굽의 영적 측면은 출애굽 전과정에 대한 하나님의 목적이 살아계신 하나님을 알고 섬기고 예배하도록 이끄는 것이라는 점이다.

출애굽에 앞서 하나님이 모세에게 하신 말씀은 구속을 포괄적으로 다룬다. 출 6:6-7은 이스라엘을 정치적 · 경제적 노예상태(사회적 학대와 불의가 포함됨)에서 구출하여 그들자신의 땅을 주고 야웨 하나님과 언약관계를 맺게 하시려는 하나님의 의도를 잘 드러낸다.[27] 출애굽 사건에서 하나님은 이스라엘의 필요의 '모든' 측면에 반응하셨다. 하나님의 기념비적 구속행위는 그저 이스라엘을 정치적 · 경제적 · 사회적 억압으로부터 구출해놓고는 그들 마음대로 예배하게 내버려두지 않으셨다. 또 하나님은 그들이 처한 역사적 조건은 변화시키지 않은 채 그들에게 하늘위 본향의 밝은 미래를 약속하는 영적인 위로만 제공하지 않으셨다. 출애굽은 사람들이 처한 역사적 상황을 실제로 변화시키고, 동시에 그들을 살아계신 하나님과의 새로운 관계로 불러냈다. 이것이 이스라엘의 '총체적' 필요에 대한 하나님의 '총체적' 반응이었다.

여기에서 하나님의 구속의 주된 동기는, 그분이 이스라엘이 겪는 고통

---

27) 이는 출 3:7-10에서 하나님이 시내산에서 모세에게 처음으로 하신 말씀을 재확인하는 것이다.

에 대해 관심을 가지신 것과 이스라엘의 조상과 맺은 언약을 기억하신 것이다. 출애굽이야기는 이 두 요인이 결합하여 하나님께서 구속활동을 하게 하셨음을 보여준다. 억압당하는 인간이 겪는 참상에 대한 부르짖음과 하나님 자신의 약속과 목적에 대한 기억이다. 야웨는 출애굽 하나님으로 억압당하는 자들의 고통을 보시고 들으시고 아시는 하나님이다. 야웨는 그가 보는 것을 미워하시고 억압자를 무너뜨리고 억눌린 자들을 해방시키기 위해 단호히 행동하시는 하나님이다. 하나님의 심판을 받는 것에서든, 하나님을 섬기고 예배하는 것에서든 모두 하나님을 알도록 하기 위해서다. 야웨는 신실하신 하나님으로 그분이 약속하신 것들과 선언하신 목적과 친히 헌신하신 선교를 기억하신다. 출애굽 때 성취된, 하나님에 대한 이 모든 확언은 다른 곳에서도 일반적인 상황에서 반복된다. 출애굽은 구약 이스라엘 역사의 반복될 수 없는 독특한 사건이지만, 궁극적으로 창조세계를 위한 하나님의 행동방식을 보여주는 모범적 모델이 된다. 이렇게 라이트는 출애굽이 성경적인 하나님의 선교를 들여다보는 가장 중요한 '렌즈'라고 주장한다.[28)]

그러면, 출애굽모티프를 선교신학과 실천에 어떻게 적용할 수 있을까? 출애굽은 성경에 나타난 최초의 구속행위로서 성경 나머지 부분에서 모범적 사례로 다루고 있다. 즉 출애굽은 우리에게 하나님 자신의 구속이 의미하는 바의 윤곽을 보여주는 모델이다. 출애굽 형태의 '구속'은 출애굽 형태의 '선교'를 요구한다. 이는 우리의 선교적 헌신이 하나님이 이스라엘을 위해 하신 일에 나타나듯 인간의 필요에 대해 광범위하고 총체적인 관심을 나타내야함을 의미한다. 또 그것은 우리가 선교를 하는 전체적인 동기와 목표가 출애굽이야기에서 선언된 하나님의 동기 및 목적과 일치해야함을

---

28) Christopher Wright, *The Mission of God*, 정옥배/한화룡 역, 『하나님의 선교』, 343-48 참조.

의미한다. 우리의 선교는 하나님의 선교에서 유래해야 하며 하나님의 선교는 출애굽이야기 전체에 걸쳐 명료하게 표현되어 있다. 출애굽이야기는 하나님의 의제(agenda)에 의해 형성되고 움직인다. 출애굽에 대한 총체적인 선교적 해석에 미치지 못하는 두 가지 해석이 있는데, 그 영적 의미에 집중하고 정치적 · 경제적 · 사회적 측면을 소홀히 여기는 것과 그 정치적 · 경제적 · 사회적 측면에 너무 집중하고 영적 측면을 무시하는 것이다. 둘다 주장하는바 긍정적 측면에 대해서는 성경적으로 틀리다 볼 수 없지만, 어느 한쪽을 과도히 지향하게 되면 성경적으로 온전치 못한 균형 잃은 선교학적 입장이 된다.[29)]

영적으로 치우친 접근은, 그리스도께서 신자를 위해 죽으신 신약의 의미를 설명하는 한 모델로 출애굽이야기에 집중한다. 우리가 죄의 종에서 해방되어 참된 영적해방이 일어날 수 있는 유일한 장소는 십자가다. 그렇다면 이것(십자가)이 그것(출애굽)이다. 출애굽이야기가 선교에 기여하는 점은 전도명령이다. 오직 전도를 통해서만 죄의 노예상태에 빠져있는 사람들을 해방시킬 수 있다. 죄는 인간의 가장 심오한 문제이며 기본적으로 영적인 것이다. 이 관점은 틀렸다기보다 충분히 성경적이지 않다. 이 입장은 복음을 개인적 죄사함과 미래적 천국에 들어가는 수단으로만 이해하게 되고, 도덕적 삶이나 정의차원의 선교적 도전에는 무심하다. 개인화된 경건주의는 사회에 대하여는 예언자적 안목이 없는 의례중심적 종교인들을 양산하고, 이때 사회적 문제들은 선교레이더망에 잡히지 않는 하찮은 것들로 치부하게 된다.[30)]

---

29) 위의 책, 348-49.

30) 이스라엘 백성도 이 유혹에 넘어갔다. 그들은 열심히 예배드리지만 매일의 삶에서 하나님의 도덕적 기준을 부인했다. 많은 카리스마적 열정(암 5:21-24), 수많은 제물의 피에 나타난 많은 속죄신학(사 1:10-12), 성전을 향해 주장된 많은 구원의 확신(렘 7:4-11), 대축제와 연회에서 준행된 많은 종교규정이 있었다(사 1:13-15). 그러나 그들의 코와 발아래서는

반대로 출애굽의 적절성을 정치적 · 사회적 · 경제적 영역에 제한함으로 사람들이 살아계신 한분 하나님을 알고 언약적 헌신과 순종 가운데 그분을 예배하며 섬기는 영적이슈를 소홀히하거나 배제하는 해석도 본문을 왜곡하는 것이다. 이스라엘은 해방되어 단지 자유로워져야 하는 노예들이 아니었다. 그들은 잘못된 주인에게 사로잡힌 노예들이었으므로 올바른 주 하나님께 돌아와서 그분을 섬길 필요가 있었다. 독재를 민주적 자유로 대체하려는 정치개혁, 경제발전과 지역사회개발 프로그램 고안, 자원 재분배와 사회정의 도모, 국가후원의 폭력이나 대학살 저지운동 등은 그 자체로 긍정적인 활동이며, 그러한 일에 관여하는 그리스도인들은 성경 전체에 두드러지게 계시된 하나님의 성품과 뜻을 반영하여 더 열심히 일할 수 있다. 그러나 사람들이 그리스도에 대한 믿음을 통해 회개하고 하나님을 알고 언약적 사랑과 순종과 신실함으로 하나님을 예배하고 섬기도록 힘쓰지 않으면서-즉 효과적인 전도와 제자훈련 없이- 사회정치적 문제에만 관심을 국한하는 것도 총체적인 출애굽형 선교가 아니다.

이처럼 신구약성경이 출애굽을 하나님의 구속의 원형으로 다루고 있다면, 그 메시지와 의미 모두를 우리 선교활동에 구체적으로 적용해야 할 것이다. 선교명령을 전체모델의 어느 한쪽에 국한시키면 해석하적으로 왜곡될 뿐만 아니라 선교활동에도 실제적인 문제가 발생한다. 따라서 어떤 방향으로든 환원주의에 빠지지 말아야 한다.

가난한 자들이 무시를 당하고 짓밟히고 있었다. 영적종교가 사회적 부패 가운데 번성하고 있었다. 하나님은 그것을 미워하셨고 누군가가 나타나 모든 허구를 중단시키기 바라셨으며(말 1:10) 마침내 그것을 다 없애버리셨다.

IV. 결론

한국교회의 선교와 목회는 성경해석에서부터 미래지향적, 실천적, 공동체적 차원이 약화되어 있으며 세속적이고 개인적인 영성이 강하게 나타나는데, 이러한 약점을 선교적 해석학을 통해 보완할 수 있을 것이다. 우리가 선교적 해석학을 통해 신구약성경 전체에 일관되게 나타나는 하나님의 선교적 본성을 신중히 따를 때 하나님은 우리를 변화시킴으로써 세상을 변화시키실 것이다.

선교적 해석학으로 성경읽기는 하나님께서 세대와 세기를 넘어 사회문제-정치적 오만과 학대, 경제적 착취, 사법적 부패, 가난한 자들과 억압당하는 자들의 고통, 야만적 행위와 유혈시대-에 많은 관심을 가지셨음을 알게 해준다. 하나님이 주신 율법과 선지자들은 우상숭배를 제외하고는 여하한 문제보다 사회문제에 상당한 관심을 보였다. 시편기자들도 그런 일들에 깊은 관심을 가지신 하나님께 부르짖었다. 하지만 말라기에서 마태복음으로 가는 사이에 그 모든 것이 변화되고 말았다. 그런 문제들은 더 이상 하나님의 관심을 끌거나 그분의 분노를 촉발하지 않으며 우리의 관심사도 아니다. 그런 모든 일들의 근원은 영적인 죄로서 하나님의 관심도 십자가에서 해결된 것도 영적인 것뿐이다. 신약에서 유추하는 하나님은 더 이상 야웨 하나님, 이스라엘의 거룩한 자가 아니시다. 이것이 선교에 갖는 의미 역시 극적이다. 인간사회의 긴급한 문제들이 더 이상 하나님의 관심을 끌지 못한다면, 그것들은 기독교선교에서도 설자리가 없거나 두 번째 자리밖에 차지할 수 없다. 성경 전체를 살아계신 하나님의 정체성과 성품, 그분의 선교에 대해 신뢰할만한 계시로 받아들인다면 이러한 신관과 선교관은 비성경적이다.

물론 신약이 노출시키는 죄와 악의 심각한 영적실체나 십자가와 부활에서 나타난 하나님의 구속적 성취의 영적측면을 축소시켜서는 안 된다. 다만 구약에 나타난 인간삶의 모든 측면에 대한 하나님의 포괄적 헌신, 인간의 복지를 손상시키는 모든 일에 대한 하나님의 저항, 열방을 축복하고 온 창조세계를 구속하시는 하나님의 궁극적 선교에 대해 구약에 계시된 것을 무효화한다는 점이 문제이다. 따라서 전체성경에서 선교적 명령을 끌어내어야 영적환원주의(또는 그 반대경우)에 빠지지 않게 된다.

통전적 선교를 하려면 교회 전체가 필요하다. 하나님은 전세계적 공동체인 백성 전체를 통해 다양한 선교목적을 수행하신다. 전체교회가 하나님의 구속의 온전성을 나타내야 한다. 지역교회는 하나님의 선교가 참여를 명하는 모든 것을 인식하고, 전체교인의 포괄적 참여로써 십자가의 구속적 능력을 주변사회와 환경에 끼친 죄악의 모든 영역에 적용해야 한다. 사회적 관심사를 제쳐놓고 선포만을 고집하는 것은 참된복음을 왜곡하여 좋은 소식(Good News)의 앞뒤를 잘라내버리고 세상사람들의 현실문제를 외면하는 것이다. 역으로 사회변혁에만 집중하는 것은 영적차원이 결여된 인본주의적 행동주의를 낳는다. 우리가 총체적으로 창조되었고 총체적으로 타락하였기 때문에 구속, 회복, 선교 역시 통전적일 수밖에 없다.[31]

31) Christopher Wright, 정옥배 · 한화룡 역, 『하나님의 선교』, 405-406.

6장
비일(G. K. Beale)의 '성전신학'으로 보는 선교적 해석학

I. 들어가는 말

교회란 무엇인가? 교회의 본질은 무엇인가? 현금의 한국사회 속에서 교회의 진정성은 무엇으로 담보할 수 있는가? 그리고 왜 우리는 이런 질문을 던져야만 하는가?

과거에는 진정성을 담보해주는 이런저런 형용사들이 붙지 않은 채 명사만으로도 어느 정도 진정성이 통하는 그런 시대를 살아왔다. 그러나 더 이상은 그렇지 않다. 이는 비단 교회만이 아니다. 종교인, 의사, 선생, 경찰, 법조인 등등 여기에 포함되어야 할 명사나 직업군을 열거하기에는 요한복음의 과장법이 통할 정도다(요 21:25). 언론매체를 통해 더 이상 인간이라 할 수 없는 사람들의 행각에 대한 소식, 경찰 같지 않은 경찰, 교사 같지 않은 교사, 성직자 같지 않은 성직자들에 대한 **나쁜 소식**들을 자주 접하게 된다. '좋은' 교사, '인간다운' 인간, '목사다운' 목사, '진짜' 그리스도인, '좋은' 교회처럼 명사 앞에 그 명사가 당연히 뜻하는 바를 부연 설명해주는 형용사가 붙어야만 하는 시대를 우리가 살고 있는 것이다.

이런 정황 속에서 본글은 '교회'에 집중하려 한다. 한국에서 교회라고 하면 먼저 교회건물이 떠오른다. 그것도 아주 큰 대형교회들을 세우기 위해 한국교회는 질주해왔다. 가톨릭 교회론의 명저인 *Die Kirche*를 쓴 한스 큉(Hans Küng)이나 종교개혁가들의 교회론은 공통적으로 '조직체'인 동시에 '영적 실체'로서 교회를 정의한다. 가시적인 사회적 조직체로 우뚝 서있는 교회는, 동시에 눈에 안보이지만 영적 실체로서 하나님의 임재를 담는 처소가 되어야만 다른 조직체와 구별되는 진정한 교회로 비로소 존재할 수 있다. 교회라는 개념을 떠올릴 때 별도로 마련된 건물에서 틀에 박힌 예배를 드리는 의식(儀式)으로만 생각하거나 우리가 소속되어 출석하고 있는 영적인 모임만을 떠올려서는 안된다. 오히려 우리가 동일한 목표와 목적지를 향해 함께 나아가고 있다는 사실에서 우리를 통합시켜주는 유기적이고 역동적인 개념으로 이해해야 한다.[1] '성전신학'(temple theology)은 이와 같은 교회론을 잘 담보하고 있다.

크리스토퍼 라이트(Christopher H. Wright)의 선교적 해석학은 전체성경을 다양한 작은 이야기들을 아우르는 **하나님의 선교**의 거대서사로 본다.[2] 그레고리 비일(Gregory K. Beale)은 **이중적 상호텍스트성**이라는 개념으로 신구약성경의 통일성을 규정한다. 본 논문은 비일의 성전신학을 통해 교회론의 내용을 다루면서 신구약성경을 선교적 해석학으로 연구하는 사례를 보일 것이다. 라이트와 비일의 방법론은 다르지만, 선교적 해석학(missional hermeneutics) 연구를 전개한다는 점에서는 맥을 같이 한다고 볼 수 있다. 비일이 라이트처럼 자신의 연구를 선교적 해석학으로 명시하지는 않지만, 필자는 그의 연구를 선교적 해석학으로 명명코자 한다.[3] 이에 대한 논의는

---

1) 최근에 유기적인 교회의 면모를 잘 통찰한 Neil Cole/ 안정임 역, 『교회 3.0』 (서울: 스텝스톤, 2013) 등을 참고바람. 그외 Gerrit C. Berkouwer/ 나용화 · 이승구 역, 『개혁주의 교회론』 (서울: CLC, 2008); Edmund Clowney/ 황영철 역, 『교회』 (서울: IVP, 1998) 등도 참고바람.

2) C. H. 라이트의 선교적 해석학에 대한 필자의 글로는 "선교적 교회론의 성경적 근거: 크리스토퍼 라이트의 선교적 해석학 중심으로," 「선교신학」 34집 (2013): 11-46; "선교적 교회론과 선교적 해석학: GOCN의 연구를 중심으로," 「선교신학」 36집 (2014): 11-45 등이 있다. 전자는 라이트의 **윤리**와 **선교**의 개념을 다루었고, 후자는 헌스버거(George Hunsberger)의 4가지 선교적 해석학 유형중의 하나로 라이트를 다루었다.

3) 최근 한국에서 「선교신학」 誌의 경우, 18집(2008)에 박보경의 "선교적 해석학의 모색"이라는 글이 실린 이후 2013-14년에 이 주제에 관한 필자의 글이 몇편 게재되었고, 또 박창현의 "경계선을 넘는 선교적 성서해석," 37집 (2014): 141-76; 이대헌의 "하나님의 선교와 선교적 해석학," 41집 (2016): 291-326; 김은수의 "구약의 선교적 해석과 실제-오경과 역사서를 중심으로," 42집 (2016): 95-116 등 이전보다 빈번하게 선교적 해석학 연구가 발표되고 있는 추세이다.

본론에서 전개할 것이다.

논문의 구성은 다음과 같다. 먼저 신구약성경을 통으로 읽지 못할 때의 제반 문제점과 그 결과를 기술할 것이다. 그러고 나서 신구약성경을 통으로 연결하여 읽어야 함을 주장하되 비일의 성전신학을 선교적 해석학의 예시로 다룰 것이다. 마지막으로 성전신학의 틀로 연구한 선교적 해석학이 현금의 교회에 주는 메시지를 고찰할 것이다.

II. 선교적 해석학으로 성경읽기

A. 연구 방법 및 전제

리처드 오스머(Richard R. Osmer)는 실천신학의 연구/교수 방법론을 4가지로 정리한다: 기술적-경험적 과제(The descriptive-empirical task: Priestly Listening); 해석적 과제(The interpretive task: Sagely Wisdom); 규범적 과제(The normative task: Prophetic Discernment); 실제적 과제(The pragmatic task: Servant Leadership).[4] 그에 따르면 이 과제들은 다음의 4가지 질문에서 나온다: 지금 무슨일이 일어나고 있는가?(What is going on?) - 왜 이런일이 일어나고 있는가?(Why is this going on?) - 무슨 일이 마땅히 일어나야 하는가?(What ought to be going on?) - 그러면 우리는 어떻게 응답해야 하는가?(How might we respond?)이다.[5]

위의 연구방법론을 교회론에 대한 성경신학, 즉 성전신학(temple theology)

---

4) Richard R. Osmer, *Practical Theology: An Introduction* (Grand Rapids / Cambridge: Eerdmans, 2008), 목차 및 도처에(et al.).

5) Ibid., 4.

을 연구하는 데 대입하면 다음과 같을 것이다: 지금 한국의 교회들에서는 무슨 일이 일어나고 있는가? - 그러한 일들이 벌어지고 있는 주된 원인은 어디에 있는가? - 그렇다면 무엇이 올바른 교회의 모습일까? - 그러려면 우리가 어떻게 응답해야 하며 또 우리는 어떻게 변화되어야 할까? 필자는 이 글의 첫머리에 "교회란 무엇인가? 한국사회 속에서 교회의 진정성은 무엇으로 담보할 수 있는가? 왜 우리는 이런 질문을 던져야만 하는가?"라는 물음으로 시작하였다. 이에 따라 필자는 한국교회의 진정성 문제를 놓고 성경해석 관점에서부터 출발하여 씨름할 것이다. 무엇보다도 전체성경을 통으로 읽지 못할 때 빚어지는 비극을 서술한 후 그 대안으로 선교적 해석학의 성경읽기를 제안한다.

그러면 구약성경과 신약성경을 유기적으로 연결하여 통으로 읽지 않을 때의 문제점을 거론해 보는 일이 먼저일 것이다. 필자는 다른 글에서 한국교회의 신앙이 개인적이고 사적인 차원에 안주해 있으면서 공동체적 · 실천적 · 미래지향적 차원이 결여되어 나타나는 근본적인 이유를, 신구약성경을 연결하여 통으로 읽지 않는 것과 성경 자체가 제시하는 문맥에 따라 읽지 않고 자의적 욕망에 따라 보는 우상숭배적 읽기에서 기원한다고 지적했었다.[6]

여기에서 우리가 간과하지 말아야 할 것은, 진리의 한쪽 측면으로 치우친 불충분한 성경해석이 급기야 신앙과 실천에까지 영향을 미친다는 점이다. 데이빗 보쉬(David Bosch)나 크리스토퍼 라이트에 따르면, 에반젤리컬과 에큐메니컬 선교를 지지하는 양측의 주장도 서로 다른 성경해석 방식에서 불거져나온 것으로 볼 수 있다. 구약과 신약을 하나의 일관된 이야기로 보지 않는 성경읽기에서는 구약은 육적인 진리를, 신약은 영적인 진리를 다루는 것으로 분리하여 보는데 이렇게 될 때 구약은 쏘아올린 우주캡슐에서

---

6) 강아람, "선교학과 성경해석, 그리고 한국교회,"「미션네트워크」제5집 (2014.12): 73-74.

발사된 후 분리되는 뒷부분이 되어버린다. 그러나 구약의 진리는 이처럼 폐기되는 것이 아니라 그 의미가 지향하는 바가 온전케 되는 방식으로 신약에 흡수된다.[7] 또한 개인적인 입장이나 관심, 욕구에 치우쳐서 성경에 접근하는 환원주의적 성경읽기는 하나님의 큰 비전을 보지 못하게 만들어 결국 하나님의 주권을 온전히 인정하지 못하는 위기적 신앙을 낳게 된다. 주지하듯이 한국교회의 신앙은 일반적으로 개인적이고 내세지향적인 신앙관으로 기울어 있으며 대사회적이고 종말론적인 측면이 약화되어 있다. 이처럼 여러 원인으로 인해 성경읽기 방식이 올바르지 못할 때 빚어지는 부정적인 결과는 생각보다 더 클 뿐만 아니라 더 오래도록 영향력을 행사한다.

교회론에 대한 성경해석도 마찬가지이다. 모든 선교사역과 기독교 활동의 목표는 무엇인가? 그것은 추수를 기다리는 들판에서 추수하는 것만이 아니라 완성되지 않은 건물을 향해 나아가는 것이다(엡 2장). 우리가 지구상에서 새로운 교회들을 세우려는 노력은 지상에 사는 천국 식민지들로서 하나님이 그 안에 거하시는 놀랍고 새로운 공동체를 세우는 것이다. 따라서 각 개인의 성화만큼이나 공동체적 성화에도 관심을 두어야 한다. 즉 남녀 그리스도인 각 사람의 완성이 아니라 전세계에 있는 그리스도인 공동체들의 완성에 관심이 있어야 한다. 하지만 현금의 교회는 그들의 공동체적인 목표와 목적에 대한 이상한 기억상실증으로 시달리는 것 같다.[8] '에클레시아'라는 어원이 다른 말로 쉽게 번역될 수 있는 단어가 아닌 것은, 이스라엘 역사 속에서 이 말이 가지는 배경적 유래와 동일한 목적지를 향해 나아가도록 함께 부름 받은 무리라는 어원적 의미 때문이다. 따라서 '교회'라는 개념을 떠올릴 때, 따로 마련된 건물에서 틀에박힌 예배의식을 거행

7) 본글에서 소개할 그레고리 비일의 '이중적 상호텍스트성' 성경연구가 일례가 될 수 있다. 미리 말하자면, 비일은 신구약의 이러한 신학적 관계를 통한 해석을 '확대된 의미'라고 부른다.

8) Michael Griffiths/ 권영석 역, *Cinderella with Amnesia*, 『기억상실증에 걸린 교회』(서울: IVP, 1992), 9-12 참조.

하는 것이나 우리가 소속되어 출석하고 있는 영적인 모임만을 떠올려서는 안 되며, 오히려 우리가 동일한 목표와 목적지를 향해 함께 나아가고 있다는 사실에서 우리를 통합시켜주는 유기적이고 역동적인 개념으로 이해해야 한다.[9] 성전신학은 이와 같은 교회론을 잘 담보하고있다.

또 하나의 중요한 전제를 짚고 넘어가려 한다. '선교의 성경적 기초' (Biblical Foundations of Mission)는 성경이 권위있는 책이라는 전제하에 선교명령을 명시하는 성경구절들을 찾아내지만, 성경에 대한 '선교적 해석학' (Missional Foundations of Bible)은 선교와 관련하여 성경적 '권위'의 본질 그자체를 탐구한다. 전자의 방식으로 접근하여 선교를 예수의 대위임령 같은 몇몇의 명령에 지나치게 결합시켜 이해하게 되면, 성경에서 명령이 아닌 부분들은 선교와 연결시키기가 어렵다. 이처럼 명령의 견지에서만 권위를 생각하면, 명령이 아닌 본문들에서의 선교적 권위는 발견할 수 없다. 오도노반(Oliver O'Donovan)은 권위란 행동에 대한 충분하고 의미 있는 근거가 되는 실재의 한 차원이라고 잘 통찰하였다.[10] 권위는 명령의 목록들만이 아니라 그 경계선 내에서 행동할 자유의 권한을 준다. 즉 자유의 실상과 원천과 경계를 내포한다. 따라서 성경의 권위는 실재-피조물의 권위 배후에 계신 참된 권위를 가지신 하나님 자신의 실재-와 접촉케 해준다. 선교적 해석학으로 성경을 읽고 깨닫게 됨으로써 우리는 실재와 관계를 맺게 된다. 이는 또한 우리가 하는 선교적 삶과 행위의 자유에 권한을 부여하고 그 자유 주변에 경계를 설정한다. 그 실재는 우리의 선교가 적절하고 타당하며 불가피한 것으로 만들어준다. 성경은 우리의 선교가 어떤 실재에 근거하는지 보여주므

---

9) Ibid., 21.

10) Oliver O'Donovan, *Resurrection and Moral Order: An Outline for Evangelical Ethics* (Leicester, UK: IVP, 1986) 참조.

로 우리의 선교에 대한 권위는 성경에서 나온다.[11] 따라서 선교적 해석학으로 성경을 읽다가 만나는 참권위의 실재이신 하나님은 우리를 자기의 형상으로 변화시켜 가실 수 있다.

B. 성경을 통으로 읽기: 이중적 상호텍스트성(intertextuality)

최근에 학자들은 신구약성경을 유기적으로 연결하여 읽어야 함을 점점 더 강조하고 있다. 그중에 리처드 보캄(Richard Bauckham)은 성경의 메타 내러티브가 포스트모더니즘이 거부하는 거대담론–다른 모든 이야기를 억누르는 공격적이고 전체주의적인 이야기–은 아니라고 말한다. 즉 다양한 내용을 망라하는 하나의 포괄적인 이야기지만, 그 밖의 모든 것을 편협한 통일성으로 축소하는 속박이 아니라 다양성, 긴장, 도전, 표면상의 모순에 열려 있는 통일성이라고 주장한다.[12] 이와 유사한 맥락에서 크리스토퍼 라이트의 선교적 해석학도 전체성경이 매우 다양한 작은 이야기들을 포함하고 있지만 그럼에도 하나의 큰 거대서사를 이룬다고 본다. 그리고 그 거대서사의 주제는 **하나님의 선교**이다. 라이트는 이처럼 하나님의 선교라는 중대한 관점에서 전체성경을 읽는다는 것은 이에 비추어 전체성경의 세부들을 읽는다는 뜻이며, 바로 이것이 선교적 해석학의 핵심적 전제라고 말한다. 따라서 성경 전체는 아주 큰 맥락에서 인류와 선교, 이스라엘과 선교, 예수님과 선교, 교회와 선교로 구성되었다고 볼 수 있다.[13]

본글에서는 신구약성경을 통으로 보는 또 하나의 방식을 소개하려 한

11) Christopher Wright/ 정옥배 · 한화룡 역, *The Mission of God*, 『하나님의 선교』 (서울: IVP, 2010), 61-64 참조.

12) Richard Bauckham/ 강봉재 역, 『세계화에 맞서는 기독교적 증언』 (서울: 새물결플러스, 2010), 119-123.

13) Christopher Wright, 『하나님의 선교』, 76-80 참조.

다. 비일(Gregory K. Beale)은 케임브리지 대학에서 박사학위를 받은 후 휘튼 대학과 웨스트민스터대학에서 15여년간 신약학과 성경신학을 가르쳐왔고, 요한계시록과 데살로니가전후서의 주석을 출간했으며, *New Dictionary of Biblical Theology*의 집필자 중 하나이기도 하다. 그는 다음과 같이 주석서보다는 **신구약 전체를 포괄하는 성경신학적 작업에 더 많은 관심을 쏟아온 학자**이다: *The Use of Daniel in Jewish Apocalyptic Literature & in the Revelation of St. John* (1984); *The Right Doctrine from the Wrong Texts?: Essays on the Use of the Old Testament in the New* (1994); *John's Use of the Old Testament in Revelation* (1998); *Commentary on the New Testament Use of the Old Testament* (2007); *A New Testament Biblical Theology: The Unfolding of the Old Testament in the New* (2011). 연이은 그의 저서가 보여주듯 비일의 주 관심사는 구약과 신약의 관계에 있음을 확연히 알 수 있다.[14)]

2008년에 집필한 다음의 두권도 신약이 구약을 어떻게 사용하고 있는가에 대한 책이다: *We Become What We Worship: A Biblical Theology of Idolatry ; The Erosion of Inerrancy in Evangelicalism: Responding to New Challenges to Biblical Authority.* 또 본글에서 주로 다룰 2004년에 쓴 *Temple and the Church's Mission: A Biblical Theology of the Dwelling Place of God* 『성전신학』(한글번역판, 2014)은 그의 요한계시록 주석(1999)에 근거하는데, 전체성경의 마지막 환상인 요한계시록 21:1-22:5을 연구해 오던 비일이 문득 **'성전'에 관한 구약과 신약텍스트 간에 매우 긴밀한 연결이 있음**을 간파하고 그 작업에 착수하여 나온 책이다.[15)]

그는 무엇보다도 자신의 해석학적 접근법의 가장 중요한 전제를 신구약

---

14) Gregory K. Beale/ 강성열 역, 『성전신학: 하나님의 임재와 교회의 선교적 사명』(서울: 새물결플러스, 2014), 역자후기 참조.

15) Ibid., 역자후기 참조.

전체가 신적 영감으로 씌었다는 사실에 둔다.[16] 이는 전체성경이 하나님의 말씀이기에 그 신학적 다양성에도 불구하고 궁극적인 조화가 가능한 통일성이 있음을 의미한다. 그러므로 신구약 사이의 공통주제들을 추적하는 일이 가능해지며 가장 중요한 공통주제가 무엇인가에 대하여는 견해차가 있겠지만, 성경의 궁극적인 신적 영감과 저작성을 인정한다면 공통 데이터베이스를 갖는다고 볼 수 있다고 비일은 주장한다.[17] 그는 또 하나의 전제를 첨언하는데, 인간저자를 통해 전달된 신적 의도가 현대 독자에게도 전달 가능하다는 것이다. 우리가 하나님의 의도를 속속들이 파악할 수 없을지는 몰라도 구원의 목적과 성화, 하나님의 영광을 위해서는 충분히 이해될 수 있다고 언급한다.

이런 전제 위에 그는 **'상호텍스트성'**(intertextuality),[18] 즉 **구약성경의 핵심 본문들을 해석하고 나서 이것이 구약과 신약의 후속 본문들에 의해 어떻**

16) 성경의 영감과 권위에 대한 비일의 이해를 보려면 *The Erosion of Inerrancy in Evangelicalism* (Wheaton: Crossway, 2008)을 참조하라.

17) Gregory K. Beale/ 김재영 · 성기문 역, 『예배자인가, 우상숭배자인가: 성경신학적으로 바라본 우상숭배와 하나님 형상의 의미』(서울: 새물결플러스, 2014), 33. 이 책에서 비일은 *We Become What We Worship*이라는 책제목이 암시하듯 우리가 숭상하는 것을 닮아감으로 멸망을 초래하든지 회복을 얻든지 한다는 주제를 다룬다. 그는 책 전체에서 우상들이 특정한 방식으로 묘사되거나 그 우상을 숭배하는 자들과 동일한 방식으로 묘사되는 여러 예를 거론한다. 동일한 묘사의 목적은 우상숭배자 자신이 기대하는 생명의 복을 경험하는 대신, 우상처럼 영적으로 무감각하고 공허하고 반역적으로 되어 수치를 당함으로 저주받는다는 사실을 조롱조로 표현하는 것이다. 우상이 볼 수도 들을 수도 없는 눈과 귀를 가졌다고 묘사될 때 그 우상을 숭배하는 자들도 눈과 귀가 있어도 보지도 듣지도 못한다고 묘사된다. 반대로 참하나님을 예배하는 자들이 어떻게 복가운데서 그분의 형상을 반영하는지에 대해 강조된다. 인간은 참하나님이든지 피조질서 안에 있는 어떤 대상이든지간에 자신이 헌신하는 대상을 반영하게 되어있다는 주장이다.

18) **상호텍스트성**은 다양하게 정의될 수 있지만–즉 구약과 신약의 관계를 의미하기도 하고, 다른 한편 텍스트와 콘텍스트의 관계를 의미하기도 한다–비일은 암시(allusion)와 동의어로 사용하고 있다.

게 암시(allusion)되는가를 추적하는 연구를 제시한다.[19] 상호텍스트성 연구 중 구약 내에서의 구약 사용이라는 신생분야와, 신약내에서의 구약 사용이라는 기존 분야[20] 모두가 동일한 현상에 대한 수많은 연구를 제공한다고 한다.[21] 만일 정경의 궁극적 저자가 하나님이라면, 후속 본문들은 이전 본문이 지닌 '다층적 기술'(thick description)을 풀어헤쳐준다. 즉 어떤 구약본문에 나오는 파생적인(secondary) 의미가 뒤에 나오는 암시적 본문에서 발전되는 것으로 본다는 의미이며, 동시에 후대의 본문이 이전 본문을 활용할 때 상호적 관계가 있다는 뜻이기도 하다. 이는 **구약 안에 신약이 감추어져 있고 신약에는 구약이 드러나 있다는 것뿐 아니라 구약내의 구약 사용에까지도 적용**된다. 비일은 어떤 후속 본문이 이전 본문의 사상을 진정으로 풀어준다면, 후속 본문에 의해 발전된 의미가 이전 본문의 '다층적 의미'에 이미 포함되어 있었다고 피력한다. 여기서 어느 본문이 후대의 것이며 어느 본문이 다른 것을 발전시킨 것인가에 대한 지나친 사변에 빠지지 말고 양 텍스트를 서로에 대한 해설로 보기를 권장한다.[22] 통상 복음주의 구약학계나 신학계에서 후대 본문의 의미를 이전 본문들 안에 집어넣어서 읽는 것을 타당한 해석방법으로 생각지 않은 데 비해서, 비일은 자신의 방식을 '이중적인 상호텍스트성' 접근법이라 부른다. 그의 말을 직접 들어보자.

> 실제로 나는『성전신학』과 더불어 영어권 내에서 좀더 새로운 성경신학의 방법론을 세워보려고 노력하였다. 성경 전체에 대한 성경신학을 수립하려는 과거

---

19) 비일에 따르면 최근 이런 경향의 연구물이 쏟아져나오고 있다. Ibid., 35쪽의 각주 22) 참조.

20) 그 한 예로 Gregory K. Beale & D. A. Carson, *Commentary on the New Testament Use of the Old Testament* (Grand Rapids: Baker, 2007).

21) 비일의 '상호텍스트성' 연구에 대한 좀더 상세한 설명을 보려면『예배자인가, 우상숭배자인가』, 34-50을 참조하라.

22) Gregory K. Beale,『예배자인가, 우상숭배자인가』, 38-39.

> 대부분의 시도는 성경의 다양한 책들을 관통해서, 또는 성경 전체에서 특정한 주제들을 추적하는 데 초점을 맞추었다. 하지만 이 접근법에서는 과연 어떤 주제가 추적하고 발전시킬 가치가 있을 만큼 주도적인 주제인가 하는 문제가 끊임없이 발생한다. 나는 **신구약 양쪽에서 후속 텍스트들 가운데, 반복해서 암시되거나 인용되는 텍스트에 초점**을 맞추고 그것을 해석하려고 시도했다. 이는 핵심적인 성경신학적 주제를 결정하는 데 있어 좀더 나은 객관성을 제공하는 것 같다. 왜냐하면 **핵심주제란 성경자체가 텍스트적으로 발전시키는 주제이기 때문**이다.[23]

비일은 자신이 수년간 신약 내에서의 구약 사용이라는 난해한 문제를 분석해오면서, 신약저자나 구약저자가 그보다 앞선 구약텍스트를 기반으로 해석하고 창조적으로 발전시킬 수 있음을 통찰한다. 이는 본문들을 구약 내의 구속사적 발전의 빛 안에서 또는 그리스도의 초림과 사역이라는 후대 사건들의 빛 안에서 이해하는 한에서의 창조성이다. 그에 따르면, 창조적 발전의 일부는 구약 선지자들이 볼 수 없던 방식으로 이전의 예언을 증폭시킨다. 이러한 점진적 계시는 이전에는 선명하게 보이지 않았던 것을 드러내 보여준다.[24]

그런데 한 가지 주제로 전체성경을 다루는 성경신학적 기획에서는 모든 구절을 철저히 주해하지 못하는 법이다. 해당주제가 실제로 존재하지 않는 대목에서도 그 주제를 억지로 끼어 맞춰 읽어내려는 주입식 주해

23) Ibid., 40.

24) Ibid., 42-43. 구약과 신약 사이의 창조적 발전을 보스(Geerhardus Vos)는 씨앗의 은유로 설명하는데, 구약의 예언과 텍스트들은 씨앗과 같아서 후대의 구약이해와 신약이해는 이 씨앗에서 성장하고 꽃피우는 식물이다. 어떤 면에서 완전히 자란 식물은 원래 씨앗과는 달리 보이지만 구약과 신약의 콘텍스트에 대한 신중한 주해를 통해 양자 간의 유기적 연관성을 드러낼 수 있다. Ibid., 43.

(eisegesis)를 할 가능성도 크다. 이에 대해 카슨(Donald A. Carson)을 인용하고 있다.[25]

> 나는 내 박사과정 학생들이 연구조사를 시작할 때마다 성서학과 신학을 포함해서 문예라는 넓은 분야의 학위논문이 다음과 같은 두 진영으로 나뉜다고 말해준다. 첫째 진영은 어떤 아이디어나 참신한 통찰력을 가지고 그에 대한 증거를 찾아서 확인하고자 하는 **논제를 가진 학생들**이다. 둘째 진영은 아무런 **논제 없이 시작하는 학생들**이다. 하지만 그들은 해당 텍스트들에서 정확히 무슨 일이 일어나는지를 확인하기 위해 일정한 영역에서 증거를 찾으며 그 결과가 불확실함을 인정한다. 첫째 진영의 유리한 점은 처음부터 작업이 매우 흥미로운 동시에, 검토되는 논제를 따라가기만 하면 된다는 것이다. 반면 연구자가 고도로 주의를 기울여 자기를 성찰하지 않으면 자기 논제를 방어하기 위해 증거를 조작하고 싶은 유혹에 넘어갈 수 있는 위험이 있다. 둘째 진영의 장점은 첫째 진영보다 좀더 공정한 결과를 가져올 가능성이 높다는 것이다. 왜냐하면 이 진영의 연구자에게는 휘두를 도끼가 없어서 증거가 이끄는 대로 따라갈 가능성이 크기 때문이다. 하지만 끝에 가서도 완성된 논제가 아닌, 방대한 자료를 단순히 정리한 것에 불과한 결과를 얻을 위험도 있다. 실제로 논문은 보통 이 두 진영 사이에 걸쳐있게 마련이다.[26]

여기에서 비일은 자신의 연구방식이 첫번째 부류에 속하므로-'성전' 또는 '우상숭배' 등의 특정주제를 가지고 시작하므로-스스로 회복의 해석학(hermeneutic of retrieval)과 의심의 해석학(hermeneutic of suspicion) 사이의 균형을

25) Ibid., 47.

26) D. Carson, Review of *Judgement & Justification in Early Judaism & the Apostle Paul*, by Chris VanLandingham, *Review of Biblical Literature* 12 (2007), Ibid., 47-48에서 재인용.

잡으려고 애쓸 것이며, 독자들도 사랑의 해석학과 의심의 해석학 사이에서 균형을 잡아줄 것을 요청하고 있다.[27)]

C. 통으로 읽되 선교의 책으로 읽기: 선교적 해석학

크리스토퍼 라이트에 의하면, 성경에 대한 선교적 해석학은 성경의 존재와 더불어 시작된다. 지금 우리 손에 들려진 성경의 글들 자체가 하나님의 궁극적인 선교의 증거이자 산물이다. 반역하는 피조물들을 버리거나 포기하지 않으시고 그분의 원래 의도대로 구속하고 회복시키기로 결심하셨고 현재도 결심하시는 하나님에 대한 틀림없는 증거가 성경이다. 또한 이런 본문들의 기록과정도 본질상 상당히 선교적이다. 대다수가 하나님백성이 하나님의 계시를 이해하고 살면서 세상에서 하나님의 구속활동을 행하는 과정에서 겪은 갈등과 투쟁에서 나온 것이기 때문이다. 신약신학은 본질적으로 선교신학이다. 즉 신약은 예수님의 선교와 제자들의 선교의 결과로 생겨난 것으로 선교의 이야기를 말해주고 선교사들이 선포한 메시지를 해설하는 것을 강조한다.[28)] 구약성경도 많은 경우 이스라엘이 그들의 역사 및 언약관계를 통해 알았던 하나님에 비추어 주변세상과 관계맺음으로써 생겨난 것이다.[29)]

이처럼 **여러 면에서 성경자체는 선교적 현상**이다. 데이빗 필벡(David Filbeck)은 성경이 선교적 취지 때문에 신학적 일관성을 띤다고 주장한다. 필벡에 따르면 신구약을 하나로 통합해주고 다양한 주제들을 한 주제로 조

---

27) 이런 점에서 비일은 자신의 성경신학 방식을 정경적 접근법, 발생론적-점진적 접근법/유기체적 발전의 접근법, 상호텍스트적 접근법으로 분류한다. Ibid., 48-49.

28) 신약에 대한 부분은 Howard Marshall, *New Testament Theology: Many Witnesses, One Gospel* (Downers Grove, Ill.: InterVarsity, 2004), 34-35.

29) Christopher Wright, 『하나님의 선교』, 57-60 참조.

화시키는 것이 바로 선교적 측면이다. 즉 **성경해석에 있어서 선교의 차원이 성경 전체에 구조를 잡아준다.** 따라서 성경에 대한 여하한 연구라도 이 구조를 유지하면서 이루어져야 한다고 그는 역설한다. 신약만큼이나 구약도 선교적 차원에서 해석할 때 다른 어떤 것보다도 탁월하게 그 구조를 확립할 수 있다는 것이다.[30]

한편 그레고리 비일의 경우에는 자신의 성경해석이 선교적 해석학이라고 명시적으로 밝히지는 않지만, 필자는 그의 성경연구가 본질적으로 선교적 해석학이라고 주장하는 바이다. 『성전신학』은 하나님의 처소인 '성전'의 역사적 · 신앙적 의미를 구약성경에서 신약성경에 이르기까지 교회의 선교 사명이라는 큰 틀에 맞춰 신학적으로 연구한 책이다.[31] 그의 논지를 요약하면, **에덴동산 – 성전 – 하나님의 영화로운 임재 – 새 창조 – 교회의 사명** 등의 주제가 궁극적으로 **동일한 실재**를 나타내는 다른 양상이라는 것이다. 그의 연구를 선교적 해석학으로 볼 수 있는지를 확인하기 위해 그의 논지를 잠시 약술해 본다.

성전에 대한 마지막 환상(계 21:1-22:5)은 새로운 창조세계를 수목이 무성한 도시-성전(city-temple)과 동일시하는데, 이에 대해 비일은 구약성경의 에덴동산과 예루살렘에서 그 실마리를 찾는다. 구약성경의 성막과 성전이 상징하는 바는, 본래 지성소에 한정되었던 하나님의 성막 임재가 실제로는 지상세계 전체에 걸쳐 있는 우주론적 차원의 종말론적 현실이라는 것이다. 즉 요한계시록 21장의 환상이 우주 전체를 가득채울 마지막 때의 성전을 보여준다고 이해한다. 이는 에덴동산이 최초의 원형 성전으로서 나중에 만들어진 모든 성전의 모델이며 구약의 성막과 성전이 피조세계 전체의 축

---

30) David Filbeck, *Yes, God of the Gentiles Too: The Missionary Message of the Old Testament* (Wheaton: Billy Graham Center, 1994), 10. Ibid., 60에서 재인용.

31) 여기에서 필자는 단지 비일이 교회의 선교적 사명을 강조하고 있기 때문에 그의 성경해석을 선교적 해석학으로 본다는 뜻은 아니다.

소판과 같다는 주장이다. 성막과 성전은 우주의 축소판을 상징하는 구조물로서 하나님의 영광을 완전하게 반영하는 종말론적 성전을 가리키는 의도로 만들어졌고, 우주적으로 확대된 종말론적 성전이야말로 요한계시록의 마지막 환상이 묘사하는 그림이라고 보는 것이다. 그레고리 비일은 이러한 주장을 다양한 고대근동의 문헌을 통한 증거들과 신구약 관련 텍스트들의 집요한 분석—특히 **이중적 상호텍스트성** 연구—을 통해 면밀하게 풀어내고있다.

그가 주장하는 이러한 성전의 의미는 실천적 차원과 자연히 연계된다. 교회에 맡겨진 사명을 성취해야 하는 그리스도인들에게, 전세계에 걸쳐 있는 성전에 관한 계시록 21-22장의 환상은 의미심장하다. 즉 이 시대 그리스도인들은 하나님의 임재를 상징하고 또 그것을 세상에 널리 전하는 성전이 되어, 그분의 임재로서의 성전의 경계선을 세상 구석구석까지 확장시키는 영적 제사장 역할을 감당하는 선교적 과제를 가진다.[32] 그의 주장대로 에덴동산-성전-하나님의 영화로운 임재-새 창조-교회의사명 등의 주제가 결국 동일한 실재를 나타내는 다른 양상이라면, 이때의 성전개념은 그 자체가 선교적이다. 앞서 비일은 **독자가 외부적으로 주입하는 주제가 아니라** 성경텍스트가 스스로 반복해서 암시하거나 인용하고있는 주제가 핵심주제라고 언급했는데, 그러한 주제의 하나인 성전을 연구한 결과 그것이 선교적 개념임을 알게 되었다. **성경 스스로가 중대한 핵심주제로 드러내고 있는 개념이 선교적 개념**이라면 성경은 선교의 책인 것이다. 즉 **선교가 성경 전체에 신학적 일관성을 가져다주는 주된 구조**라는 말이다. 비일의 성전신학의 내용을 좀더 자세히 살펴보자.

32) Gregory K. Beale,『성전신학: 하나님의 임재와 교회의 선교적 사명』, 623.

Ⅲ. 성전신학으로 보는 선교적 해석학

A. 그레고리 비일(G. K. Beale)의 성전신학

그레고리 비일의 성경읽기를 선교적 해석으로 보는 것은, 그가 성전이라는 주제로 신구약성경을 연구한 결과 성경이 근본적으로 선교적 취지를 내포하는 책임을 드러냈기 때문이다. 이는 선교적 취지가 성경의 주된구조라는 증명이기도 하다. 앞서 데이빗 필벡도 **성경은 바로 선교적 취지 때문에 신학적 일관성을 띠므로 신구약을 하나로 통합하고 다양한 주제를 한 주제로 조화시키는 것이 선교적 측면**이라고 언급하였다. 즉 성경해석에서 선교의 차원이 성경 전체에 구조를 잡아주므로 신구약 연구는 이 구조를 유지하면서 수행되어야 할 것이다. 이러한 관점을 염두에 두고서 비일의 성전신학의 줄거리를 소개하려 한다.[33)]

1. 참된성전인 하나님과 그리스도의 임재를 예표하는 유형의 성전들

반복하지만 그는 에덴동산-성전-하나님의 영화로운 임재-새 창조-교회의사명 등의 주제가 궁극적으로 동일한 실재를 나타내는 여러 양상이라고 주장한다. 그에 따르면 유형의 성전들은 참된성전인 하나님과 그리스도의 임재를 예표한다. 요한계시록 21:1-22:5은 전세계를 포괄하는 성전의 종말론적 완성 단계를 보여주는데, 그는 먼저 요한이 본 '새하늘과

33) 필자의 본글은 일종의 성서학과 선교학의 학제간 연구인데 선교학자로서의 필자의 한계로 인해 비일의 연구와 방법론에 대한 비평적 입장보다는, 그의 연구를 소개하는 방식으로 전개될 것임을 밝힌다. 따라서 독자들도 필자가 소개하는 비일의 성전신학의 내용 자체에 몰두해주기를 바란다. 일단 그의 성전신학의 내용자체를 상당 정도 숙지해야 그의 성서해석이 선교적 해석학임을 파악할 수 있다.

새땅'(계 21:1)이 '성읍–성전'(city-temple)과 동일하다는 증거를 4가지로 꼽는다.[34] 이로써 비일은 새 창조와 새예루살렘이 하나님의 장막과 같으며, 계시록 21장 전체에서 하나님의 특별한 임재의 자리로 묘사되는 참된성전을 일컫는다고 본다. 이런 하나님의 임재가 이스라엘의 성전에만 한정되었으나 이제 교회를 통해 널리 퍼져가기 시작했으며, 종국에는 온 땅과 하늘을 가득채우고 그것과 동일시될 것이다. 즉 창조세계 전체를 다스리라는 에덴동산 성전의 종말론적 목표가 끝내 성취될 것이다.

그러면 왜 요한은 새 하늘과 새 땅의 완전한 모습을 그려내지 않고, 새로운 우주를 나무가 우거진 성읍–성전과 동일시할까?: 첫째로 에덴은 동산–성전의 원형이었다. 최초의 동산–성전에 살던 아담은 이 성전이 온 세

34) **첫째로** 부정함을 허용하지 않는 성읍–성전은 새 창조 전체를 포괄한다. "무엇이든지 속된 것이나 가증한 일 또는 거짓말하는 자는 결코 그리로 들어가지 못한다."(27절)는 말씀은 21장이 묘사하는 새로운 성읍–성전의 주변부가 새 창조 전체를 포괄한다는 뜻이다. 구약의 성막이나 성전 경내에서 부정함이 제거되었음을 상기할 때 성읍–성전 안에서도 어떤 부정함도 허용되지 않는다; **둘째로** 계시록의 '봄–들음'(seeing–hearing) 패턴은 21:1-3이 동일한 현실을 가리킨다는 증거다. '새 하늘과 새 땅'에 대한 환상으로 시작하여(1절) '하늘로부터 내려오는 새 예루살렘'의 환상이 소개되고(2절) 이어 "하나님의 장막이 사람들과 함께 있으매 하나님이 그들과 함께 계시리니"(3절)라고 선포되는데, 뒤의 환상은 앞의 환상을 해석하고 성막에 관해 들은 것(3절)은 두 구절을 더욱 뚜렷이 해석해준다; **셋째로** 예루살렘=성전(하나님의 임재)이라는 계 21:3이 레 26:11-12과 겔 37:27을 함께 언급한다는 사실은, 새 예루살렘(2절)을 "사람들과 함께 있던 하나님의 장막"(3절)과 동일시하는 요한의 견해를 구체화한다. 이는 에스겔 본문이 레위기를 언급하며 하나님이 '너희 중에 거하심'으로써 이스라엘의 약속한 땅 전체 위에 함께하시리라는 예언을 분명히 밝히는 것이다. 또한 겔 37:26-28의 예언을 기초로 확대된 겔 40-48장의 성전환상은 "그날 후로는 그 성읍의 이름을 여호와 삼마라 하리라"(48:35)로 마무리된다. 이스라엘의 수도는 하나님의 거룩한 임재로 뒤덮일 것이다. 레 26장과 겔 37장이 모두 성전예언을 창 1:28의 '생육하고 번성하여 땅에 충만하라'는 명령의 발전형태로 보고있다는 사실도 계 21:3의 장막이 21:1의 새 땅과 동일함을 암시한다; **넷째로** 레벤슨(J. D. Levenson)은 구약성경의 '하늘과 땅'이 자주 예루살렘이나 그곳의 성전을 가리키는 방식이라고 말한다. 사 65:17의 형식을 계 21:1이 따르고 있고 계 21:2의 새예루살렘도 사 65:18을 반향하며 계 21:1의 '새 하늘과 새 땅'과 동일시된다고 보는 것은 무리가 없다. [Gregory K. Beale,『성전신학』, 31-34, 501-505 참조.]

상을 포함하도록 경계선을 넓혀 마침내 하나님의 영화로운 임재로 완전히 가득차게 하는 데 삶의 목적이 있었다. 그러나 아담의 실패는 적절한 때 이스라엘 안에 성막과 성전이 다시 세워지는 것으로 귀결되었다. 즉 성막과 성전이 에덴의 모델을 따라 만들어졌으며, 성막과 성전은 공동체적 인격의 아담인 이스라엘에게 주어진 목적대로 하나님께 순종함으로 성전 경계선을 넓히고 온 세상에 그분의 임재를 전하는 것이었음을 나타내기 위해 우주 전체를 상징하도록 건축되었다;[35] 둘째로 계시록 21-22장의 성전은 우주 전체를 상징적으로 표상한다. 비일에 의하면 이것이 거룩한 역사 전반에 걸쳐서 이루어진 하나님의 성전 건축 과정의 목표였다. 예표론적으로 구약성전들이 반복 · 확대되면서 에덴동산과 우주전체를 상징한다는 개념은 끝내 모습을 완전히 드러내어, 지성소에 한정되던 하나님의 특별임재가 그리스도의 사역으로 새 하늘과 새 땅 전체를 포괄하게 된다.

왜 계시록 21:18은 성읍-성전이 정금(正金)이 되리라고 말할까?: 첫째로 창조세계 전체가 지성소가 되었기 때문이다. 벽과 바닥과 천장 전체가 금으로 덮인 이스라엘 성전의 '지성소'가 온 세상을 덮을 정도로 확대된다. 과거 지성소에 한정되던 하나님의 임재가 이제는 온 세상을 포함할 정도로 확대되었으므로 계 21장의 성전은 옛성전을 구성하는 세구역(지성소/성소/바깥뜰)이 더 이상 발견되지 않는다; 둘째로 모든 하나님백성이 대제사장이 될 것이기 때문이다. 전에는 하나님의 보좌가 하늘성전에서만 있었으며 언약궤는 야훼께서 하늘보좌에 앉으셨을 때 발등상으로 간주되었고 오직 대제사장만 연1회 발등상을 두신 그곳에 들어갈 수 있었다. 반면 새 창조세계에서는 세계전역에 흩어져 살아가는 모든 하나님 백성이 하나님의 임재 안에 머무는 대제사장이 될 것이다. 하늘지성소와 그분의 보좌가 상징하는 통치

35) 이러한 내용에 대하여는 Gregory K. Beale, 『성전신학』, 제2장: "구약성경에 나타난 성전의 우주적 상징성"(39-106쪽)을 참조 바람.

임재의 치수가 대폭 확대되어 새 우주 전체를 포함할 것이기 때문이다.[36)]

2. 구약성전과 신약성전의 신학적 관계에 대한 해석학적 성찰

이어 그레고리 비일은 구약성전과 신약성전의 신학적 관계에 대한 해석학적 성찰을 시도한다. 히브리서는 지상성소가 '하늘에 있는 것의 모형과 그림자'일 뿐이며 하늘성소가 '참 장막'이라고 말한다. 모세가 지상에 지은 성막은 종말론적 성소의 모형이다(히 8:5b). 히브리서의 이 참된 하늘장막은 종말론적 성전에 관한 직접적인 예언의 성취이면서, 동시에 불완전하고 잠정적인 구약장막과 성전이 예고하던 모든 것의 성취이다. 이 완전한 성전은 사라지지도 변하지도 않는다. 사람의 손이 아닌 하나님의 손에 의해 새 창조로 만들어졌기 때문이다. 그리스도와 교회를 마지막 때의 참된 성전으로 보는 것은 구약이나 종말론적 성전예언에 대한 영적 · 은유적 해석이 아니다. 그리스도가 성전이 표상하는 바를 성취하셨다는 말도 맞지만 '그리스도가 성전의 존재 의미'[37)]라는 말이 더욱 맞다: "성전보다 더 큰 이가 여기 있느니라." 스데반은 설교 중 이사야 66:1을 인용해 이스라엘의 유형적 성소는 '손으로 지었기에' 항구적인 하나님의 처소가 될 수 없다고 지적하면서(행 7:48-49) 사람의 손으로 지어 우상숭배로 오염된 것이 아닌 하나님의 손으로 새롭고 항구적인 우주를 만드실 것을 강조한다. 솔로몬 성전은 '손으로 만든 것'이므로 하나님을 위해 성전을 건축할 다윗의 아들에 대한 궁극적 성취가 될 수 없다. 이스라엘은 사람이 만든 구조물을 우상숭배의 장소로 만듦으로써 문제를 더 복잡하게 했고, 하나님의 심판은 우상숭배의 장소와 도구의 파괴를 요구했으므로 이스라엘의 성소는 파괴되어야만 했다. 그리고 비일은 다니엘 2장의 돌산과 종말론적 성전의 공통점을 든다.

---

36) Ibid., 508-509; 그외에도 이런 내용은 『성전신학』 3-4장 전체에 상세히 설명되어 있다.

37) E.P.Clowney, "The Final Temple," *WTJ* 35 (1972): 177.

다니엘 2장의 돌산과 종말론적 성전은 둘다 사람의 손으로 짓지 않았다는 점에서 서로 연결된다. 참된성전이신 그리스도가 자신을 다니엘서의 돌과 동일시하신다. 또 아레오바고 설교에서 바울도 그리스도와 그 백성이 '손으로 만든' 이스라엘의 성전을 대신하기 시작했다고 말한다. 천지의 주재이신 하나님께서 손으로 지은 전에 계시지 않으므로(행 17:24) 하나님과 그의 백성을 분리하는, 사람이 손으로 지은 구조물은 존재할 수 없다. 어떤 인간도 "너희가 나를 위하여 무슨 집을 지으랴?"(사 66:1)라는 영원한 종말론적 처소에 대한 질문에 긍정적으로 대답하지 못한다. 하나님의 궁극적 목표는 창조세계의 모든 영역을 자신의 임재로 가득채우는데 있다: "성 안에서 내가 성전을 보지 못하였으니 이는 주 하나님 곧 전능하신 이와 및 어린 양이 그 성전이심이라"(계 21:22). 하나님과 임재를 담아내는데 흠있는 그릇같던 과거의 성소들은 하나님과 인격체이신 어린 양으로 대체된다. 이제는 제약 없는 하나님과의 교통이 가능해진다.[38)]

여기서 비일은 '확대된 의미'와 그것이 성경해석(총론)과 성전해석(각론)에 미치는 영향을 논술한다. 1900년에 한 아버지가 아들에게 나중에 결혼선물로 마차를 사주기로 약속했다. 그런데 막상 아들이 결혼하게 된 1930년에는 마차가 아닌 자동차를 선물로 주었다. 더 이상은 마차를 타는 시대가 아니었던 것이다.[39)] 아버지는 아들과의 약속을 지킨 것인가? 답은 긍정 그 이상이다! 아들과의 마차의 약속이 1930년에는 자동차를 통해 한층 완전한 방식으로 이루어졌듯 '확대된 의미'라는 개념은 신약성경의 구약성경 사용방식을 이해하는 데 유용하다. 구약저자들의 의도가 계시의 과정 중 그리스도 안에서 절정에 도달할 때까지 점진적으로 나타나는 하나님의 의도만

---

38) Ibid., 512-16; 또한『성전신학』, 9장(399-425쪽) 참조 바람.

39) P.E. Satterthwaite, "Biblical History," in T. D. Alexander & B. Rosner, eds., *New Dictionary of Biblical Theology* (Leicester: IVP, 2000), 43-51. 위의 책, 394에서 재인용.

큼은 포괄적이지 않을 수 있다. 마치 우주선에 타고 있는 사람이 지구를 볼 때의 장면과 카메라 렌즈를 통해 근접촬영한 장면을 모두 '문자적'으로 표현하는 원리처럼, 구약예언의 문자적 그림은 신약의 점진적 계시라는 렌즈를 통해 확대된다. 이 렌즈는 그리스도의 마지막 강림 때 완성될 새 세계의 시작에서 성취될 상세한 내용들을 확대시켜 보여준다.[40)]

그리스도는 구약성전과 그에 대한 예언이 표상하는 모든 것의 성취이면서 지금까지 존재해왔던 성전들의 드러난 의미이다. 초림 때 이뤄진 그리스도의 성전 건립은 새롭게 창조된 성전의 확대된 그림이며, 계시록 21장은 완성된 새우주의 가장 크게 확대된 궁극적 면모이다. 이스라엘의 성전과 미래의 또 다른 성전에 대한 예언은–지도를 그려놓은 풍선에 바람을 불어넣으면 지도가 좀더 선명하게 보이는 것처럼–신약성전의 성취로 유형적인 성전건축물 전체가 축소되거나 사라지는 게 아니라, 그리스도와 그 백성과 함께 유형적이고 영적인 확장이 이뤄지고 끝내 새 하늘과 새 땅 전체에서 그것이 완성됨을 가리킨다.[41)]

신구약의 신학적 관계에 대한 해석학적 관점을 정리해 보자. 계시의 과정은 이전 성경텍스트의 확대된 의미를 보여주며 후대의 성경저자들은 이전 텍스트를 부연설명하는 방식으로 이전정경을 해석한다. 즉 예언의 성취는 종종 예언자조차도 완전히 인식하지 못했던 상세한 내용을 통해 예언을 구체화시킨다. 일부 구약예언이 문자적으로 성취되는지 비문자적으로 성취되는지의 문제는 '이미 그리고 아직 아니'(already and not yet)의 종말론 개념으로 풀 수 있다. 즉 성전의 모퉁잇돌이 되기 위한 그리스도의 부활 이후 신자들은 처음에는 영적 부활을 통해 성전의 영적 구성원이 되지만, 마지막 육체 부활 곧 우주 전체가 성전이 되는 때는 성전의 물질적이고 실제적인

40) Ibid., 520.

41) Ibid., 521.

부분이 된다. 이렇게 부활을 성전과 비교하는 것은, 부활하신 예수의 몸이 새 성전의 재건축이기 때문에 그를 통해 성전도 유형적 모습을 갖추기 시작했다고 보는 신약성경의 견해에 기초한다. 동산형상의 성전에서 이뤄지는 하나님의 영화로운 임재는 정경 전체로 볼 때 수미상관 구조를 이룬다.[42]

3. 구약성전과 신약성전의 관계에 대한 신학적 논의

마지막으로 구약성전과 신약성전의 관계에 대한 그의 신학적 논의를 보자. 신약에서 옛 성막이나 성전을 가리키는 *hieron*은 막상 하나님의 하늘성전을 전혀 지시하지 않으며 *naos*, *oikos*, *hagios*, *skene* 같은 다른 단어들이 여러번 하나님의 하늘성전을 가리키고있다. 그것들이 새 성전을 가리키는데 더 적절하기 때문이다. 이런 용례는 과거에 있던 하나님의 거룩한 하늘 처소와 그것이 그리스도와 성령의 형태로 지상에 내려오기 시작한 사이의 연속성을 강조하는 듯하다. 그렇다면 그리스도의 승천과 성령의 선물로 인해 하늘성전이 건립되었다고 볼 수 있을까? 하나님은 항상 왕으로 계셨으며 그리스도의 부활과 함께 마지막 아담을 통해 다스리심으로써 새 시대가 왔다. 성육신한 그리스도는 이전에는 결코 없던 방식으로 하늘로부터 지상으로 내려온 하나님의 임재를 의미했다. 그리스도의 부활은 이전보다 더 큰 규모로 지상에 내려온 이 마지막 성전을 훨씬 강력히 표현했다. 하늘로 올라간 참된 성전을 표상하는 그리스도의 승천 이후로 하늘성전은 성령의 형태로 다시 내려오기 시작해서 사람들을 그 안으로 끌어들임으로 계속 확장되었다. 이런 확장과정은 마지막 시대에 온땅을 완전히 덮는 하늘성전으로 완성된다. 마지막 때의 성전은 그리스도와 성령을 통해 하나님 백성 중에서 성취되기 시작했지만 그것이 완성된 것은 아니다. 이는 성도들이 하나님의 '지성소' 임재를 이 시대에는 불완전하게 경험하지만, 도래할 새 창

42) Ibid., 522-28 참조.

조의 시대에는 완전하게 경험할 것을 뜻한다.[43]

이스라엘의 성전에서 이뤄지는 하나님의 지성소 임재는 그분의 새 성전 임재와 어떤 관계가 있을까? 그리스도 이전의 하나님의 임재는 창조세계를 가득채운 것이 사실이지만, 지상의 다른 곳보다 지성소에 충만하게 머물렀다. 이를 하나님의 특별한 계시적 임재라고 부를 수 있다. 그러나 하나님은 바벨론 포로기 초기에 지성소로부터 떠났으며, 바벨론에서의 귀향 이후 재건된 두 번째 성전에 거하려는 목적으로는 다시 돌아오지 않으셨다. 그분의 독특한 임재는 그리스도가 오실 때 지상으로 다시 돌아오는데 손으로 만든 성전이 아니라 손으로 짓지 않은 성전에 거하셨다. 하나님의 하늘성전 임재는 지상으로 확대되었지만, 옛 지성소 안이 아니라 그리스도 안에 머물게 되었다. 그의 부활과 승천 이후에 하나님의 성막임재는 성령의 형태로 내려와 그리스도와 연합한 자들을 성전에 속하도록 만드셨다. 그러나 아버지와 아들은 여전히 지상이 아니라 하늘성전에 거하고 계신다. 따라서 교회시대가 진행되는 동안 성전의 무게중심은 천상적 영역에 자리하지만, 성령을 통해 지상의 교회로 침투하기 시작한다.[44]

옛 시대 제사장들은 성소에서의 사역을 위해 제의적 정결함을 유지해야 했지만, 신약의 제사장인 신자들은 영적'성소'에서 봉사한다. 설령 죄로 인해 부정한 상태여도 죽임당하지 않는 것은 마지막 완전한 아담이요 대제사장이신 그리스도와 연합함으로 하나님 보시기에 '흠 없는 자'로 인정되기 때문이다. 신자들은 개인 자격으로가 아니라 그들을 대표하는 예수 그리스도를 통해 하늘성전에 들어갈 수 있다. 따라서 현시대는 이미 시작된 마지막 성전의 세 영역(지성소, 성소, 바깥뜰)이 그대로 존재할 수밖에 없다. 옛질서가 무너지고 새질서가 세워질 때까지는 성전의 목적과 성취가 완성되지

43) Ibid., 529-32 참조.

44) Ibid., 530-33 참조.

않겠기 때문이다. 새 성전의 완성된 형태는 새 창조의 마지막 시간, 즉 하늘의 차원이 무너져 옛땅으로 침투해서 그것을 대신하게 될 때 나타날 것이다. 그때가 되면 성전의 한 영역인 지성소만 남을 것이며 그 치수는 우주 전체를 뒤덮을 정도가 될 것이다. 지상으로 내려온 하늘은 하나님의 백성의 영혼을 완전하게 채울 뿐만 아니라 새 창조의 모든 부분도 가득 채울 것이다. 그 후에는 교회가 더 이상 등잔대 역할을 할 필요가 없다. 하나님의 빛에 대해 증거하는 교회의 역할이 끝나기 때문이다. 더 이상 그들은 어두운 세상 속에서 하나님의 빛을 비출 필요가 없다. 이 세계가 사라지겠기 때문이다. 새 창조 안에는 "하나님의 영광이 비치고 어린 양이 그 등불이 되실" 것이다.[45]

B. 성전신학으로 본 선교적 해석학의 메시지: 현대적 적용

지금까지 비일(G. K. Beale)의 『성전신학: 하나님의 임재와 교회의 선교적 사명』을 살펴보았다.[46] 부제가 암시하듯 이책은 하나님의 임재 처소로서의 교회가 그 지경을 넓혀나가는 선교적 사명을 강조하고 있다.[47] 선교적 해석학으로 성전신학을 살펴본 메시지들을 우리의 삶에 적용할 수 있을 것이다.

무엇보다 '교회'는 동일한 목표와 목적지를 향해 함께 나아가고 있는 통합적이고 유기적인 역동적 개념이다. 성도는 개별적으로 거듭나면서도 동시에 하나님의 교회라는 가족의 일원으로 거듭나야 한다. 세례의 의미도 이것이다. 하나님은 개인들의 구원뿐 아니라 전체로서의 백성, 전체로서

45) Ibid., 534-37 참조.

46) 이 책은 한글번역판으로 600쪽이 넘는 방대한 분량이므로 필자는 본글의 논지에 맞도록 핵심적으로 소개하였다.

47) 거듭 말하지만, 필자가 단지 비일이 교회의 선교적 사명을 강조하고 있다는 이유에서 그의 성경해석을 선교적 해석학이라고 주장하는 것은 아니다.

의 새 사회 및 새 공동체를 일으키시려고 의도하셨다(엡 3:4-6, 9-11). 즉 교회가 은혜의 수단만이 아니라 그 자체가 목적이 되도록 하신 것이다.[48] 만일 거듭난 성도들이 광야에서 고아로 태어난 것처럼 행동하지 않고 새로운 가족으로 태어나게 하셨음을 잘 인식하고 따뜻한 교제권 안에서 다른 그리스도인들과 연결시키는 삶을 살도록 인도되었다면, 오늘날 영적 자폐증에 걸려있는 많은 그리스도인의 대다수의 문제는 일어나지도 않았을 것이며,[49] 이단이나 타종교에 떠넘겨지지도 않았을 것이다. 교회는 성전으로서 그 안에서 함께 성장하면서 지어져가는, 하나님을 가장으로 모시는 하나님의 가족이다.

둘째로 말씀을 알고 순종해야 한다. 아담이 그 땅을 "섬기고[경작하고] 지키게"(창 2:15) 하신 후 하나님의 임재를 유지하기 위해 그분의 명령을 기억하고 따르게 하셨지만, 아담과 하와는 말씀을 정확히 기억하지 못함으로 타락했고 그분이 주신 에덴성전의 경계선을 확장하는데 실패했고 이스라엘도 그러했다. 그러나 마지막 아담이요 참이스라엘이신 예수 그리스도는 말씀을 알고 순종하셨고 자신을 하나님의 성전으로 세우셨다.[50] 우리도 하나님의 임재를 전하기 위해 예수님처럼 하나님의 말씀에 거하며 그분의 임재로 날마다 강해지고 있는가? 비신자들이 말씀을 받아들이도록, 성도들은 그리스도 편에 살면서 인간의 마음을 붙잡고 있는 사단의 권세를 파쇄함으로 그분의 임재를 전하는 방식으로 아담 왕권과 결합되었음을 표현해야 한다.

---

48) Michael Griffiths, 『기억상실증에 걸린 교회』, 28-31 참조.

49) Ibid., 92-93.

50) Gregory K. Beale, 『성전신학』, 541-43. 예를들어 예수는 마태복음 4장에서 마귀의 각 유혹에 대해 구약성경의 신명기 텍스트, 즉 모세가 과제수행에 실패한 이스라엘을 책망할 때 사용한 신명기 말씀을 인용해 응답하신다. 그리스도는 아담과 복수형 아담인 이스라엘이 실패한 바로 그 유혹을 이겨내는 데 성공하신다.

셋째로 기도의 중요성을 간과할 수 없다. 솔로몬의 성전봉헌은 '기도'가 '성전'과 관련해 중대한 의미가 있음을 시사한다. 즉 솔로몬이 여러 상황에 대해 "이곳 성전을 향하여 기도"해야 함을 계속 강조하는 것은 하늘성전에 있는 하나님의 임재가 지성소로 확대되었기 때문이다. 이런 기도의 역할은 성령을 통해 마지막 때의 성전으로서 예수와 연합한 그리스도인들에게 더 더욱 중요하다. 성도들은 새 창조의 지성소와 하나님의 마지막 완전한 임재에 영원히 거할 대제사장이 될 것이지만, 그때까지는 성소-세상의 등잔대처럼 우리 사역과 증거의 영적영역을 가리키는-에 버금가는 신약의 새언약적 제사장으로서 기도해야 한다. 또 타락한 옛 세상에서 순례자들로서 포로생활 하는 새 이스라엘처럼 기도해야 한다. 두 경우 모두 하늘지성소의 하나님께 직접 드려지지만, 이 지성소가 아래로 내려와 새 땅을 가득 채우고 그것을 포함할 때까지 그렇다. 성전과 불가분으로 연결된 기도의 행위는 마태복음 18:19-20의 배후를 이룬다. 이사야 56:7은 마지막날의 성전이 만민이 기도하는 집으로 불릴 것이라 한다. 예수가 이스라엘 성전을 거부하신 것은 그곳이 이사야가 말한 역할을 수행하지 못한데다 유대인들이 성전을 선민의식으로 바라보았기 때문이다. 지금 성전에 속한 우리는 쉬지 않고 기도함으로 성전에 참여하고있음을 여실히 보여주어야 한다. 구약의 기도가 분향함과 저녁제사 같은 것이었다면 하물며 새 시대에는 얼마나 더 그러하겠는가![51]

넷째로 언약에 충실하고 믿음을 위해 고난 받으며 자신을 낮추는 삶이다. 모든 그리스도인은 영적인 레위계열 제사장으로서 우리의 일부를 구성하면서 우리가 항상 그 안에서 머무는 성전에서 하나님을 섬긴다. 제사장인 우리의 계속적인 수행 과제는 첫 아담의 과제와 같다. 하나님의 말씀을 가르치고 항상 기도하면서 우리의 부정한 도덕성과 영성을 부단히 경계함

---

51) Ibid., 543-45.

으로써 영적 성소의 질서와 평화를 지키는 일이다. 또 영적 성전의 제의질서를 지키기 위해 계속 희생제사를 드린다. 성도의 기도는 하나님께 드리는 향의 제물이 되는데, 이는 성소의 번제단과 향단에서 드려지던 과거의 향제물을 대신한다. 구약은 각처에서(in every place) 향제물이 하나님께 드려지는 때를 고대했다(말 1:11). 실상 우리의 본질적인 제사는 우리자신의 몸이다(롬 12:1). 하나님과의 언약에 충실하고 믿음으로 살며 고난 받는다면 우리는 예수님처럼 자신을 제단 위에서 하나님께 드리는 것이다(엡 5:2; 계 11:1-4; 히 13:10-13). 우리의 죄를 고백하고 하나님 앞에서 낮출 때 만족스러운 제사를 드릴 수 있다(시 51:17).[52)]

다섯째로 우리가 아담처럼 순종하는 제사장으로서 드리는 희생제사의 본질은, 하나님의 임재영역의 확대와 연결된다. 즉 우리가 하나님의 임재를 향한 믿음으로 그분과의 관계를 손상시키지 않고 확고한 헌신을 위해 고통당하는 희생을 감수한다면, 하나님은 바로 이런 희생을 통해 새 성전에서 불신자들이 교회의 증거를 믿게 하고 그분의 임재를 직접 경험토록 하는 수단으로 삼으셨다(계 11장의 두증인). 그래서 바울은 희생제물이 된다고 말할 때마다 자신의 증거로 이방인들에게 널리 전하는 복음사역을 언급했으며, 또 다른 이들이 밖으로 나가 널리 복음을 전하도록 지원하는 교회의 역할도 희생제사로 간주한다. 복음을 증거하고 그 증거를 수용하는 자들을 강하게 세워줌으로 성전의 경계선을 넓혀나가는 일은 제사장이 하나님께 제사와 예물을 드리는 것과 같다. 하나님의 임재는 제사장과 같은 그 백성에게서 자라간다. 그들이 하나님의 말씀을 알고 믿고 순종함으로써 또 세상에서 신실함과 기도로 자신의 삶을 영위하면서 그 임재를 다른 이들에게 편만하게 전함으로써 말이다.[53)]

---

52) Ibid., 545-47.

53) Ibid., 547-49.

우리의 모습은 어떠한가? 교회인 우리가 세상의 그늘에서 나와 하나님의 말씀과 기도 안에 머물고 그분의 성전인 교회의 다른 신자와 교제하면서 그분의 임재의 빛으로 들어가지 않는다면 열매 맺거나 온 땅으로 퍼져나갈 수 없다. 참된 교회의 표지는 하나님의 임재를 먼저는 가족에게, 이어 교회의 다른 사람에게, 나아가 이웃과 자기도시와 자기나라와 궁극적으로 온세상에 전하는 것이다. 참된 교회의 표지는 그간 대다수의 한국교회마냥 비정상적으로 내향적인 데 있지 않고, 항상 바깥세상을 바라보면서 하나님의 임재를 널리 전하는 데 있다![54] 선교가 교회의 정체성이다.

Ⅳ. 나오는 말

새 창조는 성전이다. 성전으로서의 새 창조이다. 전세계에 걸쳐있는 성전에 관한 요한계시록 21-22장의 환상은 교회의 사명을 이뤄내야 하는 성도들 및 그들의 역할과 긴밀히 관련된다. 하나님백성인 우리는 마지막 때 있을 그분의 성전-그 임재를 세상에 분명히 드러내는 처소-이 되는 일을 이미 시작하였다. 우리는 새로운 동산-성전의 경계선을 그리스도의 재림으로 그 경계가 온 세상으로 확장될 때까지 확장시켜 나가야 한다. 이는 또한 에베소서(2:20-22; 3:10; 4:13-16 등)나 베드로서(벧전 2:4-5, 9)가 말하는 바이기도 하다. 하나님의 말씀을 배우고 가르치며 깨어 기도하면서 우리의 부정한 영성과 도덕성을 늘 경계함으로써 그리스도인들은 영적 성소의 질서와 평화를 지키면서도 지속적으로 하나님의 임재를 세상 사람들에게 널리 전해야

54) Ibid., 549-50.

한다. 하나님의 임재가 온 세상을 가득채울 때까지 말이다. 이것이 하나님의 성전인 성도들과 교회의 선교적 과제이다.[55)]

예레미야 3:16-17은 마지막때 사람들이 이스라엘 옛성전 안에 있던 여호와의 언약궤를 다시는 말하거나 생각하거나 기억하지 않을 것이라고 말한다. 새 창조를 포괄하는 마지막때의 성전은 옛성전과 비교될 수 없을 것이기 때문이다. 이제 새 성전으로서 언약공동체의 과제는 교회를 하나님의 성전이 되게 하되 그분의 영화로운 임재로 가득 채우고, 하나님이 마지막때 그 목표를 완전히 성취하실 때까지 그 임재로 세상을 가득 채워나가야 하는 것이다. 이 공동의 사명을 위해 전세계 교회가 하나되어야 할 것이며, 특히 현금의 한국교회는 다음과 같은 비일의 말을 깊이 되새겨야 할 것이다.

> 우리는 무엇에 헌신하고 있는가? 우리는 무엇에 복종하는가? 우리는 세상의 무엇을 닮아가는가, 아니면 그분의 말씀에서 알 수 있듯 하나님을 닮아가는가? 요한계시록 2-3장의 이방인 교회들에게 보낸 일곱 편지를 보면, 일곱교회 중 다섯교회가 어떤식으로든간에 **그리스도인으로서의 정체성을 잃어버릴 위험**에 처해 있었다. 왜 그랬나? 우상숭배 때문이다. 각 편지가 어떻게 끝맺는지를 생각해보라. 귀있는 자들은 들을지어다. 이 교회들은 우상숭배를 일삼았기 때문에 하나님의 백성으로서, 또 그분이 각 지역에 두신 교회로서의 정체성을 잃어버릴 위험에 처했다. 이들은 우상숭배라는 마취약의 영향아래 놓여있었다. 이들은 **하나님의 살아계신 말씀을 듣고 거기에 귀 기울이면서 충격을 받아야** 우상숭배에서 빠져나올 수 있었다. 이 편지들은 그리스도가 마지막 때에 오시기 전까지 살아가는 모든 하나님의 백성을 향해 말하고 있다. 오늘날의 교회는 우상숭배에 마취되어 있는가? 그 증상 중 하나는 **하나님의 말씀에 대한 민감성이**

55) Ibid., 623.

덜해지는 것이고, 어떻게 살아야 할지와 관련하여 세상의 관점에 더 의존하는 것이다.[56)]

그리스도인으로서의 정체성을 잃어가는 것은 하나님이라는 미명 하에 실은 우상을 따랐기 때문이다. 핑계치 못할 것은, 많은 교회들이 하나님의 말씀에 민감하기보다 세속적 가치에 더욱 민감하게 반응하고 있기 때문이다. 우상을 숭배하지 않고 참 하나님을 예배하는 자들은 그분의 말씀 앞에서 경외함으로 떨며 민감하게 순종할 것이기 때문이다(사 66:2-3).

선교와 관련하여 기존의 성경읽기가 명령형의 권위만 수용하는 입장이었다면, 선교적 해석학은 성경을 읽으면서 참 권위의 실재이며 생명으로의 변화를 일으키는 살아계신 하나님을 만날 수 있다. 이럴 때에 환원주의적 성경읽기에서 벗어나 하나님의 주권을 온전히 인정하는 성경읽기가 가능해지며, 우상숭배적 성경해석을 극복하고 참하나님의 온전하신 뜻을 받드는 믿음의 삶을 영위할 수 있을 것이다.

56) Gregory K. Beale, 『예배자인가, 우상숭배자인가』, 441.

7장
'약함의 신학'으로 보는 선교적 해석학

Ⅰ. 들어가는 말

Ⅱ. '호모데우스'에 도전장 던지는 '호모사피엔스'들

Ⅲ. 전체성경에 나타나는 '약함의 신학'

Ⅳ. 바울에게 있어서 '약함의 신학'

Ⅴ. 요한계시록에 나타나는 '약함의 신학'

Ⅵ. 선교학 및 기독교신학에서 '약함의 신학'의 중요성

Ⅶ. 나오는 말

I. 들어가는 말

사람들은 위악(僞惡)과 위선(僞善)이라는 위장(僞裝)으로써 살아가고 있다고 신영복은 통찰한다. 위악은 약한 자들의 의상(衣裳)이며 위선은 강한 자들의 의상이라는 것이다. 사람들이 위악이나 위선으로 자신을 가리며 살아가는 이유로서 신 교수는 우리네 삶속에서 약자들이 살아남기 위해서는 주먹이나 성질이 있어야 한다는 광범한 합의가 저변에 도사리고 있는 것 같다고 말한다. 그런데 약자의 위악은 잘 보이지만 강자의 위선은 잘 보이지 않아서 우리가 잘 알아보지 못한다고 한다. 세상에 누드권력이란 없기에 권력은 언제나 화려한 치장을 하고 나타나며 예술과 지식도 얼마든지 위선일 수 있다는 것이다. 따라서 얄팍한 수준의 인간 이해를 벗어나려면 우리가 위선과 위악의 베일을 걷어내고 사람을 볼 줄 알아야 한다고 조언한다.[1]

그러면 왜 사람들은 의식/무의식적으로 위선이나 위악으로 자신을 위장하며 살아가고 있는 것일까? 어렵지 않게 답할 수 있을 것이다. 약함이란 인간본연의 모습이지만,[2] 위선이나 위악의 탈을 쓰지 않은 벌거벗은 모습으로는 우리가 사는 자본주의 사회를 감당할 수 없을 것이기 때문이다. 강신주는 자본주의적 삶이 우리에게 너무나 평범하리만큼 친숙해서 우리의 삶이 얼마나 자본주의에 길들어있고 또 거기에서 얼마나 상처받고 있는지조차 깨닫지 못할 정도라고 말한다.[3] 그러면서 “지금 당신이 욕망하

---

1) 위악과 위선에 관한 이러한 통찰은 신영복, 『담론』 (파주: 돌베개, 2015), 265-76 참조.

2) 이 논문은 인간을 약자와 강자와 분류하는 관점이 아니라, 모든 인간 자체의 속성이 약하며 여러 면에서 깨어지기 쉽고 상처받기 쉬운(vulnerable) 존재임을 “약함”으로 표현하고자 한다.

3) 강신주, 『상처받지 않을 권리』 (서울: 프로네시스, 2010), 22.

는 것이 진정으로 당신이 욕망하는 것인가?"라는 정신분석학자 라깡(Jacques Lacan)의 질문을 던진다. 라깡은 우리의 욕망은 거의 우리 자신의 욕망이라기보다 타자의 욕망이며, 특히 자본만큼 이 시대에 우리를 강하게 지배하는 타자가 없을 것이라 한다. 자본은 우리 내면의 욕망을 먹이삼아 암세포처럼 기생하고 번식하는데, 우리 욕망이 치열할수록 자본은 더욱 강해질 것이고 우리 삶은 점점 더 병들어갈 것이다. 그러면 자본이 남긴 깊은 상처를 근본적으로 치유하는 길은 무엇일까?[4] 본글은 '약함의 신학'으로 그 치유약을 조제하고자 한다.

현대 첨단 과학기술 발전은 인간상황의 외부조건을 개선함으로써 삶의 질을 향상시키려는 시도였지만, 생명공학 · 유전공학 · 신경과학 · 인지과학은 인간 정신이나 신체를 직접조작의 대상으로 삼아 인간내면이나 자연적 본성을 변화 · 향상시킬 잠재력을 가진 인간내부를 향한 기술들이다. 역사상 최초로 진화방향을 스스로 결정할 수 있는 최초의 종(種)이 된 인류의 현실 앞에서 인간이 어떤 존재인가에 대한 근본적 재범주화를 요구하는 도전에 직면하게 된 것이다.[5] 이처럼 맞춤진화(designer evolution)의 목전에서 필자는 오히려 인간의 약함에 주의를 돌려 목적론적 차원의 신과 인간 사이, 또 도구론적 차원의 기계와 인간 사이의 희미해져가는 경계를 분명히 하는 것이 인간의 정체성을 지켜주는 길임을 주장할 것이다. 인류는 어느 때보다도 우리의 힘을 제한함으로써 우리에게 의미를 부여할 신이 필요하며, 기계는 아무리해도(at most) 도구에 지나지 않음을 명심해야 할 것이다.

글의 구성은 먼저 필자가 주장하려는 '약함의 신학'(Theology of Weakness)이 왜 그토록 이 시대에 필요한지를 역설할 것이다. 이어 본론으로 들어가 구약성경과 신약성경을 하나님의 선교라는 하나의 큰 이야기—선교적 해석학

4) 위의 책, 7.

5) 신상규, 『호모 사피엔스의 미래: 포스트휴먼과 트랜스휴머니즘』(서울: 아카넷, 2014), 14.

—로 살펴보면서 그 안에서 일관되게 나타나는 '약함의 신학'을 조사할 것이다. 특히 바울신학과 요한계시록에 나타나는 약함의 신학에 집중하여 살펴볼 것이다. 마지막으로 선교적 해석학으로 훑어본 약함의 신학이 선교학 및 기독교신학에서 갖는 중요성을 기술하고 마칠 것이다.

약함의 신학은 사실 상당히 오래된 신학적 논의 중의 하나이다. 그럼에도 필자는 이 시대에 특별히 약함의 신학으로의 환기(喚起)가 필요함을 여실히 체감하면서 신과도 구별되고 기계와도 구별되는, 유기체로서의 피조물인 인간을 자리매김 하는 데 있어서 약함의 신학이 절실함을 강조하려는 것이다.

II. '호모데우스'에 도전장 던지는 '호모사피엔스'들

역사학자인 유발 하라리(Yuval N. Harari)는 '사피엔스 신드롬'을 불러일으키며 45개국에서 출간된 세계적 베스트셀러인 『사피엔스』를 다음과 같은 언급으로 끝맺고 있다.

> 우리는 머지않아 스스로의 욕망 자체도 설계할 수 있을 것이다. 그러므로 아마도 우리가 마주하는 진정한 질문은 '우리는 어떤 존재가 되고 싶은가?'가 아니라 '우리는 무엇을 원하고 싶은가'일 것이다. 이 질문이 섬뜩하게 느껴지지 않는 사람이 있다면, 아마 이 문제를 깊이 고민해보지 않은 사람일 것이다.[6]

---

6) Yuval N. Harari, *Sapiens*, 조현욱 역, 『사피엔스』 (파주: 김영사, 2017), 586.

하라리는 근대 과학이 우주를 계획도 목적도 없는 과정으로 보게 되면서, 인간은 모든 의미와 권위의 원천이었던 신의 죽음을 받아들인 채로 과학발전과 경제성장을 통해 힘을 키웠다고 말한다. 그러나 의미가 없이는 사회질서를 유지할 수 없었으므로 '인본주의'라는 새 종교가 발흥하여 인간은 의미를 잃지 않으면서도 무한한 힘을 추구할 수 있었다. 그에 따르면, 인본주의는 인류를 숭배하면서 신과 자연법의 역할을 인류에게 돌렸다. 즉 "인간의 경험에서 인생과 우주 전체의 의미를 끌어내야 한다. 무의미한 세계를 위해 의미를 창조하라는 것이 인본주의 종교의 제1계명이다."[7] 인본주의에는 인간의 자유의지를 신성시하면서 "자신의 목소리에 귀를 기울이고 자신에게 충실해라, 자신을 믿어라, 마음 가는대로 하라, 좋다고 느끼는 것을 하라"라는 믿음이 공기처럼 펴져있다. 이 슬로건처럼 인류는 그 욕망에 따라 기아와 전염병과 전쟁을 극복하고 자연스레 그 다음 목표인 불멸, 행복, 신성으로 넘어가고 있다는 것이다.[8]

인본주의는 이제 인간의 욕망이 세상에 의미를 부여한다고 믿고서, 욕망에 따라 어떤 마음의 능력을 개발할지 선택하여 우수한 인간모델인 '호모 데우스'를 만들어내라는 요구에 이르렀다고 하라리는 통찰한다. 그러나 욕망 자체를 조종하고 선택할 수 있는 기술이 있다면, 결국 인간은 자신보다 자신을 더 잘 아는 초지능적 네트워크를 창조할 것이라고 그는 말한다.[9]

농업사회에서 산업사회로의 전이과정에서 인간의 신체능력은 용도폐기 직전까지 몰락했으나, 다행히도 인간에게 남은 인지능력으로 새로운 직업군이 생겨났고 인간은 여전히 경제적 효용성을 증명해보였다. 인간이 신의

7) Yuval N. Harari, *Homo Deus: A Brief History of Tomorrow*, 김명주 역, 『호모 데우스: 미래의 역사』 (파주: 김영사, 2017), 307.

8) 위의 책, 546-47.

9) 위의 책, 548.

가장 특별한 창조물로서의 자부심을 가까스로 지닐 수 있던 동안에는, 그래도 성서와 코란이 위안을 줄 수 있었다. 그러나 이제 인공지능과 생명공학이라는 전대미문의 기술이 인간의 인지능력마저 땅으로 내동댕이쳤다. 최근 불패의 기록으로 은퇴한 알파고를 보라! 모든 영역에서 인공지능은 인간의 인지능력을 앞지르고 있다. IBM이 개발한 인공지능 '닥터왓슨'(Watson for Oncology)은 미국 유명 암센터 전문의가 진료한 1천명의 환자기록을 분석해 30%의 환자 중에서 의사들이 놓친 치료방법을 찾아냈다고 한다. 날마다 업데이트되는 닥터왓슨의 정보량을 인간의사들이 따라갈 수 있겠는가? 정보의 범위도 무한대다. 어떤 펀드매니저가 인공지능을 추월한 금융지식을 갖겠는가? 그래도 예술영역은 안전하겠지라는 생각은 한낱 희망사항이다. 완벽한 연주는 물론 특정 생물학적 · 수학적 패턴의 조합으로 작곡이 가능하며 주제어만 입력하여 미문을 만들어낼 알고리즘도 탄생되고 있다.[10)]

그에 따라 그의 새로운 책『호모 데우스: 미래의 역사』의 마지막 지면은 다음과 같은 질문으로 할애되어있다.

1. 유기체는 단지 알고리즘이고, 생명은 실제로 데이터 처리과정에 불과할까?
2. 지능과 의식 중에 무엇이 더 가치 있을까?
3. 의식은 없지만 지능이 매우 높은 알고리즘이, 우리보다 우리 자신을 더 잘 알게 되면 사회, 정치, 일상에 어떤 일이 일어날까?[11)]

---

10) 최근 패션브랜드 ZARA의 회장인 아만시오 오르테가(Amancio Ortega)는 세계부호 1-2위의 자리를 석권하고 있는데 '유행을 만들지 않고 유행을 따라간다'는 자라의 철학에 따른 속도전략은 계절에 앞서 미리 옷을 만드는 다른 브랜드와 달리, 그때그때 사람들이 추구하는 유행에 맞춰(여기에서 Big-Data가 활용된다!) 다품종의 제품을 소량씩 생산하는 방식을 쓴다. 1주일에 두 번씩 신상품이 나오며 제품의 70%는 두주 내에 바뀐다고 한다. 그들의 속도전략을 가능케 하는 것이 바로 Big-Data이다. 중앙대학교 송해덕 교수의 교수법 특강 "미래 사회와 미래 교수법" 중에서, 숭실대학교 베어드학부 워크샵 (2017년 8월 24일).

11) 유발 하라리, 김명주 역,『호모 데우스: 미래의 역사』, 544.

유발 하라리의 주장은 한마디로 과거 세계역사 속에서 '인본주의'가 신을 죽이고 '신본주의'를 몰아냈듯이, 이제 급속도로 다가오고 있는 미래에는 '데이터교(教)'가 인류를 파괴하고 '인본주의'를 몰아낼 것이라는 대담한 예언이다. 그의 주장을 좀더 살펴보자.

다음은 현재와 미래역사에 대한 하라리의 주장이 압축된 명제들이다:

> 21세기의 주요 생산품은 무기와 자동차와 섬유가 아니라 마음과 뇌, 인간의 몸이다;
> 40억년의 유기 생명시대 이후, 이제 무기 생명시대가 시작되었다;
> 산업혁명이 노동자 계급을 창조했다면, 우리가 목도할 과학혁명은 '쓸모없는 계급'을 창조할 것이다;
> 영원한 생명이 주어진다고 해도 모두에게 공평한 것은 아니다;[12)]
> 역사상 처음으로 굶어죽는 사람보다 너무 많이 먹어 죽는 사람이 더 많아졌다;
> 질병으로 죽는 사람보다 나이 들어 죽는 사람이 더 많아졌다;
> 범죄와 테러와 전쟁으로 죽는 사람을 다 합친 것보다 자살로 죽는 사람이 더 많아졌다.
> 알카에다의 폭탄이 터져 죽는 것보다 맥도날드 햄버거를 폭식하고 죽을 확률이 천배나 더 높아졌다.[13)]

---

12) 인류가 트랜스휴머니즘을 표방하건 않건 간에 향상기술의 발전과 적용이 현실상 불가피하다면, 향상에 대한 민주적 통치를 어떻게 이룰 것인가가 중요관건이 된다. 향상기술에서 가장 우려되는 것이 현실적 불평등의 악화나 새로운 계층화의 출현이기 때문이다. 향상기술이 전체시민의 삶을 향상시키는 데 활용되어 새로운 방식의 협력적 · 건설적 공동체의 기반을 다지는 일에 사용되도록 해야, 디스토피아적 포스트휴먼의 길로 잘못 나아가지 않을 것이다. [신상규, 『호모 사피엔스의 미래: 포스트휴먼과 트랜스휴머니즘』, 243-44.]

13) 위의 책, 뒷날개 참조.

그는 연이어 질문한다. 이처럼 "인류의 가장 큰 과제였던 굶주림과 질병과 전쟁을 밀어내고 그 자리를 무엇이 차지했을까? 지구를 평정하고 신(神)이 된 인간은 어떤 운명을 만들어낼 것인가? 인류는 어디에서 와서 어디로 갈 것인가? 앞을 향해 치닫는 과학혁명의 정점은 어디인가!"[14] "인간은 앞으로도 세계를 운영하고 세계에 의미를 부여할 수 있을까? 생명공학과 인공지능은 어떻게 인본주의를 위협할까? 누가 인류를 계승할까? 그리고 어떤 새로운 종교가 인본주의를 대체할까?"[15] 그의 답을 직접 들어보자.

> 데이터교는 인간의 경험을 데이터 패턴으로 여김으로써 권위와 의미의 원천을 파괴하고, 18세기 이래로 한번도 경험하지 못한 위력적인 종교혁명을 예고한다. 로크, 흄, 볼테르 시대에 인본주의자들은 "신은 인간 상상력의 산물"이라고 주장했다. 이제 데이터교가 인본주의자들에게 그들이 한 대로 똑같이 돌려줄 차례이다. "신은 인간 상상력의 산물이지만, 인간 상상력은 생화학적 알고리즘의 산물이다." 18세기에 인본주의는 신 중심적 세계관에서 인간 중심적 세계관으로 이동함으로써 신을 밀어냈다. 21세기에 데이터교는 인간 중심적 세계관에서 데이터 중심적 세계관으로 이동함으로써 인간을 밀어낼 것이다.[16]

인본주의 혁명이 하루아침에 일어나지 않았듯이, 데이터교 혁명도 수십년은 걸릴 것으로 그는 예측한다. 처음엔 사람들이 신을 믿었으며 인간이 신성한 이유가 신이 신성한 목적으로 인간을 창조했기 때문이라 주장했으나, 나중엔 용감하게도 인간은 그 자체로 신성하며 신은 존재하지 않는다고 하게 된 것처럼, 오늘날도 데이터교도들이 만물인터넷이 신성한 이유

14) 위의 책.

15) 위의 책, 385.

16) 위의 책, 533-34.

는 인간의 필요 때문에 그것을 창조했기 때문이라고 하지만, 결국 만물인터넷은 그 자체로 신성해질 것이라고 하라리는 과감하게 예언한다.[17)]

이러한 21세기에 인간이 불멸, 행복, 신성을 추구할 거라는 예측은 독창적이거나 선견지명도 아니며 오히려 불 보듯 자명하다고 그는 말한다. 이미 사회 정치 경제 윤리 예술 미학 교육, 철학, 전쟁 등의 영역에서 인본주의가 깊이 파고들어 있으면서 인간의 생명, 감정, 욕망을 신성시한 지 오래되었음을 고려한다면, 인본주의 문명이 인간의 수명, 행복, 힘을 극대화시키려 할 것이 너무도 분명하기 때문이다.[18)] "우리의 힘을 제한함으로써 우리에게 의미를 부여할 신들은 이제 필요치 않다."[19)]

호모사피엔스들이 호모데우스에 추파를 던지는 이 도전장은 4차 산업혁명 시대에 힘입어 처음으로 방출된 것은 아니다. 실은 이러한 도전장은 태초부터 있어왔다. 창세기 1-11장의 소위 원시역사에서부터 나타나는 유한한 인간이 무한한 하나님의 자리(존재)를 넘보는 시도들을 우리는 잘 알고

17) 위의 책, 534.

18) cf. 여기에서 '포스트휴먼'과 '트랜스휴머니즘'을 잠시 소개하려한다. 전자는 그 기본능력이 근본적으로 현재의 인간을 넘어서기 때문에 현재 기준으로는 더 이상 인간이라 부를 수 없는 존새를 밀한다(Bostrom). 보스트름은 건강수명, 인지, 감정 영역에서 현재 인간이 도달가능한 한계를 크게 넘어설 경우를 '포스트휴먼'으로 부르기로 제안한다. 후자는 포스트휴먼으로의 변화를 긍정 · 지지하는 운동으로서 그러한 변화가 바람직하거나 그래야한다는 권유나 당위의 규범적 의미를 내포하는 평가적 함축을 띤다. [신상규, 『호모 사피엔스의 미래: 포스트휴먼과 트랜스휴머니즘』, 104-105.] 또 다른 '포스트휴먼' 개념으로서 근대적 휴머니즘—인간중심, 유럽중심, 남성중심, 백인중심주의—의 한계를 극복 · 대체하는 바람직한 인간개념의 모색으로 보기도 한다. 이러한 모색으로 김은혜, "기독교인간주의에 대한 성찰: 새로운 문화현상에 대한 신학적 응답," 『선교와 신학』 33집 (2014.2); 송태현, "김동리의 무녀도에 나타난 샤머니즘과 기독교의 충돌: 새로운 휴머니즘을 향해," 『선교와 신학』 40집 (2016.10) 참조. 또 '트랜스휴머니즘'에 대한 연구로는 김동환, "Comparing Transhumanism with Christian Humanism: A Niebuhrian Response to Transhumanists," 『선교와 신학』 28집 (2011.8) 참조.

19) 유발 하라리, 『호모 데우스』, 382-83.

있다. 강함과 완전함과 불멸성, 즉 신의 정체성을 낚아챔으로써 신의 자리를 넘보는 인간들의 시도가 어디까지 이르겠는지에 대해 유발 하라리는 예언하고 있는 것이다. 그런데 스스로 강함과 불멸을 추구해가는 인류의 종말에 대한 역사학자의 어두운 예고에 반해, 인간을 있는그대로 품어주시는 신을 따라가는 약하고 고난받는 인간 삶에 대한 성경의 미래 비전은 전혀 어둡지 않다.

III. 전체성경에 나타나는 '약함의 신학'

인간을 있는그대로 바라볼 때 맞닥뜨리게 되는 본연의 모습은 연약함이다. 오직 우리의 창조주만이 이러한 인간의 참 모습을 제대로 인지하시고서 그 연약함을 체휼하고(히 4:15) 계시므로 인간의 약함을 탓하거나 모자람을 꾸짖지 아니하신다(약 1:5). 위선이나 위악의 가면으로 가리지 않고서 오히려 '약한 것을 자랑'하며(고후 11:30) 나아갈 수 있는 유일한 장소는 창조주의 품이다.

성경은 호모 인사피엔스(Homo insipiens)[20]들을 위대하신 하나님의 도구로 사용하고 있음을 매우 일관되게 보여준다. 자신이나 타인들의 존재론적 약함을 잘 인정하려 들지 않는 인류가 스스로 강해지고 완전해지며 영원한 행복을 취하고자 신에게 줄기차게 도전해온 데 반해, 정작 하나님은 계속되는 하나님의 선교에의 도구적 선택을 하실 때 그 선택의 조건이 오히려 약하기 때문이라는 언급을 성경에서 자주 접하게 된다. 더 이상 자식을 생

20) "어리석은 인간"이라는 뜻이다.

산할 수 없는 아브라함 노부부의 선택, 강한 자와 다투지 않는 이삭의 온유함, 고난으로 점철된 거의 막내인 요셉의 삶, 언변도 좋지 않은 소심한 인물 모세를 지도자로 선택하심, 강대한 민족이 아니라 오히려 수효가 적은 미약한 이스라엘 백성의 선택, 예수의 계보에 포함된 이방여인 룻, 심부름길에 갑옷조차 입지 않고 싸움꾼 골리앗 대장을 이긴 풋내기 막내아들 다윗, 예수의 탄생과 생애와 죽으심에서 줄곧 점철되는 고난과 비우심과 약함의 모습, 바울의 전방위적 삶에서 드러나는 역설적인 약함의 신학, 요한계시록을 지배하는 약함의 신학 등을 생각해보라!

'믿음장'이라는 별칭으로 불리는 히브리서 11장은 많은 믿음의 사람들이 물리적으로는 아주 미약한 상황에서 하나님을 믿음으로써 자기 자신과 환경의 약함을 어떻게 극복하였는지를 생생히 기록하고 있다. 히브리서 11장에 제시된 여러 약한 상황 가운데서 하나님을 믿음으로 승리한 역사적 주인공들은 아벨, 에녹, 노아, 아브라함, 사라, 이삭, 야곱, 요셉, 모세, 이스라엘 백성, 기생 라합, 기드온, 바락, 삼손, 입다, 다윗, 사무엘, 선지자들 등이다. 이들은 믿음으로 나라들을 이기거나 의를 행하고 약속을 받으며 사자의 입을 막고, 불의 세력을 멸하거나 칼날을 피하고 연약한 가운데서 강해지거나 전쟁에 용감해져서 이방인의 진을 물리치고, 심한 고문과 조롱과 채찍과 결박과 투옥, 돌과 톱과 칼, 궁핍과 환난과 학대 앞에서도 굴하지 않았다고 기록되어 있다(11:33ff).

창세기의 이야기로 주의를 돌려보자. 창세기 11장의 바벨탑 사건에서 인류는 하나님을 대신하여 자신들의 이름을 내고 싶어 했고,[21] 그렇게 자신들이 하나님이 되어 자유롭게 옹기종기 모여 살면서 흩어짐을 면코자 하

21) 깔뱅은 '이름을 내기' 원하는 데서 "하나님에 대한 인간의 완고한 교만과 경멸"을 본다. John Calvin, *Genesis*, Crossway Classic Commentaries, Alister McGrath & J.I. Packer (Wheaton, Ill: Crossway Books, 2001), 103.

였다. 그러한 시도는 하나님에 의해 좌절되었고 서로 언어가 달라진 인류는 말이 통하지 않자 이곳저곳으로 흩어져서 살아갈 도리밖에 없었다. 그런데 바로 이어지는 창세기 12장에서 늙어서 단산되고 더 이상은 후손을 바랄 수 없는 아주 약한 처지—후손을 생산한다는 점에서는 거의 죽은 것과 방불한 약한 상태—의 아브라함을 부르신 하나님이 그에게 주신 약속들을 잘 살펴보면, 인류의 무모한 시도에서 드러났던 널리 자신들의 이름을 내고자 했던 욕망을 성화(聖化)시키셔서 하나님의 은총의 뜻 안에서 이루어주시려는—하나님은 아브라함에게 그의 이름을 창대하게 하리라고 약속하심(12:2)— 놀라운 청사진을 엿볼 수 있다.[22] 이에 대하여는 이 글의 Ⅵ장에서 좀더 다룰 것이다.

이처럼 전체성경은 세상에서 범람하는 '강자의 논리'로 진행되지 않고 '약함의 신학'을 그 지배적인 패러다임으로 삼아 전개되고 있다. 본글은 바울신학과 요한계시록에 나타나는 약함의 신학을 살펴보는 데 집중할 것이므로 우선 바울에게로 눈을 돌려보자.

Ⅳ. 바울에게 있어서 '약함의 신학'

'약함의 신학'은 사실 '십자가의 신학'으로 가장 잘 표현될 것이다. 기독교 진리가 내포하는 바를 가장 잘 표방해주는 상징이 십자가이기 때문이

---

22) Christopher Wright, *The Mission of God*, 정옥배 · 한화룡 역, 『하나님의 선교』 (서울: IVP, 2010), ch.6: 241-79 참조.

다. 또 그 십자가 신학은 누구보다도 바울의 신학에서 극명히 드러난다. 물론 예수의 삶 자체가 온통으로 십자가의 삶이었지만, 그 예수의 삶에 대한 바울의 신학적 성찰과 바울 자신의 신학과 삶에 대한 스스로의 성찰이 십자가를 통해 반추되고 있기 때문에, 바울의 신학을 살펴보는 것이 약함의 신학을 조사하는 친절한 가이드가 될 것이다.

바울 당시 그레코-로만 시대에서 가장 큰 권력을 거머쥔 자는 황제였고 그가 주도하는 팍스 로마나는 그와 그의 신하들이 휘두르는 권력으로 인해 가능했다. 권력사다리의 정점인 황제 밑에 최측근 신하들이 있었고 위계질서를 따라 엘리트주의 경쟁문화가 지배하였다. 위계가 높은 사람일수록 찬양과 존경과 영예를 누림이 마땅하며 신의 세계에 근접한 자라고 여겼다. 이런 사회는 인간과 신의 경계가 모호했으며 초인이 문화의 표준으로 간주되었다. 권력과 영예를 과시하는 수단은 부와 풍요, 정치 사회 군사 면의 업적과 영향력, 집안의 가산과 지위와 친구들, 인상적인 외모와 학식과 유려한 언변이었다. 또 그레코-로만 문화에서는 신들과 사람들 외에도 별들과 천체와 우주에 있는 여러 사악한 세력들이 결탁하여 개인이나 역사 속에서 통제권을 행사한다고 믿기도 했다. 사회적 위계질서의 맨 위와 맨 아래에 이르기까지 우주의 세력들이 근심과 두려움을 만들어낸다고 간주하였다. 종교나 주술행위에는 이런 세력들의 기분을 달래주고 그들의 도움을 따내려는 목적도 있었던 것이다.[23)]

한편 유대교에서는 열방의 신들과 세상의 다른 세력들도 실제 능력을 지니고 있다고 생각했다. 그들은 참되시고 지극히 높으신 한 분 하나님 야훼가 과거에 그러한 세력들을 누르고 승리하셨으며 미래에도 승리하실 것이라고 믿었다. 하나님의 권능은 전쟁과 출애굽 같은 구원뿐 아니라(신 4:37;

23) Michael J. Gorman, 박규태 역, *Cruciformity: Paul's Narrative Spirituality of the Cross,* 『삶으로 담아내는 십자가: 십자가 신학과 영성』(서울: 새물결플러스, 2010), 431-33.

시 66:3 등) 창조와[24] 창조 이후로도 그 창조를 유지해 가시는 분으로 묘사되었다. 피조물들이 말씀으로 말미암아 존재하게 되었으므로 이스라엘은 하나님이 말씀하신 말씀의 능력을 특히 강조하였다(사 55:10-11; 렘 1:4-5, 9-10, 12 등). 이스라엘이 출애굽 사건으로 처음 알게 된 하나님의 권능은 구원을 베푸시는 능력인 하나님의 구원을 뜻하였다. 바울의 활동 직전 몇 세기 동안 유대교 묵시주의는 권능을 가지신 한 분 하나님을 예배하는 히브리 전통을 유지하면서도 하나님보다 그 능력이 못한 다른 권세들도 우주 안에 존재함을 발견하였다. 그 중에 천사는 하나님을 보필했지만, 다른 귀신들로부터 도움을 받았던 사탄은 하나님을 대적하였다.[25]

히브리전승과 1세기의 묵시적 유대교와 다양한 이교철학 및 종교전통이 만들어낸 우주 속에 살았던 바울은, 자신과 온 인류가 이 세대에 속한 적대세력들(사탄, 귀신들, 초등학문,[26] 통치자들과 능력들, 죄, 사망)에게 공격을 받고 있다고 생각했다(롬 5:14,17,21, 6:12,14, 8:38-39; 고전 2:6-8 등). 바울은 예부터 우주 안에 적대세력들이 실재하고 있음을 알았지만, 사람들이 많은 신과 많은 주가 있다고 믿은 데 반해(고전 8:5) 그는 그 모든 진원지를 귀신들로 보았다(고전 10:19-22). 따라서 인류에게는 하나님이 마지막 때 행사하실 능력(apocalyptic power)이 필요하다(롬 3:9, 5:12,14,20-21, 6:20-23, 7:13-20,24). 그런데 바울은 하나님이 그리스도 예수를 통해 인류를 해방시키는 능력을 제공하셨다고 말한다.[27]

바울에게 있어서 그 능력의 근원은 바로 '십자가'였다. 그의 수많은 진술대로 "십자가에 못박힌 그리스도가 곧 하나님의 능력이었다." 자신의 여

---

24) 창조 자체가 혼돈을 구성하는 여러 세력들에 대한 강력한 승리를 거둔 사건으로 인식되었다.

25) 마이클 고먼, 박규태 역, 『삶으로 담아내는 십자가: 십자가 신학과 영성』, 433-35.

26) 세상의 초등학문(stoicheia, 갈 4:3,8-9)이라는 말은, 우주 속에 존재하는 어떤 힘들과 그릇된 종교적 믿음 및 관습이 서로 연결되어 있음을 시사한다.

27) 마이클 고먼, 박규태 역, 『삶으로 담아내는 십자가: 십자가 신학과 영성』, 435-39.

러 약함 속에서—외모와 수사기술의 약함(고전 1:17, 2:1-5; 고후 10:1-2,9-10, 11:5-6), 고난이라는 약함(고전 4:8-13; 고후 1:3-11, 4:7-12, 6:3-10, 11:22-33, 12:10; 롬 8:35), '육체의 가시'의 약함(고후 12:1,6-10), 후원을 거부하고 손으로 노동함으로써 드러낸 약함(살전 2:8-9; 고전 9:12,15,18-19; 고후 11:7-11, 12:13), 겸손과 온유라는 태도의 약함(고전 4:21; 고후 10:1, 12:21; 갈 5:23) 등—바울은 하나님의 능력을 체험하며 살았다. 바울은 그리스도인들이 이러한 하나님의 능력으로 말미암아 도덕적 변화를 일으켜서 거룩함을 갖게 되며, 지위를 초월하고 뒤집어버리는 삶을 체험하게 되고, 고난을 자랑하고 그 고난 속에서 승리하는 삶을 경험하게 되며, 십자가를 본받아 타인 특히 가난하고 약한 자들을 돌보게 된다[28]고 피력한다.

> 온 세상을 위한 예수의 죽음은 예수의 생명을 극명하게 드러내고 있었다. 이 사건을 통해 인간의 약함이 능력으로 충만한 하나님의 약함과 만났고 죽음의 그림자가 생명을 주는 죽음과 만났다. 그러므로 이제 바울은 십자가에 참여함으로써 하나님이 보여주신 부활의 능력을 약함과 죽음의 사역 속에서 계속 전달해간다. 이를 통해 인생들은 변화되고 사람들의 갈급함은 채워지고 십자가를 본받는 공동체들이 만들어진다. 바울은 하나님의 능력이 자신의 사역 속에서 그렇게 나타난다고 증언한다.[29]

이상 살펴본 바대로 사도 바울의 신학과 삶은 '약함의 역설'에 대한 전시장과도 같다. 바울은 십자가에 참여함으로써 하나님이 보여주신 부활의 능력을, 약함과 죽음의 사역 속에서 계속 전달해감으로써 생명과 소망을 맛보게 된 사람들의 공동체가 생겨났던 것이다. 이제 요한계시록으로 건너가 보자.

---

28) 위의 책, 439-81 참조.

29) 위의 책, 464.

V. 요한계시록에 나타나는 '약함의 신학'

마르바 던(Marva J. Dawn)은 20세기 최고의 기독교 지성이자 문화비평가인 자끄 엘룰의 '정사와 권세' 개념에 대한 연구의 권위자이다. 무엇보다 그녀가 요한계시록을 '약함의 신학'의 책으로 보기 때문에 이 부분에서는 던의 견해에 의존할 것이다.

요한계시록은 "예수 그리스도의 계시"(헬라어 원제)에 관한 것이다. 하나님께서 은혜로 환상을 본 당신의 종 요한을 통해 주되신 예수에 대한 진리를 계시하심으로써 온갖 박해로 힘을 잃은 사람들을 위로하셨다. 많은 이들이 이 책을 불편해하는 것은 '약함의 신학'으로 가득차 있기 때문이다. 그것은 이 세상이 추구하는 힘, 능력, 효율성과 대치되는 것이다. 우리는 본성상 자기 안에 있는 약함도 수용하기 싫어하고 다른 사람들의 약한 부분도 감당하기 꺼려한다.[30]

요한계시록은 성경의 다른 책들과 달리 과학적 분석이 잘 안돼서 어렵다고들 말하는데, 사실을 추구하는 과학의 영역에서는 이미지, 기억, 상징, 신비들로 넘쳐나는 책을 어려워한다. 그런데 과학적 분석으로 대하려 하면 이 소망의 책을 통해 주어지는 놀라운 약속과 그리스도가 주시는 위로를 놓치게 된다. 현재 우리 문화에는 다른 어떤 가치보다도 희망이 필요한데, 요한계시록은 소망으로 넘쳐나는 책이다. 그런데 그 소망에 들어가려면 무엇보다 약함을 인정해야 한다. 우리가 겉치레와 위선에서 벗어나고 싶어하지 않으므로 이것은 대단히 힘겨운 일이다.

---

30) Marva J. Dawn, 박규태 · 정소영 역, *Joy in Our Weakness*, 『약할 때 기뻐하라』 (서울: 복있는 사람, 2007), 10-11.

요한계시록은 이단종파들이 종종 범하듯 이 책의 어떤 숫자나 인물이나 이미지가 세계역사의 특정사건이나 연도나 인물을 예언하고 있는지를 짜맞추라고 주신 책이 아니다. 묵시문학 장르인 요한계시록을 신중히 연구해보면 "이 책에 있는 많은 상징과 이미지들은 우리가 약할 때 하나님의 은혜를 받아들이는 것이 곧 승리라는 진리를 확인해준다."[31] 이 책은 우리가 곤경에 처할 때나 질병으로 고통당하거나 직장에서 시달리거나 재정의 곤란이나 다른 가정의 어려움이 있을 때 깊은 위로와 소망을 준다. 요한계시록은 약속으로 시작해서 약속으로 끝나는 유일한 책이다(계 1:3; 22:7). 계시록의 환상은 삶과 고통에 대한 새로운 이해와 인간의 종교적 갈망이 지닌 암시와 중요성을 깨우쳐준다.[32]

요한계시록의 저자 요한이 예수의 제자인지 실제 환상을 본 것인지 꿈을 꾼 것인지 등에 대한 학자들의 견해는 다르지만, 초대교회 그리스도인들이 핍박당하던 때에 기록되었다는 데는 거의 동의하고 있다.[33] 편지의 청중은 예수를 주로 고백한 이유로 박해받는—고문, 화형, 사자에게 던져지고 경제적 박탈 등—그리스도인들이었다. 극심한 고통 속에서 그들은 어떻게 소망을 견지할 수 있었을까? 계시록의 저자도 그들과 동일하게 신앙으로 말미암아 밧모섬에 유배되었고 노역도 감당했을 것이며 그가 쓴 편지들은 당연히 관원들의 검열을 받았을 것이다. 그랬기 때문에 그는 소아시아 그리스도인들에게 많은 환상과 이야기로 써내려갔다. 편지의 그러한 내용이 외인들에게는 해괴한 망상적인 글로 보였겠지만, 이스라엘 민족의 역사를 잘 아는 이들에게는 유의미한 이미지들이 넘쳐나고 있었던 것이다. 거

31) 위의 책, 17.

32) 위의 책, 17-18.

33) 초대교회 박해는 주로 AD 64년경 네로 황제와 AD 81년~96년까지 도미티아누스 황제에 의해 자행되었다.

기 묘사된 많은 이미지들은 대대로 이스라엘에 전해 내려온 전승들에서 나온 것으로서 하나님께서 연약하고 멸시받던 히브리인들을 돌보시고 언약백성으로 삼으셨던 역사의 내력들을 상징하고 있다.[34]

따라서 계시록의 처음 청중들은 그 이미지들과 그것이 나온 더 넓은 성경의 맥락을 바로 알아차렸을 것이다. 즉 저자가 단지 죽임당한 어린양만 뜻하는 게 아니라 출애굽기 12장 유월절 이미지의 전체맥락을 뜻함을 알았을 것인데, 이는 그들이 하나님의 보호와 화해의 약속, 약속의 땅을 향한 소망을 기억하기 위해 그 절기를 지켰기 때문이다. 또 첫 언약과 세례요한과 예수님에 대한 구전에서 나온 이미지들도 주님의 주되심과 하나님백성의 공동체를 암시하고 있다.[35]

요한계시록 저자는 당시 고통 중에 있는 동료들을 위로하기 위해 하나님의 최종승리와 같은 먼 장래의 일을 예언한 것이 결코 아니다. 오히려 계시록의 묵시는 하나님의 영원하신 목적과 말씀 안에서 1세기 당시의 처절한 약함 속에서 고난받던 사건이 갖는 의미를 비판적으로 성찰한 내용의 책이다. 그리고 이 책의 저자는 자신의 생각과 견해가 아니라 하나님의 말씀과 예수의 증거를 기록했다고 분명히 밝히고 있다.[36](계 1:1-2)

이처럼 요한계시록은 처절한 고난의 현장 속에서의 '약함의 신학'으로 점철된 책이다. 그리고 약함의 신학을 통해서 소망을 내비추고 있는 책이다. 많은 이들이 약함의 신학으로 가득차 있는 이 책을 버거워하는 것은, 이 세상이 추구하는 힘이나 능력과는 대치되는데다가 우리 본성마저도 자기안에 있는 약함이나 다른 사람들의 약한 부분을 수용하기 꺼려하기 때문

---

34) 마르바 던, 박규태 · 정소영 역, 『약할 때 기뻐하라』, 21-22.

35) 위의 책, 22.

36) 위의 책, 26-27.

은 아닌지 반문해본다. 그러나 약함의 신학을 등지는 것은 믿음의 소망에서 등을 돌리는 일이다.

Ⅵ. 선교학 및 기독교신학에서 '약함의 신학'의 중요성

최근 한국사회는 원인불명의 울분과 분노로 가득 차 있는 것 같다. 세간에서 일어나는 사건사고들을 보고 있노라면, 이전의 시대와는 달리 원한 관계가 아닌데도 순간의 분노를 참지 못하여 돌이키지 못할 충동적인 범죄행위를 저지르는 경우가 상당히 늘어나고 있음을 목도하게 된다. 울분과 분노의 영이 땅을 두루 돌아 여기저기를 다니고(욥기 1:7) 있는 듯하다.

서용좌 교수는 '신과는 별 관계없고 기술과 관계있는 실리콘밸리에서 태어나고 있는 용감한 신흥종교인 데이터교(教)'가 등장하는 하라리의 최신작 『호모 데우스』를 언급하면서, 인지능력을 추월당한 호모사피엔스를 용도폐기 할지말지까지도 이 새로운 신이 심판할 것이라고 말한다. 서 교수는 기독교 근본주의건 이슬람 원리주의건 그 무엇이건 우리가 가진 모든 가치와 능력을 동원하고 합심하여 총력대비 하더라도 유기체인 인간은 이 새로운 신에 맞서지 못할 것이라고 내다본다. "주어진 현상을 논리적으로 질서짓는 자연인식을 넘어 의미인식(Sinn-Erkenntniß)이 가능했던 '멋진' 호모사피엔스는 이쯤해서 끝날 모양이다." 서 교수는 '닥터왓슨'도 우리의 분노를 치유하진 못할진데, 인간은 비이성적인 반목과 불특정적인 테러 속에서 스스로 자멸의 길을 앞당기고 있는 것[37]은 아닌지 불안한 심정을 토로하고

37) 서용좌, "자멸의 길 앞당기는 비이성적 반목 … 무차별 테러 속 인간의 미래는?," 2017년

있다.

이렇듯 스스로 강함과 불멸을 추구해가는 인류의 종말에 대한 이러한 어두운 예고에 반해, 인간을 있는그대로 품어주시는 신을 따라가는 약하고 고난받는 인간 삶에 대한 성경의 미래 비전은 전혀 어둡지 않다. 전자에는 미래가 없지만, 후자에는 미래가 있다! 사실 현대 사회에 편만한 울분과 분노에는 이유가 없지 않다. 평생 약자로 억눌려 살아온 것이 너무 버겁고 경쟁의 소용돌이에 지친 세상살이에서 울분과 분노로 가득 차버린 사람들에게, 돈 없이 값없이 와서 포도주와 젖을 사서 마시라고 초청하는(사 55장) 하나님의 선교가 있기에 미래가 있다.

불멸과 신성을 취해 영원한 행복을 얻고야말겠다는 야심으로 눈먼 인류에게, 위선과 위악으로 포장하지 않고 약한 모습 그대로 누구든지 오라고 초청하시는 창조주 하나님과 더불어 살아가는 대안적 공동체가 교회(ekklesia)일 것이다. 그러한 공동체는 약자인 자신들을 품어주신 창조주를 본받아 약자들을 더욱 배려하고 섬기며, 그들의 은사를 활용하여 교회 안의 생명을 더욱 풍성하게 나눌 수 있을 것이다. 약자들을 품으시는 은혜를 먼저 체험한 사람들이라야 그 사랑과 은혜를 말로만 아니라 실감나게 전할 수 있기 때문이다.

바울은 약함 속에 있는 하나님의 능력을 그리스도의 십자가와 마찬가지로 사랑의 표현으로 보았으며 약함 속에 역사하시는 하나님의 능력이 소망을 준다고 이해하였다.

> 바울은 그리스도 이야기 안에서 지극히 철저한 비움 내지 무능력으로 정의되고 표현된 능력을 본다. 바울 자신의 체험은 그리스도가 보여주신 이 내러티브를 그 자신이 다시금 온몸으로 구현하고, 이어서 이 내러티브를 그가 서신을 쓰고

8월 13일자 「인터넷 교수신문」, 2017년 8월 13일 접속.

> 있는 공동체들에게 전달함으로써 이 내러티브를 계속 이어가려고 시도하는 것이다. 바울은 이 내러티브를 전달받은 공동체들이 다시 능력의 공동체들이 되기를 소망한다. 여기서 능력은 그 공동체들이 속한 문화가 능력이라 이해하던 영예와 존경과 통제력이 아니라, 십자가라는 표지와 고난으로 표현되는 사랑의 능력과 약함 속에 존재하는 하나님의 능력을 가리키는 것이다. 이 '역설적 능력'이 이 공동체들에게 생명과 소망을 준다.[38]

또 요한계시록을 '약함의 신학'으로 통찰한 마르바 던에 의하면, 이 신학은 우리가 죄에 대해 무력하며 은혜가 절실함을 알려준다. 우리가 가진 영육간의 능력이 전혀 없지는 않기 때문에 많은 이들은 자신이 얼마나 무력한지 인식조차 못한다는 것이다. 그러나 전적으로 그 은혜에 의지할 때만 세상에서 하나님의 종으로 살아갈 수 있으며, 우리가 놓치지 말아야 할 것은 자신의 약함을 수용하고 우리 삶에 속속히 스며있는 하나님의 은혜를 깊이 인식하는 이들이야말로 가장 잘 가르칠 수 있는 사람들이라는 점이다. 약함의 신학은 교회를 향해 고통 중에 있는 자들이 가진 은사와 가르치는 잠재력을 북돋아주고 각 사람들을 향해 더 깊은 관심을 기울이는 진정한 기독교공동체가 되도록 도전한다.[39]

한편, 크리스토퍼 라이트는 폰 라트의 말을 인용하여[40] 하나님이 창세

38) 마이클 고먼, 박규태 역, 『삶으로 담아내는 십자가: 십자가 신학과 영성』, 479-80.

39) 마르바 던, 박규태 · 정소영 역, 『약할 때 기뻐하라』, 10.

40) "…그럴 때에만 독자는 탑을 건설하는 삭막한 이야기 바로 뒤에 나오는 이상하리만큼 새로운 것을 이해할 준비가 되기 때문이다. 그 새로운 것이란 바로 아브라함의 선택과 축복이다. 그러므로 우리는 여기서 원시역사와 신성한 역사가 긴밀히 들어맞는 시점, 그래서 구약 전체에서 가장 중요한 지점 중 하나에 서 있다." [Gerald Von Rad, *Genesis*, 2nd ed. (London: SCM Press, 1963), 152.]

기 12장에서 아브라함을 부르시는 장면은 성경을 선교(학)적으로 해석할 때 가장 중요한 지점 중의 하나라고 주장한다.

> 하나님은 이제 무엇을 하실 수 있는가? 하나님의 다음 계획은 오직 하나님만이 생각하실 수 있는 엄청난 일이다. 하나님은 바벨 땅의 한 나이 많고 자식 없는 부부를 보시고, 그들을 우주적 구속이라는 그분의 선교 전체의 원천, 발사대로 삼기로 하신다. 그 엄청난 계획이 드러났을 때 하늘의 천군천사들조차도 헉, 하고 숨을 들이쉬며 놀랐을 것이다. 창세기 1-11장을 읽는 사람들이라면 모두 아는 바와 같이, 뱀의 악함과 인간의 반항으로 말미암아 하나님의 창조는 몹시 황폐해지고 말았다. 아브람과 사래를 통해 도대체 어떻게 이런 엄청난 결과에 대한 대답을 주실 수 있을까? 하지만 하나님의 방법은 그 결과만큼이나 광범위한 것이다. 아브람을 부르신 것은 인간의 악함, 나라간의 분쟁, 그분의 전체 피조물이 망가져 신음하는 것에 대한 하나님의 대답의 시작이다.[41]

그런데 창세기 12:1-3을 면밀히 보면, 아브라함이 떠나야만 열방에 복이 임한다. 1-11장까지 원시역사에서 관찰된 모든 타락에도 불구하고 여전히 세상은 복을 받을 수 있지만 그 복은 세상 자체 안에서 나오지 않는다. 아브라함이 온 세상에 축복의 도구가 되려면 먼저 그는 바벨론을 떠나야 한다. 창세기 1-11장에 나오는 문제의 절정인 '바벨'은 그 해결책이 못된다. 위대한 메소포타미아 제국들이나 가장 위대한 인간의 업적이라 해도 인간의 가장 깊은 문제들을 해결할 수 없다. 열방을 축복하시려는 하나님의 선교는 철저히 새로운 시작이다. 기존 이야기에서의 점진적인 발전이 아니라 지금까지의 이야기에서 단절되어 철저히 떠날 것이 요구된다.[42]

---

41) Christopher Wright, *The Mission of God*, 정옥배 · 한화룡 역, 『하나님의 선교』, 251.

42) 위의 책, 254-55.

단절의 측면에서 아브라함의 선택이 바벨과 비교·대조되는 점은 첫째로 성과 탑의 건축자들은 스스로 이름을 내서 자신들의 명성을 날리고 자신들의 영리함을 드러내는 성체 건립을 원했지만, 하나님이 그 야망을 좌절시키셨다. 반면 하나님은 아브라함에게 그의 이름을 창대케 하리라고 약속하신다(12:2). 인간들이 한곳에 모여 스스로 교만하게 성취하려 애쓴 모의는 결국 좌절과 실패로 끝났지만, 참된 명성은 하나님의 선물로서만, 또 아브라함처럼 하나님을 순종하고 신뢰하는 사람들에게 주어지는 은총을 통해서만 온다. 둘째로 바벨 이야기에 5번이나 나오는 '온 땅'(11:1,4,8,9/2번)으로 보아 세계적인 관점의 이야기인 것은 분명함에도 결국 세계적인 혼란(바벨의 뜻)과 흩어짐으로 끝나지만, 그에 반해 하나님은 아브라함에게 땅의 모든 족속을 위한 세계적인 축복의 말씀을 약속하신다. 정리해보자면, 창세기 10장에 나오는 민족들의 목록과 11장의 바벨탑 이야기에 나오는 열방들의 세계를 향한 이중적 관점을 유의해 보아야 한다. 하나님의 선교는 바벨이 나타내는 인간의 죄와 교만의 어두움은 제거하면서도 열방의 수가 늘어나고 각처로 퍼져나가는 본래의 축복을 그대로 보전하고 극대화해 나가실[43] 것임을 파악할 수 있다. 아브라함은 그 과정을 일으키는 발사대와 출발점이 될 것이다. 이를 통해 모든 열방이 복을 받게 될 것이다.

강신주는 『상처받지 않은 권리』라는 그의 책에서 '선녀와 나무꾼'이라는 유명한 전래동화로 마무리한다. 그의 논지는 이렇다. 사냥꾼에게 쫓기던 사슴을 한 나무꾼이 구해주자 고마웠던 사슴은 불법제안을 한다. 나무꾼은 별다른 대가없이 구해준 것인데 사슴은 마치 뒷거래하듯 은밀한 정보를 건네면서 아이 셋을 낳을 때까지는 선녀에게 절대 훔친 날개옷을 보여주지 말라는 충고를 한다. 사슴의 말대로 하여 아리따운 아내도 얻고 두 아이까

43) 위의 책, 255-56.

지 생겨 알콩달콩 살아가던 어느 날, 나무꾼은 양심의 가책으로 인해 용서를 구하고자 선녀 아내에게 진실을 토로하며 날개옷을 보여준다. 속으로는 자신의 죄를 용서할 만큼 이미 자신을 사랑하고 있다고 확신하면서 그랬을 것이다. 하지만 예상외로 다음날 선녀는 날개옷을 찾아 입고 두 아이와 함께 하늘로 올라가버린다.[44]

선녀의 날개옷은 여성, 아니 누구에게도 빼앗기거나 양도할 수 없는 인간의 자유를 상징한다고 할 수 있다. 그런데도 어떤 동화책에는 이 이야기의 교훈이 '약속을 꼭 지켜야 한다'는 것으로 기재되어 있다는 것이다. 만일 나무꾼이 사슴과의 약속을 잘 지켰다면 행복한 나날을 보냈을 거라는 것이다. 강신주는 이 동화를 이렇게 읽는 것은, 가부장제 사회 속에서 자유에 대한 근본적 의문을 제기하는 이야기가 오히려 가부장제에 의해 포획된 사람들에 의해서 왜곡되게 읽힌 것이라고 주장한다. 한 여자를 두고 거래하는 것을 아무렇지도 않게 들려주고 나서, 약속만 잘 지키면 평생 그녀를 곁에 두고 살 수 있다는 교훈은 가부장제를 당연히 여기는 사람들에게만 의미 있을 것이기 때문이다.[45]

저자는 계속 상상력을 더한다. 진실을 알게 된 선녀는 날개옷을 부여잡은 채 잠든 남편의 얼굴을 바라보며 고민했을 것이다. 그러나 선녀는 자유로부터 출발하지 않은 삶은 어떤 가치도 없다는 것과 지금까지 믿어왔던 삶과 사랑은 기만에 불과했음을 깨달았을 것이다. 이 동화의 사슴과 나무꾼을 자본주의 체제를 상징하는 것으로 오늘날의 관점에서 해석해볼 수 있을 것이다. 동화 속 선녀처럼 우리는 날개옷을 잃어버렸다는 사실을 모르는 듯하다. 자본주의 사회는 언뜻 이전 사회보다 더 자유로워 보이지만, 자본주의가 보장하는 자유란 돈을 가진 자의 자유, 소비의 자유에 불과하

---

44) 강신주, 『상처받지 않은 권리』, 418-20.

45) 위의 책, 420-22.

다. 소비의 자유는 결국 돈에 대한 복종의 이면인데도 우리는 소비의 자유를 누리기 위해 노예가 된 사실을 심각하게 느끼지 않는다. 수중에 돈이 없을 때는 갑갑함과 부자유함을 느끼는 그런 자유라면, 이것은 돈의 자유이지 삶의 자유일 수 없다.[46]

나무꾼의 농간에 옷 한 벌도 없어진 위기의 선녀에게 불쑥 등장한 나무꾼은 그녀에게 의식주를 제공하며 그녀를 아껴주었고, 그녀도 그를 사랑하여 아이까지 낳았다. 선녀는 그를 만난 행운에 감사하였고 심지어 그를 떠나서는 아무것도 할 수 없다는 생각까지 할 정도로 그에게 점점 길들어갔다. 이처럼 우리도 얼마나 오랫동안 자본주의에 길들여왔으며 진정한 자유에 대한 감각을 잃고 치명적인 상처를 받아왔는지를 자각하려면 날개옷을 필요로 한다.[47] 이에 기독교신학과 선교학이 날개옷의 역할을 해줄 수 있을 것이다.

정신분석학자 라깡의 말처럼 우리의 욕망은 타자의 욕망이다. 즉 우리의 욕망이란 부모의 욕망이 내면화된 것으로서 부모들은 자식들이 자본주의에 성공적으로 적응하는 모습을 최종적으로 욕망한다. 그러나 혼자의 힘으로 거대한 자본주의와 대항하는 것은 불가능하며 또 의미도 없다. 중요한 것은 미래의 타자들인 다음세대에게 자본주의와는 다른 삶의 전망을 열어주는 일이다. 필자는 보편적인 기독교신학과 선교학이 동시대인들뿐 아니라 앞으로 이어갈 모든 인간들에게 적용 가능한 믿을만한 대안을 제시할 수 있어야 한다고 본다. 우리와 후손들이 치료 불가능할 정도로 심각한 상처를 떠안기 전에 먼저 상처를 상처로써 제대로 인지하고 그것을 치유하려는 의지와 노력이 솟구쳐 나와야 할 것이다.

필자는 이 글에서 성경 전체에 일관되게 흐르고 있는 '약함의 신학'을

---

46) 위의 책, 422-23.

47) 위의 책, 424.

우리의 뼛속까지 침투해있는 자본주의 병폐에 대한 대안적 통찰을 가져다 주는 명약으로서 제안해보았다. '선교적 해석학'은 선녀의 날개옷의 역할로서 잘 기능하여, 자본주의에 깊이 안착하고 찌들어 신의 자녀로서의 참된 정체성을 간과하고 방황하다가 치명적으로 병들어가는 인류에게 대안적 삶의 비전을 제시해야할 사랑의 책무가 주어져있음을 기억해야 할 것이다.

VII. 나오는 말

"하나님은 하나님이고 인간은 인간이다." 하나 더 첨언하여 '기계는 기계에 불과하다.' 인류의 목적론/의미론적 차원을 담당하는 신의 자리와 인류의 도구론적 차원을 맡은 기계와 기술의 자리를, 인간의 자리와 엄연히 경계짓는 일이 어느 때보다도 절실한 시대를 살아가고 있다. 기독교신학과 선교학은 이 경계들을 세상에 명확히 보여주어야 할 책임이 있는데, 그 하나의 명약으로서 약함의 신학을 처방해보았다. 기독교신학과 선교학은 인류가 기술과 기계라는 도구들을 최대한 활용하여 삶의 의미와 목적인 하나님을 영화롭게 하라고 부름받은 청지기임을 세상 앞에 제시하여야 한다.

하나님의 선교(Missio Dei)는 십자가를 본받는 삶(cruciformity)을 살아내는 대안적 공동체를 필요로 한다. 하나님 없이 불멸과 영원한 행복의 길을 추구하면서 스스로 신성을 대체하려는 인류가 나아가는 길과는, 뚜렷이 구별되는 다른 길—자신의 약함을 겸허히 수용하고 하나님을 뒤따르는—로 푯대를 향하여 나아가는 새로운 인류를 하나님은 지금도 불러내고 계신다(ekklesia).

정말지 수녀님의 겸허한 시(詩)로 글을 마친다.[48]

"아무 힘도 없는 이의 기도"

문득
생각합니다.
내 기도가 무슨 힘이 있을까?
맑지도
밝지도 않은 내 영혼,
나의 삶…
자신감이 하나도 없는
지금 여기,
허공을 향하여 드리는
이 기도가
속절없이 여겨지고
안개 속에 서있는 것 같은
느낌이 듭니다.
진짜
내 기도에는 아무 힘이 없습니다.
나의 눈은 불신으로 탁해지고
내 마음은 방향을 잃고
있습니다.

아무 힘도

48) 정말지, 『정말지 수녀의 그림일기』(서울: 도서출판 답게, 2017), 268-73.

자격도 없는 이의 기도이기에

그것은

진짜 기도이고,

그 기도를 들어주시는 분이

진짜 하나님이라는 사실을

이제야 알게 되었습니다.

8장

'모놀로그'에서 '다이얼로그'로
: 패러다임 전환의 선교해석학적 성찰

I. 들어가는 말

선교를 Presence(삶/현존)–Proclamation(선포)–Persuasion(설득)–Production(생산)으로 굳이 나눈다면, 한국교회 기존의 선교는 선포–중심의 모놀로그적 방식이었다고 할 수 있다.

한국교회는 장구한 기독교역사를 가진 서구가 뒤늦게야 타종교의 존재를 인식하게 된 데 비해서, 기존의 타종교사회로 나중에 기독교가 유입되어 들어왔다. 따라서 모이는 교회의 측면이 강조될 수밖에 없었으며 기독교정체성의 생성 · 유지 · 강화를 위해 타종교와 뚜렷하게 선을 그으며 배타적인 태도를 조장하게 되었을 것이다. 이외에도 한국교회는 여러 이유에서 배타적이고도 과감한 독백적 선포를 그 지배적인 선교패러다임으로 유지해왔고, 이러한 기존의 패러다임에도 장점은 있기 마련인데 그러한 한국교회만의 장점과 저력을 지나치게 과소평가할 필요는 없을 것이다.

그럼에도 불구하고 현시대는 모놀로그가 아닌 다이얼로그적 패러다임의 선교가 요청되고 있다. 대다수 신학자들은 한국교회의 가장 큰 위기를 지역사회와의 '소통'의 문제로 본다. 맞는 이야기다. 그런데 필자는 이에서 좀더 나아가 선교해석학적 관점에서 다이얼로그적 선교의 필요성을 주장하는 글을 펼칠 것이다.

이글의 구성은, 본론으로 들어가기에 앞서 선교해석학을 정의내린다. 특히 '상호문화해석학'(intercultural hermeneutics)을 소개하고 그 틀을 사용한다. 이어서 기존의 선교패러다임에 대한 진단과 원인분석 후, 대안적 패러다임의 윤곽을 제시할 것이다. 그리고 마지막으로 상호문화해석학을 실천한 선구적 인물로서 서서평 선교사의 예를 보일 것이다. 때마침 CGN TV가 1

년여간 독일, 뉴욕, 전라도, 제주도를 오가며 제작하였고 배우 하정우가 내레이션을 맡은 영화 〈서서평, 천천히 평온하게〉가 2017년 4월 26일 개봉되어 상영중이어서 더욱 뜻깊게 여겨진다.

II. 선교해석학이란 무엇인가? – '상호문화해석학'

먼저 "선교해석학"을 정의내리고서 시작하는 것이 바른 순서이리라. 이는 선교이론이나 활동에 대해 전반적으로나 부분적으로 해석학적 접근을 하는 것으로서 이러한 방식을 '선교학적인 해석학' 또는 '해석학적인 선교학'이라 칭할 수 있을 것이다. 필자는 그중에서도 복음과 문화의 관계 면에서 "상호문화해석학"(Intercultural Hermeneutics)에 포커스를 둘 것이다.[1]

'상호문화해석학'은 말그대로 복음과 문화와의 관계 면에 집중하면서 콘비벤츠(*Konvivenz* 함께 사는 삶, 공존)를 통해 일상에서 장기간 부대끼며 살아가는 공동체적 삶과 실천 그리고 그러한 삶을 통한 선교를 지향하는 해석학이다. '콘비벤츠'는 일상생활 개념에서 차이점을 긍정하고 존경한다. 콘비벤츠는 획일적으로 통합하려하지 않고 인위적인 일치를 자아내려 하지 않는다. 콘비벤츠는 일상적인 생활을 이웃과의 관계에서 잔치 벌이는 공동체를 통해 실현하려 한다. '잔치'는 문화와 종교에서 대단히 중요한 자리

1) 최근에 선교학 방면으로 '상호문화'(intercultural)개념을 다룬 글로서 김창운, "아브라함 설화 속에서 바라보는 상호문화적 변화 이야기: 다문화시대 기독교적 가치관 모색을 위하여," 『선교와 신학』 제36집 (2015. 6): 47-74를 참조 바람. 김창운은 상호문화적 변화란 다양한 문화의 조우(또는 충돌) 속에서 역동적인 상호작용을 통하여 상호적으로 적응하며 성장하는 과정이라고 정리하고 있다. 위의 글, 55.

를 차지한다. 잔치는 일상에 반대되는 것으로 일상을 초월하지만 인간을 인간되게 해야한다. 삶은 위축돼서는 안된다. 잔치는 일상으로부터의 기분전환만 아니라 하나의 다른세계를 건설한다. 잔치는 벌여진다. 일상처럼 우발성과 임의성, 우연이 지배하지 않으며 해마다 반복된다. 잔치에는 가슴설레는 비생산적 충만함이 있다. 잔치에서는 평범함이 극복되고 기쁨을 경험한다. 잔치에는 전혀 다른 것이 침입한다. 사람은 자신을 넘어선다. 사람은 일상이 삶의 전부가 아니며, 노동이 인간을 인간답게 만드는 모든 것이 아니고, 삶의 의미가 일상성 안에서 소멸하는 것이 아님을 경험한다.[2)]

상호문화해석학은 특히 복음을 정체된 상수로 보고 단지 문화만을 복음에 의한 해석대상으로 간주하는 데 대한 비판적 장치가 된다. 성서신학의 해석과정에서 얻은 메시지는 선교활동에서 다시금 해석과정을 겪는데, 이는 한 문화권에서 다른 문화권으로 이동하면서 복음이 새롭게 이해되는 과정을 거치기 때문이다. 상호문화해석학은 복음과 문화의 해석학적 관계에서 복음뿐만 아니라 문화도 해석학적 기능을 가지고 있음을 전제한다. 그럴 때 과거에 특정 문화권의 이해를 기준으로 다른 문화권의 전통을 판단하던 태도가 지양되고, 모든 문화가 하나님 앞에서 동등하다는 사실을 근거로 복음을 다양하고 새롭게 해석하게 된다. 따라서 다양한 문화가 가진

---

2) 준더마이어는 레비나스(Emmanuel Levinas) 철학의 영향을 많이 받아 그 선교학을 펼친다. 레비나스는 우리가 살아가는 일상의 시간을 경제의 시간(temp de l'economie)이라 부르는데, 즉 수고와 여가의 교대 속에 수고로 얻은 수확을 누리며 살아간다. 이것이 천편일률적으로 따분한(monotone) 것은 시간의 순간들 간에 우열이 없기 때문이다. 대신 일요일은 1주일을 보상한다. 상황이나 존재에의 연루-이 연루가 수고다-는 현재자체 속에서 회복되는 대신, 억압되고 보상되며 사라져버린다. 이것이 경제활동이다. 보상의 시간은 희망에 대해서는 충분치않다. 희망의 진정한 대상은 메시아요 구원인데, 레비나스는 타자와의 윤리적 관계 속에서 무한의 세계가 열린다고 주장한다. [레비나스, *De l'existence à l'existent*, 서동욱 역, 『존재에서 존재자로』 (서울: 민음사, 2005), 151-55 참조]

문화의 해석학적 기능을 통한 풍부한 복음이해를 지향해갈 수 있다. 이는 기존의 선교사중심 패러다임(자문화우월주의)과 그 반대급부로 나타난 현지중심 패러다임(토착화)의 치우친 경향을 극복하고 복음과 문화의 상호해석학적 기능으로 균형을 잡으려는 시도다.[3)]

서구 세속사회와 다원주의사회속에서 복음의 진정성 문제로 평생을 씨름한 뉴비긴(Lesslie Newbigin)은 복음과 문화의 관계가 복잡한 문제이지만 이론적인 대답보다는 실제적인 응답이 필요한 경우가 많다고 말한다. "믿음에 입각하여 우리가 초국가적 · 다문화적 가족의 일원으로 그런 모임에 열심히 참여할 때만, 각기 우리가 속한 문화를 유지하고 소중히 여기는 동시에 그에 비판하는 입장을 취할 수 있다."[4)] 그는 인도에서 35년이라는 오랜 선교사 생활을 통해 이런 생각을 가졌을 것이다. 복음과 문화간의 '상호해석학적' 입장을 견지하는 그의 논리는 다음과 같다. 복음은 엄청나게 다양한 인간문화를 긍정적으로 인정하지만, 전적인 상대주의는 찬성하지 않는다. 하나님은 인간문화를 수용하시며 동시에 심판하신다. 문화마다 좋은 요소와 나쁜 요소가 섞여 있고, 창조적이거나 파괴적인 방향으로 혹은 그리스도 안에 계시된 하나님의 목적에 부합되거나 상반되는 방향으로 발전하기 마련이다.

여기에서 전자와 후자를 구별할 수 있는 평가기준은 그 문화내부에서 나올 수 없다. 그러므로 문화적 제국주의가 범한 잘못을 반복하지 않으려면 "십자가와 부활이라는 쌍둥이 사건에 나타난 계시를 바탕으로 우리는 지극히 다양한 모든 문화를 얼마든지 환영하고 귀하게 여기는 동시에, 어

3) 강아람, 『선교와 해석학』(서울: 도서출판 케노시스, 2016), 51.

4) L. 뉴비긴, *The Gospel in a Pluralist Society*, 홍병룡 역, 『다원주의 사회에서의 복음』(서울: IVP, 2007), 363.

느 한 문화가 군림하는 현상을 저지할 수 있다."[5] 그런데 바로 문화의 산물인 우리가 성경을 읽을 때 문화의 영향을 크게 받는다면, 성경의 관점에서 나 자신을 볼 수 있는 자리를 어디서 발견할 수 있을까? 복음이 문화적으로 채색된 성경해석에 도전할 수 있는 유일한 길은 다른 문화의 눈으로 성경을 읽는 사람들의 증언을 활용하는 것이다. 뉴비긴은 다른 이들의 목소리에 귀기울이는 것을 통한 상호교정 작업이 달갑지 않을 수 있지만, 풍성하게 수확할 수 있는 대단히 중요한 일임을 주지시키면서 바로 이러한 연유로 에큐메니칼 운동이 발원했다고 소개한다.[6]

아래서는 이러한 선교해석학적 견지에서 한국교회의 문제에 접근해볼 것이다. 특히 모놀로그 선교구도에서 대화적 패러다임으로 전환의 필요성을 상호문화해석학적 관점에서 논할 것이다.

III. 한국교회 기존의 선포중심 독백적 선교방식에 대한 진단과 원인분석

그동안 한국교회는 지역사회로부터 교회로 사람들을 끌어들이려는 노

---

5) 위의 책.

6) 즉 제1차 세계대전(1914-18) 동안 기독교가 민족적 정체성에 흡수되어 교회들은 그리스도의 명분을 자기 나라의 명분과 동일시했다. 기독교역사에서 이러한 일들은 종종 발생했었다. 유럽의 기독교가 이렇게 치명적인 혼합주의에 빠지게 되자 전쟁이 끝난 후에 교회 지도자들이 모여 교회가 더 이상 국가에 복을 빌어 주는 역할만 해서는 안된다고 여기고 복음의 초국가적 · 초문화적 성격을 반영할 수 있는 초국가적 기구의 필요성을 절감하였다. 그러한 생각이 1948년 WCC 암스테르담 총회에서 구체화되었고 거기에서 교회들은 서로를 교정하기 위해 서로에게 헌신하기로 서약했던 것이다. 위의 책, 360-62 참조.

력은 많이 기울였는지 몰라도, 상대적으로 지역사회의 삶의 질(質)에는 관심이 적었다고 할 수 있다. 한마디로 교회중심 패러다임이었다. 세상은 교회의 바탕화면이었다. 그러나 개체 유기체의 비만은 육체적으로도 영적으로도 건강의 표지가 아니다. 다른 말로 표현해보자. 한국교회는 선교의 사명과 의지는 가지고 있었지만, 그것을 성취해야 하는 교회가 본질상 선교적이지 않았다. 반 겔더(Craig Van Gelder)와 구더(Darrell Guder)는 교회의 본질이 선교라면 그 '본질'에서 모든 '사역'이 비롯되어야 하고, 교회의 본질과 사역내용에 의해 교회 '구조나 조직'이 결정되어야 한다고 주장한다.[7] 그러나 한국교회는 별다른 신학적 성찰없이 구조가 먼저 조직되어있고, 교회절기별로 활동과 프로그램이 난무하며, 이런 상황에서 교회가 무엇이냐는 본질적인 질문은 생각해볼 겨를도 없었다.

한국교회는 그동안 서구에서 유래된 교회성장 프로그램과 불신자를 끌어들이고 신자들의 욕구를 채우는 다양한 소그룹 프로그램을 실시해왔지만, 이런 것들은 교회의 본질에 대한 철저한 성찰에서 비롯된 것이라기보다 성장지향적 경쟁논리에서 나온 효율성중심 프로그램들이었다. 이처럼 올바른 순서대로 살아내지 못했기 때문에, 한국교회와 한국교회가 책임져야할 한국사회의 형편이 마치 뒤집힌 세월호처럼 뒤죽박죽 되어버린 것이다. 소위 교회의 4가지 표지인 '통일성', '거룩성', '사도성', '보편성'에 비추어보더라도 한국교회는 교회의 본성에서 멀어져 있었다. 전세계 교회와의 통일성과 보편성 결여로 인한 에큐메니칼 연대의식 결여, 또 그에 따른 하나됨을 통한 공동증거 의식의 부족, 거룩성과 윤리의식 상실 등을 지적할 수 있을 것이다. 이 네 가지 표지는 각기 별도로가 아니라 서로 긴밀히 연계되어 있으므로 이러한 교회의 본성들이 조화롭게 추구되지 못할 때 총체적인 문제가 따라오게 된다.

---

7) Craig Van Gelder, *The Essence of the Church* (Grand Rapids, MI: Baker Books, 2000), 37.

그렇다면 한국교회가 세상속에서 세상을 섬기는 존재로서의 자기정체성을 인식하지 못하고 대체로 세상을 배제시키는 교회중심 패러다임을 갖게 된 원인을 논의해보자. 조급하지만 답부터 말하자면, 한국교회는 그 내부에서부터 스스로 여유가 없었다. 500년 전의 종교개혁기에 비교할 수 있을지도 모르겠다. 종교개혁자들은 가톨릭 및 이단들과의 관계 속에서 개신교 스스로의 정체성을 확립해야 하는 절박한 과제 앞에서 타문화권 선교가 약화될 수밖에 없던 체질적 문제를 안고 있었던 것이다.

한국교회는 장구한 기독교역사를 가진 서구가 뒤늦게야 타종교의 존재를 인식하게 된 데 비해서, 이미 여러 타종교가 존재하던 사회 안으로 기독교가 유입되어 들어왔다. 따라서 모이는 교회의 측면이 강조될 수밖에 없었으며 기독교정체성을 형성, 유지, 강화하기 위해 타종교들과 뚜렷하게 선을 그으며 배타적인 태도를 조장하게 되었을 것이다. 좀더 서술해보자.

한국교회는 신생교회로서 교회가 신앙생활에 중심이 되는 교회중심적 신앙에 바탕을 둔 선교패턴을 형성해왔다. 130여 년의 짧은 역사 속에 한국교회는 하나님에 대한 사랑과 열정을 교회를 향한 사랑과 열정으로 주로 표현해왔다. 교회중심적 신앙패턴은 교회를 섬기는 일에 잘 나타난다. 좋은교인은 주일 잘 지키고 교회에서 봉사 잘하는 신앙인이다. 크리스천의 삶은 교회를 중심으로 진행된다. 이러한 현상은 짧은 교회사 속에서 한국교회가 성장하고 선교하는 교회로 발전하게 된 긍정적 요인의 하나로도 볼 수 있다.[8] 그러나 바로 이 교회중심적 특성이 선교패러다임의 일방적 구도를 빚어낸 가장 큰 구성적 요인을 차지한 것이다.

한국일 교수도 한국교회가 교회중심적 신앙관을 지니게 된 이유로 다음의 요인을 들고 있다. 첫째, 기독교문화와 전통을 지닌 서구와 달리 비기독교사회에서 신앙을 가지려면 사회에서 교회 안으로 들어가는 면이 강

8) 한국일, 『선교적 교회의 이론과 실제』 (서울: 장로회신학대학교출판부, 2016), 16-17.

조될 수밖에 없다는 것이다. 따라서 한국교회는 '가는 구조'(go-structure)보다 '오는 구조'(come-structure)가 강하다. 서구사회는 천 년 이상 기독교 역사와 문화가 형성되어왔기에 교회 밖에서도 신앙적 영향을 받을 매체가 많지만, 한국교회는 짧은 교회역사로 인해 전혀 다른 상황이었다. 100년여 전 선교 초기에 그리스도인 되는 것은 개인적인 강한 결단을 요구하는 사건이었다. 당시 한국은 이미 불교, 유교, 토착종교가 존재하고 있었고 그것이 한국인의 전통과 관습을 형성해왔으므로 기독교로 개종하는 과정에서 많은 핍박을 감수해야 했다.[9)]

둘째, 다종교사회인 한국에서 그리스도인 되는 것은 기존종교에서 떠나 새 종교를 받아들인다는 의미였다는 것이다. 선택과 분리가 불가피했다. 다종교상황에서 새 신앙을 갖는 것은, 기존종교에 준하는 고정관념과 틀을 벗어나서 새로운 세계관, 인생관, 가치관을 소유한 삶의 형태로의 편입을 뜻하였다. 크리스천이 되는 것은 기존의 종교문화를 떠날 뿐만 아니라 일상생활에서도 분리되어 새 종교체계인 기독교로 소속되는 것이다.[10)] '떠남'과 '분리'와 '새로운 소속감'의 과정에서 기독교신앙은 새로운 변혁을 향한 강한 결단을 통해 이뤄졌고 이것이 현재까지 한국교회의 신앙적 특성을 형성했기에 서구사회와 달리 '강성'의 신앙이 될 수밖에 없었다. 한국교회는 대개 신앙생활을 '영적전투'로 이해하는데 이런 경향이 과거에는 더 심했을 것이다. 이런 역사적 배경은 한국교회가 교회중심적 신

---

9) 위의 책, 17.

10) 그러나 Andrew Walls는 진정한 회심(convert)이란 종교체계를 바꾸는 개종(proselyte)이라기보다, 기존에 살아가던 삶 속에 있으면서 그 자리에서 그리스도를 향하는 것이라고 설명한다. 즉 기존의 종교를 떠나 새종교로 편입되는 것이 중요한 것이 아니라, 자기가 속해 살던 삶 속에서 충심으로 그리스도를 향하여 삶의 추구와 방향성을 바꾸는 것이라고 주장한다. 앤드류 월즈, "초대교회에서 배우는 21세기 교회 모델," 『기독교의 미래』 (파주출판도시: 청림출판, 2006), 118.

앙과 선교패러다임을 형성하는 데 주된요인으로 작용했다[11]고 한국일은 지적한다.

따라서 으레 신앙적 관심이 교회 내부로 집중되어 교회절대주의를 초래했으며 교회와 세상을 이원론적으로 이해하는 결과를 낳았다. 한국교회는 그리스도인 스스로 '교인'이라는 자의식을 갖게 하였으며 교회를 '성전' 개념으로, 예배시간을 '거룩한 시간'으로 구별하면서 교회밖 시공에 대하여는 상대적으로 소홀히 여기는 결과를 가져왔다. 교회와 세상을 분리하는 교회중심의 내향적 특성은 1970년대부터 활발하게 전개된 교회성장운동을 통해 더더욱 강화되었다[12]고 그는 주장한다. 그에 따르면 결국 한국교회가 선호하던 '구원의 방주'와 '도피처' 개념의 교회관에서 교회와 세상 사이에 큰 간극이 생기고 이원론적 인식이 고착되어 세상을 등지고 교회 내의 활동에만 신앙을 적용하는 기형적 그리스도인상과 교회상이 초래되었다. 교회안으로 게토화된 신앙형태는 대개의 교회가 표방한 교회의 탈정치화와 탈사회적 현상을 가져왔다. 이제 우리는 교회가 세상으로부터 게토화된 영역에서가 아니라 세상과 역사 속에서 구체적으로 어떤 소명과 약속을 받았는가를 바르게 이해하고 실천방향을 확립해야할 시점에 와있다[13]고 그는 역설한다.

정리해보자. 살펴보았듯이 한국교회의 교회중심적 신앙패턴은 지역사회를 파트너로 인식하지 못하게 했으므로 과감한 독백적 선포를 그 지배적인 선교패러다임으로 삼게 된 것이다. 그리고 앞서 언급된 몇 가지 요인들은 각기 별개라기보다는 어느 정도씩 서로 연결되어 기인한다고 볼 수 있다. 즉 기독교와 선교의 역사가 비교적 짧다는 점, 그로 인한 한국교회와

11) 한국일, 『선교적 교회의 이론과 실제』, 18.

12) 위의 책.

13) 위의 책, 19.

그리스도인들의 자존감 부족, 또 그로 인한 선교학적 성찰의 결핍, 거기에다 한국인 특유의 주먹구구 식으로 밀어붙이는 기질 등이 함께 적용하였을 것이다. 우리는 자존감이 부족할 때 스스로 내면에 여유가 없으므로 겉으로 강하고 권위적인 외형적 방식을 취하게 된다. 경험과 연륜 속에서 농익은 자존감이나 뿌리 깊이 발효되어 몸에 익은 믿음과 확신이 오히려 약했기 때문에 더욱더 강성의 기독교를 표방하며 몸부림 가운데 여기까지 왔다고 볼 수 있다.

한스 큉(Hans Küng)에 따르면, 교회는 이 세상과 구별되고 이 세상의 다른 공동체들과 다른 자신만의 길을 가야하기에 가족, 민족, 국가 같은 자연공동체와도 다르고 직장공동체나 경제문화 단체와도 다르다. 그러므로 교회는 자신의 길을 다른 자들의 길과 혼동해서는 안 되는 자신만의 토대와 방법과 목적이 있다고 단언한다.[14] 그럼에도 불구하고 이처럼 선별된 공동체가 결코 격리된 공동체는 아니라는 점에 주목해야한다. 교회는 구분되었지만 은둔적 공동체는 아니며, 구별되었지만 고립된 공동체는 아니다. 교회는 처음부터 다른 공동체의 영향영역 및 관심영역 안에 있고 교회의 지체들 또한 다른 공동체의 지체들이므로 그러하다. 교회는 단순히 세상에서 끄집어 내진 것이 아니라 다시 세계로 보내어진 공동체이므로 이 세계 내에서 모든 세속과 격리된 종교화된 영역을 창출해서는 안 된다. 예수가 말씀하시는 하나님나라는 일상의 삶 속에 세워지며 전세계를 통치한다. 교회가 이 세계에서 선별된 것은 격리된 삶이 아니라, 바로 이 세계 속에서 믿지 않는 자들과 달리 살고 다르게 행동하기 위함이다.[15]

스탠리 하우어워스(Stanley Hauerwas)도 세상이 파괴되고 타락한 상태에

14) 한스 큉, *Die Kirche*, 정지련 역, 『교회』(서울: 한들출판사, 2014), 469-70.

15) 위의 책, 470-71.

있으며 또 구원받을 필요가 있다는 사실을 이 세상이 알 수 있는 길은, 교회가 세상을 도와서 세상이 제공하는 것과는 전혀 다른 삶을 맛보도록 해주는 것이라 하였다.[16] 교회의 삶은, 세상이 자기 삶의 양식에 대해 깊이 성찰하고 부끄러워할 정도로 강력한 것이어야 한다.[17] 이말은 예언자적 메시지가 삶으로 또렷이 구현되어 세상에 훤하게 비쳐져야 한다는 뜻이리라.

필자가 다른 글에서도 언급했듯 한국교회의 신앙은 대체로 개인적이고 사적인 차원에 안주해있으면서 공동체적 · 실천적 · 미래지향적 차원이 결여되어 있다고 볼 수 있다. 그런데 이처럼 신앙의 공동체적 차원이 간과된 개인적인 구원관에서 나오는 사사화된 신앙은 세상에 대한 기독교의 근본적인 역할인 예언자적 기능을 상실하게끔 한다. 대럴 구더는 세상과 뚜렷이 구별되는 교회의 삶의 방식을 대조사회(contrast society) 또는 대안문화(alternative culture)로 설명한다.[18] 또 성석환은 한국사회의 청년문제를 논하면서, 비판적인 청년들이 자신들에게 부과되는 사회적 차별에 저항하지 않고 오히려 동의하는 정서를 안타까워한다. 설상가상으로 기독청년들은 신앙이라는 더 강력한 동기로 현재 상황을 개인적으로 해결해야 할 과제로 여기고서, 부정의한 상황에 순응하여 살아남기 위해 신앙에 의지하는 현실을 개탄한다. 그는 이것이 기독교가 예언자적 기능을 상실하고 개인화된 신앙으로 변질된 때문이라고 지적한다.[19]

교회는 세상을 향해 보냄받은 선교공동체이다. 구체적으로 모든 교인

16) 스탠리 하우어워스 · 윌리엄 윌리몬, 김기철 역, 『하나님의 나그네된 백성』 (서울: 복있는 사람, 2008), 143.

17) 최동규, "성품공동체로서의 선교적 교회," 『장신논단』 48-4 (2016. 12): 311-37 참조.

18) Darrell Guder(ed.), *Missional Church: A Vision for the Sending of the Church in North America* (Grand Rapids, MI: Eerdmans, 1998), 119-24.

19) 성석환, "한국사회의 청년문제와 한국교회의 과제: '후기세속사회'의 공공신학적 관점에서," 『장신논단』 48-2 (2016. 6): 96.

이 가정, 직장, 이웃과의 관계 안에서 말과 행동으로 그리스도의 증인이 되어야 한다. 복음화(evangelize)는 교회의 구두(verbal) 전도 활동만이 아니라 그리스도인의 일상적 삶과 세상의 모든 영역에서 하나님나라의 복음이 실현되는 과정이다. 따라서 복음화의 과정은 예언자적 메시지가 또렷이 드러나는 삶과 복음의 증인에 걸맞은 대화적 양태의 패러다임으로 진행되어야 한다.

Ⅳ. 대안적 선교패러다임의 필요성 - 경청중심 대화적 패러다임

교회와 세상의 이원론적 틀을 깨고 지역사회를 선교의 파트너로 대화의 파트너로 간주하자는 말이, 대화로 모든 선교를 대체하자는 뜻은 아니다. 대화적 기독교선교가 요청된다는 의미이다. 그 이유는 단지 소통의 차원에서만이 아니라 해석학적 이유에서이기도 하다. 여기에서 선교커뮤니케이션 입장의 발츠(Heinrich Balz)와 선교해석학 입장에 있는 준더마이어(Theo Sundermeier)의 논쟁을 통해 살펴보는 것이 우리의 이해를 도울 것이다.

선교학에서 기독교신앙의 전달인 커뮤니케이션 입장과 상호문화해석학 사이에 우선성 논쟁이 있어왔다. 또 시대별로 복음과 문화를 바라보는 관점이 변화하면서 그에 따른 다양한 연구가 이루어졌다. 최근까지도 진행되고있는 복음과 문화의 관계에 대한 선교학적 연구는 커뮤니케이션 관점(Communication Theory)과 상호문화해석학(Intercultural Hermeneutics)의 양방면으로 논의되고 있다.

깊이 숙고해보면, 해석학적 · 역사적 존재인 인간실존이 영향사(影響史)적 의식에 의해 인도되기 때문에 인간은 역사를 만들어가는 주체자이면서도 역사에 의해 구성되어가는 존재로서(가다머), 과학자마저도 자신이 자연을 연구하는 패러다임에 의해 자연을 어떻게 볼 것인가와 무엇을 볼 것인가를 규정당하며(토마스 쿤), 종교적 패러다임에서도 마찬가지라는 사실을 깨닫게 된다. 따라서 인간존재의 역사성과 해석학적 상대성에 대한 인식이 깨어나야 할 것이다.

이런 면에서 준더마이어는 그간 주변부로 밀려나있던 해석학을 선교학의 중심주제로 잡는데, 이는 그가 선교에서 이미 확정된 내용을 단지 효율적으로 전달하는 것만 아니라 전달내용 자체를 문제시하기 때문이다. 커뮤니케이션 이론은 수신자가 특정한 내용을 다른 문화권에 전하는 과정에 필요한 수단과 전략, 과정에 대한 연구에 치중한다. 이 관점에서는 송신자와 수신자, 전달하는 내용 모두에 변화가 없도록 주의한다. 그에 따르면 전달과정에서 수신자는 내용의 전달대상뿐 아니라 전달의 주체가 된다. 커뮤니케이션이 달성될 때 수신자와 전달자, 메시지 자체까지도 변화될 수 있다. 그러므로 전달되는 텍스트의 이해와 함께 수신자에 대한 이해도 요청된다. 수신자가 단순한 객체(an object)가 아니라 메시지의 수용자로서 동시에 메시지의 일부분(a subject)이 되기 때문이다. 이렇듯 준더마이어는 해석학이 이중적 관점에서 커뮤니케이션보다 앞서며, 커뮤니케이션을 대체하진 않지만 동반되어야 한다고 주장한다.

한편 베를린의 선교신학자 발츠[20]는 위와 같은 해석학적 견해에 부분적으로 긍정하지만 입장을 달리하면서, 해석학과 커뮤니케이션을 따로 구분

20) 하인리히 발츠는 아프리카 카메룬에서 10년간 선교활동을 마치고 베를린의 훔볼트 대학에서 선교학(종교학, 에큐메닉스)을 강의하다가 조기 은퇴하여 현재 나이지리아 선교로 봉사하고 있다.

할 필요가 없으며 해석학보다 커뮤니케이션이 우선 중요하다고 한다. 그는 준더마이어가 해석학이란 말로 의미한 것을 포괄적인 기독교신앙의 커뮤니케이션 모델에 포함시킨다.[21] 신학에서 한때 유행했던 보편적 해석학이 이제 새로운 해석학, 상호문화적이며 간학문적인 해석학으로 회귀해야 한다는 준더마이어의 주장은 그저 서구선교의 커뮤니케이션 위기를 해결하기 위한 잠정적 시도라고 간주한다. 커뮤니케이션의 위기는 역사적 · 신학적으로 처음 있는 일이 아니므로 결국 상호문화해석학은 선교의 위기 때 나타난 일시적 현상으로서 과거의 보편적 해석학을 갱신하거나 새 것을 배우는 것이 아니라고 발츠는 보는 것이다.[22]

발츠는 푹스(Ernst Fuchs)가 제시한 해석학의 근거본문인 사도행전 8장 30절에서 빌립의 질문("읽는 것을 깨닫느뇨")은 콘텍스트로 짐작해볼 때 해석학보다는 커뮤니케이션과 관련된다고 이해한다. 에디오피아 내시가 이해하지 못한 것은 그의 실존의 깊이에서라기보다 문화적 언어적으로 낯선존재라는 데서 기인한다고 보기 때문이다. 내시가 빌립에게 "선지자가 이 말한 것이 누구를 가리킴이뇨"라고 묻자 빌립은 "예수를 가르쳐 복음을 전하니"라고 함으로 기독교신앙의 첫 선포가 이루어졌다. 신앙을 갖게 하여 세례를 받게하며, 상징적이고 성례전적인 종교의 바뀜으로 이어지게 하는 정보전달로서의 커뮤니케이션이 일어났다. 따라서 발츠는 커뮤니케이션이 해석학보다 앞선다는 사실을 강조하며, 사도행전에서 오늘날 관심을 가져야 할 것은 해석학이라기보다는 현대적 의미의 선교인 커뮤니케이션이라고 한다.

그는 이처럼 사도행전 8장에서 빌립이 내시에게 새로운 사실을 이해시킨 것을 환기한다. 빌립을 통해서 분명해지는 것은 내시가 가진 이방문화

---

21) H. Balz, *Krise der Kommunikation Wiederkehr der Hermeneutik*, 60, 김영동, 『교회를 살리는 선교학』(서울: 장로회신학대학교출판부, 2003), 411에서 재인용.

22) 김영동, 『교회를 살리는 선교학』, 414-15.

나 종교 등의 콘텍스트가 사실을 규정하는 게 아니라, 종말론적 사실인 이사야 53장의 성취가 모든 인간적인 콘텍스트를 새롭게 규정함이다. 빌립에겐 '에디오피아적인 신학과 교회'가 그의 주제가 아니었고 타자로서의 내시나 문화로서의 에디오피아나 아프리카도 아니었으며 '에디오피아의 토착적인 신학과 교회'는 내시의 영적후예들의 몫이라고 한다. 따라서 해석학의 문제, 에디오피아의 토착적 신학과 교회에 대한 문제는 적절한 것이지만 우선적인 것은 될 수 없다는 것이 발츠의 입장이다.[23]

또 발츠는 준더마이어의 신학을 다음과 같은 점에서 비판한다. 준더마이어가 유대적 어법으로 말하면서도 궁극적으로 서구철학 전통에 서있는 레비나스를 인용하는 점을 무리하게 여기고[24] 자신은 또다른 유대기독교 전통의 문화인류학자인 레비-스트로스의 타자이해, 즉 타자를 다른 무엇이 아닌 단지 인간으로 이해하는 것이 옳다고 주장한다. "자기의 상황에 불만족하면 타자와 낯선 것을 파라다이스적으로 이상화한다."[25] 그리고 준더마이어가 아프리카의 콘비벤츠를 그의 실천적 방법론의 결론으로 취하지만, 결국 서구인이나 아프리카인이나 근본적인 원죄상태에 있는 것이 인간본연의 보편적 모습이라고 지적한다. 따라서 자기이해나 타자이해에 앞서 인간이해가 있어야 한다고 말한다. 발츠의 강조는 이해의 문제(해석학)가 결국 누구와 무엇을 위한 이해냐는 점인데, 이에 대해 자기도 타자도 아닌 하나님의 영광을 위한 이해여야 한다는 것이다. 그는 복음의 커뮤니케이션이라는 대전제 하에, 타자이해와 상호문화해석학을 논의할 때 타문화와 타종교를 존중한다는 의미 정도로 해석학을 받아들인다.[26]

23) 위의 책, 412-15 참조.

24) Emmanuel Levinas는 리투아니아 태생으로 정통유대교를 배우며 자랐고, 프랑스에서 철학을 공부하고 독일에서 박사학위를 받았다. 타자의 해석학으로 유명한 철학자이다.

25) F. Gewecke, Wie die neue Welt die alte kam (Stuttgart, 1986), 61f.

26) 김영동, 『교회를 살리는 선교학』, 407-38 참조.

김영동 교수는 준더마이어와 발츠의 입장을 교차시키면서 다음같이 결론짓는다. 후기 식민지시대의 상호문화적 선교는 타자이해가 필수적이지만 타자이해—즉 타자의 언어, 역사, 풍습 등 콘텍스트 이해—는 궁극적으로 그 자체가 목적이 아니라 초문화적 복음을 전하는 데 봉사해야 한다. 문화/종교 속에 있는 타자이해 자체가 중심주제는 아니다. 그 이해의 대전제는 복음의 전달인 커뮤니케이션이다. 그런데 신앙의 커뮤니케이션이 타자이해 없이 수행될 때 맹목적이거나 자문화중심주의 선교로 전락할 수 있다. 따라서 커뮤니케이션과 타자이해의 해석학 사이의 분명한 우선순위 논의에 개입하기보다는 우선 양자를 선교학의 논의대상으로 삼는 데 의의를 두고 변증법적으로 이해해야 한다고 본다. 그리고 복음의 전달을 대전제로 하되 복음의 커뮤니케이션을 위하여 타자이해뿐만 아니라 전달자자신과 시공간적으로 역사/문화의 옷을 입고있는 전달자의 토착화된 복음에 대한 해석학적 작업이 있어야 한다고 말한다. 타자에 대한 이해가 서구전통처럼 결국 자기이해를 위한 수단으로 축소되어서도 안되고 타자이해와 콘텍스트 이해가 텍스트를 앞질러도 안된다는[27] 주장이다.

위의 언급을 보면, 타자에 대한 콘텍스트 이해는 궁극적으로 그 자체가 목적이 아니라 초문화적인 복음을 전하는 데 봉사해야 하며, 문화/종교 속에 있는 타자이해 자체가 중심주제가 아니고 그 이해의 대전제는 복음의 전달인 커뮤니케이션임을 단언하고 있다. 그런데 면밀히 성찰해보면, 문화현상으로 환원되지 않고 문화에 함몰되지 않은 초문화적 복음을 전하려는 열정에는 실제로 무엇보다도 해석학적 시각이 요청된다. 문화와 긴밀히 밀착해있는 말그대로 '초문화적' 복음을 분별하려면 공동의 해석학적 작업이 선행되어야 하기 때문이다. 그리고 복음의 전달을 대전제로 하되 그 복음의 커뮤니케이션을 위하여 타자이해뿐 아니라 전달자자신과 시공간적

27) 위의 책, 432-39 참조.

으로 역사/문화의 옷을 입고있는 전달자의 토착화된 복음에 대한 해석학적 작업이 있어야한다는 언급에 대해서도, 전달자의 토착화된 복음이라는 점에서 전달하는 복음의 내용에 대한 해석학적 작업이 복음의 전달 이전에 검토되어야 한다고 생각한다. 또한 타자이해와 콘텍스트 이해가 텍스트를 앞질러선 안된다는 언급에 대해, 이미 그 텍스트 자체에 이해와 해석의 문제가 내포되어 있으므로 불가피하게 해석학이 우선적 과제로 부각된다고 본다. 즉 타자와 콘텍스트 이해에 앞서 텍스트를 다루려해도 이미 거기에서 바로 해석학적 문제와 결부된다는 점이다. 따라서 필자는 커뮤니케이션과 해석학 양자의 우선순위 문제에 고의적 · 경쟁적으로 접근하려는 것이 아니라, 존재론적으로 피할 수 없이 해석학적 이슈가 먼저 들어와 있음을 말하려는 것이다.

위의 긴 논의를 간단히 정리해보자. 커뮤니케이션 입장에서는 "타자에 대한 경청과 이해"가 전도의 효율성을 위한 도구적 차원이라면, 해석학의 관점에서는 보다 더 근본적인 자리를 차지한다. 따라서 선교해석학적 견지에 서 있는 필자로서는 대화적 선교패러다임이 단지 전도를 세련되게 장식해주는 부가적인 액세서리가 아니라, 선교와 전도에서 좀더 본질적이고 근본적인 의미를 지닌다고 주장하는 바이다.

선교에서 해석학은 복음이 항상 문화와의 만남에서 문화조건적으로 이해된다는 사실에서 기인한다. 기독교가 처음부터 유대교와의 상호문화적 상황에서 태어났기 때문에 이해와 전승의 과정에 상황화가 부착되어 있는 것이다. 상황화라는 것이 텍스트가 고정된 이후가 아니라 바로 최초의 증언에서부터 시작됨을 인식해야 한다. 이럴 때 텍스트의 채용에서 중요한 것은 상황화가 아닌 재상황화로서 이것은 해석학적 의제이다. 오늘날처럼 하나님의 말씀이 이해와 수용의 다양성 속에서 참조되는 시대에는 더더욱 진정한 응답이 뒤따르는 방식으로 사람들이 처한 고유한 상황들 속에서 복음이 취급되어야 한다. 따라서 서구나 비서구나 그 어떤 단일한 상황도 독점적인 복음해석권을 주장할 수는 없다.

해석학적 견지에서 바라보는 선교의 본질은 '인간의 총체적 자기해석'과 예수 그리스도 안에 나타나 있는 '새로운 존재의 힘'과의 만남이자 대결이며 더 나아가 해석학적 상호조명이다. 즉 선교의 본질적 활동은 인간의 총체적 자기해석으로서의 상황과 영원한 진리로서의 복음의 핵심인 예수 그리스도 생명 안에 나타난 새로운 존재와의 만남을 통해 인간이 새로운 피조물로 거듭나는 창조적 변화를 기대하는 활동이다. 따라서 기독교복음의 선교는 '지평융합'이라는 해석학적 과정을 동반하게 된다. 즉 선교는 복음이 증언하는 새로운 삶의 지평으로 사람들을 초청하여, 그들의 삶의 지평과 성서가 증언하는 새로운 삶의 지평과의 창조적 지평융합을 하도록 돕는다. 양자간의 지평융합은 종교혼합적 형태가 아니라 진리가 더욱 명료하게 드러나는 형태로 이뤄진다.[28] 선교에서 해석학은 커뮤니케이션 차원 이전에, 진리와 인간이 무엇이냐는 이해의 문제와 상호변혁에 관계되는 매우 적극적이고 근본적인 선행적 요소이다.

'에큐메니칼 해석학'[29]에서 복음과 문화가 양방향으로 해석학적 기능을 행사함을 인식할 때 선교(활동)에서 복음과 문화는 수용과 변혁의 경험을 함께 주고받는다. 여기에서 문화의 긍정적, 부정적 차원을 구분 짓는 결정은 성서의 규범에서 찾는다. 그런데 실제로 성서이해라는 것이 문화적 해석에 영향받은 것이기 때문에 어느 한 교회의 경험이나 전통을 절대적 기준으로 삼을 수가 없다. 따라서 그 기준을 정하는 일은 교회간의 코이노니

28) 김경재, 『해석학과 종교신학』(서울: 한국신학연구소, 1994), 95, 101.

29) '에큐메니칼 해석학'은 '상호문화해석학'을 근간으로 하되 좀더 포괄적인 관점을 견지한다.

아를 통해 더불어 세워나가는 하나의 해석학적 과정이 된다.[30] 여기에는 상호문화해석학적 주체관(主體觀)이 내포되어 있다. 무엇보다도 에큐메니칼 해석학의 진정한 주체는 하나님의 '성령'이시다. 사도행전 10장의 성령의 주선에 의한 베드로와 고넬료의 만남이 좋은 예가 된다. 이야기는 고넬료의 회심만을 다루는 것이 아니다. 성령의 인도로 유대인에게 금기시된 이방인과 만남을 가진 베드로는 자신의 편협한 유대-기독교적 틀에서 벗어나 모든 인류에게 미치는 구원의 도에 대한 새로운 이해를 갖게 되었다.[31] 성령의 현존과 자유로운 활동이 베드로의 구원이해에 확장을 가져다준 것이다.

사도행전 15장의 예루살렘 공의회도 에큐메니칼 해석학의 훌륭한 모범이 된다. 모세율법에 따른 이방인의 할례문제가 과연 구원에 필수적인지를 예루살렘 공동체와 안디옥 교회 간 공동체적 '협의'를 통해 '요긴한 것들'(the requisites)을 가려내고 있는 것을 배울 수 있기 때문이다. 그리고 그 과정에서 이미 고넬료 등을 통해 이방인의 구원을 경험하고 확장된 복음이해를 소유한 베드로였기에 확신있게 "하나님이 우리에게와 같이 그들에게도 성령을 주어 증언하시고 믿음으로 그들의 마음을 깨끗이 하사 그들이나 우리나 차별하지 아니하셨느니라"(행 15:8-9)고 고백할 수 있었다. 그들은 이방인과 만남을 통해 보다 온전한 관점에서 구원에 필수적인 요긴한 것을 분간할 수 있었고 성경도 다시 깨닫게 되었다. 이 사건으로 두 교회는 복음과 하나님나라에 대한 보다 성숙한 발전을 하게 되었다.

에큐메니칼 해석학 관점에서 선교는 일방적 파송이 아니라 상호배움과 변혁의 과정임을 알 수 있다. 다양한 문화적 경계를 넘어 각기 다른 상황에

---

30) 한국일, 『세계를 품는 교회』 (서울: 장로회신학대학교출판부, 2010), 58.

31) 뉴비긴은 베드로의 이 경험을 교회의 회심 사건으로 이해한다. Lesslie Newbigin, *The Open Secret*, 최성일 역, 『선교신학개요』 (서울: 한국신학연구소, 1995), 81.

서 조명된 복음의 다양한 면을 경험하고 존중하게 될 때, 이제까지 스스로는 보지 못했던 자기가 속한 사회문화의 모순과 문제점을 통찰하게 됨으로써 복음과 문화—복음적 요소와 문화적 요소 또는 Tradition과 traditions[32]라는 말이 더 적합할 것이다—를 구별해낼 수 있는 혜안도 비로소 얻게 될 것이다.

하나님의 선교(*missio Dei*)에서 선포(proclamation)와 현존(presence)은 함께 간다. 단 지나친 선포(verbal)에의 강조는 문제가 될 수 있다. 한국교회의 독백적 선포에 치우친 선교패러다임은 초기부터 자생적인 불타는 선교열정과 전도에의 열심, 담대한 추진력 등을 그 장점으로 꼽을 수 있다. 지금같은 다문화이주의 시대에 디아스포라 한국인들이 흩어져 살아가고 있는 삶의현장 속에서 함께 예배드리고 신앙생활 하는 가운데, 한국기독교인의 신앙적 열정을 통해 타문화권 사람들에게 새로운 감화를 주며 그들의 영성을 북돋워주고 있다는 소문을 듣곤 한다. 이런 점에서 한국교회의 저력과 그 장점을 과소평가할 수만은 없다.

앞서 언급했듯이 복음과 문화의 상호문화해석학적 입장에 있는 뉴비긴은 35년의 인도선교를 통해서, 복음과 문화의 관계가 복잡한 사안이지만 이론적 대답보다는 실제적 응답이 필요한 경우가 많다고 통찰한다. 다시 말해 믿음을 가지고 초국가적 · 다문화적 가족의 일원으로 그런 모임에 참여할 때라야 각기 자신이 속한 문화를 유지하고 소중히 여기는 동시에, 그에 비판하는 입장도 취할 수 있다는 것이다. 문화마다 그리스도 안에 계시된 하나님의 목적에 부합되거나 상반되는 양쪽방향으로 발전하므로, 각문화 안의 좋은요소와 나쁜요소를 구별할 수 있는 평가기준은 그 문화내부에서 나올 수 없다고 주장한다. 문화제국주의의 잘못을 반복하지 않으려면 다양한 모든 문화를 환영하고 귀하게 여기는 동시에 어느 한 문화가 군림

32) 이에 대하여는 강아람, 『선교와 해석학』, 43-45 참조 바람.

하는 현상을 저지해야 한다. 그런데 바로 문화의 산물인 우리가 성경을 읽을 때 자기문화의 영향을 크게 받는다면, 성경의 관점으로 나 자신을 볼 수 있는 길은 다른 문화의 눈으로 성경을 읽는 사람들의 증언을 활용하는 것이라고 강조한다.

이에 상호문화해석학을 온몸으로 실천한 한 인물을 소개하려 한다.

V. 서서평: '상호문화해석학'을 실천한 선교사[33)]

서서평(Elizabeth Johanna Shepping RN, 1880-1934)의 삶과 사역에 대한 긴 소개는 하지 않으려 한다. 그동안 서서평연구회 및 제3세계신학연구소의 노력으로 서서평 선교사에 대한 다양한 접근의 연구가 시도되었고 그 결과 이미 다양한 글들이 꽤 나와 있다.[34)] 이종록에 따르면, 서서평 선교사는 당시 만연했던 사회진화론에 따른 대다수 선교사의 우월의식과는 전혀 차원이

---

33) 이 부분은 서서평연구회에서 출간한 서서평연구논문3집, 『다양한 얼굴을 지닌 서서평 선교사』(2016)에 실린 필자의 글("서서평의 선교사역에 대한 선교해석학적 접근")의 일부를 의존하였다.

34) 참조: 백춘성, 『천국에서 만납시다: 선교사 서서평 일대기』(서울: 대한간호협회출판부, 1980). 소향숙 · 양국주 · 유태주 · 이종록 · 임희모, 『서서평 선교사의 섬김과 삶』(서울: 케노시스, 2014). 양국주, 『엘리제 쉐핑 이야기: 바보야, 성공이 아니라 섬김이야!』(서울: Serving the People, 2012). 양창삼, 『조선을 섬긴 행복: 서서평의 사랑과 인생』(서울: Serving the People, 2012). 이종록, "무명옷에 고무신 · 보리밥에 된장국: 서서평의 비제국주의적 정신이 갖는 시대적 의미에 대한 연구," 『담론 201』 18-4 (2015): 69-94. 임희모, 『서서평, 예수를 살다』(서울: 도서출판 케노시스, 2015). 차성환, "서서평의 누미노제 체험과 지역사회서비스의 이해: 칼융의 무의식 이론에 기대어," 『담론 201』 18-4 (2015): 35-68 등.

다른 비제국주의적 삶을 살았다고 말한다.[35] 그는 또 서서평 선교사가 예언자적 인물이었음을 역설한다.[36] 이에 필자는 제국주의선교의 시대 한가운데서 남달랐던 그녀의 비제국주의적 삶이 바로 상호문화해석학적 견지에서 나온 것임을 보일 것이다.

다시 말해 당시에 만연해있던 선교양태와는 달리 한국의 문화와 백성을 존중하고 한국인으로 살려했던 서서평의 태도와 그녀의 예언자적인 면모가, 낯선 타문화 경험을 통한 해석학적 인식에서 생겨난 것임을 밝히려 한다. 낯선 것과의 조우(encounter)는 신적계시 사건과 통찰력을 가져다주는 환경이 된다. 즉 낯선 타자와의 뜻밖의 만남 가운데서 우리는 하나님의 존재와 임재와 역사(役事)를 뜻밖에 맞닥뜨리게 된다. 그러므로 선교(학)는 무엇보다도 "낯선 것을 낯선 채로 남겨두는 것"(E. Levinas)을 기본전제로 삼아야 한다. 그렇지 않다면 타자를 통해 배울 수도 없고 하나님이 개입하시는 계시사건과 그를 통해 얻는 통찰력의 확장과 인격의 변화도 경험할 수 없을 것이다.

서서평은 1880년 9월 26일 독일 비스바덴에서 태어났다. 아버지가 일찍이 죽고 서평이 3살 때 어머니는 미국에 이민 갔고 할머니의 보살핌 속에서 자랐다. 할머니는 서평을 로마가톨릭 교구학교에 입학시켰는데 할머니마저 죽자 서평은 11살 때 주소만 들고 어머니를 찾아 미국으로 갔다. 미국 뉴욕에서 뉴욕고등학교를 졸업하였고, 21살 때 뉴욕시립병원에서 간호학을 공부하여 뉴욕 부르클린 병원에서 수석간호사로 일하면서 또 미국에 이민 온 유대인 결핵환자 요양소에서 봉사하였다. 서서평은 동료 간호사의

35) 이종록, "무명옷에 고무신 · 보리밥에 된장국: 서서평의 비제국주의적 정신이 갖는 시대적 의미에 대한 연구," 『담론 201』 18-4 (2015): 69.

36) 위의 글, 90-91.

권유로 개신교회 예배에 참석하고 가톨릭교회로부터 개종하였다. 그리고 31살에 이르러 뉴욕시 성경교사훈련학교(오늘날, 뉴욕비블리컬신학교)를 졸업하였다. 미국 남장로교 해외선교부가 한국에서 선교할 정규간호사를 모집하자 지원하여 선발되었고 1912년 3월 중순 부산에 상륙하였다. 그 후 22년 4개월 동안 한국에서 간호사로, 교육가로, 교회조직 활동가로, 사회봉사자 및 사회변혁자로서 선교를 수행하다가 1934년 6월 22일 오랜 질병과 영양실조로 죽었다.

22년여 사역을 통해 서서평은 식민지 조선의 가난하고 불우한 여성들을 위하여 간호교육과 활동, 이일학교의 학생들을 교육하고 동원하여 주일학교 확장운동과 교회개척 및 교회여전도회를 활성화시켰다. 그리고 가난한 농촌마을로 구성된 전라남북도에서 사회구제에 힘써 13명의 양녀와 1명의 양자를 양육하고 교육하여 결혼까지 시켰다. 그녀는 당시 기아와 질병의 한국사회에서 빈민들, 거지들, 나병환자 등을 돕는데 자신의 재산과 필수품을 전부 사용하였다. 또한 한국사회의 불우한 여성과 빈민과 병자를 구호하고 윤락금지와 공창폐지운동 및 금주동맹 활동을 통해 사회개혁을 도모하였다. 서평의 사회봉사 선교는 일반사회에 크게 알려져 그녀가 죽자 광주 최초의 사회장으로 엄수되었다. 이 장례식은 민족독립운동을 하는 단체들이 주도하고 기독교단체들이 뒤따랐다. 서서평 선교사의 인류애적 헌신에 찬사를 보내면서 당시 동아일보는 대서특필하여 그녀의 서거에 경의를 표했다.[37)]

이제 서서평의 사역과 삶에서 상호문화해석학적 관점이 나타난 측면을 주로 그녀의 비제국주의적 삶, 성육신적 선교, 그리고 예언자적 면모로써 설명해보려 한다.

---

37) 특집기사 3개(1934년 6월 28일)와 사설(1934년 6월 29일)을 할애하여 그녀의 기사를 다루었다.

임희모는 "서서평의 성육신적 선교"라는 글에서 당시 대다수 한국주재 선교사들의 자문화중심주의(cultural ethnocentrism)와 일부 선교사들의 동일화(identification) 및 성육신적 자세를 분석하면서, 자문화중심주의와 구령사업 위주의 선교, 동일화와 복음전도 중심의 선교 그리고 성육신적 자세와 교회개척으로 정리하고 있다.[38] 한마디로 "미국 선교사들은 미국적 자본주의에 덧입혀진 '물질적 복음'과 '복음적 물질화'를 전하였다."[39]

당시 미국남장로교선교부는 19세기말~20세기초 시대정황에서 구령사업 중심의 선교를 시행하면서 교육이나 의료사역 등은 보조적 차원에서 이루어졌고 선교대상인 이교도(heathen)들의 사회와 문화에 대한 이해와 배려는 부족하였다. 임희모는 서서평이 당시 선교사들을 지배하던 선교개념을 확장하여 복음의 통전성을 파악하고서 개인 영혼구원을 포함하는 사회개혁의 통전선교를 실시하면서, 선교적 힘을 모아 협력하는 구조도 만들었는데 선교사간, 교회간, 심지어 세속기관의 협력까지 이끌어낸 오늘날의 에큐메니즘을 실현했다고 평가한다.[40]

그녀의 성육신적 삶과 통전적 선교는 외양적 · 내면적인 동일화와 자기희생을 통한 것이었는데, 이렇게 타자와 자신을 동일시하는 성육신적 섬김의 삶을 통해 간호학교, 교육선교, 복음전도, 사회구제와 사회변혁 선교 등 통전적 선교를 실시하였다고 정리하면서 임희모는 서평의 선교가 성육신 선교가 되도록 한 요인들을 다음과 같이 통찰한다. 가난한 자들과 교감할 수 있는 자리를 만들어준 그녀의 성장사, 정체성 혼란과 타인종 · 다민족 배경의 약자들을 이해하고 구제와 봉사를 경험케 했던 뉴욕에서의 생

38) 임희모, "서서평의 성육신적 선교,"『선교와 신학』 제36집 (2015. 6): 178-84. 임희모,『서서평, 예수를 살다』(서울: 도서출판 케노시스, 2015), 112-19.

39) 류대영,『초기 미국 선교사 연구 1884-1910』(서울: 한국기독교역사연구소, 2001), 211-63. 임희모, 위의 책, 114에서 재인용.

40) 임희모, 위의 책, 128-30.

활과 교육, 화이트 박사의 성경교사 훈련학교에서의 귀납법적 성경공부와 선교와 지역사회 봉사를 강조하는 선교교육 등이다. 임희모는 이 요인들로 인해 서서평이 한국입국 전에 복음선교에 대한 지식과 사회적 약자에 대한 섬김 등을 익혔다고 적절히 설명하고 있다.[41)]

이 지점에서 필자는 상호문화해석학적 논의를 첨언하려 한다. 다음은 1930년 8월 7일, 그러니까 서서평 선교사가 안식년을 마치고 다시 한국땅으로 돌아오는 기선안에서 후원자들에게 보낸 편지의 내용이다. 본 논문의 전개에 있어 매우 중요한 부분이므로 다소 긴 내용을 전문(全文)에서 발췌하여 싣는다.

> 어찌된 일인지 이번 출국에는 처음의 경우처럼 새로운 선교사로서 미지의 위대한 모험으로 인한 큰 흥분은 없었습니다. 대신에 오늘은 제가 선교사로서 부적합한 것은 아닌지 불안하긴 했지만, 이전 잘못을 만회하고 무엇보다도 서구문명의 지배를 당할 것이 아니라, 오히려 동양의 생활방식에 더 순응하겠다는 큰 결심을 하였습니다.
>
> 동양에서 보낸 지난 17년 6개월을 돌이켜볼 때 동양적 생활의 높은 이상과 방식들을 과소평가하는 큰 실수를 범했던 것 같습니다. 비기독교 동양인의 생활상태가 얼마나 비천하느냐와 상관없이, 서구문명을 나름 이상화한 까닭에 과거에는 저평가하였지만 사실 동양에는 아름다움, 사랑 그리고 훌륭한 것들이 많이 있습니다. 그러나 한 해 동안 고향에 있으면서 그러한 총체적 부족을 깨달았습니다. 그러한 총체적 부족을 현재의 미국문명의 사회적 체제 속에서 영적 실체를 알고 추구하는 사람들에게는 당혹스러운 것입니다.
>
> 저는 하나님께서 제게 하도록 부르신 방법대로 조선으로 돌아가서 조선의 짐을 기꺼이 덜어주려고 합니다. 4년 연속 흉년을 맞았고 학교의 필요가 일본

41) 위의 책, 125-28.

정부의 요구에 적합하지 않아서 우리가 일 년여 승인을 요청하였지만 아직 받지 못한(그러나 승인을 끈기있게 기다리고 있는) 학교건이 남아있습니다. 아직도 궁핍하지만 공부를 하고자 하는 학생들은 교회에서 사역하려고 나름대로 준비하고는 있으나 방도를 찾고 있는 학생들도 있습니다.

이일학교를 위한 후원금을 확보하기를 원했지만, 성공하지 못했습니다. 대부분이 빚에 시달리고 있는 교회 앞에서 지어야 할 많은 건물에 대한 말을 하지 못하고 침묵해야 했기 때문이죠. 그래서 하나님께서 다른 식으로 우리를 위해 일하시지 않는한, 지푸라기 없이 벽돌 만들기를 예상하며 돌아갑니다.

외국의 돈이나 원조로 인해서 그 어떤 조선인도 가난해지기를 바라지 않습니다만 (저는 조선인의 통치자들 즉 일본인들의 탓이라고 여깁니다) 걸음마를 배우는 어린아이의 손을 잡아줄 필요가 있는 것 같습니다. 조선의 모든 한센병 환자들을 위해 사용하고 돌보게 된다면 미국에서 여성들이 피우는 담배 구매비용만으로도 수많은 영혼을 구원할 수 있을 것이며 그러한 재앙이 사라질 수 있을 겁니다.

그러나 우리 미국인은 사회적 정신을 거의 잃어버렸기에 조만간 큰 대가를 치르게 될 것입니다. 미국의 심각한 가난을 목도하였고 읽은 바 있으나, 차이가 심하기 때문에 그 어떤 것으로도 조선 사람들의 가난과 비교하면 미국의 사례는 비교 대상이 되지 않을 것입니다. 그래서 이런 것을 생각해보면 낙심하지 않고 "하나님께서 그리스도 예수 안에서 저의 모든 필요를 채워주시기를" 확신합니다. 그것이 비록 제가 바라는 방식은 아닐지라도, 하나님께서 제가 돌아갈 수 있는 길을 열어주셨기에 하나님이 제가 돌아가기를 바라신다는 것을 기쁘게 여깁니다.[42]

---

42) 양창삼, 『조선을 섬긴 행복: 서서평의 사랑과 인생』 (서울: Serving the People, 2012), 388-89.

윗글에는 선교해석학 측면에서 다양한 논의점이 포함되어 있지만, 상호문화해석학적 관찰에 집중하려 한다. 물론 서서평은 한국에서 17여 년의 사역 이전에도 임희모의 지적대로 상호문화 또는 다문화경험을 하였다. 이에 더하여 필자는 무엇이 서평으로 하여금 당시의 정황적 한계를 뛰어넘어 "제국주의 시대에 비제국주의적 선교와 삶을 살게 한 것인가"라는 질문에 대해 "한국에서 한국인들과 자신을 동일시하면서 오랜 성육신적 삶을 살아낸 것"이라 답하려 한다. 이 답을 한 단어로 수렴하여 '콘비벤츠'(Konvivenz) 선교개념에 담을 수 있다. 콘비벤츠는 오랜 일상의 삶속에서 함께하는 삶(共存)을 지향하는 선교개념으로써 '상호문화해석학'이 전제되어있다.

오랜 한국생활을 통해 지나칠 정도의 한국인이라 불릴만큼 한국인보다 더 한국인처럼 살아온 서평의 의식과 무의식에 상호문화해석학적 관점이 자리했을 것이다. 그것이 서평으로 하여금 대다수 선교사가 한국의 비문명적 생활상—비위생적, 게으름, 정확성 결여, 미신—과 우상숭배, 조상숭배, 혼합주의적 종교생활을 비하하고 있을 때 더 이상 서구문명의 지배를 당하지 않고 동양의 생활방식에 더 순응하겠다고 결심하게 한 것이다:

> 동양에서 보낸 지난 17년 6개월을 돌이켜볼 때 동양적 생활의 높은 이상과 방식들을 과소평가하는 큰 실수를 범했던 것 같습니다. 비기독교 동양인의 생활상태가 얼마나 비천하느냐와 상관없이, 서구문명을 나름 이상화한 까닭에 과거에는 저평가하였지만 사실 동양에는 아름다움, 사랑 그리고 훌륭한 것들이 많이 있습니다.

논의를 좀더 진전시켜보자. 필자는 오랜 콘비벤츠의 삶을 통해 서평이 갖게된 상호문화해석학적 관점이, 본국문화와 현지문화 사이에서 어느 한쪽에 전적으로 지배당하지 않는 예언자적 통찰력을 부여해주었다고 생각한다:

그러나 한 해 동안 고향에 있으면서 그러한 총체적 부족을 깨달았습니다. 그러한 총체적 부족을 현재의 미국문명의 사회적 체제 속에서 영적 실체를 알고 추구하는 사람들에게는 당혹스러운 것입니다. 저는 하나님께서 제게 하도록 부르신 방법대로 조선으로 돌아가서 조선의 짐을 기꺼이 덜어주려고 합니다.…

그녀의 예언자적 통찰은 계속 이어진다:

외국의 돈이나 원조로 인해서 그 어떤 조선인도 가난해지기를 바라지 않습니다만 (저는 조선인의 통치자들 즉 일본인들의 탓이라고 여깁니다) … 조선의 모든 한센병 환자들을 위해 사용하고 돌보게 된다면, 미국에서 여성들이 피우는 담배 구매비용만으로도 수많은 영혼을 구원할 수 있을 것이며 그러한 재앙이 사라질 수 있을 겁니다. 그러나 우리 미국인은 사회적 정신을 거의 잃어버렸기에 조만간 큰 대가를 치르게 될 것입니다.

앞서 지적했듯이, 복음은 한 문화권에서 문화 순응적인 과정을 거치면서 동시에 그 문화에서 거리를 보유해야만 문화변혁의 과제를 수행할 수 있다. 복음이 문화와 만남에서 그 안에 함몰되지 않고 문화를 갱신할 수 있는 것은 타문화와의 상호만남을 통한 자기반성에 있다. 과거처럼 외부의 선교사가 자신의 복음이해와 문화를 표준으로 삼아 모든 판단을 주도하던 방식이 바람직하지 않다면, 현지문화의 변혁 내용과 기준은 누가 결정할 것인가? 이에 대해 서서평의 사례를 빌어 독자들도 함께 답해보기를 바란다. 서서평은 한국의 문화를 바라볼 때도 미국의 문화를 바라볼 때도 순응과 거리두기(변혁) 양자의 입장을 취한 것으로 보인다. 그녀에게 그 기준은 한국문화도 미국문화도 아닌, 그 사이에서 생겨난 상호문화해석학적 안목이었다. 그녀는 어느 문화에도 무비판적으로 함몰되어 있지 않은 것으로 관찰된다.

서서평에게 “선구자적 콘비벤츠 선교사”라는 별명을 붙여주고싶다. 서평은 당연시되고 만연해있던 시대정신과 선교개념을 뛰어넘는 삶을, 오랜 콘비벤츠의 삶에서 얻은 상호문화해석학적 의식으로 인해 영위할 수 있었고, 또한 이로 인해 자문화우상화에 치우치지 아니하고 하나님의 사랑의 발로인 성육신적 선교를 지속적으로 수행할 수 있었던 것이다.

VI. 나오는 말

지금까지 상호문화해석학을 전제로 하는 대화적 양태의 선교를 통해서 자문화절대화 또는 자문화우상화 경향을 버리고 참되고 살아계신 인류보편의 하나님을 섬기는 길을 발견할 수 있다고 주장하였다. 선교해석학, 상호문화해석학을 통할 때 하나님을 어느 한 문화안에 가두고 우상숭배하듯 섬기는 길을 삼가면서 지속적으로 지양해갈 수 있다. 익숙한 제 문화에 갇히지 않은 열린태도로 간문화적인 상호문화해석학 개념으로 상호비판적이고 창조적인 대화를 계속 수행해갈 때 서구와 동양 및 그 외 문화권의 의미경험과 표현 사이의 단절이 점점 극복되고, 보편적인 관계성 안에 계신 하나님에 대한 신앙 안에서 공동의 간문화적 세계관을 발전시켜 나가면서 세상의 화해와 평화에 기여할 수 있을 것이다.

상호문화해석학을 포괄하는 ‘에큐메니칼 해석학’은 과거 · 현재 · 미래와 전세계 교회를 아우르며 종말론적으로 향해가는 잔치개념을 지지한다. 잔치는 모든 불연속성 안에 있는 연속성이다.[43] 이런 의미에서 선교는 영원한 잔치에로의 초대라 부를 수 있다.

참된 권위(엑수시아)는 본질(우시아)에서 나온다(엑스). 세상의 권위자들은 임의대로 그 권위를 갑질하며 휘둘러서 사용한다. 그러나 우리 신자들 사이에서는 그렇지 않을지니, 참된 권위자인 하나님을 받드는 자들로서 그리스도인은 그 권위를 섬기는 도구로 삼아 지역공동체를 대화상대자와 섬김의 대상으로 여기고 그들의 삶과 목소리를 경청하며 다가가야 할 것이다. 사랑은 사람 없이 살 수 없으며 사람도 사랑 없이 살 수 없다. 그리고 그 사랑이란 크고 작은 배려이다. 사랑은 태생적으로 남(他者)을 향하는 것이며, 그것은 남에 대한 경청과 배려로서 나타나고 나와 아무런 연고도 없는 고통받는 타자를 무한책임지는 데까지(E. 레비나스) 나아간다.[44] 그러므로 선교는 더 이상 일방적일 수 없으며 양방향의 대화적(dialogical) 양태를 지향하면서 수행되어야 한다.

에큐메니칼 해석학 관점에서 볼 때 하나님의 선교(missio Dei)에서 선포(proclamation)와 현존(presence)은 같이 간다. 한국을 포함한 신생교회들은 선포의 측면이 강하게 나타나면서 성장해왔고, 서구교회들은 현존의 측면이 현저하게 나타났었다. 각자가 처하여 살아온 역사적 특수성이 달랐기 때문이다. 자신들만의 선교패러다임을 고집스럽고 편협되게 주장하지 않는다면, 하나님의 선교라는 거대한 틀에서 서로는 서로를 필요로 한다. 그러나 어느 패러다임일지라도 일방적이고 공격적인 권위적 태도는 지양되어야 마땅할 것이다.

---

43) 테오 준더마이어, "삶과 증언으로서의 코이노니아," 『선교신학의 유형과 과제』 (서울: 대한기독교서회, 1999), 294-95.

44) 누가복음 10장의 '선한 사마리아인 비유'의 내용을 생각해보라.

9장

기독교대학의 성경 교수법에 대한 소고
: '선교적 해석학'을 활용한 교수법을 중심으로

Ⅰ. 들어가는 말

Ⅱ. 이야기 해석학: 리쾨르

Ⅲ. 신구약을 관통하는 하나님의 선교 이야기: 선교적 해석학

Ⅳ. 선교적 해석학을 활용한 성경 교수법

Ⅴ. 나오는 말

I. 들어가는 말

필자는 기독교대학에서 〈현대인과 성서〉라는 기독교교양과목을 가르치고 있다. 또한 채플 시간에도 하나님 말씀을 전하고 있는데, 수업이나 채플은 전체 학생의 80% 내외의 비기독교인 학생들을 대상으로 이루어지는 사역이다.

〈현대인과 성서〉 수강생들에게 본격적인 수업에 앞서 개인 프로필과 몇가지 사전조사를 실시했는데, 이에 다수의 기독교인 학생들이 "교수님, 기독교인이 아닌 학생들도 부담없이 배울 수 있는 수업이 되게 해주세요!" 라고 썼다. 지금은 복음을 이전처럼 무리하게 전할 수 없는 시대임을 기독교인 학생들도 잘 알고있는 것이다. 2016년 들어 처음으로 종교란에 '무교' 라고 쓴 응답자가 과반수가 넘게 나왔다고 한다. 이들이 영적세계에 전혀 관심이 없어서 무교 또는 무신론자의 길을 가는 걸까? 아니면 종교라는 체계와 교리 안에 갇혀있는, 그래서 그들이 참된 영성을 맛볼 수 없는 그런 종교들이어서 선택하지 않는 것일까?[1] 필자는 이러한 이들에게 기독교 복음 및 세계관, 또는 기독교적 가치를 전할 수 있는 적절한 도구로서 '선교적 해석학'으로 성경읽기를 제안하고자 한다.

김형석은 구약의 창세기나 신약의 사복음서는 비단 기독교 신자들만이 아닌 모든 사람들이 읽어야하는 고전 중의 고전이라고 말한다.[2] 그런데 어

---

1) 전세계 49개 언어로 번역되어 베스트셀러로 2천만부 이상 팔려나간 윌리엄 폴 영(William Paul Young)의 원작소설을 영화로 만들어 2017년 상반기에 개봉된 〈오두막〉*The Shack*은 기독교(또는 종교)가 이러한 비인격적 시스템인 종교단체를 표방하는 것이 아니라, 삼위일체 하나님의 긴밀한 관계적 사랑에 기초해야 함을 잘 통찰하고 있는 작품이다.

2) 김형석, 『예수: 성경 행간에 숨어있던 그를 만나다』 (고양: 이와우, 2017), 290.

디 그뿐이겠는가? 사실 전체성경은 **메타내러티브**로서 세상 모든 사람들에게 그들의 삶의 근간이 될 하나의 이야기를 제공해준다. 성경 이야기가 보편적인 메타내러티브가 된다는 전제하에 본글은 다음과 같이 진행될 것이다. 우선 인간의 삶에서 이야기의 중요성에 대해 논할 것인데, 특히 리쾨르의 '이야기 해석학'을 통해 설명할 것이다. 이어서 선교적 해석학(missional hermeneutics)으로 성경을 읽는 것이 독자들에게 메타내러티브의 역할을 한다는 것을 보일 것이다. 다음으로 기독교대학 교양교육의 현장에서 '선교적 해석학'을 활용하여 성경을 가르친 데 대한 학생들의 피드백을 일일이 제시하고 분석할 것이다. 이러한 실례를 통해 선교적 해석학이 기독교인/비기독교인을 막론하고 모든 사람들에게 메타내러티브로서의 기능을 행사할 수 있음을 주장하려 한다.

II. 이야기 해석학: 리쾨르

인간은 이야기적 존재이다. 모든 인간은 자신들의 삶을 통하여 여러 이야기들을 만들어가면서 살아가고 있고, 또 동시에 자신들이 옳다고 믿는 이야기들에 의해서 살아가고 있기도 하다. 즉 스스로 이야기를 구성하면서도 이야기에 의해 구성되는, 본질적으로 이야기로 말미암아 살아가고 있다고 말할 수 있다. 이는 사람들이 그토록 이야기를 좋아하는 것만 보아도 알 수 있다. 사람은 평생 시, 소설, 수필, 만화, 영화, 연극, 드라마 또는 노래의 가사 등등 자신이나 다른 사람들의 수많은 이야기들을 물리지도 않고 끊임없이 듣고 싶어 하는 존재이다. 사람들이 서로 만나서 수다를 떠는 것도 실은 크고 작은 소소한 이야기들을 나누기 위해서다. 심지어 기독교의 신, 하나님도 인간이 그토록 좋아하는 이야기를 함께 나누자고 그분과의 기도에로 초청하신다.

이제 리쾨르(Paul Ricoeur)의 '이야기 해석학'을 간략히 소개함으로써 역사 내적 존재인 인간에게 있어서 이야기의 의미와 더불어, 성경을 이야기로 다루는 것의 중요성을 함께 고찰해보려 한다. 리쾨르의 해석학은 '이야기 해석학, 상징 해석학, 은유 해석학, 증언의 해석학, 회복의 해석학, 행동의 해석학' 등으로 요약할 수 있다.

상징 해석학은 거룩한 것을 상실한 현대인에게 거룩한 것을 되찾아주려는 시도다. 리쾨르가 전통적 철학언어인 논리적 언어보다 은유, 비유, 상징, 이야기에 비중을 두는 것은, 해석이 필요없는 과학적 · 논리적 언어보다 **해석이 필요한 비논리적 언어가 표현하는 의미와 세계를 통해 인간이 더 잘 이해한다고 보기 때문**이다. 상징은 생각을 낳고 은유는 현실을 재기술한다. 언어로 인해 잃어버린 세계를 은유가 다시 기술해주며 현실을 새로이 조명하게 한다. 은유는 의미의 잉여(剩餘)를 낳고 은유가 재기술한 세계를 '이야기'가 삶의 영역에 적용하도록 요구한다. 상징, 은유, 이야기 해석학은 철학, 언어학, 문학, 역사, 신학, 예술 등과 교류함으로써 그 본래 특징을 잘 드러낼 수 있다.[3)]

리쾨르의 해석학은 하이데거와 가다머가 해석학의 방향을 '존재'와 '언어'에 둔 전통과 같이 간다. 이들에게 해석학의 가장 중요한 핵심은 인간을 해석하는 것이다. 그의 인간이해는 직접적으로는 불가능하며 간접적인 매개와 해석을 필요로 한다. 상징과 은유와 이야기 같은 것이 풍부한 인간이해를 가능하게 한다. 인간은 시간 속에 존재하는 고로 인간을 이해하려면 시간경험을 알아야 한다. **다양한 인간의 시간경험은 '이야기'를 통해 보다**

3) 강아람, 『선교와 해석학』 (서울: 케노시스, 2016), 233.

잘 이해된다. 이야기는 시간 속에 사는 인간의 역사이다. 이야기는 정체성을 확보해준다. 리쾨르의 시간개념은 공적 시간과 사적시간의 두 가지인데, 후자는 죽음을 면할 수 없는 물리적 · 자연적 시계의 시간(mortal time)이며,[4] 전자는 죽지 않는 시간으로 이야기 자체의 시간 곧 이야기체 담론의 시간을 말한다. 즉 개체들의 죽음 후에도 계속되는 언어자체의 시간이다. **인간이 시간 속에 산다는 말은 죽음을 면할 수 없는 사적시간과 언어의 공적시간 사이에 산다는 뜻**이다.[5]

리쾨르의 성서해석학은 증언의 해석학이다. 성서의 증언도 은유 · 상징 · 신화 같은 문학형식의 시적담화로 들려진다. **성서해석의 과제는 성서언어의 시적기능으로 들려오는 계시에 대한 증언을 듣는 것**이다. 그에 따르면 해석자는 성서의 증언에서 자신의 '존재를 위한 노력과 욕구'를 발견할 때 자아의 주장과 요구가 박탈된다. 스스로 의미의 원천이 되려는 자아의 모든 시도는 '하나님은 누구신가?'라는 물음 앞에 포기된다.[6]

리쾨르는 의미—해석학자가 보는 텍스트의 의미(sense)—를 추구하였다. 의미를 직접적 명증성에 두는 철학의 옛 흐름에 반하여 의식의 불명료성, 이데올로기적 왜곡, 욕망으로 인한 은폐를 주장하는 의혹의 철학자들을 지지하였다.[7] 의미는 절대명증한 자기의식의 산물이 아니므로 상징, 은유, 이

4) 하이데거가 '실존'을 죽음을 향한 존재(Sein-zum-Tode)라고 했을 때의 의미이다.

5) 정기철, 『상징, 은유 그리고 이야기』(서울: 문예출판사, 2002), 23.

6) 윤철호, 『신뢰와 의혹: 통전적인 탈근대적 기독교 해석학』(서울: 대한기독교서회, 2007), 371.

7) 리쾨르는 '의심의 해석학'을 '긍정의 해석학'과 변증법적으로 수용하여 프로이트, 마르크스, 니체의 해석학을 접목한다. 일상적 의식이란 욕망과 지배와 의지에 대한 의식일 뿐, 투명한 의식이 아니므로 의심의 해석학을 통해 자기의식의 관념론적 오류를 밝혀야 한다. 한편 하이데거와 가다머가 전개하는 (존재)긍정의 해석학을 통해서는 잃어버린 의미를 되찾는다. 인간은 유한하고 잘못을 범하기에 절대적 해석을 주장할 수 없고 신이 아니기에 절대적 해석을 하지 않는 것이 옳다. 동시에 사유와 철학을 포기해서도 안 된다. 리쾨르는 절대적 해석을 부정하면서 의심과 긍정의 해석학의 화해를 추구한다. 주체의 고고학과 목적론이 함께 가야

야기 같은 텍스트를 통해 산출된다. 텍스트는 텍스트 자체의 삶과 역사와 문화를 상징화하거나 이야기한 것이다. 인간은 텍스트를 통해 주어졌고 텍스트를 통해 얻은 의미로써 자기존재에 의미를 부여한다. 의미는 직접적이고 투명한 것이라기보다 간접적이고 해석이 필요한 것이다.[8] 그는 서구의 주체철학과 의식철학에서 돌이켜, 반성철학과 분석철학으로 현대 해석학을 수립하였다.

나아가 리쾨르는 텍스트, 행동, 역사를 한데 묶어 이 모두를 관통하는 하나의 해석학을 추구한다. 쓰인 것만 텍스트로 본다면, 쓰이지 않은 것은 배제된다. 그럴 때 인간의 행위나 역사, 또 인간 자체는 어찌되는가? 결국 해석해야 될 것은 인간이 아니던가? 인간의 행위는 '유사텍스트'이기 때문에 해석되어야 한다. 인간의 행위는 늘 상징적으로 구조화되어 있고 기호나 문화전통, 규범에 의해 해석된다. 즉 인간행위는 직접적 현실이 아니며 늘 상징화되었고 재상징화된 행위이다. 인간의 행위는 언어화되어야 이해된다. 언어, 특히 상징과 은유와 이야기는 존재를 풍부하게 드러낸다. 언어는 존재를 드러내고 미처 다 드러내지 못한 것을 재기술하고 왜곡된 것을 바로잡는다. 언어의 창조성은 해석학자들이 우선적으로 탐구해야 할 주제다.[9]

리쾨르의 '이야기 해석학'으로 포스트모던 기독론의 중심주제인 역사적 예수와 신앙의 그리스도 문제에 대한 해법도 찾을 수 있다. 이야기 해석학에서 핵심개념은 시간성(역사성)이다. **그의 해석학에서 '이야기'는 특수한 인지적 기능을 지닌 본질적 요소다. 이야기가 없다면 우리는 인간의 시간성**

한다. 기독교 종말론이 이를 종합한다. 처음을 이해하려면 끝을 통해 보아야 하고, 끝은 처음이 있어야 가능하다. 신과의 화해를 통해서야 완전무결을 꿈꿀 수 있는 불완전한 인간은, 종교적 상징이 있기에 꿈꾸기가 가능하다. 정기철, 『상징, 은유 그리고 이야기』, 17-19.

8) Ibid., 26.

9) Ibid., 25, 27.

을 이해가능하게 만들 수 없다.[10] 상징처럼 이야기도 생각을 불러일으킨다. 신학에서 이야기는 시간 속의 인간존재를 이해 가능케 하며 인간의 시간성을 새롭게 정위한다.

종말론적 완성의 비전을 제시하는 성서언어들은 '역사 같은' 은유 · 상징 · 이야기일 뿐만 아니라 하나님께로서 주어진 역사적 계시사건, 즉 예수 그리스도의 성육신, 십자가, 부활에 기초한 계시언어다. 또 지식의 궁극적 토대에 대한 종말론적 지평에서 신학적 논증을 가능케 하는 논리적 언어이기도 한다. 따라서 신학의 우선되는 과제는 텍스트 내재성의 틀에서 경험된 하나님의 계시와 구원의 진리를 해석하고 증언하는 일이 된다. 다음으로 텍스트 외재성 패러다임과의 변증법으로 1차적 소박성(naïveté)으로의 신앙을 비판 · 교정 · 변혁함으로써 2차적 소박성으로 하나님의 부르심을 새롭게 들으면서, 성서텍스트와 교회 밖의 종교문화 전통 및 사회정치적 현실에서 기독교의 진리가 이해되도록 재해석하고 실천하는 일이다.[11]

리쾨르의 '이야기 해석학'을 통한 필자의 강조점은, 이야기와 인간 삶의 긴밀한 관계성, 그리고 성경을 이야기로 다루는 것이 성경의 독자들과 연결되는 의미심장함을 포착하는 데 있다. 실상 리쾨르의 해석학은 대단히 방대하고 조밀하다.[12] 여기서는 이쯤에서 인간과 이야기, 성경과 이야기의 긴밀한 관계성과 그 이해와 해석에 관한 논의를 마치고, 연이어 신구약성경에 일관되게 흐르는 거대서사인 하나님의 선교 이야기를 '선교적 해석학'

---

10) 시간과 이야기는 서로를 지시한다. 시간은 어떤 이야기에 의해 정위됨으로써 비로소 인간의 시간인 반면, 이야기는 시간경험의 여러 계기를 묘사하는 정도에 따라 비로소 의미가 주어진다. Paul Ricoeur, *Temps et récit*, Bd. 1 (Paris, 1983), S. 17; 한스 인아이헨/문성화 역, 『철학적 해석학』(서울: 문예출판사, 2002), 261에서 재인용.

11) 윤철호, 『신뢰와 의혹: 통전적인 탈근대적 기독교 해석학』, 606.

12) 폴 리쾨르의 해석학 이론에 보다 관심이 있다면, 필자의 책을 참고하라. 강아람, 『선교와 해석학』(서울: 케노시스, 2016), 87-96, 306-312.

이라는 이름으로 살펴보고자 한다.

III. 신구약을 관통하는 하나님의 선교 이야기: 선교적 해석학

최근 점점 더 많은 학자들이 신구약성경을 유기적으로 연결하여 읽어야함을 강조해오고 있다. 보캄(Richard Bauckham)은 성경에 나타나는 메타내러티브는 포스트모더니즘이 거부하는 거대담론—다른 모든 이야기를 억누르는 공격적이고 전체주의적인 이야기—이 아니라고 강조한다. 즉 다양한 내용을 망라하는 하나의 포괄적인 이야기지만, 그 밖의 모든 것을 편협한 통일성으로 축소하는 속박이 아니라 다양성, 긴장, 도전, 표면상의 모순에 열려있는 통일성이라고 주장한다.[13] 유사한 맥락에서 크리스토퍼 라이트(Christopher Wright)의 선교적 해석학도 전체성경이 매우 다양한 작은 이야기들을 포함하고 있으면서도 하나의 큰 거대서사를 이룬다고 주장한다.[14] 그리고 그 거대서사의 주제는 **하나님의 선교**(*missio Dei*)이다. 라이트는 이처럼 하나님의 선교라는 중대한 관점에서 전체성경을 읽는다는 것은, 이에 비추어 전체성경의 세부들을 읽는다는 뜻이며 바로 이것이 선교적 해석학의 핵

13) Richard Bauckham/강봉재 역, 『세계화에 맞서는 기독교적 증언』 (서울: 새물결플러스, 2010), 119-123.

14) 크리스토퍼 라이트의 '선교적 해석학'에 대해서는 필자의 다음 글들을 참고하라. 강아람, "성경에 대한 선교적해석학 연구: 언약개념을 중심으로," 「선교신학」 제33집 (2013); 강아람, "선교적교회론의 성경적 근거: 크리스토퍼 라이트의 선교적해석학 중심으로," 「선교신학」 제34집 (2013).

심적 전제라고 말한다.[15]

그런데 여기에서 성경을 신조에 대한 안내서나 교리를 모아 엮은 책으로 이해하는 것과 달리, **'이야기'**로 이해하는 것이 무엇보다 중요하다. 리쾨르가 지적했듯이, 이야기로서의 성서는 하나님의 진리를 인간적인 이야기로 만들어주고 인간화시켜 준다. 그럼으로써 세대를 초월해 다른 인간적인 이야기들과 잠정적인 관련을 맺게 해준다. 마이어즈(Bryan Myers)의 말을 들어보자.

> 성서의 이야기는 "우리의 이야기들은 무엇을 위한 이야기들인가? 그 이야기들은 어디로 가고 있는가? 누구의 이야기가 진짜 참된 이야기인가?"라는 질문의 답을 찾는 데 큰 도움을 주는 하나의 틀을 제공한다. 모든 공동체가 가진 이야기는 어떻게 시작되는지, 왜 그 이야기는 고통과 불의와 투쟁으로 가득차 있으면서도, 기쁨과 사랑스러운 관계들과 소망으로 가득한지를 설명해준다. 그 공동체의 이야기들이 어떻게 … 그들을 창조주께서 의도한 방향으로 다시 되돌아서게 하는지 답을 제공하고, 하나님나라의 은유를 통해서 가장 좋은 인간이야기가 어떤 것인지를 묘사해준다. 또한 우리의 모든 이야기들이 어떻게 끝날 것인지를 이야기해준다. 가장 중요한 것은 우리의 이야기들이 무엇을 위한 것인지를 배울 수 있다는 점이다. 그것은 한분 참 하나님을 예배하기 위한 것이다.[16]

그렇다. 모든 인간의 세계관은 어떤 이야기의 산물이다. 사람들은 그들이 참되다고 믿거나 그럴싸하다고 생각하는 이야기(들)에 의해 살아간다.

---

15) Christopher Wright/정옥배 · 한화룡 역, *The Mission of God*, 『하나님의 선교』 (서울: IVP, 2010), 76-80; 강아람, "비일(G.K. Beale)의 '성전신학'으로 보는 선교적 해석학," 「선교신학」 제44집 (2016), 23에서 재인용.

16) Bryan Myers, *Walking with the Poor: Principles and Practices of Transformational Development* (Maryknoll: Orbis, 1999), 11-12.

여기 바로 그 이야기(The Story)가 있다. 창조부터 새 창조까지 펼쳐지는 원대한 우주적 이야기와 그 사이에 있는 모든 것에 대한 이야기다. 하나님은 이야기의 창시자, 이야기를 말씀하시는 분, 이야기의 주인공, 이야기 줄거리를 계획하고 인도하시는 분, 이야기의 의미, 이야기의 궁극적 완성이시다. 하나님이 처음과 끝이며 중심이시다. 그것은 다른 어느 누구도 아닌 바로 이 하나님의 선교의 이야기다.[17] 크리스토퍼 라이트는 이 하나님의 선교를 모든 실상, 창조, 역사, 우리 앞에 놓인 모든 것의 핵심으로 이해할 때 철저하고 완전한 하나님 중심 세계관이 생겨난다고 다음과 같이 주장한다.

> 하나님의 선교를 모든 존재의 중심으로 놓는 이 세계관은 체제 전복적이며, 거대한 틀안에서 우리 자신의 위치를 불편하게 상대화시킨다. 그것은 분명 자기중심적 강박관념에 사로잡혀있는 많은 서구문화(심지어 서구 기독교문화까지도)에 대한 건강한 교정책이다. 그것은 작은 세계가 제공하는 안락한 자아도취에 빠져들기 좋아하는 우리에게 큰 그림에 눈을 뜨라고 끊임없이 강요한다.[18]

성경은 특정한 지역적 사건들을 신학적 주장의 기초로 삼고 있다. 성경은 모든 것을 추상적 견지가 아닌 구체적인 관계적 견지에서 바라보면서 미시적 이야기라는 매체를 통해 이러한 일을 하고있다. 성경은 문화적, 지역적, 관계적, 설화적 특성을 환영하면서도 이러한 다양성, 지역성, 특수성에도 불구하고 하나의 큰 이야기로 구성되어있다고 할 수 있다. 이 큰이야기에서 바로 하나님의 역사가 나온다. 하나님나라 이야기를 전하는 하나님의 선교의 이야기는 창조부터 새 창조까지 분명하게 나타나는 거대서사다. 그것은 보편적 주장을 가진 일관된 이야기지만, 특정한 문화적 다양성

17) Christopher Wright/정옥배 · 한화룡 역, *The Mission of God*, 『하나님의 선교』, 671-672.
18) Ibid.

을 지닌 인류를 긍정하는 이야기이기도 하다. 이것은 모든 작은 이야기들에 분명한 위치와 궁극적 의미를 부여해주는 보편적 이야기이다.[19]

필자는 〈현대인과 성서〉라는 기독교대학 교양필수 과목에서 성경을 내러티브 방법으로 가르치고 있다. 만일 신학교에서 동일한 교재를 사용해서 가르친다면 '선교적 해석학'이라는 과목으로 개설할 수 있는 교재를 사용하고 있다. 즉 성서학자인 크레이그 바르톨로뮤(Craig Bartholomew)와 선교학자인 마이클 고힌(Michael Goheen)이 공동 저자인 『성경은 드라마다』라는 책[20]을 수업 주교재로 사용하고 있다. 이 책은 성경을 드라마로 간주하고 6막으로 나누어서 기술하고 있으며 성경이야기를 '거대서사'(grand narrative) 또는 '메타내러티브'로 소개한다. 책의 앞표지에 인용된 "기독교의 목적은 세상 전체에 대한 한 이야기를 제공하는 것이다"(톰 라이트)라는 말이 메타내러티브를 잘 정의하고 있다. 또 뒤표지에는 "**막이 오르면, 성경과 세계와 당신의 이야기가 펼쳐진다!** 성경은 하나의 큰 이야기다. 창조, 타락, 이스라엘, 예수 그리스도, 선교, 새 창조라는 총 6막으로 된 드라마에 비유하여 성경을 안내하는 본서는, 이야기로서의 성경읽기라는 최근의 중요한 흐름을 평신도를 위해 쉽게 풀어 쓴 탁월한 입문서이자 기독교 세계관의 성경적 기초를 놓아 주는 책이다"[21]라고 핵심적으로 소개되어 있다.

이에 아래에서는 본 교재를 사용하여 수업을 받은 학생들의 피드백을 집중적으로 검토할 것이다. 필자는 수년간 몇몇 신학교에서 '선교적 해석학'을 강의했다. 기독교대학으로 이직한 후, 전체 학생의 80% 내외의 비기독교인(무교 포함)과 20% 내외의 기독교인 학생들을 대상으로 같은 반(class)에

19) Ibid., 55.

20) 크레이그 바르톨로뮤(Craig Bartholomew), 마이클 고힌(Michael Goheen)/김명희 역, 『성경은 드라마다』(서울: IVP, 2009).

21) Ibid., 뒷표지.

서 '선교적 해석학'으로 성경을 가르치는 시도를 했다. 이전에는 당연히 기독교인, 아니 그중에도 목회자 후보생들 앞에서만 이 주제를 강의했었고 그 당시만 해도 비기독교인들 앞에서 이 주제로 강의할 것이라고는 상상도 못했다. 그런데 예상외로 놀라운 경험을 하게 되면서 필자 스스로 이 글을 쓰도록 고무되었으며, 다음 장에서 그 내용을 기술하려 한다.

Ⅳ. 선교적 해석학을 활용한 성경 교수법

A. 수강생들의 수업 피드백

이제 수업의 방식과 내용에 관한 본 교수자의 질문에 대한 학생들의 피드백을 분석하고자 한다. 〈현대인과 성서〉라는 수업의 중간고사를 치르면서(2017년 4월 27-28일) 가장 마지막 문항에 **"기독교경전인 성경의 내용을 드라마로, 내러티브로 배우는 장단점을 자유롭게 써보세요"**라고 요청하여 주관식 설문을 진행하였다. 두 반(class)을 합쳐 총 90명(54명+ 36명)의 학생들이 설문에 참여하였다.[22] 그 중에 20명은 전혀 응답하지 않았으므로 70명의 응답자가 답한 내용들을 분석하며 살펴볼 것이다.

이 피드백에서 무엇보다 필자가 가장 중요하게 관찰하려는 점은, 내러티브로 드라마로 성경을 접한 학생들이 신자/비신자를 막론하고 메타내러티브로서 성경 이야기의 힘과 기능을 경험했는가이다. 즉 성경의 거대서사를 자신들이 평생 붙들고 기대어 살아갈 수 있는 주된 이야기로 경험했는

22) 한 반은 세 개 학과 학생들이 섞여있는 반이었고, 다른 한 반은 두 개 학과 학생들이 함께 수강하는 반이었다.

가 이다. 다음으로는 성경을 내러티브로 드라마로 접한 학생들이 이 접근법과 교수법의 장점을 경험적으로 어떻게 느꼈는지를 파악하려는 것이다.

성경을 내러티브로 드라마로 가르친 데 대한 피드백 중에서 가장 많이 나온 반응은, 기존에는 쉽게 접하기 어려웠던 기독교 경전인 성경의 내용을 '이야기'로 배우다보니 일단 재미있고 지루하지 않았으며, 쉽게 기억이 되고 이해하기 쉬웠다는 응답이었다. 또 많은 비기독교인 학생들이 이야기의 플롯(plot)을 따라가면서 이해하다가 궁금증이 유발되는 부분들을 인터넷 검색 등을 통해 직접 찾아보게 되었다고 응답했다. 또 구약성경의 맨처음 창세기부터, 소위 일반역사로 불리는 세상에 대한 하나님의 기획의 시초부터 이야기의 내용을 접하다보니 생각보다 기독교가 자신들의 삶에서 더 가까이 느껴진다고 하면서, 성경 이야기 속에 바로 자신의 자리가 들어있음을 깨닫게 되었다고 고백하는 학생들도 있다. 뿐만 아니라 전에는 좀처럼 이해되지 않았던 기독교인들의 말과 행동이 이해가 된다는 언급도 하였다. 그러면 학생들의 말을 직접 들어보자.

크게 몇 가지로 나누어 서로 유사한 언급들을 묶어서 살펴보겠다. 여러 가지 측면을 한꺼번에 언급한 학생들도 많지만, 그들 각자가 말하려는 주된 취지를 중심으로 분류하였다. 몇몇 학생이 아주 유사한 표현을 사용해서 언급한 경우는 반복적으로 싣지 않았다. 그럼에도 유사하게 겹치는 부분들은 있을 것이다. 어법이나 맞춤법은 치명적인 실수 외에는 학생들이 쓴 표현을 그대로 옮겨놓았다. 그리고 기재하는 순서는 임의적으로 하였다.

1. 성경에 대한 거부감 없이 보다 친근하게 다가갈 수 있었다.(정서적 측면)

- 생각보다 친근하고 가깝게 성경에 다가갈 수 있었다.
- 일단 성경이 편하게 다가왔다.
- 내용을 좀더 쉽고 편하게 접할 수 있어서 좋았고 부담감없이 읽을 수 있었다.

- 일단 거부감이 줄어들었고 이해가 쉽다.

- 나는 그리스도인이지만, 특히 교회에 다니지 않는 친구들이 성경을 쉽게 배우는 데 많은 도움이 될 것 같다고 느꼈다.

- 이런 식으로 배우는 것이 같이 공부하는 비기독교인 친구들에게 부담이 적을 것 같다.

- 비기독교인이나 성경 전체를 접해보지 않은 사람들에게 전반적인 성경의 내용을 배울 수 있어서 부담감이 적다.

- 나는 기독교인임에도 기초성경지식이 없었는데 이 수업과 〈성경은 드라마다〉라는 교재를 통해 성경에 친숙하게 다가갈 수 있었다. 그러면서 성경에 대한 지적인 호기심도 커지게 되었다.

- 어렵지 않고 교양느낌이라 비기독교인들이 받아들이기에 거부감이 덜하다.

- 비기독교인으로서 무겁거나 지루해질 수 있었을텐데 문학적 텍스트로 받아들이니 수용하기에 부담스럽지 않았다.

2. 성경이 딱딱하고 난해하고 지루할 것이라 생각했었는데, 의외로 성경 이야기가 재미있고 쏙쏙 들어와서 이해가 잘 되고 기억도 잘된다. (인지적 측면)

- 성경을 드라마로 내러티브로 배우니 스토리와 함께 이해되어 기억하기 쉬웠다.

- 처음 접하는데도 불구하고 성경의 내용이 딱딱하지 않고 재미있게 다가왔다.

- 이야기로 배우니까 배경지식이 없는데도 지루하지 않고 이해가 되었다.

- 성경이 무슨 내용인지 도대체 이해가 되지 않고 어려운 부분이 많아 읽기가 힘들었는데, 이번에 내러티브로 배우면서 이해가 쉽고 재미있게 성경에 접근할 수 있었다.

- 원래 알고 있던 내용이든 모르고 있던 내용이든 간에 이야기 형식으로 배우니까 머리에 더 잘 들어온다. 책을 읽을수록 여러 가지 사건들의 의미가 점점 더 와 닿고 까먹지도 않는다.

- 나는 기독교인이지만 성경을 통독한 적이 없다. 성경 내용이 복잡하고 이해하기 힘들다

고 생각했었는데 이 수업에서 성경의 내용을 드라마로 배우면서 쉽고 재미있었다. 앞으로도 신앙생활을 하며 하나님이 원하시는 일로 하나님께 순종하며 살아가야겠다고 다짐하게 된다. 이 수업이 내 믿음을 견고하게 만들어준 것 같아 감사하다.

- 그냥 설명식으로 서술된 책보다 흥미롭고 눈길이 가고 이해가 잘 된다.

- 나는 교회에 다니지 않는 기독교인인데 이 책을 통해 성경을 한 편의 소설처럼 재미있게 소화하고 있다.

- 성경이라고 하면 굉장히 딱딱하고 두꺼운 책이라는 인식을 해왔었는데 이렇게 누군가가 이야기를 들려주는 식으로 배우게 되니 부드럽게 이해가 되어서 좋다.

- 기독교인이지만 성경이 너무 길고 내용이 어려워서 끝까지 읽어본 적이 없는데 드라마로 배우다보니 일단 흥미를 갖게 되고 몰입하게 되어서 참 좋다.

- 기독교인 비기독교인을 막론하고 성경은 어렵고 딱딱하고 이해하기 힘든 글이라고 생각한다. 따라서 성경을 하나의 이야기로 생동감 있는 드라마로 배운다는 것은 가장 중요한 일일 것이다. 마치 중고등학교 때 한국사를 이야기로 배우면 귀에 쏙쏙 잘 들어오고 이해도 잘되고 머리 속으로 상상하여 나의 것으로 만들 수 있었듯이 말이다. 어떤 공부도 큰 흐름을 알고 공부하는 것이 가장 중요하듯이 성경 또한 큰 흐름부터 시작해서 그 속의 다양한 사건들과 교훈들을 배울 수 있을 것이다.

- 전에는 재미없고 졸리다는 생각이 많이 들었는데, 이전에 듣던 목사님의 말씀도 이해가 되었고 성경의 주된 내용이 무엇인지 쉽게 이해되었다.

- 내용의 이해가 보다 수월하였다.

- 이야기라서 성경의 내용을 받아들이고 이해하는 데 쉬웠다.

- 나는 기독교인인데도 성경의 내용을 잘 몰랐었는데 이야기로, 드라마로 배우니까 이해가 쉽고 잘 기억되고 심지어 다른 사람에게 설명할 수도 있게 되었다.

- 비기독교인인 내가 성경을 달리 배웠다면 이해하지 못했을 내용들을 드라마로, 이야기로 배웠으므로 어느 정도 이해했던 것 같다.

- 기독교 경전인 성경은 원문을 번역했기 때문에 살짝 어색한 부분들이 있어 이해하는 데 어려움이 있는데, 이야기로 배우니까 이해가 쉽고 공감이 되었다.

- 성경을 드라마로 내러티브로 배우니까 아주 옛날에 써진 성경을 현대의 독자들이 이해하기 쉽게 읽을 수 있었다.

3. 성경 내용의 전체 흐름과 맥락을 분명히 파악할 수 있었다. (성경을 통으로 읽게 됨)

- 성경을 하나의 이야기로 읽다보니 하나님의 목적이 강조된다고 생각되며 이해도 쉽다. 또 전체적인 구조를 이해하고 세세한 부분으로 들어가는 느낌이라 이해도 쉽고 좋다.
- 기독교인인 나에게, 성경의 내용이 간략하게 요약되고 핵심적인 것들을 놓치니 않아서 좋았으며 성경을 다시 앞에서부터 복습하는 효과를 가져다주었다.
- 토막토막 알고 있던 이야기가 하나로 이어지는 큰 흐름을 가지고 있다는 것을 알게 되어서, 지루하게만 느꼈던 구약의 앞부분까지도 흥미롭게 다가왔다. 앞으로 설교말씀을 들을 때도 큰 도움이 될 것 같다.
- 성경의 전체맥락을 쉽게 이해하게 되어 질리거나 피곤해지지 않아서 좋았다.
- 교회에서 매주 띄엄띄엄 듣게 되는 성경말씀을 통해서는 구체적이거나 전체적으로 성경의 이야기를 알 수 없었는데 이 수업과 교재를 통해 성경 내용을 더욱 쉽게 이해할 수 있었다.
- 비기독교인으로서 이러한 내러티브를 통해 전후사정을 이해하며 성경을 따라가다 보니 큰 어려움 없이 기독교의 세계관을 이해할 수 있어서 좋았다.
- 이미 알고 있던 성경 속 이야기들이 하나의 이야기 속에서 맞춰지는 듯한 느낌을 받아서 좋았다.
- 기존에는 교회의 설교를 통해 성경 내용을 파편적으로 알고 있었는데 내러티브로 배움으로써 성경의 전체적인 내용을 한눈에 그 흐름을 파악하며 전체적으로 조망할 수 있어 좋았다.
- 성경을 잘못 이해하는 것을 방지할 수 있다.
- 나는 기독교인으로 성경을 몇차례 완독했지만 그 내용이 방대하고 말이 어려워 모든 내용을 숙지하거나 이해하는 것이 어려웠다. 창세기 출애굽기 순으로 읽을 때 역사적인 사

것들은 어느 정도 눈에 들어와도 그 외의 부분들은 도대체 무슨 말을 하는 건지 무엇을 원하는 건지 알 수 없었다. 그런데 성경을 드라마로 하나의 이야기로 배웠더니 성경이 무엇을 전하고 싶은 것인지 명확히 알 수 있었다. 그리고 그 모든 이야기의 목적이 하나님께서 창조세계 전체에 복주시기 위한 것임을 알 수 있었다. 앞으로 성경을 읽을 때 좀더 큰 이야기 속에서 성경을 바라볼 수 있을 것 같고 성경을 더욱 잘 이해할 수 있을 것 같다.

4. 교재에는 나오지 않는 성경의 세세한 내용들에 대한 호기심이 생겼다. (후속적 성경 학습에 대한 관심 유발됨)

- 평소 멀게 만 느껴졌고 어려운 책이라는 인식이 박혀있던 성경을 현대적 해석이 들어있는 드라마로, 내러티브로 배우니 훨씬 쉽게 다가왔으며 호기심도 많이 생겼다.
- 성경에 흥미를 점점 느끼게 되었고 생각할거리를 얻었다.
- 깊은 내용보다는 전체의 흐름 위주로 배우다보니 궁금하고 의문이 생기는 부분은 자신이 직접 찾아보게 되어 능동적으로 성경을 대할 수 있게 되었다.
- 성경을 완전히 처음 보는 나로서는 줄거리에 초점을 맞추어 배우기 때문에 거부감이 덜하고, 일단 재미있다. 방학 때 성경을 직접 읽어보려 한다.

5. 구약성경의 맨처음, 세상에 대한 하나님의 기획의 시초부터 접하다보니 기독교가 나의 삶에서 멀지 않게 느껴지고, 그 이야기 속에 나의 삶의 자리가 들어있음을 깨닫게 되었다. (성경 독자들이 자신의 삶과 성경 이야기와의 관련성을 인식하게 됨)

- 성경을 본보기로 하여 내 인생의 지침이 될 교훈들을 알아가게 되었다.
- 이야기로 배우다보니 내 자신의 경험과 비교해 성경의 가르침을 반영하는 데 도움이 되었다.
- 종교적 사상이나 신앙에 무지한 일반인들을 상대로 성경을 내러티브 형식의 드라마로 가르친다는 것은 신이 인간에게 '말해주어' 인간이 이에 공감하고 결과적으로 신앙심을

갖게 되는, 성경이라는 문학의 본질적인 장점이자 특성을 전달하는 데 큰 공을 세운다고 생각한다.

- 비기독교인인 저로서는 다가가기 어려웠던 성경을 마치 문학과 같은 하나의 이야기로 받아들이고 그렇게 배우게 되니 보다 접근성도 좋고 이해가 잘 되었다. 수업을 통해 성경 이야기와 그를 기반으로 한 기독교인들의 시각을 배워나가면서 세상을 바라보는 또 다른 시각을 얻게 되어 좋다.
- 성경을 6막의 드라마로 배운다는 것은 성경의 내용을 좀더 짜임새 있게 체계적으로 배울 수 있는 것 같다. 또한 성경을 사실에 기반한 이야기로 배우게 되면 우리의 삶과도 밀접한 관련성이 생기게 됨으로 써 성경의 이야기에 더욱 관심을 가지고 친밀하게 배울 수 있다고 생각한다.
- 이러한 내러티브를 통해 전후사정을 이해하며 성경을 따라가니 비기 독교인인 저도 큰 어려움 없이 기독교 세계관을 이해할 수 있었던 거 같다. 그리고 우리 삶에 기독교 세계관이 생각보다 가까이 관련되어 있다는 걸 알게 되었다.

6. 기독교인들의 말과 행동에 대해 좀더 이해할 수 있을 것 같다.

(오해 불식)

- 이번 수업의 경험으로 인해 이러한 방식은 성경을 이해하는 데 매우 효과적이라고 느꼈다. 비기독교인 인데도 성경의 내용이 재미있게 느껴졌고 기독교인들이 왜 그런 행동을 하는지도 이해하게 되었다.
- 이러한 수업을 통해 성경의 내용을 통일되게 배우다보니 기독교인들이 왜 그렇게 하나님을 높이는지 알게 되었다. 기독교인들에 대한 오해를 많이 가졌던 것 같다.

지금까지 선교적 해석학을 통한 성경 교수법의 피드백 내용들을 굳이 몇 가지로 나누어서 열거해 보았다. 지금부터는 수강한 학생들의 피드백으로 나온 지적들 중에서 필자가 보기에 중요한 내용들을 중심으로 분석해보려 한다.

B. '선교적 해석학'을 활용한 수업의 가능성: 수업 피드백에 대한 분석

위에서 다루지 않았지만, 선교적 해석학을 활용한 수업에 대해 학생들이 가장 많이 기술한 단점으로는, 책에서 성경의 내용(또는 인명, 지명, 세세한 용어들)을 모두 설명해주는 것이 아니라서 검색하며 읽어야한다는 점을 꼽았다.[23] 즉 학생들이 잘 모르는 부분의 내용이 생략되어 가끔 이야기가 연결이 안 되서 답답할 때도 있었다는 것이다. 특히 비기독교인 학생들이, 전체적인 흐름을 중시한 전개로 인해 세부적인 이야기들을 놓치게 될 때 곤란함을 겪었다는 것을 가장 큰 난점으로 지적하였다. 그러나 이것은 필자의 생각에 장점이 될 수도 있다. 앞에서 기재하였듯 실제로 이러한 일을 장점으로 기술한 학생들도 있었다.[24] 즉 모르는 부분에 대한 궁금증과 호기심이 유발되어서 일일이 검색하여 찾아가면서 읽게 되었다는 것이다. 그럼으로써 성경과 그에 관련된 지식을 키워갈 수 있었다고 몇몇 학생들이 피력하였다.

다른 한편, 자신이 직접 성경 자체를 읽고 스스로 깨달음을 얻기보다는 작가가 해석해준 내용을 먼저 받아들이기 때문에 선입견이 생길 수 있고, 오히려 진정한 기독교적 가치를 습득하지 못하고 피상적인 데 그치지는 않을까라는 의문이 든다고 언급한 학생도 있었다. 이러한 우려는 당연히 생길만하다고 필자는 생각한다. 그럼에도 성경을 스스로 읽고 바른 깨달음을 얻는 경지는 신자이더라도 어느 정도의 신앙의 깊이와 신학적 지식을 필요로 하는 일이므로, 비신자의 경우는 거의 불가능하다 할 수 있을 것이다. 만일 기본적으로 수업에 충실하게 임하고 잘 따라왔다면 이러한 기우(杞憂)에 빠지지는 않았을 것이다. 학생들 스스로 성경을 읽는 그 어려운 일을 도와주기 위해서 이러한 수업이 있는 것 아니겠는가.

---

23) 장점뿐만 아니라 단점까지 기술한 학생들은 대개 이러한 단점을 지적하였다.

24) "교재에 나타나있지 않은 성경의 보다 세세한 내용들에 대해 호기심이 생겼다"라는 피드백 참고.

학생들의 수업 피드백 중에서 "성경에 대한 거부감 없이 보다 친근하게 다가갈 수 있었다"는 측면은 결코 작은 것이 아니다. 거부감을 지나쳐 기독교에 대한 혐오감이 팽배한 세상에서 기독교 경전인 성경과 그를 통해 배우는 기독교 가치관에 대해 거부감이 적다는 것은 메타내러티브로서 선교적 해석학을 활용한 성경 교수법이 가진 크나큰 장점이라 하겠다. 무엇보다 첫단추가 중요하지 않은가! 거부감이 적고 친근하게 느껴진다는 것이 정서적 측면이라면, 이와 유사하더라도 "성경이 딱딱하고 난해하고 지루할 것이라 생각했었는데, 의외로 성경 이야기가 재미있고 쏙쏙 들어와서 이해가 잘 되고 기억도 잘 된다"는 평가는 인지적 측면에서 내러티브가 가진 특권을 잘 표출하고 있다고 보인다. 또 "성경 내용의 전체 흐름과 맥락을 분명히 파악할 수 있었다"는 평가는 특히 기독교인 학생들에게서 많이 나타났다. 교회에서 단편적으로 띄엄띄엄 들어서 대략 알고 있던 성경의 내용들이 하나의 큰 이야기로 통합되면서 무언가 확실하게 정리되는 느낌을 받았을 것이다. 필자는 이런 느낌이 이들에게 많은 도움을 줄 것이라 확신한다. 어느 학생의 지적처럼 앞으로도 성경을 공부하는 데 대한 자신감과 호기심이 커졌다는 언급을 보아서도 알 수 있다.[25)]

"구약성경의 맨처음, 세상에 대한 하나님의 기획의 시초부터 접하다 보니 기독교가 나의 삶에서 멀지 않게 느껴지고, 그 이야기 속에 나의 삶의 자리가 들어있음을 깨닫게 되었다"는 반응은 본글의 논지에 있어 대단히 중요하게 다뤄야 할 대목이다. 즉 메타내러티브로서 성경의 힘과 권위를 선교적 해석학으로 성경을 접한 독자들이 직접 체험했다는 사실이다.[26)]

---

25) 물론 '선교적 해석학'으로 성경을 읽는 것이 성경을 해석하는 방식의 전부가 아니기 때문에, 이런 면에서는 다소 위험하다고 생각할 수도 있을 것이다. 그러나 학생들의 수준에서 어렵고 난해한 구절들로 가득한 성경을 아무런 해석의 틀도 없이 읽는다는 것은 더욱 위험할 뿐만 아니라 오히려 성경을 더 멀리하게 만드는 일일 것이다.

26) 물론 수강생들의 이러한 체험이 메타내러티브로서 성경의 힘을 맛보는 정도였겠지만, 필

크리스토퍼 라이트가 이미 지적했듯[27] 선교적 해석학의 성경읽기는 진정한 권위의 실재이시며 성경의 궁극적 저자이신 하나님의 실재와의 접촉을 가능케 해준다. 이 말은 독자들이 하나님의 큰 이야기 속으로 빠져들어 그 속으로 독자들의 삶의 이야기를 가지고 들어가 진리가 주는 자유를 경험하게 된다는 뜻이다. 이것이 바로 메타내러티브로서 성경의 힘이고 권위이다.[28]

좀더 서술해보자. 우리가 우리의 욕망을 만족시키기 위한 성경의 본문을 자의적으로 찾아가며 성경을 대하는 것을 우상숭배적 성경읽기[29]라고 한다면, 이때 우리는 성경을 선택적으로 읽게 된다. 그러나 '선교적 해석학'은 전체성경을 하나님의 선교라는 하나의 큰 이야기로 보기 때문에 독자들이 그 큰 이야기에 이끌리고 빠져들어 읽게 된다. 우리가 자의적으로 성경을 읽는 것이 아니라, 성경이 우리를 성경의 세계 그 안으로 끌어들이게 됨으로써 그 큰 이야기 속에서 자신들의 삶의 자리를 발견하게 된다. 따라서 이러한 읽기가 우상숭배적 읽기의 위험에 빠지는 것을 막아줄 수 있다. 앞에서 선교적 해석학을 활용하여 전체 맥락을 공부하는 성경 교수법이 "성경을 잘못 이해하는 것을 방지해준다"라고 말한 학생의 피드백을 기

자는 성경 말씀이 한 개인에게 작용하여 전인적인 변화를 가져올 정도까지 이르려면 여기서부터 출발하여 지속되어 나가야 한다고 생각한다.

27) Christopher Wright/정옥배 · 한화룡 역, *The Mission of God*, 『하나님의 선교』, 61-64.

28) 필자는 다른 글에서도 '선교의 성경적 기초'(Biblical Foundations of Mission)는 성경이 권위 있는 책이라는 전제하에 선교 명령을 명시하는 성경구절들을 찾아내는 데 반해, 성경에 대한 '선교적 해석학'(Missional Foundations of Bible)은 선교와 관련하여 성경적 '권위'의 본질 그자체를 탐구한다고 주장하였다. 오도노반(Oliver O'Donovan)에 의하면, 진정한 권위란 행동에 대한 충분하고 의미있는 근거가 되는 실재의 한 차원이다. 따라서 성경의 권위는 실재—피조물의 권위 배후에 계신 참된 권위를 가지신 하나님 자신의 실재—와 접촉하게 해준다. 선교적 해석학으로 성경을 읽고 깨닫게 됨으로써 우리는 실재와 관계를 맺게 된다. 성경은 우리의 선교가 어떤 실재에 근거하는지 보여주기에 우리의 선교에 대한 권위는 성경에서 나온다. 강아람, "비일(G. K. Beale)의 '성전신학'으로 보는 선교적 해석학," 22-23.

29) 이는 숭실대 권연경 교수가 자주 사용하는 표현이다.

억할 것이다.

마지막으로 "기독교인들의 말과 행동에 대해 전보다 좀더 이해할 수 있을 것 같다"는 언급은 선교적 해석학으로 성경을 가르치는 일이 대사회적 기독교 이미지 제고에 한몫을 감당할 수 있다는 희망을 보여준다. 기독교 대학마다 기독교 정체성 함양과 제고에 애쓰고 있는데,[30] 학생들이 기독교계에서 일어나는 사건사고들로 인해, 또는 기독교인들의 신중하지 않은 무례한 언행들을 접하며 기독교 이미지를 왜곡되게 가지기 이전에, 학교에서 기독교와 그 경전에 대한 올바른 종교교육을 통해 기독교를 바르게 바라볼 수 있도록 해야 할 것이다.

몇몇 학생은 기독교인과 비기독교인 학생들이 함께 기독교적 주제를 가지고 같은 수업시간에 서로 토론하고 생각을 나누었던 것이 아주 인상적이었다고 언급하기도 하였다.[31] 필자 또한 이러한 장면을 지켜보는 교수자로서 감명 받지 않을 수 없었다. 조별발표를 하고 질의응답을 주고받을 때 비기독인 학생들이 제기한 질문에 대해 기독인 학생들이 조심스럽고 신중하고 겸손한 태도로 응답하는 모습을 보며 교수자로서 감탄하지 않을 수 없었던 것이다.

필자는 그간 신학교에서만 이론적으로 공부하고 가르쳐왔던 '선교적 해석학'을 기독교대학 교양교육의 현장에서 교수하고 긍정적인 결과들을 목

---

30) 이에 관련해서 다음 논문을 참고하라. 조은식 · 윤진숙, "기독교대학 정체성 구현을 위한 교육프로그램 개발연구,"『한국기독교신앙논총』99집 (2016): 263-287.

31) "숭실의 기독교 정체성, 더 강화해야 하는가? 더 약화해야 하는가"라는 주제로 우리 대학 학생 4명—이동규, 홍수민, 길시온, 임주찬—이 스스로 연구논문을 작성하고 발표한(숭실대학교 기독인연합 춘계학술대회, 2017년 5월 8일) 자료집을 보면, 기독교인과 비기독교인을 합반하여 기독교교양과목을 진행하는 방식에 대해 찬반양론이 치열함을 알 수 있다. 반대하는 가장 큰 이유는 기독교인 학생들의 학점 사냥터가 된다는 것인데, 따라서 가능한 한 객관적인 평가방법과 기준을 가지는 것이 중요하다. 참고로 교수자로서 경험한 바로는 기독교인이라고 해서 반드시 더 좋은 점수를 받는 것은 아니다.

도할 수 있어서 매우 고무적이다. 또한 최근에 필자는 한 선교지에서 '선교적 해석학'으로 현지 지도자들에게 강의하는 기회를 가질 수 있었다. 이 때 현지 지도자들은 성경에 대한 깊은 지식이 없는 분들이 대다수였는데, 필자가 교수한 선교적 해석학으로 성경읽기에 대하여 필자의 예상보다도 더 좋은 반응을 직접 확인할 수 있었다.[32)]

V. 나오는 말

최근 유발 하라리(Yuval Noah Harari)의 『호모데우스』라는 책이 화제가 되고 있는데,[33)] 이 용어를 인용하여 표현하자면 필자는 본글에서 '호모내러티브'를 역설하였다.

기독교대학들이 기독교 정체성 유지 및 제고의 문제로 난항중인 작금의 현실 속에서 '선교적 해석학'을 활용하여 일관된 내러티브로서 성경을 읽는 방식을 교수한 결과, 대다수의 기독교인/비기독교인 학생들에게 비교적 긍정적인 반응을 얻어낼 수 있었다. 긍정적인 반응으로서 그리스도인의 경우에는 그동안 교회에서 들었던 성경의 파편적인 내용이나 지식들을 하나의 맥으로 관통해서 볼 수 있게 되어서 좋았다는 평가가 가장 많았다. 또 비기독교인의 경우에는 성경을 거의 모르고 처음 접하는데도 비교적 지루하지 않고 기억에 잘 남았으며, 무엇보다 기독교와 기독교인을 어느 정도

32) 교재나 교수자가 부족한 선교현지 상황에서 선교적 해석학이 성경을 읽는 하나의 틀거리를 제공해주는 도구의 역할을 하였기 때문에 좋은 반응을 보인 것이라고 필자는 생각한다.

33) 유발 하라리/김영주 역, *Homo Deus*, 『호모데우스』 (서울: 김영사, 2017).

이해하게 되었다는 언급이 가장 많았다. 그리고 종교의 유무에 상관없이 수강한 많은 학생들이 '선교적 해석학'을 통해 성경을 **이야기**로, 특히 **메타내러티브**로 이해하게 됨으로써 성경의 거대서사 안에 빠져들어 자신의 자리를 발견하게 되었다고 언급하였다. 이것이 바로 메타내러티브로서 성경의 기능이요 역할이다.

스스로 계신 하나님은 '절대타자'(totaliter aliter)이시다.[34] 절대 타자이신 하나님은 당신의 말씀으로 우리를 권면하신다. 이사야 66:1-3은 교인이 아닌 참 그리스도인의 경계가 그분의 말씀에 대한 경외감어린 순종임을 보여준다.

> 여호와께서 이와 같이 말씀하시되 하늘은 나의 보좌요 땅은 나의 발판이니 너희가 나를 위하여 무슨 집을 지으랴 내가 안식할 처소가 어디랴 나 여호와가 말하노라 내 손이 이 모든 것을 지었으므로 그들이 생겼느니라 **무릇 마음이 가난하고 심령에 통회하며 내 말을 듣고 떠는 자 그 사람은 내가 돌보려니와** 소를 잡아 드리는 것은 살인함과 다름이 없이 하고 어린 양으로 제사 드리는 것은 개의 목을 꺾음과 다름이 없이 하며 드리는 예물은 돼지의 피와 다름이 없이 하고 분향하는 것은 우상을 찬송함과 다름이 없이 행하는 **그들은 자기의 길을 택하며 그들의 마음은 가증한 것을 기뻐한즉** (사 66:1-3).

그분의 말씀을 듣고 떤다는 것은 그분의 존재와 그 말씀 앞에서 경외감을 드러내는 것이다. 우리가 거룩하신 말씀 앞에서 진정으로 무릎을 꿇어왔는지, 아니면 말씀이 우리의 욕망 앞에 순종하도록 자의적으로 읽어왔는지 자문하며 글을 마친다.

---

34) "인간이나 이 세계와는 절대적으로 다르며 독립된 초월적 존재자. 신과 인간 사이에는 양적인 차이가 아니라 질적인 차이가 있으며, 그 간격이 깊다고 본다." 〈네이버 국어사전〉 참조.

10장
'굿 컴퍼니'에 대한 선교적 해석학

Ⅰ. 들어가는 말

Ⅱ. '굿 컴퍼니'에 대한 연구사적 의의

Ⅲ. 굿 컴퍼니의 사례들

Ⅳ. '굿 컴퍼니'에 대한 선교적 해석학

Ⅴ. 나오는 말: '굿 컴퍼니'
- 통전적인 하나님의 선교의 파트너

I. 들어가는 말

2010년 3월 10일, 고려대학교 교정에 '김예슬 선언'이라는 대자보가 붙었다. 당시 경영학과 3학년이던 김 양은 이 선언문과 함께 조용히 1인 시위를 하였다. 이 작은 선언문은 황폐해진 대학사회의 분위기를 실감나게 전해주는 내용으로 가득 차 있다. 여기서 김예슬 양의 일화를 소개하지만, 그녀의 행위에 무조건적 박수나 또는 비판적 입장을 취하려는 의도는 없다. 다음은 '김예슬 선언' 전문(全文) 중 앞부분을 필자가 발췌한 것이다.

> 오늘 나는 대학을 그만둔다. 아니 거부한다! G세대로 '빛나거나' 88만원 세대로 '빛내거나' 그 양극화의 틈새에서 불안한 줄타기를 하는 20대. **그저 무언가 잘못된 것 같지만 어쩔 수 없다는 불안과 좌절감에 앞만 보고 달려야하는 20대.** 그 20대의 한가운데서 다른길은 이것밖에 없다는 마지막 믿음으로… 나는 25년간 경주마처럼 길고긴 트랙을 경주해왔다. **우수한 경주마로, 함께 트랙을 질주하는 무수한 친구들을 제치고 넘어뜨린 것을 기뻐하면서, 나를 앞질러가는 친구들 때문에 불안해하면서,** 그렇게 소위 명문대입학이라는 첫관문을 통과했다.… 지금 나는 멈춰서서 이 경주 트랙을 바라보고 있다. 저끝에는 무엇이 있을까? 취업이라는 두번째 관문을 통과시켜줄 자격증 꾸러미가 보인다. 너의 자격증 앞에 나의 자격증이 무력하고, 그리하여 새로운 자격증을 향한 경쟁질주가 다시 시작될 것이다.… **이름만 남은 '자격증 장사 브로커'가 된 대학, 그것이 이 시대 대학의 진실임을 마주하고 있다. 대학은 글로벌 자본과 대기업에 가장 효율적으로 '부품'을 공급하는 하청업체가 되어 내 이마에 바코드를 새긴다. 국가는 다시 대학의 하청업체가 되어 의무교육이라는 이름으로 12년간 규격화된**

> **인간제품을 만들어 올려보낸다. 기업은 더 비싼 가격표를 가진 자만이 피라미드 위쪽에 접근할 수 있도록 온갖 새로운 자격증을 요구한다.** 이 변화 빠른 시대에 10년을 채 써먹을 수 없어 낡아버려지는 우리들은 또 대학원에, 유학에, 전문과정에 돌입한다. 고비용 저수익의 악순환은 영영 끝나지 않는다. '세계를 무대로 너의 능력만큼 자유하리라'는 세계화, 민주화, 개인화의 넘치는 자유의 시대는 곧 자격증의 시대가 되어버렸다. 졸업장도 없는 인생이 무엇을 할 수 있는가? 자격증도 없는 인생이 무엇을 할 수 있는가? **학습된 두려움과 불안**은 다시 우리를 그 앞에 무릎꿇린다.[1)]

이날의 조용한 1인시위와 대학거부 선언은 예상외로 격렬한 반응을 가져왔다. 바로 다음날 MBC 9시뉴스와 경향신문 1면과 여러 방송 및 칼럼을 통해 보도되고 각종 인터넷 포털 메인에 떠올랐고 블로그, 트위터로 빠르게 번져나갔다. 많은 대학생들과 네티즌들이 밤을 새어 자판을 두드리며 토론했고 분노하다가도 냉소하다가고 슬퍼하다가도 오랫동안 참아왔던 울분과 수많은 말들을 쏟아냈다—3월 첫수업시간에 대자보 전문을 읽다가 끝내 울어버렸다는 선생님들과 학생들, 대자보 옆에 장미꽃 두송이를 달아준 어떤 친구, 내아이만은 명문대가길 바랐다며 미안하다고 고백하는 학부모님들, 대학에 내려진 사망선고를 지켜보며 부끄럽고 미안하다는 교수님들, 그만둘 용기는 없지만 마음으로 대학보이콧을 하겠다고 지지하는 학생들, 이 거대한 시스템을 오늘 하루만이라도 거부하고 싶다고 토로하는 직장인들부터, 나이서른이 돼서도 꿈을 찾지 못해 슬프다는 사람, 지하철에서 신문을 읽다가 창피한 것도 잊은채 눈물을 흘렸다는 사람, 우리의 숨은 진실을 명확한 언어로 알게 되었다며 고맙다는 사람, 질문하기를 포기하고 이미 적응하기로 결론내린 자신을 불편하게 만들었다는 사람, 이

---

1) 김예슬, 『나는 오늘 대학을 그만둔다, 아니 거부한다』 (서울: 느린걸음, 2010), 11-12. 굵은 글씨체(Bold)는 필자의 강조임.

제 대학,교육,청년실업 이야기만 나와도 본능적으로 이글이 떠오른다는 사람들까지―고 한다. 한 장의 대자보와 한 사람의 행동이 수백만개 돌멩이의 외침이 되어 거대한 분리장벽을 향해 날아다니고 있는 것처럼 느껴졌으며, 이것이 속울음처럼 참아와야 했던 무한경쟁의 현실, 우리시대 누구도 자유로울 수 없는 대학문제, 사회양극화의 뇌관인 교육문제라서만은 아닐 것이며, **세계화시대 우리 삶의 인간성의 근원적 문제이기 때문**일 것이라고 김예슬은 진단한다.[2)]

이처럼 현대인들은 얼핏 서로 연결되어 있는듯 분주하게 살아가지만, 결코 사회적이거나 관계적인 삶을 누리지는 못한다. 얼굴과 얼굴을 맞대면하는게 아니라 가상현실에서 익명적으로 만나거나 앞서가는 사람들의 뒤통수를 보며 경쟁적으로 살아가게 된다. 또 소비능력을 과시하면서 존재를 증명해야하는 강박증에 시달리고 있다. 자본과 권력에 의해 통제 · 조작되는 이런 현실 속에서 진정한 의미의 '공동체'를 복원하는 일은 너무나도 절실한 일인 것이다.

'하나님의 선교'는 그리스도인들로 하여금 세상사람들이 하나님의 형상으로 살아갈 수 있는 하나님나라의 문화를 만드는 데 헌신하도록 초청한다. 교회가 파송된 오늘의 시대가 삶을 파편화시키고 분열시켜 서로 남남으로 타자로 살아가게 한다면, 하나님나라를 증언하는 교회로서는 용납할 수 없는 불의한 문화인 것이다. 교회는 건물이 아니며 삼위일체 하나님의 현존을 증언하는 교제요 공동체이므로, 교회가 파송된 곳에서 공동체적 삶이 드러나고 특정개인의 이익이 아닌 모두의 필요에 따르는 공동선(Common Good)이 추구되어야 한다. 지금 한국사회는 조건 없이 함께하며 사랑을 베푸는 이웃을 절실히 갈망하고 있다. '선교적 교회'는 세상에서 사라져버린 '이웃'의 존재양식을 공적으로 실천함으로써 그 거룩성을 증언해

2) Ibid., 18-19.

야 한다.[3]

특히 최첨단 테크놀로지 시대에 과학기술은 점점 더 인간성을 배제시키는 방향으로 나아갈 위험성이 농후한데,[4] 몇몇 '착한기업'(Good Company)[5]들이 자본의 삶 한복판에서도 인간을 도구화하지 않고 인간과 그 삶 자체를 최우선 목적으로 삼는다는 소식은 복음 중의 복음이다! 이런 착한회사들의 날갯짓은 자본주의적 경제발전을 미명으로 '회사인간'들이 양산되면서 개인적 · 가정적 · 사회적으로 상처받아온 삶들이 치유될 수 있는, 즉 세상문화에 대한 저항을 통한 대안문화를 만들어감으로써 문화명령을 수행하는 길이다.

이 글의 구성은 먼저 굿 컴퍼니 연구의 선행연구로서 BAM을 다루고나서, 착한회사의 사례들을 언급할 것이며 그 사례들을 경유해서 굿 컴퍼니의 특성을 정리할 것이다. 그 특성들을 선교적 해석학의 틀로 분석하면서 굿 컴퍼니 운동이 '선교적 교회'운동이 지향하는 신학적 내용과 궤를 달리하지 않음을 보일 것이다. 본글은 굿 컴퍼니의 이론적 정의를 먼저 내리고 그에 맞는 유형을 찾아나가는 연역적 방식이 아니라, 사례조사 후 사례연

3) 성석환, 『지역공동체와 함께하는 교회의 새로운 도전들: 한국적 '선교적 교회'를 향하여』 (서울: 총회한국교회연구원, 2018), 192-193.

4) 유발 N. 하라리/김명주 역, 『호모 데우스: 미래의 역사』 (파주: 김영사, 2017), 385. 하라리는 과거 인본주의 시대의 인간이 신을 배제시켰던 것처럼, 데이터교는 기술이 인간을 배제시키게 될 것이라고 예측하였다. "데이터교는 인간의 경험을 데이터 패턴으로 여김으로써 권위와 의미의 원천을 파괴하고, 18세기 이래로 한번도 경험하지 못한 위력적인 종교혁명을 예고한다. 로크, 흄, 볼테르 시대에 인본주의자들은 '신은 인간 상상력의 산물'이라고 주장했다. 이제 데이터교가 인본주의자들에게 그들이 한 대로 똑같이 돌려줄 차례이다. '신은 인간 상상력의 산물이지만, 인간 상상력은 생화학적 알고리즘의 산물이다.' 18세기에 인본주의는 신 중심적 세계관에서 인간 중심적 세계관으로 이동함으로써 신을 밀어냈다. 21세기에 데이터교는 인간 중심적 세계관에서 데이터 중심적 세계관으로 이동함으로써 인간을 밀어낼 것이다." Ibid., 533-534.

5) 본글에서 '굿 컴퍼니'는 외래어 발음 그대로 쓰든지 또는 '착한회사'로 번역하여 사용할 것임.

구의 결과를 종합 · 비교 · 분석함으로써 굿 컴퍼니의 정의 및 특성을 도출하는 방식으로 전개할 것이다.

Ⅱ. '굿 컴퍼니'에 대한 연구사적 의의

굿 컴퍼니란 어떤 회사를 말할까? 일은 많더라도 연봉이 높아서 충분한 보상을 받는 회사를 가리킬까? 아니면 연봉은 조금 적더라도 자신의 꿈을 살릴 수 있도록 지원해주는 회사를 지칭할까? 또는 사내 분위기가 좋고 직원복지가 유난히 잘되어있는 기업을 말하는가? 이런 것이 모두 충족되는 회사가 굿 컴퍼니일까?

굿 컴퍼니에 대한 정의내림과 특성은 사례를 다루고 난 뒤로 미루고, 여기서는 그 선행연구로서 그간 많이 연구되어온 비즈니스선교(BAM)에 대하여 살펴보고 진행하는 것이 적절한 순서일 것이다. BAM과의 연속성과 비연속성을 통해 굿 컴퍼니 운동을 논하는 것이 유익할 것이기 때문이다.

김성욱은 비즈니스선교란 타문화권에서 기업활동을 통한 이윤추구와 더불어 직원들 또는 지역사회를 위해 복음사역을 하는 선교방식으로 정의한다. BAM(Business As Mission), BFM(Business For Mission), BIM(Business In Mission), BWM(Business With Mission) 등 다양하게 표현되기도 한다. BnP(Business & Professional Mission)선교는 비즈니스선교와 전문인선교의 복합적 성격을 띤다. 즉 지역별 비즈니스선교를 프로젝트화 하고 전문인 자원을 활용해 최적의 자원으로 비즈니스선교를 체계적으로 운영 · 관리하는 방식이다. 그런데 켄 엘드레드에 의하면 BAM선교의 장애물은 교회가 영적인 변화만 강조하거나 일(노동)에 대한 잘못된 인식으로 인한 비즈니스에 대한 오해, 이윤창출과 추구에 대한 오해, 부에 대한 오해로서 가난과 결핍을 더욱 영적이라고 생각하는 점을 지적한다.[6] 그러나 비즈니스 선교는 전세계적으로 경제적 변화뿐 아니라 영적인 변화를 가져오고 전통적인 선교에 문을 닫은 개발도상국에서도 환영받는다고 말한다. 또 BAM이 가져다주는 이점은 수익성과 지속성, 현지의 일자리와 부의 창출, 비즈니스선교의 목표가 호사스런 삶이 아니라 실업률을 줄이고 경제수준을 높이는데 있으며, 결국 현지교회의 부흥과 영적자본을 형성할 수 있다[7]는 것이다.

2003년 야마모리는 *Kingdom Business*라는 저서에서 "지난 세기에는 서구의 전통적인 선교운동이 선교를 주관하며 많은 비즈니스 선교사를 동원하는 데 실패했다면, 이제 새로운 세기 천년 동안은 더 이상 그런 실수를 범하지 않을 것"이라고 썼다.[8] 그만큼 BAM 선교가 새로운 시대 선교사역의 전략임을 강조하였다. 로잔 BAM포럼(2004)에 참여한 다양한 그룹의 지도자들도 다음과 같이 선언하였다:[9] "하나님은 자신의 형상을 따라 창조적 능력을 소유한 모든 남자와 여자들을 창조하셔서 인간이 자신과 이웃을 위해 선한 일을 창주할 수 있도록 하셨는데, 비즈니스도 이에 포함됨을 선언한다.… 하나님께서는 사업가들을 불러 무장시켜 그들의 사업의 영역에서

6) 켄 엘드레드/안정임 역, 『비즈니스 미션: 창의적 접근지역을 여는 마지막 대안』 (고양: 예수전도단, 2006), 70-72. 김성욱, "BAM 선교의 이론과 실제," 「선교와 신학」 32 (2013.8): 27에서 재인용.

7) 켄 엘드레드, Ibid., 160-171; 김성욱, Ibid., 27-28에서 재인용.

8) Tetsunao Yamamori & Kenneth Eldred, *On Kingdom Business: Transforming Missions through Entrepreneurial Strategies* (Wheaton, IL: Crossway Books, 2003), 7.

9) 매쓰 튜내핵, 웨인 맥기, 조지 플러머/해리 김 역, 『Business as Mission: 선교로서의 사업의 길라잡이: 새로운 비전, 새로운 마음, 새로운 부르심』 (서울: 예영커뮤니케이션, 2010), 172.

하나님나라를 차별화하심을 선언한다."[10]

비즈니스선교 전문가들은 BAM에서 무엇보다 절실한 것으로 기독교세계관 정립을 꼽는다. 일(노동)에 대한 이원론적 사고를 뛰어넘어 참된 성경적 세계관으로 비즈니스에 대한 바른 성경적 관점을 정립하는 일이 비즈니스선교에서 매우 중요하다고 입을 모은다. "생육하고 번성하여 땅에 충만하라 땅을 정복하라 바다의 물고기와 하늘의 새와 땅에 움직이는 모든 생물을 다스리라"(창 1:28)는 말씀은 하나님의 창조세계를 경작 · 관리하는 청지기 사명인데, 인간의 비즈니스는 이런 점에서 영적인 사역이다.[11]

이길표에 의하면, 파타야 로잔(2004)에서 공식적으로 사용한 용어가 BAM이다. 세계화와 신자유주의가 확산되고있는 시대에 비즈니스와 선교를 연합하여 세계선교를 이루는 새로운 선교전략으로 등장한 것이다. 비즈니스와 선교는 궁극적 가치가 상반된다고 보는 견해가 있지만, 현대사회의 동향을 고려할 때 비즈니스를 통한 이윤추구를 선교의 자원으로 활용해 문화명령(창 1:28)을 이루어가는 것은 21세기의 새로운 선교전략이다. BAM은 비즈니스도 되어야하고 선교도 되어야하는 양면성을 띠므로 비즈니스 측면에 필요한 근본원리와 선교적 측면에 필요한 근본원리가 있는데, 전자는 자존하기 위해 이윤이 있어야 하는 이유, NGO의 구제사역과 달리 일자리를 제공해주어야 하는 이유, 세계의 중요한 이슈들에 밀접하게 반응해야 하는 이유 등이 있다. 후자는 하나님께 영광을 돌리고 하나님의 나라를 확장해야 하는 이유, 제사장에 대한 새로운 이해의 필요성, 또 교차문화적 성격을 지녀야 하는 이유들이다.[12]

---

10) 김성욱, "BAM 선교의 이론과 실제," 17-18.

11) Michael Baer, *Business as Mission: The Power of Business in the Kingdom of God* (Seattle: YWAM Publishing, 2006), 29; 김성욱, Ibid., 37에서 재인용.

12) 이길표, "Foundational Principles Guiding Kingdom Business as a Final Runner for the Great Commission,"「선교와 신학」29 (2012.2): 248-249.

정리하자면, BAM은 통전적인(holistic) 선교패러다임으로서 실제적이고 실행가능하며 유지가능하다. 또 이윤을 낼 수 있는 비즈니스로서 사람과 사회를 영적 · 경제적 · 사회적 · 문화적으로 하나님나라의 목적과 관점으로 변혁시킴으로써 하나님의 위대한 영광에 이르도록 하는 것이다. BAM이 잘 정착하려면 청지기직과 제자직의 부르심에 응답하는 결단이 필요하며, 모든 크리스천이 삼위일체 하나님에 의해 파송된 선교사라는 만인제사장직에 근거한 실천이 요청된다. 특히 변화하는 글로벌 문화적 상황을 분석하여 하나님께서 한국교회에 주신 귀한 인적 · 물적 · 영적자원을 효과적으로 사용할 수 있는 지혜가 필요하며, 젊은이들이 BAM 선교를 위해 비즈니스를 전공하고 자신의 영적은사를 비즈니스에 적용할 수 있는 헌신된 크리스천을 동원하는 전략적 방안에 대한 논의들도 요청된다. 하나님나라 운동으로서 BAM이 삼위일체 하나님에 의해 보냄받은 분명한 정체성을 보여주고 실천한다면, 21세기 타문화권 선교의 새로운 패러다임뿐 아니라 한국교회 자체의 변화를 낳을 수 있다.[13]

하나님나라 운동으로서 BAM이 삼위일체 하나님에 의해 보냄받은 분명한 정체성을 보여주고 실천한다면, 21세기 타문화권 선교의 새로운 패러다임뿐 아니라 한국교회 자체의 변화를 낳을 수 있다는 마지막 문장을 주목해보자! 그간의 비즈니스선교는 타문화권 선교의 마지막 주자로서 창의적 접근지역까지 파고들 수 있는 전략적 측면이 강조된 면이 강하다. 그러나 필자가 다룰 **'굿 컴퍼니'운동에서는 삼위일체 하나님에 의해 파송된 '정체성'을 특히 공동체성—즉 진정한 교제가 일어나는 곳—에 집중**하여 조명해볼 것이다.

최동규는 유동적 사회에서 파편화된 삶을 사는 포스트모던 피플에게 절실한 문제가 공동체이므로, 진정한 공동체 육성이 현 시대의 중요한 선교

13) 서혜덕, "한국교회 비즈니스선교모델의 분석과 적용,"「선교신학」42 (2016.5): 182-183.

적 과제라고 본다. 그러면서 한국에서 개진되고 있는 다양한 선교적 교회 담론 중에 지역사회공동체에 대한 논의는 많지만, 정작 교회의 내적 공동체성에 관한 논의가 없다고 개탄한다. 선교적 교회론에서 공동체성을 강조하는 것은 교회의 본질에서 기인하는바, 교회는 근본적으로 공동체라는 것이다. 교회는 단지 제도가 아니라 실존양식이요 존재방식이다. 커뮤니티(영, community)는 코이노니아(헬, *koinonia*)에서 파생된 단어이다. 즉 공동체란 사건으로 일어나는 사귐이요 교제다.[14)]

최 교수는 선교적 교회가 근원적으로 공동체성에 근거한다면, 선교적 교회가 세상을 향해 던지는 메시지가 무엇일까를 묻는다. 인간의 이기적 욕심과 죄성이 인류를 파편화된 존재로 치열한 약육강식의 현실로 내몰았다면, 이런 처참함에서 구원받은 공동체는 세상에 대해 무엇을 증거해야 하는가? 그들은 세상에 증거하려는 것을 먼저 자신들 사이에서 경험하고 누리지 않으면 안된다는 것이다. 그것은 바로 하나님나라의 본성으로서 그 분의 주권적 통치 안에서 진정한 교제의 능력과 축복을 경험하는 세계라고 강조한다.[15)]

그러면 이하에서는 굿 컴퍼니의 몇몇 사례들을 소개하려한다.

---

14) 최동규, "선교적 교회의 내적 동력으로서의 공동체성," 「선교신학」 44 (2016.11): 417-418.

15) Ibid., 418-419.

III. 굿 컴퍼니의 사례들

A. 핸드스튜디오: 안준희 대표[16)]

대다수 중소기업들이 인력난에 허덕인다. 2013년 2월 중소기업중앙회가 중소기업 500개사(제조업 300개, 기타서비스업 200개)를 대상으로 '중소기업이 요구하는 인력상'을 조사했는데, 그 결과 중소기업 경영자 10명 중 8명은 청년들이 중소기업 취직을 기피(매우기피 24.6%, 조금기피 55.8%)하고 있으며 '중소기업 기피현상이 경영에 영향을 주고 있다'(큰영향 40.4%, 보통 41.2%)고 답했다. 그러나 핸드스튜디오(Hand Studio)는 여타 중소기업과 달리 인력난을 걱정하지 않는데, 구인 · 구직 사이트에 채용공고를 내지 않아도 월평균 2만 명이 회사 홈페이지를 방문해 채용공고를 확인한다. 실제로 최근(2013) 회사의 소셜네트워크서비스(SNS)에 기획자 2명을 모집하는 공고를 내자 300여 명의 지원자가 몰렸다.

핸드스튜디오는 스마트TV를 이용해 드라마와 영화를 보고 교육방송 등을 시청할 수 있는 애플리케이션을 만드는 스마트TV 앱 개발회사다. 무엇보다 이러한 일을 통해 좋은 콘텐츠를 시청자들에게 연결해줄 수 있다는 측면에서 문화명령을 아주 잘 감당해가고 있다고 할 수 있다. 2010년 2월에 창업한 이 회사가 현재까지(2014.6) 개발한 스마트TV 앱은 200여 개이며, 창업 6개월 만에 손익분기점을 넘어섰고 2013년에 30억 원의 매출을

16) 핸드스튜디오와 안준희 대표에 대한 이하의 기술은 다음과 같은 사이트들을 참조하여 필자가 발췌하여 정리한 것이다: https://youtu.be/t9cUnZnzjVA https://youtu.be/hoDTI2XXBcU https://youtu.be/AL76QI_KeOo https://youtu.be/s4jCraqLVZs https://youtu.be/Y-oWM8YInjQ https://youtu.be/4mhPciIOUT4 (2018년 4월 8일 접속).

달성했다.

벤처기업 중에서도 탄탄한 성장세를 타고 있는 이 회사가 주목받는 것은 단지 기업의 성장성 때문만은 아니다. 핸드스튜디오는 직원 30여명(2014)의 작은 기업임에도 사원복지에 대단히 공을 들이고 있다. 결혼하는 직원에게는 예식비용으로 1천만 원을 지원하며, 한 아이를 낳을 때마다 출산장려금으로 1천만 원씩 지원받는다. 이처럼 3포, 4포를 넘어 무한대로 포기하고 살아가야하는 n포 세대가 시대적 장애물을 뛰어넘도록 회사가 적극 돕는다.

핸드스튜디오는 한 달에 하루는 직원들이 회사업무에서 벗어나 각자가 하고 싶은 일을 하도록 배려해준다. 직장에만 매달려선 다른 준비를 할 수 없으므로 은퇴 후 제2의 삶을 준비할 기회를 제공하는 것이다. 매달 한 번은 무조건 컴퓨터를 끄고 밖으로 나가 한강변에서 자전거를 타기도 하고 좋은 영화가 개봉됐으면 함께 관람한다. 강남지역의 전기사용량이 많은 여름철 오후 2시엔 에어컨까지 다 끄고 팔씨름 경연을 한다. 또 밤샘작업이 많은 직원들이 일에만 빠져 패션감각을 잃을까봐, 분기별로 20만원 상당의 백화점 상품권을 그 자리에서 나눠주며 "한 시간 내에 그 계절에 가장 잘 어울리는 옷 골라오기"와 같은 미션을 준다. 처음엔 비용이 들었지만 나중엔 직원들과 그 가족들에게까지 광고효과를 위해 옷을 제공하는 브랜드가 생겼다고 한다. 이렇게 자유로운 회사에 입사한 직원들에게도 국내 저소득층 가정의 어린이 한 명과 결연하는 의무사항이 있다. 이 때 드는 후원금은 회사가 직원의 이름으로 낸다.

핸드스튜디오의 송년회는 주목할만하다. 연말만 되면 회식의 명목으로 흥청망청 술에 취해 시끄럽게 보내기 일쑤인 송년회 문화를 뒤집는 아주 좋은 모델을 보여주고 있다. 이 회사의 독특한 송년회는 직원들의 부모와 함께 보내면서 '공식적으로 효도하는 날'이 된다. 전국에 또는 일본이나 중국에까지 흩어져 사시는 직원의 부모님들 모두에게 비행기 표를 보내드리고, 서울의 고급호텔에서 1박2일 동안 직원들과 함께 머무시도록 한다. 그러면서 직원들이 1년 동안 어떻게 살았는지를 보여드리고 회사가 가진 비전과 기도제목을 가족들과 공유한다. 이때 직원들도 더욱 열심히 일할 기운을 다시금 얻게 된다고 한다.

한동대 경영학과를 졸업한 안준희 대표는 **회사를 세운 목적 자체가 돈이 아니라, 착한 기업문화 양성**이었다고 힘주어 말한다. 직원들이 오기 싫은 곳이 아니라 오고 싶은 곳으로서의 기업을 꿈꿔왔다고 한다. 안 대표의 첫 직장은 S은행이었는데, 연봉도 높고 복지도 좋아 많은 청년들이 선망하는 '꿈의직장'이었지만 입사 3개월 만에 그만두었다. 돈을 얼마나 많이 받느냐보다 그 회사에서 얼마나 성장할 수 있는가가 매우 중요했던 안 대표는 "여기가 내가 성장하기에 얼마나 착한 토양인가"를 계속 생각했다. 회사 내에서 상명하복이 아닌 자신의 생각과 뜻을 나누기 위해서는 적어도 입사 후 10년의 세월을 기다려야 하는 조직문화였는데, 조직이 커서 그런지 직원들은 창의적이라기보다는 비슷한 목소리를 내고 있었고, 개인의 능력을 발휘할 수 있는 기회가 막혀있다는 판단이 들었기에 결국 회사를 그만둔 것이다.

최근 안 대표는 새로운 복지제도를 구상하고 있다. 탁아소를 만들어 직원들이 자녀들의 손을 잡고 출근할 수 있는 기업을 만드는 것이다. "회사의 복지는 영구적인 제도가 아닙니다. 그때그때 직원들이 원하는 것을 반영한 유연한 복지를 하는 게 목표에요. 또한 나아가서 이익창출보다 직원들의 복지에 더 많은 공을 들이는 회사가 더 성장할 수 있다는 것을 증명해 보이고 싶습니다. 적어도 IT 업계에서만큼은 '사람이 재산'입니다."[17)]

---

17) 위클리공감, "핸드스튜디오 안준희 대표가 말하는 좋은회사, 좋은복지란?," 「공감칼럼」 2014.06.09. 12:25에 게시된 글: http://koreablog.korea.kr/366 (2018년 4월 8일 접속).

B. 제니퍼소프트: 이원영 대표

제니퍼소프트(Jennifer Soft)는 2005년 1월 21일 설립된 토종 국산 소프트웨어(SW) 벤처기업이다. 웹사이트 성능, 트래픽, 과부하 등을 확인할 수 있는 애플리케이션 성능관리 솔루션(APM)분야 국내1위 업체이다. 쉽게 말해 인터넷뱅킹 등 웹기반 서비스를 모니터링해 시스템이 다운되거나 지연되는 것을 예방하는 프로그램을 판다. 은행, 대학, 홈쇼핑사 등이 고객사이며 2012년 매출액 140억을 기록하였다. 직원 100%가 정규직이며 퇴근시간이 자유롭고 하루 7시간 근무가 철칙이다. 연봉 3천만원이 넘는 초봉에 20일 휴가는 기본이며 아이를 낳으면 1천만원을 지급받고, 입사 5년이 지나면 가족해외여행까지 보내준다.[18] 일일이 다 열거하기 힘들만큼 복지혜택이 많은 그야말로 '꿈의직장'인데 이것이 외국 이야기가 아니다!

제니퍼소프트를 이끌고있는 경북 봉화 출신의 이원영 대표는 2015년 9월 취업포털 사람人의 '함께 일하고 싶은 CEO'조사에서 삼성그룹, 다음카카오, 호텔신라 같은 대기업 CEO들에 뒤이어 4위에 올랐다. 이 대표는 인터뷰 요청에 쉬이 응하지 않는 편인데, 자신이나 회사의 복지에만 관심이 집중되는 걸 경계하기 때문이다. 그는 복지에 대한 관심보다는 그 밑에 깔린 철학에 더 주목해달라고 당부한다. 어떤 철학들이 이 회사를 이끌고 있는지 살펴보자.

글로벌 소프트웨어 기업으로서 구성원들이 자유롭게 사고할 수 있는 장소로 헤이리 예술마을이 적합하다고 판단한 이 대표는 2012년 4월 파주 헤이리 예술마을로 이사했다. 마치 미술관이나 전시장을 찾은 느낌이 드는 사옥으로서 1층에는 카페가 있고 채소를 키우는 텃밭도 있다. 제니퍼소프

18) "'꿈의직장' 제니퍼소프트에 입사하려면 스펙 대신...," 2013년 11월 4일 20시07분 등록, 2013년 11월 5일 10시19분 수정, http://m.hani.co.kr/arti/economy/working/609816.html#cb (2018년 4월 8일 접속).

트는 '변화를 추동하라, 경쟁보다 협력하라, 취지를 되물어라', '사유하라'(THINK DEEP)는 모토아래 **"건강한 노동과 근사한 삶"을 중시**하여 자율적 환경에서 삶과 일의 균형을 이루고 신뢰를 바탕으로 협업한다. 건강한 기업문화에서 창의성과 열정이 나오기 때문이다.

제니퍼소프트는 AMP분야 국내1위 기업으로 2015년 10월 현재, 일본과 오스트리아 등에 법인과 지사를 운영하고 16개국에 협력사를 두고 있는 작지만 강한 기업이다. 그런데도 이 회사는 업무시간에 사무실에 앉아있는 사원이 많지 않다. 정원을 거닐거나 카페에 앉아 수다를 떠는 사원들도, 수영장이나 도서관에 가있는 직원들도 있다. 얼핏보면 구성원들이 놀기만 하고 일을 안하는 것처럼 보이지만, 실은 최대한 집중해서 일하고 나서 놀고있는 것이다. 이들은 언제 어디서건 일을 시작하고 몰입해서 빨리 끝낸다. 자리에 오래 앉아있으면 오히려 효율성이 떨어진다고 한다.[19)]

경북대 수학과를 졸업한 이 대표는 1990년 대구에서 세계무역기구(WTO) 협상반대시위에 참여했다가 집시법(집회 및 시위에 관한 법률) 위반으로 3개월 복역했다. 그때 "더불어 사는 사회를 주변부가 아닌 기업이라는 자본의 한복판에서 이루어보고 싶다"는 생각을 하게 됐고, 또 프로그램 개발자로 8년간 일하면서 잦은 야근과 격무로 힘들어하는 동료들을 보면서 직원이 행복한 회사를 만들고 싶어 2005년 제니퍼소프트를 창업하였다. 이윤극대화를 추구하는 기업문화 속에서 사람이 수단이 되고 비용으로 평가받는 현실이 안타까웠다. 그가 생각하는 기업의 역할은, 근로자가 건강한 노동으로 근사한 삶을 살고자하는 열망을 채워주는 것이다.

이 회사는 '직원'이란 말 대신에 '구성원'이란 말을 쓰는데, 수직적 상하관계조직의 틀을 깨려는 데서 나온 것으로서 구성원들의 자발적 협조와 헌

---

19) "회사에서 좀 놀면 안 되나요?"_제니퍼소프트 이원영 대표 편, 리더의 조건_SBS 〈리더의 조건〉 제작팀, 북하우스, 출간: 2014.01.02.

신이 없다면 회사가 성과를 낼 수 없다는 이 대표의 철학이 담겨 있다. 이 회사는 평의회를 뜻하는 '보울레'(Boule)라는 사내조직에서 구성원들이 모여 중요한 일을 결정하며 결정된 사항은 대표도 바꿀 수 없다. 주로 복지혜택과 규칙을 결정하는데, 일은 적게 하고 많이 노는 식으로 의견이 모아지리라 추측되겠지만 그렇지 않다. 구성원 모두가 현재의 자율성과 복지혜택을 누리기 위해서는 회사가 잘 되어야 한다는 사실을 자각하고 있기 때문이다. 제니퍼소프트가 제시한 궁극적 가치는 "함께 행복해지자"이다. 사무실 한쪽 벽에 '꿈의직장을 위한 33가지 금지항목'이 걸려있는데 그 마지막 항목이 인상적이다: "회사를 위해 희생하지 마세요, 당신의 삶이 먼저예요."[20]

20) 구경모 기자, "삶의 여백 회사가 뺏어선 안돼…카페 · 수영장서 놀면서 일하자," 2015년 10월 15일. http://www.yeongnam.com/mnews/newsview.do?mode=newsView&newskey=20151015.010050727490001 (2018년 4월 8일 접속). * 참조—회사의 개발자들이 공개한 제니퍼소프트의 개발문화를 소개한다: 1) 시간사용의 주체는 개발자이니 자신이 가장 몰입해 개발할 수 있는 환경의 시간에 집중한다; 2) 개발자의 잠재력을 끌어올릴 수 있는 환경을 보장받고 거기에서 자신에게 최적화된 개발프로세스를 최적화한다. 코딩이 되지 않는 날은 잠시 쉬거나 자연과 함께할 수 있는 환경과 맛있는 커피를 마시고 싶을 때 먹을 수 있다; 3) 업무의 전문성을 보장하며 배려하므로 개발자는 일에 대한 권한과 책임을 가진다; 4) 개발자들이 QA와 운영까지 지원해야하는 DevOps의 문화를 갖는다. 고객과 개발자 간의 직접 커뮤니케이션을 중시한다. 실제 고객이 원하는 기능과 장애원인 분석을 개발자가 직접 피드백받고 개발하므로 자신의 코드가 결함 없이 운영되도록 할 책임이 있다; 5) 자유로운 토론문화–반론제시, 조율여지, 건의와 질문–가 있다; 6) 취지에 대해 고민한다. 왜 해야하는지, 어떤 효과가 있는지 스스로나 동료에게 스스럼없이 물을 수 있다; 7) 정치가 (필요)없다. 나의 업무에만 집중하고 불필요한 데 에너지 쏟지 않는다; 8) 회의가 많지 않다. 하더라도 꼭 필요한 사람만 단시간 진행한다; 9) 다양성을 존중한다. 취향 · 성격 · 가치관이 다르기에 개인의 개발취향을 존중한다. 갈등도 좋은 방향으로 해결하려 노력한다; 10) 과정을 중시한다. 진행하는 업무에 대해 동의하고 합의하려한다. 실수를 줄이고 같은 실수를 반복하지 않기 위해 공유한다. 경험을 중요하게 생각하고 과정을 투명하게 한다. ["제니퍼소프트 연봉, 채용, 복지, 개발문화 완벽정리," 2017년 8월 9일, By irene.] https://jennifersoft.com/ko/blog/2017-08-09/ (2018년 4월 8일 접속).

C. Jappos.com: 토니 세이, CEO

2000년 당시 25살이던 토니 셰이(Tony Hsieh)는 온라인으로 신발과 의류를 판매하는 자포스(Zappos)를 인수했다. 인수 당시 매출액은 160만 달러에 불과했지만, 2008년 10억 달러를 넘어섰다. 자포스는 2009년 Fortune지(紙)의 '100 Best Companies to work'에서 23위로 선정됐다. 2009년 11월, Zappos.com은 12억 달러로 Amazon.com에 인수되었다.[21] 토니와 그의 팀이 어떻게 10년 만에 또 한번 대규모 사업매각을 해냈을까?

자포스 출근 첫날부터 토니는 '훌륭한 회사문화'와 '우수한 고객서비스'의 중요성을 늘 강조해왔고 이것을 엄청난 성공의 요인으로 꼽는다. 즉 직원들에게 좋은 대우를 함으로써—치과/안과 포함한 의료보험료를 전액지급하고 사내에 취침실 및 상근 라이프코치를 두며, 개인발전을 위한 막대한 투자 및 고객컨택센터의 상담원에게 고객을 인간대인간으로 대할 수 있도록 많은 자유를 부여함 등— 경쟁사들보다 더 좋은 서비스를 제공하였고 더 좋은 서비스는 재구매 고객을 늘렸으며 마케팅 비용감소와 장기적 이윤창출, 빠른 성장을 낳았다. 토니는 고객서비스처럼 다른 사람의 돈을 받은 다음에 하는 일이, 마케팅처럼 그들의 돈을 얻기 위해 하는 일보다 훨씬 더 중요하다고 강조한다. 자포스는 회사의 문화를 적극 관리하여 그 문화에 적합한가를 기준으로 사람을 채용한다. 자포스 문화의 핵심이 고객서비스라는 점을 이해하고 최상의 서비스를 제공하는 데 필요한 일들을 기꺼이 할 준비가 된 사람들이라야 한다. 토니는 올바른 문화가 확립되면 다른 많은 일들이 자동으로 해결된다고 역설한다.[22]

자포스는 **스스로 헌신할 수 있는 핵심가치 도출**이 참으로 중요하다고

---

21) "미국에서 가장 일하기 좋은 기업: 자포스," https://youtu.be/jz4Whzk70_8 (2018.4.8 접속).

22) 토니 셰이/송연수 역, 『딜리버링 해피니스』 (서울: 북하우스, 2010), 224.

믿는다. 이는 기꺼이 그런 핵심가치에 근거하여 고용과 파면을 한다는 의미이다. 그러려면, 자신이 구축하고 싶은 브랜드에 걸맞은 회사문화를 건설하는 것이 올바른 길이다. 이에 대한 실례가 있다. 자포스가 아마존에 매각된 후 안정적인 시장입지는 구축했으나 관리자가 많아지면서 회사의 자유로운 문화가 훼손되기 시작했다. 그러자 토니는 큰 출혈을 감수하면서 조직구조에 변화를 일으켰는데, 2015년 3월 1,500명의 전 직원에게 이제 관리자 없는 조직체계를 실시할테니 반대하는 사람은 나가도 좋다는 이메일을 보낸 것이다. '홀라크라시'(Holacracy)는 개별 '서클'(circle)들이 각자의 자율성을 보장받으면서 동시에 조직의 궁극적 목적에 지향점을 두는 구조다.[23] 누가 보스이고 누가 보스가 아닌지를 판단해 그에 따라 행동방식을 조정하는 수직적 의사결정이 아닌, 직원 모두에게 발언권과 의사결정권이 있는 수평적 의사구조이다. 결국 직원들의 15%, 그러니까 수직적 의사결정과정에 익숙한 관리자급이 퇴사하였고 이들에게 근속연수와 3개월치 월급을 합산한 퇴직장려금이 지급되었다.[24]

홀라크라시에 대해 부정적인 관점도 긍정적인 입장도 있지만, 자포스의 경우 이 실험에 성공하면서 지나친 관료주의가 지나친 경쟁의식을 유발하여 직원들에게 악영향을 끼친다는 걸 증명하고 있다. 팀원들이 주인의식을 가지고 서로 대화를 시작하면서 의견조율에 시간과 에너지를 더욱 할애

23) 홀라크라시는 '전체'를 뜻하는 그리스어 holos와 '통치'를 뜻하는 cracy가 합쳐진 '관리자 없는 조직체계'란 뜻이다.

24) 조희정, EBS NEWS 〈뉴스G〉 "'홀라크라시'··보스가 없는 회사 '자포스의 실험'," 2015. 07. 29, http://home.ebs.co.kr/ebsnews/menu3/newsGlobalView/10353443/H?brdcDt=&cPage=1 (2018년 4월 8일 접속). * 참조—자포스는 직원들끼리 1년간 논의한 회사문화에 대한 정의를 10개의 핵심가치로 공식화했다: 1) 서비스를 통해 감동(WOW)을 전한다; 2) 변화를 받아들이고 추진한다; 3) 재미와 약간의 이상함을 창출한다; 4) 모험적이고 창의적이며 개방적이 되라; 5) 성장과 배움을 추구하라; 6) 의사소통을 통해 개방적이고 정직한 관계들을 구축하라; 7) 긍정적인 팀 및 가족 정신을 구축하라; 8) 더 적은 것으로 더 많은 것을 하라; 9) 열정적이고 결단력 있으라; 10) 겸손하라.

하게 되었다고 한다. 많은 회사들이 초창기에는 규모가 작고 힘들어도 재미있게 일하다가, 직원 100명이 넘어가면서 사무실에 출근하는 것이 즐겁지 않고 열정을 잃곤 하는데, 그렇기 때문에 회사의 문화에 주목해야 한다고 토니는 조언한다.[25]

자포스를 아마존에 매각한 이유가 무엇인지 살펴보는 것도 이 글의 논의에 유용하다. 2005년 아마존의 CEO 제프(Jeff Bezos)가 인수를 제안했을 때 거절한 것은, 그들에게는 자포스가 최고의 신발판매 회사로만 보일테니 회사가 매각되면 자포스 브랜드와 문화가 사라질 위험 때문이었다. 4년 뒤 아마존이 다시 왔을때도 토니는 거절하려했지만, 이사회는 생각이 달랐다. 회사가 커가면서 수천만 달러를 외부투자받았고 그들은 주식시장 상장을 통한 실질적 수익을 기대했다. 당시의 불황과 신용위기(재고를 사는 데 필요한 1억 달러의 부채를 계속 연장하고 있던 상태였다)는 자포스와 투자자들을 불안정한 상태로 몰아넣었다. 이것이 사업의 기본성과와는 관계가 없었지만 이사회 내부에 긴장감이 커졌다. 그들은 사업의 최우선은 수익이지 이익을 직원복지로 사용하는 일이 아니라 생각하여, 토니의 '사회적 실험'이 좋은 홍보수단은 되겠지만 사업을 전체적으로 발전시키지는 못한다고 보았다. 이사회는 회사가 직원들의 행복에 대한 걱정을 줄이고 신발판매에 더 많은 시간을 쓰기 원했다.

그러나 토니는 **올바른 문화의 확립이 회사에서 가장 중요한 일**이라 믿었다. 회사가 문화관련 사안에서 후퇴할 경우 곧장 긍정적인 재무적 영향이 나타나서 경비를 줄여주겠지만, 장기적으로는 그간 창출해낸 모든 것을 무너뜨릴 것이라는 확신이 들었다. 토니에게 자포스는 단순한 직장이 아닌 천직이었다. 그래서 이사회를 2억 달러로 사버리겠다는 계획을 생각해낼 무렵, 아마존이 자포스를 당장에 거액으로 사고싶다는 이야기를 꺼냈고 그

25) Ibid.

렇게 되면 주주들에 대한 신탁의무를 위반하지 않고서도 매각을 진행할 수 있었다. 단 토니는 제프에게 자포스의 문화와 행복의 과학과 고객과 직원들을 더 잘 대접하기 위한 노력을 기울이는 방법에 대해 프레젠테이션 함으로써 이러한 일들이 계속되도록 하였다.

D. SAS: 제임스 굿나잇, CEO[26)]

SAS는 세계적인 기업용 소프트웨어 업체로서 소위 '꿈의직장'이라는 구글(google)에게도 부러움을 사는 기업이다. 35년간 흑자를 내면서 연평균 9%의 성장을 꾸준히 해왔으며, 연평균 2조 5천억 원의 매출을 달성하였다. 최고의 복지와 최고의 경쟁력을 자랑하는 이 회사는 고연봉에 주당 35시간 근무, 출퇴근시간이 자유로우며 회사의 전 직원, 즉 정원사나 체육시설 직원까지 모든 구성원이 정규직이다. 사내에 직원들을 위한 무료병원과 보육원과 체육시설 등을 갖추고 있다. 이 회사의 첨단분석팀장인 한국인 정진환 박사는 한국 대기업에 스카우트 되었다가 4년만에 SAS로 되돌아왔는데, **근로자의 주인의식을 최대한 끌어내는 기업문화가 SAS 경쟁력의 원천**이라고 말한다. 내년에 내가 재계약이 될까, 회사에 계속 살아남을 수 있을까, 임원이 못되면 어떻게 해야하나 등에 대한 걱정 없이 주인의식을 갖고 일을 하게 되니까 일이 단지 일이 아니라 그냥 내가 살아가는 과정으로 다가온다고 말한다. 따라서 일을 즐기게 되고 자발적으로 에너지를 쏟아 붓게 되더라고 간증한다. 또 동료들과 매니저 사이에서 어느정도의 자기정화 시스템이 돌아가게 되어 자율성이 방종과 무책임으로 전락하지 않

26) SAS와 그 CEO에 대한 기술은 필자가 다음의 사이트들과 전자책을 참조하여 발췌 정리한 것이다: https://www.youtube.com/watch?v=4D3tOKvGKdk&sns=em; https://youtu.be/4D3tOKvGKdk (2018년 4월 8일 접속). "기업자산의 95%는 직원이다"_SAS 짐 굿나잇 회장 편, 리더의 조건_SBS 〈리더의 조건〉 제작팀, 북하우스, 출간: 2014.01.02.

는다고 역설한다. 예를 들어 진단서 1장 없이 무제한 병가를 쓸 수 있는데도 연평균 1인당 병가횟수가 2회에 그친다는 것이다.

SAS의 CEO 제임스 굿나잇(James Goodnight)은 직원들에게 훌륭한 복지를 제공하는 것은 자선사업이 아닌 현명한 투자이며, 직원들을 행복하게 해주면 직원들이 고객을 행복하게 할 거라는 확신이 그들의 기본철학임을 강조한다. 이로 인해 오히려 새로운 인력의 채용과 교육에 드는 비용이 연간 300억 원 절감된다고 하며, 이직률이 매우 낮아서 업계평균의 1/7에 그쳐있고 실제로 SAS에는 50세 이상의 직원이 전체의 1/3을 차지한다.

또 한 가지 짚고넘어갈 일이 있다. 이 회사는 10년전에 기업공개를 추진하려고 시도했었다. 그런데 그렇게 되면 스톡옵션 등 자본차익의 단기이윤을 추구하는 주주들이 직원복지에 너무 많은 돈을 쓴다며 삭감하라는 압박을 가할 수 있으므로 결국은 상장회사를 포기하였다. SAS는 아직까지도 비상장회사를 고집하고 있다. 이는 SAS 특유의 기업문화를 훼손시키지 않으려는 CEO와 임직원들의 특별한 노력을 잘 보여준다고 하겠다.

Ⅳ. '굿 컴퍼니'에 대한 선교적 해석학

A. 사례를 통해 본 '굿 컴퍼니'의 특성들

살펴본 바대로 위의 기업들은 모두 자신들만의 확고한 기업문화를 고수하고 있다. 함께 장기간 논의하여 정한 핵심가치들을 무엇하고도 바꿀 생각이 없으므로 여러 위기 속에서도 그들의 문화를 사수해왔다. 이 회사들의 공통점을 복지 자체에만 두는 것은 건강한 관점이 아니다. 이들 회사의 CEO들도 세간의 관심이 회사의 복지로만 초점이 모아지는 것을 경계한다. 오히려 그 밑에 깔린 철학에 주목해달라고 당부한다. 달을 가리키면 달을 바라보지 않고 달을 가리키는 손가락에 집중하는 우를 범하지 않았으면 좋겠다는 뜻이리라.

*The Membership Economy*의 저자인 켈먼 백스터(R. Kellman Baxter)는 20여 년간 실리콘밸리 기업들의 경영전략을 자문해준 멤버십 이코노미의 대가이다. 그는 향후 기존의 거래방식이 사라지고 멤버십 이코노미가 대체할 것이라 주장하는데[27] 이는 새로운 트렌드와 기술발달 속에서도 **근원적인 인간의 욕구가 좀처럼 변하지 않기 때문**이며 그런 욕구를 충족시키는 사업 모델이 멤버십 이코노미라는 것이다.[28] 이 새 방식은 시대적으로 **소유에 대한 관점의 전환** 및 사생활 추구에서 **소속감**과 **자아충족감** 추구로 전환됨으로써, 소유에 따르는 보관장소나 관리비용을 크게 줄여주는 동시에 커뮤니티의 일원이 될 새로운 길을 제시하며 또 어떤 유형의 기업이라도 도입이 가능하다고 한다.[29]

특히 현대 도시인은 분주하고 서로 연결되어 있는 듯 보이지만, 결코 사회적이거나 관계적인 삶을 누리지는 못한다. 분절화 · 파편화되어 얼굴과 얼굴을 맞대면하는 게 아니라 서로 경쟁하며 앞서가는 사람의 뒤통수를 보며 살아가게 된다. 소비능력을 과시하여 존재를 증명해야하는 강박증에 시달리는 것이다. 현대인들의 고통이 도시적 삶에서 온다고 해도 무리 없을 정도로, 도시적 삶은 지리적 공간으로만 아니라 사회문화적 과정으로 자본과 권력에 의해 통제되는 것이 현실이다. 도시 안에서 진정한 의미의

27) 켈먼 백스터/김원호 역, 『멤버십 이코노미』 (서울: RHK, 2018), 18.

28) Ibid., 31.

29) Ibid., 32-39 참조.

공동체 복원은 대단히 시급한 일이다.[30)]

굿 컴퍼니의 사례들이 보여준 특성을 몇 가지로 간추려서 정리해보려 한다.

1. 회사의 공동체성 강조

핸드스튜디오가 유명세를 타기 시작하면서 많을 때는 연간 만여 명의 방문객이 다녀가는데, 그렇게 방문한 많은 기자들의 입에서 "여기는 꼭 교회 청년부 같네요!"라는 말이 나온다고 한다. 이 말은 이 회사의 목표나 비전, 운영방침이나 핵심가치가 일반회사와는 다르고 사내(社內) 분위기도 관료적이거나 사무적이지 않다는 뜻일 것이다. 필자는 미래 교회는 기존 교회들의 존재양식과 다를 수 있고 또 달라야한다고 생각하는데, 이 회사가 미래적 교회의 한 모델을 암시해주는 케이스라고 생각한다. 주지하듯 '선교적 교회'는 교회 구성원들 각자가 일상의 삶의 자리에서 선교적 존재로서 살아가는 존재론적 삶을 강조한다. 안준희 대표는 자신이 한동대학교의 "Why not change the world?"라는 모토에 강하게 영향 받았다고 말하는데, 또한 말과 이론만이 아닌 친밀한 인격적 교제 속에서 먼저 선생된 자들로서 본을 보여준 교수님들의 삶을 통해서도 많은 영향을 받았다고 언급한다.

포항 촌놈으로 자라나서 한동대학을 졸업한 후 내로라하는 대기업에 입사했으나 3개월 후 퇴사하고, 포항의 공장에서 일하다가 27세에 원룸의 책상 5개로 벤처창업을 시작한 안 대표의 핸드스튜디오는 순이익의 80%를 직원복지에 사용하는 독특한 회사문화로 유명해졌다. 안 대표에 의하면 이 회사에는 '공신제도'가 없다. CEO나 창업공신이나 주주들이라고 해서 더

30) 성석환, 『지역공동체와 함께하는 교회의 새로운 도전들: 한국적 '선교적 교회'를 향하여』, 103-105.

가져가지 않는다. 바로 이 점 때문에 탁월한 직원복지가 가능하다고 말한다. 권력을 가진 이들부터 욕심을 내려놓는 데서 굿 컴퍼니가 가능해짐을 엿볼 수 있다. 또 최첨단 분야인 스마트TV를 이용해 드라마와 영화를 보고 교육방송 등을 시청할 수 있는 애플리케이션을 만드는 회사이므로, 좋은 콘텐츠를 개발하여 시청자들에게 연결해줄 수 있다는 점에서 문화명령을 잘 이행해가고 있다고 할 수 있다. 그리고 1천만 원의 예식비용과 출산장려금 1천만 원씩을 지원하는 배포 있는 용단(勇斷)도 3포, 4포를 넘어 무한대로 포기하고 살아나가야 하는 n포 세대의 시대적 아픔을 극복하도록 도와주는 새로운 문화 창출의 좋은 예로 볼 수 있다. 특히 앞에서 언급한 핸드스튜디오의 송년회 문화는 세상문화를 바로잡고 선도해가라는 문화명령에 대한 주목할만한 응답이라 하겠다.

핸드스튜디오의 안준희 대표는 크리스천으로서 새로운 문화가치 창출을 통한 통전적인 하나님의 선교에 응답해오고 있다. 과도한 업무로 인해 직장에서 대다수의 시간을 보내게 되면서 주말부부나 1인가정 등 가정이 변형되어가는 시대에 가족 같고 교회 같은 회사공동체를 통해 대안적 삶의 내용을 살아내면서, 교회/그리스도인에게 부여된 문화명령에 응답해가는 기업-가정-교회의 성격을 통합하는 새로운 모형을 시사하고 있다고 본다. 우리는 지금 이러한 통합적 모형의 공동체를 절실히 필로로 하는 시대에 살고 있다.

제니퍼소프트도 일단 어려운 입사과정을 통과해 직원으로 소속되면 엄청난 지율성을 보장받으며 멤버십의 편의 속에 결속적인 회사생활을 누릴 수 있다. 또 SAS에서 수십년을 지내온 50대 여직원의 증언에 따르면, 그녀가 남편 없이 혼자 5명의 자녀를 양육하는 일이 가능했던 것은 바로 직원들을 회사업무의 한시적 도구로만 보지 않고 최대한 인간적으로 배려해준 SAS의 끈끈한 기업문화 때문이었다고 회고한다. 자포스도 한번 자포스의 고객은 슈퍼유저가 되도록 컨택센터 직원들이 직접 관리하고 있으며, 직원들로 하여금 자발적인 분위기 속에서 행복을 배달하는(Delivering Happiness) 회사생활이 되도록 최대한 이끌고 있음을 보았다.

2. 핵심가치의 우선성 고수

굿 컴퍼니들이 핵심가치를 우선시하여 고수하는 일은, 이 기업들이 자본의 삶 한복판에서도 맘몬의 횡포에 휩쓸리지 않고 꾸준히 올곧게 나아가게 하는 방어막의 역할을 해준다.

SAS가 이미 10여년전에 기업공개를 추진하려 했음에도 불구하고, 단기이윤을 추구하는 주주들이 직원복지에 너무 많은 돈을 쓴다며 삭감하라는 압박을 가할 수 있다는 이유로 결국 상장회사를 포기했었고 아직도 여전히 비상장회사를 고집하고 있다는 사실은, SAS 특유의 기업문화와 그 속에 내포된 핵심가치들을 훼손시키지 않으려는 CEO와 임직원들의 강한 애착을 여실히 보여주는 대목이다.

또 자포스 출근 첫날부터 토니 셰이는 '훌륭한 회사문화'와 '우수한 고객서비스'의 중요성을 늘 강조해왔고 이것을 그 엄청난 성공의 요인으로 꼽는다. 즉 직원들에게 최상의 대우를 함으로써 경쟁사들보다 더 나은 서비스를 제공하였고 더 나은 서비스는 재구매 고객을 늘렸으며 마케팅 비용감소, 장기적 이윤창출, 빠른 성장을 낳았다. 자포스는 회사문화를 적극적으로 관리하므로, 그 문화에 적합한가에 따라 직원들이 들어오기도 하고 떠나기도 한다. 토니 셰이는 일단 올바른 문화가 정착되면, 다른 많은 일들이 자동으로 해결되는 것을 체득하였다.[31]

많은 회사들이 핵심가치를 가지고 있지만 실제로 그것에 헌신하지는 않는다. 핵심가치는 그저 보도자료처럼 들리거나 하루짜리 오리엔테이션 과

31) Tony Hsieh/송연수 역, *Delivering Happiness*, 『딜리버링 해피니스』, 224.

정에서 듣고 그 후에는 회사로비에 걸린 장식물처럼 별다른 의미를 가지지 않게 된다. 그러나 자포스는 스스로 헌신할 수 있는 핵심가치의 도출이 참으로 중요하다고 믿는다. 이는 기꺼이 그런 핵심가치에 근거하여 고용과 파면을 한다는 의미이다. 그러려면, 자신이 구축하고 싶은 브랜드에 걸맞은 회사문화를 건설해가는 것이 바른 길이다.

자포스가 아마존에 매각된 후 시장에서 안정적 입지는 구축했으나, 회사에 많은 관리자가 생겨나면서 조직 내 자유분방한 기업문화와 혁신이 사라져간다고 직감한 토니 셰이가 시도한 '홀라크라시'(holacracy)도 회사문화를 지키려고 막대한 값을 치르면서까지 시도한 조직구조변화의 예다. 그렇게 하는 것이 회사의 문화를 지켜가면서도 회사의 장기발전을 가져올 것으로 판단했던 것이다.[32)]

3. 일과 생활이 조화된 통합적 모델

다른 회사들도 이러한 측면이 분명히 나타나지만, 이 부분에서는 제니퍼소프트사(社)를 다루는게 가장 탁월한 선택일 것이다. 이 회사는 일과 놀이의 이원화를 극복하는 뚜렷한 양상을 보여준다. 이원영 대표는 인생에서 가장 중요한 것은 행복과 삶의 질이라고 주장하면서 건강한 노동과 근사한 삶을 동시에 추구한다. 즉 자율적 환경 속에서 삶과 일의 균형을 이루고 이를 통해 형성된 신뢰를 바탕으로 협업한다. 건강한 기업문화에서 창의성과 열정이 스며나온다고 믿기 때문이다.

이 회사의 구성원들은 얼핏 놀기만 하고 일을 안하는 것처럼 보이지만, 자세히 보면 최대한 집중해서 일하고나서 놀고 있는 것이다. 이들은 언제

---

32) '홀라크라시'에 대한 찬반양론도 성공한 사례도 실패한 사례도 있지만, 여기서는 토니 셰이가 그만큼 회사의 핵심가치와 특유의 문화를 지켜나가려고 노력했다는 사실에 집중하려 한다.

어디서든 일을 시작하고 몰입해서 빨리 끝낸다. 자리에 오래 앉아있으면 오히려 효율성이 떨어지기 때문이다. 이 대표는 '더불어 사는 사회를 주변부가 아닌 기업이란 자본의 한복판에서 이루어보고 싶다'는 생각을 품고서 '만일 돈 버는 것이 인생의 전부가 아니라면 그 외에 중요한 것은 무엇일까'라는 질문을 스스로에게 던졌고, 그 답은 뜻을 같이하는 사람들과 함께 행복해지는 것이었다. 그는 이윤극대화를 추구하는 기업문화 속에서 사람이 수단이 되고 비용으로 평가받는 현실을 부정하고, 근로자가 건강한 노동으로 근사한 삶을 살고자하는 열망을 충족하고 채워주는 것을 기업의 역할로 보았다. 더욱이 그는 기업이 구성원들에게 복지혜택을 주면서 그에 따른 대가를 바라서는 안 된다고 강조한다. 복지는 그저 기업의 의무라는 것이다.

자포스의 토니 셰이도 현재 몸담은 회사가 싫어 이직을 원하는 많은 젊은이들이 있는데, 일에서 행복을 얻으려면 가장 돈을 잘 벌거나 경력에 도움이 될 일에 집중하기보다는 향후 10년간 설령 수입이 없더라도 엄청난 열정을 불태울 수 있는 일을 찾아 그 길로 가는 게 낫다고 조언한다. 특히 한국인들의 경우, 일과 놀이를 반대로 생각하여 일은 권태롭고 놀이는 즐거운 것으로 상정하는 데 문제가 있으므로 무엇이 가장 돈이 될까 고심하지 말고 자신이 가장 열정을 불태울 수 있는 분야에 집중하라고 조언한다. 환경에 따라 자신의 색깔이 바뀌도록 내버려두지 말고, 자신이 누구인지 알아내고 참 색깔을 유지하라(Rachel Scott)는 것이다.

최고의 복지와 경쟁력을 자랑하는 SAS도 사내에 직원들을 위한 무료 병원과 심리센터, Work&Life 센터, 보육원과 체육시설 등을 갖추고 있어서 점심시간에는 보육원에 맡긴 자녀와 함께 사내식당에서 같이 식사할 수도 있다. 또 바쁜 직원들이 병원에 따로 가야하는 번거로움과 스트레스를 덜어주고 개인과 가정의 여러 문제를 상담하고 지원해주며, 아이들 양육의 짐도 덜어주고 신체적 건강을 일상적으로 관리하도록 하는 등 일과 생활이 통합된 구조 안에서 행복하게 살아갈 수 있도록 회사가 엄청난 예산을 들여가며 적극 도와주고 있다.

4. 최대화된 직원복지 통해 창의력과 경쟁력을 이끌어냄

제니퍼소프트의 이원영 대표는 복지에 너무 많은 투자를 하면 비효율적이지 않느냐는 질문을 많이 받는다. 이러한 질문은 굿 컴퍼니에 대해 일반적으로 가장 많이 제기되는 물음이다. 이 질문에 대하여 그는 “결국 제품개발은 사람이 하는 것이므로 좋은 제품을 만들기 위해선 좋은 아이디어가 나와야 하고, 좋은 아이디어는 행복한 삶에서 나오는 것”이라고 역설한다. 또 뛰어난 기술도 중요하지만 기술이 인간을 배제시키지 않고 포용할 수 있어야 한다고 말한다. 이를 위해서 먼저 인간을 이해해야 하며, 인간을 이해하기 위해서 자신을 이해할 수 있어야 하고, 자신을 이해하기 위해선 자신이 추구하는 삶에 대해 깊이 성찰해야 한다. 스스로를 돌아보기 위해선 삶에 여유가 있어야 하는데, 이러한 삶의 여백을 회사가 뺏어서는 안 된다는 것이 이 대표의 확고한 신념이다.

핸드스튜디오의 안준희 대표도 적어도 IT업계에서는 ‘사람이 재산’이라고 강조하는데, 어디 IT업계뿐이겠는가! 그는 이익창출보다 직원들의 복지에 더 많은 공을 들이는 회사가 더 성장할 수 있다는 것을 증명해보이겠다고 했다. SAS도 직원들에게 쏟아붓는 관심이 회사의 경쟁력으로 되돌아온다고 언급한바 있다. 직원들의 아이디어와 창의력과 열정은 충분한 놀이와 쉼과 자율성을 보장받는 분위기에서 스며나오기 때문이다.

SAS 경쟁력의 원천도 근로자의 주인의식을 최대한 끌어내는 기업문화라고 한다. 내년에 재계약이 될까, 내가 회사에 계속 살아남을 수 있을까, 임원이 못되면 어떻게 해야하나 등에 대한 걱정 없이 주인의식을 갖고 일을 하게 되니까 일이 단지 일이 아니라 그냥 살아가는 과정으로 다가온다고 직원들은 입을 모은다. 따라서 일을 즐기게 되고 자발적으로 에너지를 쏟아 붓게 되며 또 동료들과 매니저의 신뢰관계 속에서 어느정도의 자기정화 시스템이 돌아가게 되어 자율성이 방종과 무책임으로 전락하지 않는다고 말한다.

5. 'delegated authority'하의 분업보다는 'distributed authority'의 협업 모델

기업은 리더 혼자 이끌 수 없다. 굿 컴퍼니들은 수직적 상하관계로 된 숨막히는 기업의 틀을 깨려는 노력을 기울인다. 구성원들의 자발적 협조와 헌신이 없다면 회사는 성과를 낼 수 없다. 이를 잘 활용한 것이 보울레(Boule)[33]라는 제니퍼소프트사의 사내 조직이다. 구성원들이 모여 중요한 일을 결정하는 '보울레'에서 결정된 사항은 대표도 바꿀 수 없는데, 주로 복지혜택과 규칙을 결정한다. 다행히도 이들은 구성원 모두가 현재의 자율성과 복지혜택을 누리기 위해서는 회사가 잘 되어야 한다는 사실을 자각하고 있다.

자포스닷컴의 '홀라크라시'(Holacracy)도 협업 체제다. 홀라크라시의 단위인 개별 '서클'이 자율성을 보장받으며 조직의 궁극적 목적을 지향하는 구조다. 누가 보스이고 아닌지에 따라 행동방식을 조정하는 수직적 의사결정이 아닌 직원 모두 발언과 의사결정권이 있는 수평적 의사구조로서, 관리자가 직위를 내세워 부하직원의 아이디어를 묵살하거나 괴롭히고 사기를 떨어뜨리게 놔두지 않겠다는 의지이다. 세계적인 토마토 가공회사인 '모닝스타 컴퍼니'도 보스가 없이 연매출 7억 달러에 매년 두 자릿수 성장률을 보여주고 있다. 그들은 지나친 관료주의가 지나친 경쟁의식을 유발하여 직

33) 고대 그리스어로 '평의회'를 뜻한다.

원들에게 악영향을 끼친다는 걸 증명하고 있다. 홀라크라시의 성공담만 있는 건 아니지만, 적어도 조직의 많은 팀원들이 더 많은 대화를 나누게 되고 주인의식을 가지면서 서로의 의견조율에 시간과 에너지를 더 할애하게 된다고 증언하고 있다.[34)]

공신제도가 없는 핸드스튜디오의 안준희 대표도 회사에 돈이 벌리기 시작하면서 동종기업 여타 젊은 CEO들처럼 좋은집을 사거나 외제차를 타는 길로 나가지 않고, 직원들에게 무엇을 해줄까를 계속 물으면서 그들의 의견을 수용하여 수차례 더 좋은 사무실로 확장시켜갔고 직원들의 사정과 형편을 항상 경청하면서 그들의 필요에 반응하며 함께 운영해오고 있다.

대개 기존의 대기업들은 수직적 상하관계 하의 분업체제인 반면, 이러한 굿 컴퍼니들은 수평적 의사구조로 협업함으로써 자발적 · 창의적 · 자율적으로 일할 수 있다. 대기업의 경우 수십년 일하여도 자기가 맡은 분야를 지속하는 분업체제라서 그 일만은 잘할 수 있겠지만 바로 그 일에 질리고 열정과 흥미를 잃게 되기 쉬운데, 협업체제는 자율적 · 창의적으로 협동심과 융합역량을 길러가며 열정과 흥미를 지속하는 가운데 일할 수 있는 장점이 있다.

B. '굿 컴퍼니'의 사례를 통해 보는 선교적 해석학

이처럼 굿 컴퍼니들은 통전적인 하나님의 선교의 영역에서 자신이 속한 비즈니스 공동체를 통해 공동선을 추구하면서 선교적 교회의 공적역할을 수행하고 있다. 물론 필자가 선교의 궁극적인 목표는 예수 그리스도를 구

34) 조희정, EBS NEWS 〈뉴스G〉 "'홀라크라시'··보스가 없는 회사 '자포스의 실험'," 2015. 07. 29, http://home.ebs.co.kr/ebsnews/menu3/newsGlobalView/10353443/H?brdcDt=&cPage=1 (2018년 4월 8일 접속).

주로 고백하는 데 있음을 부인하는 것은 아니다.

성석환은 '문화명령'의 실천프로그램을 수행하는 것이 '문화목회'라고 하면서, 지배적 문화를 대안적 문화로 변화시키는데 참여하는 것이 선교적 교회가 감당할 문화목회의 거시목표라고 말한다. 즉 문화적 감수성으로 하나님나라를 표현하고 증언하는 창조적 사역인 것이다. 성 교수는 1인가구 증가, 청년문제, 탈종교화 등 한국사회의 다양한 문제에 선교적으로 대응하기 위한 교회의 공적역할을 강조한다. 절망에 놓인 청년들, 위기에 빠진 기성세대, 고립되고 소외된 도시 방랑자들에게 한국교회가 희망을 주려면, 교회가 파송된 한국사회 모든 구성원들의 공동선을 위해 존재해야 한다. 공동체는 깨어지고 각자도생의 삶이 당연시되는 절망과 혼란의 시대 속에서 하나님나라의 상상력을 일깨워주려면 **무엇보다 먼저 그럴 수 있는 환경이 조성되어야 하며**, 바로 이것이 선교적 교회의 공적사명이라는 것이다.[35]

선교적 교회는 그 보냄받은 곳에서 삼위일체 하나님과의 사귐의 삶을 실천한다(요 17장). 몰트만에 의하면, 관계적 · 공동체적인 하나님의 삶은 성부 성자 성령의 교제 안에 있는 역동적인 관계적 친교이며 이는 인간공동체의 원형이다. 또 그는 '성령의 친교'로서 교회의 전통적 개념을 확장하여 '모든 피조물의 친교'라는 개념을 사용한다.[36] 성령은 성부와 성자를 연합하는 동시에 모든 피조물을 생명의 사귐과 친교의 형태로 만들어가는 영으로, 인간과 인간, 인간과 공동체, 인간과 자연 간에 사귐의 공동체를 이뤄가는 분이다. 삼위일체 하나님의 상호내주(perichoresis)는 상호성 · 평등 · 열린대화의 관계를 낳는 모든 인간적 친교의 모델이며, 성령은 진정한 친

35) 성석환, 『지역공동체와 함께하는 교회의 새로운 도전들: 한국적 '선교적 교회'를 향하여』, 20-24.

36) J. Moltmann, *The Spirit of Life: A Universal Affirmation*, trans. M. Kohl (Minneapolis: Fortress Press, 1992), 234-236.

교가 가능하도록 회복시키는 능력으로서 모든 피조물의 공동체는 성령과 생명의 교제를 한다.[37] 그는 칭의와 성화에서도 개인적 속죄와 해방뿐 아니라, 사회구조악에서의 해방과 하나님의 공의를 실현하는 데까지 포괄한다. 성령은 개인과 사회를 거듭나게 하는 정의 · 평화 · 해방 · 자유의 영으로서 교회 안이나 신자개인의 영혼구원 사역에만 제한되지 않고 세상에서 죽음에 대항하는 생명, 억압에 맞서는 해방, 불의에 대항하는 정의의 형태로도 활동하신다.[38] 특히 몰트만은 교회가 다양한 세대별 공동체나 자발적 행동단체들과 연대하여 종말론적 하나님나라 구현을 위해 실천적으로 참여할 것을 역설한다. 성령 안에서 '열린우정'으로 하나님사랑과 이웃사랑을 실행하는 공동체의 모습을 강조하는 것이다.[39]

따라서 선교적 교회는 지역을 대상화하지 않고 지역사회의 다양한 주체들과 더불어 하나님나라의 문화를 넓혀가고자 노력해야한다. 공급자나 동원의 주체로서가 아니라, 지역의 동반자요 협력자의 입장에서 교회가 임할 때 지역을 풍요롭게 하고 궁극적으로 하나님나라의 삶으로 초청하는 만남이 이루어질 것이다. 선교적 교회는 모든 사역을 하나님의 선교에 동참하는 것으로서 행하는데, 하나님의 선교는 교회보다도 먼저, 심지어 교회 밖에서도 행해지고 있다. 선교적 교회는 파송받은 지역사회와 공동체 안에서 하나님나라를 증언하는 일을 한다. 눌려있고 소외되고 절망하며 고통받고 있는 사람들이 문화적 자유를 누리면서[40] 공동체에 참여하도록 도우며 궁극적

37) 신옥수, 『몰트만 신학 새롭게 읽기』 (서울: 새물결플러스, 2015), 169.

38) J. Moltmann, *The Spirit of Life: A Universal Affirmation*, 128.

39) Ibid., 236-267 참조.

40) 필자는 여기에서 '문화적'자유를 크리스토퍼 라이트가 언급했듯이 "정치적 · 사회적 · 경제적 · 영적" 측면의 자유를 포괄하는 의미의 문화로 본다: Christopher Wright, *The Mission of God*, 정옥배/한화룡 역, 『하나님의 선교』 (서울: IVP, 2010), 8장 참조.

으로 구원에 이르게 하는 일이 우리 주님이 행하셨던 일이기 때문이다.[41)]

21세기에 요구되는 공동체는 20세기의 공동체와 그 지향점은 같더라도 다른 양식으로 존재할 수 있다. 즉 21세기 공동체는 치열한 경쟁과 분열이 엄존하는 곳에서 공동체적 문화를 경험하며 공정하고 평화로운 삶에 연대하는 이웃되기와 나눔을 실천할 수 있어야 한다. 4차 산업혁명의 긴장속에 심화되어가는 인간성 소외의 삶은 다음세대를 황폐화할 가능성이 다분하기에, 교회가 감당할 공적책임은 다음세대를 교회로 불러들이는 일보다도 그 이전에, 그들의 삶 자체가 더 나은 삶이 되도록 환경을 조성하는 일에 함께 힘을 모아야할 것이다. 미래의 불안 때문에 욜로(YOLO)를 명분삼아 현재를 즐기며 탕진하는 삶이 아니라, 미래를 차분히 준비하며 개인주의적 자본주의 방식이 아닌 **공유**와 **나눔**의 방식으로 새 공동체를 세우는 일에 헌신하는 그리스도인들이 필요하다. 교회는 이 시대에도 공동체적 삶이 가능함을 실제로 보여주어야 하며, 지친 영혼들에게 쉼과 위로를 주고 함께 연대함으로 희망을 주어야 한다. 이런 일로 교회가 하나님의 일하심에 동역하는 것이 선교적 교회의 공적역할이다. 오늘날의 교회는 공동선에 헌신하는 제자공동체로 서나가야 한다.[42)]

이러한 구체적 현실 앞에서 굿 컴퍼니들이 수직적 위계질서를 벗어나 상호평등하고 서로 깊이 결속된 교제를 나누며, 일과 삶이 통합된 조화로운 삶을 추구하고, 개인주의적 자본주의의 맹렬한 경쟁의 수레바퀴에 휩싸이지 않고 공들여 함께 만든 핵심가치를 고수해가며, 회사 내외부의 근로자 · 소비자 · 투자자 · 지역사회 · 환경 등과 호혜적 관계를 맺으면서 새로운 문화를 만들어가는 일이 통전적인 하나님의 선교의 길을 예비하는 선교

41) 성석환, 『지역공동체와 함께하는 교회의 새로운 도전들: 한국적 '선교적 교회'를 향하여』, 208-209.

42) Ibid., 273-274.

적 교회의 모습이 아니라고 누가 반박하겠는가!

V. 나오는 말: '굿 컴퍼니'- 통전적인 하나님의 선교의 파트너

교회는 윤리적 공동체이어서 '성도의 교제'이다. 그들을 구원하신 삼위일체 하나님의 삶을 따르기로 결심한 사람들의 교제는 하나님이 가르쳐주신 삶을 증언하는데, 십자가에 달리신 하나님이 세계와 인간에게 자신을 내주셨듯이 타인에게 주도권을 허용하는 것이 윤리적 삶이다. 여기서 성도의 교제란 성도들이 모였다는 데 의미가 있지 않고, 삼위일체 하나님의 삶을 사는 자들의 교제라는 점에 **방점**이 있다. 즉 교제의 진정성은 성도들에게 있지 않고, 그 교제가 발생하는 현실 속에서 나타난다. 타인의 고통이라는 사회적 현실이 성도의 교제가 발생되어야 할 자리라는 것이다.[43] 교회는 구체적 상황 속에서 이웃의 이야기를 경청함으로써 결국 상황 속에서 일하시는 하나님으로부터 오는 **질문에 대면**하게 된다. 선교적 교회는 파송받은 곳에서, 피차 보내시며 보냄을 받는 분이신 삼위일체 하나님의 사귐의 삶을 실천해야 한다. 그러려면 맘몬과 권력의 횡포로 고통당하고 소외된 이들을 해방과 자유로 이끄시는 성령의 활동을 분별하는 감수성이 필요하다.[44] 이것은 일상속의 실천적 경청과 이웃되기에서부터 시작된다.

삼위일체 하나님에게서 기원하는 코이노니아는 일상의 이웃과의 관계

43) Ibid., 101.

44) Ibid., 107-108.

에서, 잔치를 벌이는 공동체를 통해 실현된다. 잔치는 일상에 반대되는 것으로서 일상을 초월하지만 인간을 인간되게 해야 한다. 삶은 위축되어서는 안 된다. 잔치에서는 평범성이 극복되고 가슴설레는 비생산적 충만함을 경험한다. 잔치에는 일상과 전혀 다른 것이 침입한다. 사람은 일상이 삶의 전부가 아니라는 것, 노동이 인간을 인간답게 만드는 모든 것이 아니라는 것, 삶의 의미가 일상성 안에서 소멸되는 것이 아님을 경험한다. 잔치는 공동체적 행사로서 모든 사람이 잔치에 참여해 잔치가 성공적이 되도록 기여한다. 잔치는 그 안에서 소외되는 자가 없이 모든 이에게 매혹적이다. 순간적으로 모든 사회적 차이가 지양된다. 잔치는 '해방된 인류의 잔치'를 향한 동경을 붙잡는다. 성서적으로 잔치는 영원한 안식일에 대한 동경, 창조의 아름다움을 우리가 하나님과 함께 보면서 즐길 동경에 뿌리내리고 있다. 한마디로 잔치는 모든 불연속성 안에서의 연속성이다.[45] 이때 선교는 영원한 잔치에로의 초대이며, 영생은 지속가능한 공동체적 삶이라고 칭할 수 있을 것이다.

청년이라도 장정이라도 고단하고 지쳐서 실족할만한 어려운 사회여건 속에서 더 많은 착한기업들이 역경을 가로지르며 힘찬 독수리 날개로 비상하여 탄탄대로를 만들어갈 수 있도록 응원과 박수를 보낸다.

45) 테오 준더마이어/채수일 역, "삶과 증언으로서의 코이노니아," 『선교신학의 유형과 과제』 (서울: 대한기독교서회, 1999), 294-295.

11장
영화의 선교해석학적 성찰

Ⅰ. 들어가는 말: '영화의 힘'

Ⅱ. 영화의 신학적 의미

Ⅲ. 영화와 신학의 대화유형:
영화의 문화신학적 성찰

Ⅳ. 트레이시의 유비적 상상력을 통한
'해석학적 대화'

Ⅴ. 영화에 대한 공공신학적 성찰

Ⅵ. 나오는 말: 영화-신학의 대화파트너

I. 들어가는 말: '영화의 힘'

임성빈은 대중문화의 복음적 수용을 문화선교의 중요한 과제의 하나로 인식한다. 그는 문화선교야말로 대중문화를 교회가 복음적으로 수용하고 변혁하는 과제를 지녔다고 하면서, 21세기 한국교회가 대중문화와의 소통을 통한 수용 및 변혁의 과제를 제대로 수용하지 못한다면 한국사회에서 선교적 사명을 감당하지 못할 것이라고 경고한다. 특히 청년들의 문화를 교회가 수용하고 복음적으로 변혁하는 과제야말로 21세기 문화선교의 가장 중요한 과제로 통찰한다. 대중문화야말로 오늘날 청년과 청소년들의 일상생활에 가장 강력하고 결정적인 영향력을 미치고 있는데다가 정보화시대의 흐름에 민감하게 반응하는 문화이기 때문이다. 문화선교는 대중문화를 교회가 어떻게 수용하고 또 변혁시킬 것인지를 포괄적으로 다룬다.[1]

하정완 목사(꿈이있는교회)는 청년들이 점점 교회를 떠나는 것은 그들이 잦은 교회이동의 경험을 할뿐만 아니라 기존교회의 예배와 설교, 목회자에 대한 실망감이 그 주된 이유라고 지적한다. 즉 그들이 영적 삶에 관심이 없어서가 아니라 그들의 삶에서 심각하게 유리되고 경직된 교회의 문화 때문이라는 것이다.[2] 하 목사에 의하면, 영상세대에 자라난 청년들에게 교회는 **문자목회**로 인해 설득력을 잃고 자신감을 상실하였으며 또한 기독교의 유일신 개념을 독선적으로 다루는 점도 아울러 언급한다. 하 목사는 청년 구도자들에게 기독교신앙과의 접촉을 시도하기 위해 젊은이들에게 익숙한

1) 임성빈, "새 천년을 맞는 한국교회의 과제로서의 문화선교," 대한예수교장로회 총회사회부 편, 『21세기 도전과 문화선교』(서울: 한국장로교출판사, 2000), 18-19.

2) 하정완, 『열린예배 매뉴얼』(서울: 나눔사, 2006), 13, 85.

영화를 예배설교에 적극 도입하였다. 영화야말로 사회에 가장 막강한 영향력을 끼치고 있는 문화주도매체로 보았기 때문이다.[3)]

필자는 기독교대학에서 80% 안팎의 비기독학생들을 대상으로 기독교 필수교양 과목을 가르치고 있다. 이 때 영화시청을 통해 성경스토리의 직접적인 내용전달이나 간접적인 의미론적 전달, 또는 시사적 이슈를 담은 영화를 보여주고서 토론하는 방식 등을 다양하게 활용하고 있다. 그런데 놀랍게도, 기독교에 대한 반감정서가 대단히 높은 학생들임에도 불구하고 영화를 통해서 기독교 관련 내용을 접하게 될 때는 접근성도 좋은데다가 아주 재미있게 몰입하는 현상을 뚜렷이 경험하게 된다. 차제에 필자는 영화에 대한 신학적 · 선교학적 해석 작업을 시도하게 되었다.

이처럼 영화는 하나님에 대해서(about) 아는 것뿐만 아니라 하나님을(of) 실제로 경험하는 데까지도 매개가 될 수 있다.[4)] 영화를 통해 나 자신을 벗어나 더 넓은 의식으로 옮겨가는 의식이 전환이 생겨날 수 있고 치유와 회복의 경험도 할 수 있다. 우리는 예배시간에 이런 경험을 얼마나 자주 하고 있는가![5)] 교회가 쇠약해가고 문화의 습격으로 믿음을 잃어가고 있을 때

3) 하정완, 『영화에서 주님을 만나다』 (서울: 규장, 2001), 10. 박보경, "지역교회의 문화사역을 통한 복음전도," 『선교와신학』 36 (2015): 124 재인용. 하정완에 따르면, 영화예배는 영화를 설교의 중심소재로 사용하는데 영화 1편을 선정하여 내포되어있는 기독교적 메시지를 발견하여 해석하고 조명하는 방식으로 전개한다. 영화설교는 강력한 이미지 때문에 청중들을 집중시키고 공감대를 형성하며 주제전달에 매우 효과적이어서 포스트모던 문화에 익숙한 청년들에게 아주 효과적인 접근이라고 한다. 또 영화 속에 들어있는 비기독교적 세계관을 일방적으로 받아들이지 않게끔 비평적 시각을 제공할 수도 있다. 이처럼 영화예배는 대중문화에 익숙한 불신자들이나 청년구도자들이 거부감 없이 교회에 정착하는 데 유리하다. 직접 언어로 그리스도의 주되심을 소통하지 않더라도 간접적인 비언어적 방식으로 그리스도의 주되심을 설득력 있게 소통할 수 있기 때문이다(박보경, 위의 글, 125, 132).

4) Robert Johnston, *Reel Spirituality*, 전의우 역, 『영화와 영성』 (서울: IVP, 2003), 17.

5) 위의 책, 24.

도 영화는 성장한다.[6] 점점 더 많은 사람들이 영화를 통해 역사를 배우거나 세계관의 변화를 경험하기도 한다. 또한 영화는 재미있고 누구나 볼 수 있으며 감각적이고 질서와 권위에서 벗어날 수 있기에 사람들의 마음을 사로잡는 힘이 있다.[7] 이 시대의 사회가 자신의 이야기를 들려주는 주요한 수단으로서 영화는 공통어가 되었다. 영화는 우리를 해석하고 우리에 의해 해석되는 삶의 이야기인 것이다.[8]

다음은 다소 낙관적인 캐리커처지만, 시대적으로 영화의 막강한 영향력을 재미있게 표현하고 있다.

> 종교에 깊이 몰입해보았으면 종교라는 벽을 넘어설 수 있어야 한다. 이 벽을 넘기 위해 수천년 동안 많은 믿음의 선진들이 우리에게 많은 가르침을 남겨놓았다. 그것을 깨달으려 우리는 바이블을 읽고 코란을 읽으며 경(經)들의 가르침에 귀를 기울이곤 했다. 그러나 시대가 달라졌다. 수천년의 오랜기간을 거쳐 가르침을 주고자했던 하나님의 계획이 변경된 것이다. 하나님이 바빠지기(?) 시작했다. 영화라는 영상매개체를 인류에게 허락하신 하나님은 영화를 통해 우리에게 짧은 시간에도 당신의 뜻을 헤아릴 수 있도록 조치를 취하신 것이다. 책을 읽고 묵상을 통해 또 우리의 질편한 삶을 통해 깨달음이 오기도 하지만, 영상을 통해 오는 깨달음 또한 상당한 것이다. 소리보다 빛이 빠른 것처럼, 번개가 동에서 번쩍하여 순식간에 이동하는 것처럼 그렇게 천국이 임하기 시작하는 것이다. 다큐멘터리나 역사 드라마를 보면서, SF영화를 보면서 내가 바로 그 주인공이었다는 사실에 얼마나 많은 전율을 느꼈던가?[9]

---

6) 위의 책, 22.

7) 위의 책, 25-26.

8) 위의 책, 28.

9) 이병희, 『극장에 간 하나님』 (경기/의왕: 도서출판서인, 2005), 7-8.

기독교적 맥락에서 영화를 감상하는 것은 두 가지 신학적 의미-**문화신학적** 관점과 **공공신학적**[10] 관점-를 지향하며 양자 모두 영화적 경험을 매개로 하나님경험을 추구한다. 첫 관점은 영화의 **성례전적 의미**를 내포하는데, 분명한 주제의식을 가진 그리스도인이 작품세계와 하나님세계 사이에서 다양한 유비적 관계로써 복음에 대한 관심을 재고할 수 있고, 하나님의 행위를 상기할 수도 있으며, 성찰의 과정에서 하나님경험도 가능하다. 둘째 관점은 현실을 재현하여 공감을 촉발하는 가장 탁월한 매체인 영화가 직접적인 다큐멘터리나 우회적인 극영화를 통해 현실을 재구성함으로써 공적주제에 집중하게 해주고 공적이슈를 형성할 수 있다. 그 결과 신학적 성찰도 가능하며 주목받지 못하는 소외된 현실에 포커스를 두고 다양한 방식으로 관객의 감성에 호소할 수 있다. 즉 다소 거리가 있는 상황임에도 감동적인 경험을 통해 영화와 나 사이의 거리감을 느끼지 못하게 된다. 이것이 바로 '영화의 힘'과 영향력이다. 공공신학적 영화감상은 교회의 공적역할과 과제를 인식하여 책임감을 느끼게 하고 실천방안을 모색하는 구체적 결단에까지 이르게 할 수도 있다.[11]

본글의 전개는 먼저 영화의 신학적 의미를 크게 훑어보고 나서, 영화와 신학의 대화유형을 문화신학 관점에서 개관할 것이다. 이어 트레이시(David Tracy)의 해석학적 대화 이론을 소개할 것이며, 그 이론을 적용하여 영화의 공공신학적 의미를 논구할 것이다. 마지막으로 영화예술 문화를 통한 교회의 공적역할과 과제를 정리하고 글을 마칠 것이다.

---

10) 이 글 전체에서 굵은글씨체(Bold) 부분은 필자의 강조임을 밝힌다.

11) 최성수, 『기독교와 영화』 (경기/고양: 도서출판자우터, 2012), 124-26.

Ⅱ. 영화의 신학적 의미

교회가 영화에 관심을 둘 이유는 그 신학적 의미에서 찾을 수 있는데 대개 일반계시적 의미, 소통매체로서의 기능, 기독교정체성 확립의 계기, 영화의 공적역할 등에서 찾을 수 있다. 로버트 존스톤(Robert Johnston)은 영화에 대한 신학적 의미를 좀더 세분화하여 '일반은총과 인간문화', '성령과 영혼', '세상에서 하나님음성 듣기', '이미지로 하나님 만나기', '내러티브 형태의 신학' 그리고 '대화적 성격의 신학'으로 기술한다. 본글에서 필자는 **대화적 성격의 신학**에 포커스를 두어 영화와 신학을 접목해볼 것이지만, 대화적 성격의 신학은 나중에 트레이시의 해석학적 대화 부분에서 다룰 것이므로 여기서는 나머지 부분들만 살펴보겠다.

정혁현은 예수영화가 그동안 학문적 관심에서 멀리 떨어져 있었다고 개탄한다. 할리우드에서 성서영화 전성기인 1920-60년대 외에도 꾸준히 성서와 신앙적 주제를 다룬 영화들이 제작되었음에도 영화에 대한 정당한 학문적 관심에 게을렀던 것은, 사유의 중심축이 되어야 할 신학의 태만 탓이라고 주장한다. 향후 예수영화에 대한 방대한 **간학문적 연구가 요청**되는데, 먼저는 예수에 대한 평가의 역사를 책임지는 **신학과 종교학**, 다음은 영화텍스트의 의미작용을 해명하는 **영화학**, 그리고 영화학의 대상이면서도 영화가 주어진 시대의 집단표상과 만나면서 일어나는 개인적 · 사회적 효과를 연구하는 **문화정치학**이 그것이다. 이 세 분야는 독자적으로 볼 때도 각각 종합학문의 성격을 지닌다.[12] 또 정혁현은 영화가 종교적 힘을 가

---

12) W. Barnes Tatum, *Jesus at the Movie*, 승현민 외 역, 『예수영화 100년』 (서울: 백림출판사, 2004), 370.

진다고 하면서, 특히 예수영화는 영화적 사건이면서 동시에 종교적 사건이라고 피력한다. 따라서 기독교가 영화를 탐구하는 과정에서 학문의 새로운 사회적 가능성을 발굴하는 토양을 찾게 되며, 또한 **정신분석학**에 기대고 있는 영화의 심리적 효과에 대한 관심을 신학영역까지 확대할 때 영화를 규정하는 새로운 실천적 개념을 얻을 수 있다고 주장한다.[13)]

이처럼 신학이 영화에 학문적 관심을 기울여온 역사가 미약한 데 비해, 교회와 영화와의 관계는 알려진바 이상으로 긴밀한 관계를 맺어온 것이 사실이다. 영화사 초기에 영화의 특성이 볼거리에서 이야깃거리로 바뀌는 데 결정적 역할을 한 것이 기독교의 내러티브들이었고 영화사 초기부터 주된 관객들이 기독교인이었다는 점으로도 알 수 있다. 또 현금의 주된 영화국가의 하나인 호주의 영화사가 선교사에 의해 시작되었으며, 북미와 유럽에서도 영화매체를 종교적으로 활용하려는 시도가 영화사나 교회사 간에 때로 경쟁 · 협력하면서 많은 영향을 주고받아왔다. 이런 사실은 영화와 신학/종교학 간에 많은 공통분모가 있음을 방증하는 것이다.[14)]

한편 조직신학자로서 영화평론가로 활동해온 최성수 목사는 세상에 존재하는 모든 것이 일종의 메시지라면서 다음과 같이 주장한다.

> 시편 19편의 기자는 밤하늘의 달과 별을 보며 하나님의 영광을 읽어냈는데 이로써 우리는 그의 영성이 어떠함을 엿볼 수 있다. 물질성이 정신성을 얻게 되는 것, 다른 무엇보다 영화는 그 가능성을 극대화할 수 있는 예술이다. 예수 그리스도는 하나님의 말씀으로서 세상에 오셨고 하나님의 메시지로서 평생을 사시다 돌아가셨다. 또 우리는 하나님을 오직 예수를 통해 안다. 이는 인간 역시 세상에서 하나님의 메시지로서 살다가 후대에 메시지를 남기고 사라져야한다는

13) 위의 책, 372.

14) 위의 책, 371-72.

말로 들린다. … 인간이 하나님의 형상으로 만들어졌다는 말은, 인간이 하나님을 세상에 나타내며 살아야 한다는 사실을 말한다. … **영화는 세상의 모든 것이 우리에게 말을 걸어올 수 있음을 시사하며, 뿐만 아니라 직접 하나의 메시지를 생산하고 유통하는 매체**이다. 존재하는 것들로부터 메시지를 발견하기도 하고 그 메시지들을 광범위하게 확산하기도 한다. 더군다나 시청각효과, 특수효과, CG 등을 동원하여 영화는 다른 무엇보다 빨리, 효과적으로 그리고 강력하게 영향을 미친다. 한 사람이 일대에 걸쳐 하나의 메시지를 살아내고 또 남긴다면, 영화는 한 편에 최소한 하나 이상의 메시지를 생산하여 유통한다. 즉 **인간과 자연에서 메시지를 읽어내고 또 그것을 영상이미지로 담아내서 관객에게 보여줌으로써 인간은 다른 피조세계와 소통할 수 있으며 또한 하나님 경험도 가능**하게 된다. 영화의 힘은 막강하므로 만일 영화를 제대로 감상하고 이해하고 또 활용하고 제작할 수 있다면, 현대사회에서 복음을 전파하는 일에 큰 도움을 받을 수 있다.[15]

교회의 상징들에 대한 이해가 일반적이던 시대에는 소통되었던 일들이, 세속화로 인해서 교회와 세상은 급속히 분리되었다. 또 사회가 더욱 복잡하게 분화되고 상대주의적 면모가 커가면서 교회와 세상의 길은 평행선을 긋게 되었다. 이제 세상과 소통하려는 노력은 교회로부터 시작될 수밖에 없다. 세상과의 소통을 통해 하나님의 하나님 되심을 드러낼 지상명령이 교회에게 주어져 있기 때문이다. 선교역사는 시대마다 세상과 소통하려고 애써온 교회의 자취로 가득하다. 신화적 사고가 지배적일 때 교회는 신화적 언어를 사용했고, 교회가 중심역할을 하던 때는 신앙의 논리를 사용했으며, 과학적 이성이 지배적일 때는 성경에 대한 합리적 설명을 시도했고, 문화가 사회의 중심코드로 인식되고 인권신장으로 복지의 중요성이

15) 최성수, 『기독교와 영화』, 290-91.

부각된 시대에는 문화와 복지의 코드를 통해 대사회적 사역의 효율성을 극대화하곤 하였다. 이 모든 소통의 공통매개는 시대정신이 반영된 문화였고 그 중 가장 선호된 것이 예술인데, 대중적 영향력으로 볼 때 영화예술이 단연 으뜸이다.[16]

최성수는 '영화'가 하이컨셉 시대에 높은 소통의 능력을 가진 매체임을 강조한다.

> 지금은 하이컨셉 시대다. 우뇌의 활성화가 적극 권장되며 좌뇌와 우뇌의 기능을 통합할 수 있는 능력이 요구된다. 현대사회의 지배적 현상인 소통의 의지를 구체화할 수 있는 소통의 능력을 개발하지 않으면 현대사회에서 지배적 영향력을 얻지 못한다. 이런 관점에서 영상문화의 꽃인 영화는 소통의 한 형태로 매우 주목받고 있는 미디어다. 영화로 인해 기업이 흥하기도 하고 망하기도 하며, 가치관과 세계관이 바뀌기도 한다. 이미지를 매개로 소통이 이뤄지는 시대에 영화는 가장 강력한 영향력을 행사하고 있다. 천만이 넘는 국민이 관람했다는 통계와 분석을 보면서 그 영화가 '하이컨셉'영화임을 알게 되고, 그러한 영화의 영향력에 감탄하지 않을 수 없다. 그 많은 사람의 머리와 가슴이 영화의 내용과 메시지로 가득차 있을 것으로 생각하는 것은 결코 지나친 일이 아니다.[17]

떠벌리기를 잘하는 한 친구가 중구난방 무언가를 얘기해댈 때 우리는 "그래, 도대체 그 스토리가 뭐야"라고 묻는다. 또 어떤 친구가 영화를 봤다고 할 때 우리가 가장 궁금해 하는 것도 바로 그 영화의 줄거리다. 심지어 우스갯소리나 꿈이나 옛날이야기를 할 때도 사람들은 어떤 정해진 스토리의 형식을 좇아 이야기하곤 한다. 그 스토리란 대략 이야기가 벌어지는 상

16) 위의 책, 23-24.

17) 위의 책, 48-49.

황, 주요등장인물, 사건의 원인, 전개과정, 결말로 끝나는 그런 것이다. 이것을 우리는 **내러티브**(서사구조)라고 부른다.[18] 다윗이 밧세바와의 일로 주앞에 범과하였을 때 처음에는 자신의 죄를 깨닫지도 못하였다. 그럴 때 하나님은 나단을 보내어 그에게 비유로 **이야기**를 들려준다. 그때에야 다윗은 자신의 죄를 인지하게 되고 진심으로 뉘우치는 역사가 일어났다.

우리는 영화 속에서 역경을 극복한 현실의 인물들을 만나기도 하고, 꿈을 이뤄내는 가공의 인물이나 꿈이 좌절되었을 때 시련을 극복하는 인물을 소개받기도 하며, 불가능을 극복하고 성공을 거두는 기적을 체험하기도 한다. 또는 잊고 지내던 부모님의 사랑을 상기하거나 나 자신의 모습을 돌아보게도 되며, 평생 미치도록 좋아하게 될 음악을 만나거나 가슴설레는 사랑이야기를 듣게 될 수도 있다. 등장인물의 고민을 공유하거나 나와 다른 사람들을 관찰하게도 된다. 또 머릿속에서 상상할 수 없던 이미지에 맞닥뜨리거나 정치 · 사회 · 역사 · 문화에 관한 이야기를 접할 수도 있다. 여느 사람들처럼 약하고 여리지만 위기를 만나 거인처럼 변하는 사람들을 만나기도 하고, 분노와 증오에 사로잡힌 이들을 보게 될 때도 있다. 이처럼 **이미지로 전달되는 이야기**는 쉽사리 마음속에 파고들어 우리가 가지고 있는 개인적 기억에 합류된다.[19]

한편 오래도록 영화에 관한 신학적 성찰을 지속해온 최성수는, 영화의 공적인 의미와 역할을 눈여겨보게 되었다고 언급한다. 즉 생명복제, 낙태, 인공지능, 과학기술과 IT산업, 환경문제, 인종갈등, 노인문제, 동성애와 같은 **당대의 굵직굵직한 이슈들이 영화의 주제로 다뤄지면서 공적담론이 형성되는 일에 주목**하게 된 것이다. 이에 그는 공공신학의 관점에서 영화를 조망하면서 사실주의적이든 아니든 "사회현실의 재현이라는 본질적 방

18) 이효인, 『영화미학과 비평입문』(서울: 한양대학교출판부, 2006:3쇄), 59.

19) 김서영, 『영화로 읽는 정신분석』(서울: 은행나무, 2009:3쇄), 21.

식"으로 영화가 공공신학을 실천하고 있음을 확인하게 되었다고 말한다.[20] 영화의 이러한 공공신학적 관점은 뒤에서 항목과 지면을 별도로 할애하여 다룰 것이다.

III. 영화와 신학의 대화유형: 영화의 문화신학적 성찰

그동안 영화와 신학의 관계는 주로 문화신학적 관점에서 탐구되어왔다. 진보적 시각은 틸리히(Paul Tillich), 보수개혁주의적 시각은 깔뱅 후예들의 이론에 근거하였다. 즉 문화를 하나님의 통치영역으로 본 카이퍼(Abraham Kuyper)와 그리스도를 문화의 열쇠로 본 쉴더(Klaas Schilder)의 문화신학 이론에 터한 연구들이었다. 주지하듯이 니버(Richard Niebuhr)의 문화유형론은 그리스도와 세상을 이해하는 한 패러다임으로 보수와 진보 양측에서 사용되었다.[21]

대체로 문화신학적 관점에서 영화와 신학의 관계유형이 시대적 변천을 겪어왔다고 할 수 있는데, 존스톤(Robert Johnston)은 양자의 대화유형을 다음과 같이 정리하고 있다.

A. 회피

'회피'적 태도를 갖는 신학자들은 영화를 주로 윤리적 관점에서 재단한

---

20) 최성수, 『기독교와 영화』, 233.

21) 위의 책, 232.

다. 곧 자신의 신학적 전망으로부터 영화로 옮겨간다.[22] 이런 유형에는 초기의 보수적 개신교와 로마가톨릭의 보이콧 성향이 그대로 들어있다. 예를 들자면, "영화는 악마의 도구이자 죄인들의 우상이며 비행의 시궁창이고, 인류진보의 걸림돌이며 문명의 도덕적 암이며 예수 그리스도의 최고원수이다"라는 관점을 취한다.[23] 이러한 주장은 텔레비전이 출현하기 이전부터 나온 것이며, 만일 그가 영적인 영향력이 있는 그리스도인 지도자나 주일학교 교사라면 극장이나 영화관에 자주 가지 않는 사람이어야 할 것이다. 그러나 최근에는 회피유형 중에서도 무조건적 비판일색보다는 비도덕적이라 판단되는 영화는 선택적으로 배척해야한다는 논리가 전형적인 편이다.[24]

B. 경계

현금의 보수파 그리스도인들이 취하는 보편적 태도는 '경계'이다. 텔레비전의 등장으로 회피 전략이 비현실적이라고 생각하고 된 것이다. 도널드 드류는 "기초가 튼튼한 그리스도인이라면, 영화도 보고 예술분야에 관여하고 다른 형태의 지식에도 참여해야 한다고 나는 확신한다. 그리스도 안에서 하나님의 주되심은 삶의 모든 영역에 확대되어 나타나야 한다."[25] 그러나 "그리스도인은 인간이 누구이며 진리는 무엇인가를 확실히 알고서 영화관에 들어가야 한다"[26]라며 윤리적 · 종교적 관점에서 영화를 봐야한다

---

22) Robert Johnston, *Reel Spirituality*, 전의우 역, 『영화와 영성』, 55.

23) Herbert Miles, *Movies and Morals* (Grand Rapids: Zondervan, 1947), 20.

24) Robert Johnston, *Reel Spirituality*, 전의우 역, 『영화와 영성』, 56.

25) Donald Drew, *Images of Man: A Critique of the Contemporary Cinema* (Downers Grove, Ill: InterVarsity, 1974), 106.

26) 위의 책, 102.

고 조언하였다. 로이드 빌링슬리(Lloyd Billingsley), 존 버틀러(John Butler), 마이클 메드베드(Michael Medved) 등도 유사한 입장을 보인다. 그러나 종교적 우파만이 경계의 입장을 취하는 것은 아니다. 예를 들어 버클리연합신학교(Graduate Theological Union) 학장이던 마가렛 마일즈(Margaret Miles)도 영화에 제시된 가치관을 규명하기 위해 주의깊게 분석하였다. 메드베드와 마일즈도 윤리지향적 시각에서 영화에 다가가지만, 마일즈는 영화를 연구하였다. 그럼에도 영화를 영화의 방식대로 보려하지는 않았다. 여하간 영화에 대한 경계의 관점은 신학적 전망에서 출발하므로 할리우드와 교회 사이에서 조화를 찾지 못한다. 즉 영화가 신학의 파괴를 가져올 때가 많다는 것이다.[27)]

C. 대화

신학이 삶에 대한 최종적 권위가 되어야 한다 하더라도, 영화를 심판대에 세우기 전에 먼저 최대한 열린마음으로 영화가 가진 삶의 비전을 받아들일 때 신학과 영화의 대화에서 가장 큰 유익을 얻을 수 있다.[28)] 그리스도인들이 처음으로 영화와 신학적 대화를 나누도록 독려한 것은 1950-60년대 유럽의 영화들이었다.

> 하나님이나 인간에 관한 문제, 교회와 세상을 재결합하려는 우리의 시도에서 신학과 영화에 대한 연구가 가치 있으려면 신학의 학문과 영화의 예술 양쪽에 자유를 허용해야 한다. 신학이 영화를 가르치는 -또는 그 반대로 영화가 신학을 가르치는- 독백극 형식으로 되돌아가는 대신에, 학문과 예술 양쪽 모두는

27) Robert Johnston, *Reel Spirituality*, 전의우 역, 『영화와 영성』, 60-66.

28) 위의 책, 68.

자신의 몫을 말하도록 허용되어야 한다. 즉 목표는 '대화'자체여야 한다.[29]

영화가 관객들을 매혹하고 계몽하며 혼란스럽게 하도록 놓아두어야만, 비로소 관객들이 현실(어쩌면 실재 그 자체)을 더 깊이 이해할 수 있는 기회를 가지게 된다.[30] 1960년대 말과 70년대 초에 신학과 영화의 대화를 장려하는 책들이 쏟아져나왔고, 신학과 영화의 대화유형은 여러 형태다. 특정영화의 분명한 신학적 주제나 영화와 성경에 내포된 모티프 간의 대화에 주목할 수 있고, 영화의 의미를 한 차원 높이기 위해 영화와 성경본문을 대화로 끌어들이거나 복음서의 그리스도와 은유적으로 사용된 그리스도 인물(Christ-figures)을 대조 비교할 수 있다. 예수이야기를 분명히 묘사하는 영화중에도 상호연결과 비평을 요구하는 것들도 있다. 어떻든지간에 공통분모는 양쪽이 온전한 대화의 파트너가 되도록 영화와 신학을 양방향 대화로 이끄는 것이다.[31]

D. 수용

수용의 관점에서 영화와 신학을 연결하는 것은 영화에 대한 도덕적 판단을 내리는 게 아니라, 인간본성에 대한 영화자체의 시각을 통해 통찰력을 얻는 것이다.[32] 휴머니티를 찬양하는 영화를 '종교적'인 영화라 부르건 '종교를 닮은 영화'라 부르건, 또는 영화의 가치론적 확신이나 의미체계를 보여주거나 삶에 대한 유익한 관점을 제시하는 영화건 간에, 영화가 제시

29) Carl Skrade, "Theology and Films," *Celluloid & Symbols* (Philadelphia: Fortress, 1970), 22.

30) Robert Johnston, 『영화와 영성』, 71.

31) 위의 책, 75.

32) 위의 책, 76.

하는 삶의 시각을 수용하려는 이들은 영화가 크리스천 관객에게 인간본성에 대한 통찰을 줄 수 있다고 믿는다. 이는 대화 그 이상의 것이 요구되는데, 신학자는 새로운 모습을 띤 성령과의 만남을 받아들여야 하며 그럴 때만 관객자신의 신학적 견지에서 반응할 수 있게 된다.[33] 반 데어 레우는 예술과 종교의 본질을 억지로 동일시할 필요는 없지만, 거룩(聖)과 미(美)는 같은 모습으로 나타나기 때문에 예술과 종교의 본질적인 일치를 계속 발견할 수 있다고 주장한다. 예술과 종교의 유사점에 대한 단순한 유비를 말하는[34] 그의 주장을 영화 연구에 적용해서 표현한다면, 영화는 종교를 닮은 삶이 무엇인지를 묘사한다고 말할 수 있을 것이다.

E. 신적만남

존 메이(John May)는 신학과 영화의 관계유형을 등장순서대로 **종교적 분별; 종교적 가시성; 종교적 대화; 종교적 휴머니즘; 종교적 미학**의 5가지로 열거한다.[35] 즉 영화의 신학적 논의의 초점이 "영화의 도덕성-뚜렷이 인식할 수 있는 영화의 종교적 요소-영화와의 신학적 대화-영화의 휴머니즘-미적인 감각(신적인 만남)"으로 이동되었다고 설명한다. 때로 영화는 관객에게 초월의 경험을 주는 성례전적 능력이 있다. 신적인 만남에 대한 강조는 창조세계의 성례전적 성격을 늘 믿어온 가톨릭교회와도 맥을 같이한다. 영화를 통해 신적만남을 찾는 사람들은 영화 자체에서 시작한다. 이들의 영화비평은 무엇보다 심미적이며 윤리적이지 않다. 영화는 상상력에 영

33) 위의 책, 80.

34) Gerardus van der Leeuw, *Sacred and Profane Beauty: The Holy in Art* (Nashville: Abingdon, 1963), 266.

35) John May, "Religion and Film: Recent Contributions to the Continuing Dialogue," *Critical Review of Books in Religion* 9 (1996): 105-121.

향을 미치는 본유적 능력으로 인해 성례전을 행하고 신현(神顯)을 일으키는 데 적합하다.[36] "영화는 그 생생함뿐만 아니라 집중시키고 시각을 바꾸는 카메라의 엄청난 힘으로 관객을 사로잡는다."[37] 매체로서의 영화는 그것을 보기 전에는 인간경험에 열려있지 않은 경험들을 극화하고 찬양하며 제시하는 능력이 있다. 영화는 인간의 시각을 확장시켜, 그렇지 않으면 모른채 지나칠 것들까지 볼 수 있게 한다. 이렇듯 영화는 관객에게서 경외감과 경이감을 일깨울 능력이 있다.[38]

기독교세계관에 준해서만 세상을 재단하고 비기독교/반기독교적으로 간주하던 영화를 문화신학적 관점에 따라 기독교 메시지를 소통하기 위한 유용한 도구로, 심지어 기독교적 의미를 부여하고 성례전적 역할까지 한다는 주장은 분리주의적 경건관(觀)을 가진 이들에게는 크나큰 충격이었을 것이다. 아무튼 크게 보았을 때 영화에 관한 문화신학적 견지는 **윤리적 관점**에서 **심미적 관점**으로 발전해왔음을 알 수 있다. 다음은 영화의 공공신학적 의미를 성찰하기 위한 틀거리로서 트레이시의 신학을 먼저 살펴보려 한다.

IV. 트레이시의 유비적 상상력을 통한 '해석학적 대화'

데이빗 트레이시는 '유비적 상상력'이라는 전략을 통한 '해석학적 대화' 이론을 전개하는 신학자인데 이를 '수정주의 신학'이라 부른다. 그 내용을

---

36) Andrew Greeley, *God in Popular Culture* (Chicago: Thomas More, 1988), 250.

37) 위의 책.

38) Robert Johnston, *Reel Spirituality*, 전의우 역, 『영화와 영성』, 82.

압축적으로 살펴보고나서 영화의 공공신학적 의미에 적용해볼 것이다.

트레이시는 탈근대적 대안신학으로 탈신정통주의적이고 탈자유주의적인 수정주의 신학모델을 제시한다. 그는 **인간의 공통경험과 주된 기독교 텍스트 안에 탈은폐된(드러난) 의미의 비판적 상관관계를 통해 신학을 재형성하려한다. 기독교신앙을 모든 인간이 공유하는 관심/경험과 관련시키고 공적으로 수용가능한 진리의 기준에 따라 기독교의 확신을 변호하려는 것이 수정주의의 목적**이다.[39] 그에 따르면, 변화하는 문화상황 속에서 과거의 위대한 사건과 그 기록인 성문서에 충실한 유일한 길은 **오늘날의 '경험'에 의해 제기된 새로운 '질문'의 빛에서 그것을 새롭게 읽는 것이다.** 무엇보다 트레이시의 수정주의는 **기독교의 고전적 텍스트와 전통 안에 '변혁적 힘이 현존'함을 인식하고 그 이해를 위해 새로운 해석학적 도구들을 사용함으로써 그 본래적 힘을 보존하려고 노력**한다.[40]

'공통의 인간경험과 언어'의 원천에 대한 주된 탐구방법은 일상적이고 과학적인 경험과 언어 안에 현존하는 종교적 차원에 관한 현상학이라 할 수 있다. 이 단계에서는 비판적으로 동화된 현재적 경험과 성서메시지 사이에 상관관계가 수립된다. **성서메시지가 삶을 조명하는 반면, 비판적으로 이해된 경험은 사람들이 성서의 하나님 말씀을 듣도록 해준다**. 이 상관관계는 합리적 논증에 의해서가 아니라, 자기초월에 열려있고 삶의 인간화에 자신을 헌신하는 인간의 통찰에 의해 수립된다. 트레이시는 틸리히의 상관관계 모델이 상황과 메시지 양쪽에서 발견되는 질문을 상관시키기 위한 비판적 기준을 발전시키지 못했으므로 부적절하다고 비판하면서 '상호비판적인 상관관계 모델'을 제시한다. 이 모델은 "상황"이 보다 충분

---

39) David Tracy, *Blessed Rage for Order: The New Pluralism in Theology* (New York: The Seabury Press, 1975), 32-34.

40) 위의 책, 37-39.

히 진지하게 고려되어 상황자체의 질문뿐 아니라 그 질문에 대한 상황자체의 답변도 비판적으로 탐구된다. 즉 **상황 속의 질문은** 틸리히 모델에서 신학을 위한 매개에 불과하지만, 수정주의 모델에서는 **신학적 자원으로 기여**한다. “신학의 두 원천에 대한 전념은 각 원천의 주된 질문과 답변을 상관시킬 수 있는 방법을 수립해야 할 필요성을 내포한다.”[41] 그는 **기독교텍스트, 공통의 인간경험, 언어 모두에서 질문과 답변 사이의 상호비판적 상관관계 모델을 제안**하는 것이다.

다음으로 형이상학을 다루는 조직신학적 과업은 *The Analogical Imagination*『유비적 상상력』에서 시도된다. 트레이시는 ‘현현’, ‘선포’, ‘행동’의 궤도를 통해 예수 그리스도 사건을 경험하려 할 때 조직신학이 고려할 두 가지 현실이 있다고 한다. 첫째는 상황 속에 드러나는 근본적 질문을 이해하기 위한 주요 고전적 상징, 텍스트, 사건, 이미지, 인격, 의식에 대한 창조적 재해석이다. 조직신학자는 단순 반복할 수 없으며 예수 그리스도 사건을 매개하는 전통을 비판적으로 해석해야 한다.[42] 둘째는 기독교상징체계 전체범위 안에서 상징들의 내적 일관성(coherence)의 기준을 탐구하는 것이다.[43] 기독교의 현현, 선포, 행동에 대한 특정경험이 아무리 강렬할지라도, 신학자는 상대적으로 적절한(relative adequacy) 조직신학을 위해 기독교전통 안에 있는 전체범위 고전의 총체적 실재에 책임을 져야 한다. 트레이시에 따르면, **신학언어는 일차적인 종교언어**(예수의 비유에 나타나는 은유적 언어)**와 구분되는 ‘이차적인 반성적 언어’**이다. 따라서 근원적인 종교적 사건을 표현했던 강렬한 종교언어의 긴장감을 상실하지 않으면서도, 비판적

41) 위의 책, 46.

42) David Tracy, *The Analogical Imagination: Christian Theology and the Culture of Pluralism* (New York: The Crossroad Publishing Company, 1981), 406.

43) 위의 책, 406-407.

반성의 요구에 충실한 언어를 발전시키는 것이 주요과제이다. 신학에서 이런 과제를 담당해온 두 가지 고전적 신학언어는 **'유비적'** 언어와 **'변증법적'** 언어이다.[44)]

이 중에서 '유비'는 상이성 안의 유사성(similarity-in-difference)을 명료화하는 질서화된 관계성의 언어다. 트레이시는 유비를 단일성으로 전락시킨 신스콜라주의의 유비교리와 달리, **상이성 속의 유사성**으로 새롭게 해석한다. 유비적 언어의 일차적 목적은 실재의 전체성-자아, 타자, 세상, 하나님-에서 상이성 속의 유사성을 밝히기 위한 질서체계를 만드는 것이다. 이러한 신학적 작업은 실재전체를 해석하기 위한 제1유비(primary analogue)인 '예수 그리스도 사건'이 각각의 실재와 갖는 관계를 밝힘으로써 가능해진다. 신학자는 그 사건에 의해 통제되는 유비적 상상력을 통해 이런 작업을 수행하게 되며 그럼으로써 유비는 하나님-자아-세상 사이의 질서화된 유비적 관계패턴으로 발전해나간다.[45)]

트레이시는 현현, 선포, 행동의 종교전통, 유비와 변증법적 신학언어의 전통, 근본적 신뢰와 고통의 경험적 · 상황적 전통들이 모두 기독교의 전체 상징체계 안에 드러나는 초자연적 사건-선물-은혜, 곧 예수 그리스도 사건 안에 자리매김 되어있다고 본다. 또 그는 신약성서의 표현의 다양성을 위한 상대적 적절성의 기준은 기독교적인 유비적 상상력의 가능성을 보증한다고 하면서 **상이성 안의 유사성, 불연속성 안의 연속성, 무질서 안의 질서화된 관계성**을 표현하는 새롭고 더욱 상대적으로 적절한 유비적 언어의 출현을 확신한다.[46)]

오늘날의 다원적 상황에 대한 적절한 기독교신학적 응답의 첫 단서

---

44) 위의 책, 408.

45) 위의 책, 410.

46) 위의 책, 419-21.

는 기독교전통 안의 다원성 숙고이다. 기독교의 패러다임적 의미초점(paradigmatic focal meaning)인 예수 그리스도 사건을 해석하기 위한 다양한 의미초점(현현, 선포, 예언적 행동)의 실재가 모든 상이성을 만들어낸다. 예수 그리스도 사건에 근거한 기독교상징체계의 전체범위는 현현, 선포, 예언적 행동 안에서 은혜의 '언제나 이미'(already), '아직 아니'(Not yet)의 실재다. 이 사건과 상징체계 안에 있는 상이성과 통일성에 대한 상대적 적절성의 과제를 위해 조직신학은 전체 기독교전통의 고전들과의 폭넓은 대화를 통해 스스로 변화되도록 자신을 개방해야한다.[47] 두 번째 단서는 신학의 다원적인 상황분석의 실재이다. 상황적 다원성은 신학의 다원성에 대한 단서를 제공한다. 신학역사 속에서 근본적 질문의 다원성은, 특수성에의 여정이 현재 상황에서 제기되는 모든 근본적 질문에 대한 자기노출의 여정이 되어야함을 암시한다. 또한 다양한 전통과 상황을 해석하고 대화하려면 간(間)학문적 방법론이 절실히 요구된다.

다원적 상황 속에서 고전적인 인간정신 표현과의 유비적 상상력의 대화는 자기존중과 자기노출로 이뤄진다.[48] '자기존중'은 나 자신의 경험, 역사, 모든 고전적 표현을 지닌 전통의 구체적인 특수성 강화의 길로 들어가는 것이다. '자기노출'(개방)은 타자에 귀를 기울이고 함께 상이성 안의 유사성과 더불어 상이성을 발견하고 유사성-상이성, 연속성-비연속성, 부정-긍정의 다양성 가운데서도 질서의 가능성을 발견하는 것이다. 타자에의 자기노출은 진정한 대화의 가능성을 위한 조건이다. 유비적 상상력 안에서의 대화는 충돌, 갈등, 논쟁을 두려워하지 않으며 비판이론의 부정적인 의혹의 변증법까지도 필요로 한다. '주제'가 지배할 때 조직신학은 상황과 사건 모두에 대한 해석 사이의 상호비판적 상관관계를 수립하는 시도가

47) 위의 책, 448.

48) 위의 책, 453.

된다. 듣기, 논쟁, 갈등, 충돌은 자기초월의 요구 안에 작용하는 내적변증법의 필수요소들이며 부정은 진정한 유비에 언제나 필요하다.[49)]

『질서를 향한 복된 열정』(1975)과 『유비적 상상력』(1981)보다 후에 출판된 *Plurality and Ambiguity*『다원성과 모호성』(1987)에서 트레이시는 종교적 고전텍스트와 전통 및 현재 상황과 경험 모두의 다원성과 모호성의 실재를 강조하며, 이에 대한 신학적 응답으로 "대화로서의 해석, 좋은 대화를 위한 조건과 요구, 대화가 '세계내적존재'(possible mode of being in the world)에게 중요한 이유, 인간이 대화적 존재라는 것의 의미"를 다룬다. 그는 **포스트모던 상황을 '해석의 갈등', '다원성', '모호성'으로 규정짓고 이에 대한 반성적 응답을 시도하면서 철저한 다원성과 두려운 모호성을 "정직하게 대면하고 해석"하기 위한 최선의 희망은 "지속적이고 개방적이고 참여적인 대화"**라고 주장한다.[50)] 곧 "우리 상황에 대한 해석에 참여하며 연대성의 필요를 인식하는 모든 이들은 지속적으로 모든 전통의 고전들에 대한 해석을 감행할 것이다. 이 해석의 노력에 [종교를 통한] 저항과 희망이 함께 놓여있다."[51)] 그는 양립불가능한 입장들의 다원성, 모호성, 상이성, 타자성을 무시해버리거나 동종의 것으로 환원함[52)] 없이 정당하게 다루고 조화시킬 수 있는 길을 추구한다. 이 최선의 길은 대화다. 그에 따르면, 대화가 더 이상

---

49) 위의 책, 447.

50) 윤철호, "트레이시의 신학방법론과 해석학적 대화로서의 기독교신학," 『장신논단』 제18권 (2002. 12): 296.

51) David Tracy, *Plurality and Ambiguity: Hermeneutics, Religion, Hope* (San Francisco: Harper & Row, 1987), 114.

52) 트레이시는 환원주의(reductionism)를 전체화(totalization)의 문제로 귀착시킨다. 오직 이 방법, 오직 이 비평이나 오직 이 회복/의심의 해석학이 종교가 참으로 무엇인가를 해석할 수 있다는 환원주의는 무의식적인 그들 자신의 고백에 기초해있다. 근본주의자와 세속주의자의 읽기 차이는 응답의 표면적 차이일 뿐, 지배와 통제에 대한 동전의 양면과도 같다. *Plurality and Ambiguity*, 100-101.

인간실존에 대한 단일한 해석에 기초하지 않으므로 다원적이고 모호한 인간실존에서 비롯되는 대화의 갈등자체가 문제로 등장하지만, 그럼에도 불구하고 진정한 대화만이 희망이다.

트레이시에 의하면, 해석자는 그가 해석하려는 고전텍스트–사건, 이미지, 인격, 의례, 상징 등–의 진지한 주의요구를 인식하게 되면서 본문과 해석자 간의 **대화로서의 해석이 시작**된다. 이런 경험으로 고전적 본문이 끊임없는 새로운 해석을 가능케 하는 **'의미의 영속성과 잉여'를 지니고 절대적인 해석에 저항**[53]함을 깨닫는다. 또 그것은 해석자 자신의 전이해를 직시하게 해주며 해석자의 주의집중을 요구하여 해석자를 자극한다. 해석자는 고전이 분석할 대상이 아니라 자신의 전이해의 맥락을 초월하여 도전하는 사건으로 일어남을 깨닫는다.[54]

대화라는 게임의 참여자는 탐구할 가치가 있는 '질문'에 의해 요구되는 운동에 기여하기를 배운다. 대화의 운동은 질문하는 것 자체, 곧 진리추구 안에 있는 가능성의 탐구이다.[55] 게임의 주체가 게임을 하기 위해 자의식으로부터 자유롭게 되듯, 진정한 대화에서 주체는 토의되는 '주제'에 관한

---

53) 고전이 해석학적으로 중요한 것은 철저한 안정성과 불안정성 양자를 다 지니기 때문이다. 안정성은 "영속성"(permanence)이 되며 불안정성은 끊임없이 변하는 수용에 의한 "의미의 잉여"(excess of meaning)가 된다. 고전 텍스트는 우리에게 말하고 진리를 주장하며 도전하고 철저한 타자성으로 우리에게 부딪쳐오며 응답을 요구한다. 또 모든 고전은 수용 갈등의 역사를 지닌다. 모든 고전은 본유적으로 모호하며 해석의 철저한 다원성을 요구한다. 아무도 고전에 대한 최종적 확정성을 주장할 수 없고 최상의 경우 '상대적 적합성'(relative adequacy)을 성취할 수 있을 뿐이며, 상황적이고 시간적이며 부서지기 쉽다. 고전텍스트와의 해석적 대화에서 잠정적 휴식처는 있어도 최종결말은 없다. 계속되는 해석과 대화에의 개방성만 있을 뿐이다. *Plurality and Ambiguity*, 14.

54) David Tracy, "Theological Method," in *Christian Theology: An Introduction to Its Traditions and Task*, 윤철호 역, "신학적 방법론,"『현대 기독교 조직신학』(서울: 한국장로교출판사, 1999), 77.

55) Tracy, *Plurality and Ambiguity*, 19.

질의응답의 전후왕복운동에 의해 자의식으로부터 자유롭게 된다. 진정한 대화로서의 해석은 창조적 활동이다. **텍스트의 의미**는 텍스트 '뒤'나 '안'[56]이 아니라 텍스트 '앞'에 **텍스트와 해석자의 현재의 공통된 질문과 현재의 공통된 주제 안에 놓여 있다.** 해석의 과제는 텍스트의 본래 의미를 단순반복하거나 재생산하는 것이 아니다. "텍스트 앞에 있는 의미를 우리의 지평 안으로 매개-번역-해석하려 할 때 창조성이 개입될 수밖에 없다."[57] 가다머의 언어로, 해석자는 텍스트 앞의 의미의 지평을 우리 자신의 지평과 융합시켜야 한다.[58]

다음 장에서는 위와 같은 트레이시의 해석학적 신학을 영화의 공공신학적 의미와 관련시켜 논의할 것이다.

V. 영화에 대한 공공신학적 성찰

A. 대중문화 예술로서 영화의 공공신학적 의미

박형철은 '공공신학'은 세계의 공적영역 전체를 기반으로 제반학문들과 대화를 시도한다고 말한다. 급변하는 세계화의 복잡한 상황속에 기독교신학이 공적영역을 포용함으로써 그 정체성을 재정립하여, 신학과 일반사회과학의 통합적 연구를 통해 실천적 근거를 찾아서 현대세계와 교회의 요청

56) 텍스트 "뒤"는 역사비평으로 재구성되는 저자의 의도와 본래적 사회배경과 청자를 의미하며, "안"은 구조주의적 분석에 의해 규명되는 텍스트 내재적 의미(sense)를 뜻한다.

57) 데이빗 트레이시, "신학적 방법론," 『현대 기독교 조직신학』, 80.

58) Hans G. Gadamer, *Truth and Method* (New York: Continuum, 1994), 306.

에 응답하는 일이 중요하다는 것이다. 또 역사적으로 공공신학은 비서구권–라틴아메리카, 아프리카, 아시아–의 역사적 도전 앞에서 **서구신학의 한계를 직면**하면서 정치신학/해방신학의 형태로 드러났다고 볼 수 있지만, 최근에 논의되는 공공신학은 조금 더 **다양한 주제와 접근방법들을 가지고 있다**고 진술한다.[59)]

트레이시가 다원적 해석의 상황에서 상이성 속의 유사성이라는 '유비적 상상력'을 대화전략으로 제안하는 것은 텍스트와 컨텍스트가 모두 해석의 다원성에 노출되어 있음을 간파하고 해석학적 입장에서 이 과제를 풀어가려는 것이다. 그의 주장대로 진정한 대화는 대화상대자들이 '중심주제'가 지배하도록 허용하는 곳에서만 발생한다. 중심주제가 지배하는 데로 우리가 이끌려간다는 것은 그의 신학이 하나님의 계시적 진리의 탈은폐(disclosure) 모델에 근거함을 뜻한다. 즉 모든 대화의 실천 배후에 하나님의 성령의 주도적 개입을 내포하는 것이다.

그의 대화론은 **기독교신학의 진정한 공공성 회복을 추구**하게 한다. 기독교가 직면한 '인지적 진리주장의 위기'는 자연과학적 발견과 역사비평에 대하여 기독교의 전통교리와 성서에 나타난 초자연주의적 기술들–성육신, 처녀탄생, 신론, 기독론, 창조설화 등–과 성서영감설이 서로 양립하게 되어서 기독교의 전통적 가르침을 더 이상 받아들이지 못하게 됨으로써 겪는

59) 박형철, "아름다움을 통해 완성되어가는 구원의 드라마: 한스 우르스 폰 발타살의 신적-드라마를 중심으로" (서울여자대학교 일반대학원 미간행 박사학위논문, 2015), 121-122. 공공신학의 흐름은 세 가지로 요약된다: ① 공적영역에서 교회공동체의 역할과 사회적 책임을 강조하는 유형으로, 바르트를 이 유형의 공공신학자로 중요하게 다루는 티맨(Ronald F. Thiemann)이 대표학자다; ② 사회과학과의 대화를 통해 신학담론의 공공성을 추구하는 스택하우스(Max L. Stackhouse)와 트레이시(David Tracy)가 대표적이다; ③ 공공의 삶을 증진하기 위해 국가와 세계화 과정에서의 신학적 담론을 개념화하며 정치, 경제, 문화, 종교를 비롯한 모든 세계적 이슈들에 관심을 가진다. 구체적 내용은 정승훈, "신학의 공중성과 세계기독교의 도전: 해석, 비판, 타자와의 연대," 『신학연구』 54 (2009): 156-99 참조.

위기를 말한다. 이로써 매우 심각한 기독교의 근본적 도전이 되는 도덕적 진리주장의 위기마저 가져왔으므로 고차원의 참된 변증적 신학의 과제가 생겨났다. 한국 기독교의 반지성주의는 위험수위를 넘겼고 현금의 다원화 사회에서 변증적 신학을 회복하지 않는다면, 기독교는 점점 더 사사화 · 게토화되어 타종교인들과 의사소통될 수 없는 비밀종교로 비쳐질 것이며 선교는 난관에 처할 것이다. 혹자는 본래 기독교가 세상에 대해서는 통약불가능(incommensurability)한 십자가의 종교라고 반문할지 모르겠지만, 트레이시는 십자가를 강조하는 부정변증법만으로는 기독교의 대의(cause)를 이룰 수 없다고 보고 그 대안으로 **유비**와 **변증법**을 함께 강조하는 것이다. 역사 속에서 세계화를 감당하지 못한 종교들은 사라져갔다. 트레이시를 따라, 오늘날 지구촌의 종교다원주의라는 만만치 않은 조류 속에 기독교신학이 인식론적 유아론(唯我論)에서 벗어나는 길은 기초신학이 제공하는 인식론적 근거 위에 이뤄지는 유비적 대화를 통해서다.[60]

영화로 화제를 돌려보자. 영화는 분명 엔터테인먼트지만 공적담론의 장이기도하고 서로 다른 주제들을 성찰케 하여 다양한 현실을 소통시켜주는 매개체다. 실상 영화의 공공성은 오래전부터 실천됐는데, 초현실주의 운동과 이탈리아의 리얼리즘운동(2차세계대전후)으로 전개되었고 프랑스에서는 영화를 정치적 용어로 사고하면서(1968년이후) 정치적 과제가 있다는 주장이 제기되있다.[61] 영화의 공공성은 영화의 공적의미화 작용, 영화의 공개적 재현방식, 공감을 지향하는 영화제작을 통해 형성될 수 있다. 영화가 현실문제를 인식하고 새로이 재구성하는 데 중요한 단서를 제공해준 실제 사례도 많다. 환경, 생명공학, 안락사, 낙태 등의 생명윤리 문제가 영화로

60) Hans Kung, *Project Weltethos*, 안명옥 역, 『세계윤리구상』 (서울: 분도출판사, 2001) 참조.

61) Robert Lapsley & Michael Westlake, ***Film Theory: An Introduction***, 『현대 영화이론의 이해』 (서울: 시각과언어, 1995), 13.

인해 그 심각성이 드러나 경각심을 갖게 하기도 하였고, 동성애나 장애인에 대한 인식이 바뀌고 동물과 환경에 대한 인간의 태도변화에 중요한 영향력을 행사하기도 하였다.[62]

영화가 공공성을 드러내는 방식은 생산적 측면과 소비행위 모두에서 가능하다. 즉 영화가 공적주제를 다루어 공공의 이슈를 드러낼 뿐만 아니라, 관객으로 하여금 덕을 함양하고 선한의지를 북돋우는 내용의 영화를 소비하게 하여 유사내용이나 장르의 반복적 재현을 가능케 하기 때문이다. **영화를 통해 공공의 현실을 보는 것은 사회현실을 특정주제 안에서 유비적·비판적·공감적으로 이해하는 행위다.** 관객은 봄의 행위를 통해 자신이나 다양한 현실을 기억해내고 영화가 제시하는 주제와 연관하여 현실과 자신을 성찰한다. 이해의 순간에 다다를 때 관객은 감독과 같거나 다른 독립적 의미경험을 하게 된다. 영화는 보여줌으로 현실을 폭로하고 관객은 봄으로 진실을 공감하며 현실에 비판적으로 참여한다.[63]

한편, 트레이시 대화론은 기독교전통 내부의 고대타자와의 대화를 환기시키는 특징이 있다. 이는 신앙의 교리화 과정에서 불가피하게 삭제되었더라도 여전히 생생한 신앙의 일면을 회복하자는 의도다. 여기에서 전통에 대한 의심의 해석학을 활용한다. 자기비판적 태도 없이는 참으로 종교적인 대화의 영역으로 들어설 수 없다. 고대타자와의 대화는 서구의 로고스(말, 언어, 논리) 중심주의에 근거한 엘리트주의적 해석으로 인해 정통교리에서 소외된 신앙의 일면을 회복케 한다. 이 시도는 특히 문자중심주의로 소외되

62) Jeremy Rifkin, *The Empathetic Civilization*, 이경남 역, 『공감의 시대』 (서울: 민음사, 2010), 566-89.

63) 최성수, 『기독교와 영화』, 272-73. 물론 역기능으로 영화가 왜곡된 현실을 보여줌으로써 보는 자들의 탐욕을 깨우고 현실인식을 왜곡시킬 위험도 있지만, 현실을 공감하게 함으로써 관객들이 자신을 되돌아보거나 현실을 새롭게 이해하거나 또는 재구성할 방향을 제시하는 원동력이 되는 것이다.

었던 현현(顯現/manifestation) 전통의 신비주의를 재생시키는 장점이 있다.[64)]

그런데 바로 "영화는 봄의 미학에 기반을 두고 제작되고 또 봄의 미학을 생산하며 봄의 행위를 실천하게 한다."[65)] 영화가 보여주는 방식은 지각대상인 현실을 영화문법, 영화언어, 영화적 상상력과 비유와 패러디, 비판 등의 미학적 도구를 사용해 표현하거나 재현한다. 현실전체를 보여주기보다 **부분에 집중하면서 전체를 말함으로써 평상시 간과되거나 두드러지는 현상에 가리어있거나 은폐된 현실들에 대한 관심을 환기**시킨다. 모르던 것을 알게 해주기도하고 은폐된 것을 폭로하며 다수의 그늘에 묻혀있는 것들에 대해 사회적 관심을 불러일으키기도 한다(영화의 사회적 기능). 영화속 현실은 작가개인의 생각에만 제한되지도 않고 관객의 관심영역만 겨냥하지도 않는다(심리적 기능). 모두의 관심거리가 될만한 현실들을 재현함으로써 관객의 동의를 얻어내거나 특정한 태도 및 생각의 변화를 촉구하기도 한다(정치적 기능). 따라서 영화를 대하는 태도가 지나치게 수동적일 때 영화는 강자의 이익을 대변하는 도구로 전락한다. 영화를 본다는 것은 단순한 감상이 아니라 작품과 감독의 예술적 · 정치적 의도, 작품의 의미와 목적에 반응하고 교감하는 것이며 본질을 직관하는 실천행위이기도 하다.[66)]

영화는 관객의 참여를 강요하지는 않으면서도 보는 자의 공감능력을 겨냥한다. 즉 현실을 밝히 비추는 '등불'역할을 하여 사회현실을 시청각이미지로 충분히 재현함으로써 공공의 책임을 실천한다. 관객의 보는 행위는 현실에 자신을 드러내놓은 행위로서 곧 타자 속에서 자신을 보는 것이다. 결국 보는 것이 보이는 것이 된다.[67)] 최근에는 특정주제를 전문적으로 다

---

64) Tracy, *Plurality And Ambiguity*, 92-94.

65) 최성수, 『기독교와 영화』, 255.

66) 위의 책, 256-57.

67) 위의 책, 269.

루는 영화제들–여성영화제, 환경영화제, 인권영화제, 어린이영화제, 청소년영화제, 다문화영화제, 다종교영화제, 가족영화제, 남북한 인터넷영화제 등–이 개최되어 영화를 통한 사회참여 기회가 세계적으로 확산되고 있다. 이에 제레미 리프킨은 "글로벌 미디어는 '소외되었던' 집단의 이야기를 다시 만들어내어 인생을 긍정하는 관점에서 수많은 공감채널을 여는 강력한 커뮤니케이션 도구로 큰몫을 해냈다"라고 평가한다.[68)]

특히 주목할 점으로서, 최성수는 새로운 현실을 드러냄으로 기존현실을 비판하거나 부조리한 현실을 폭로함으로 새 현실을 지향하는 **영화의 재현방식**이 마치 '성경'이 공적맥락에서 이해되는 근거와 유사함을 간파한다. 예언자들은 하나님이 주시는 이상을 보고 이스라엘 백성(과 이방국가들)의 공적 삶에서 잘못된 측면을 예언하거나 드라마틱한 상징행위로 드러냈는데, 이는 사회문제들이 하나님의 공의로 조명된 것이며 선견자들을 통해 보여주신 것은 회개를 위한 부르심이었다. 또 초기교회는 대안공동체로서 당시 유대교와 로마제국에 대한 비판적 이해를 바탕으로 하나님의 통치가 실현되는 삶을 공적구조로 이해하였다. 하나님은 예수를 통해 하나님을 보도록 하시고 그로써 새로운 공동체로 부르셨지만, 사람들은 예수에게서 하나님과 하나님나라 보기를 거부하였고 도리어 예수를 통해 드러난 자신들을 은폐하려고 예수를 십자가에 못박는 일을 자행한 것이다. 또한 하나님의 사랑과 용서도 결코 개인적 차원에만 머물지 않는다. 그리스도의 죽음과 부활로 세상과 화해되었다는 말씀은 단지 개인의 문제만 아니라 사회적 맥락에서 아픔과 고통이 치유 · 회복되리라는 메시지였으며, 성경은 복음전파를 통해 이러한 현실이 전지구적으로 공적으로 확산되기를 강력히 요청[69)]하고 있다.

---

68) Jeremy Rifkin,『공감의 시대』, 575.

69) 최성수,『기독교와 영화』, 270-72.

B. 영화의 공공신학적 과제와 역할

공공신학의 주제들은 세상과 하나님나라 관계성에서 인식되는데, 하나님의 다스림을 사회적 섬김의 방식으로 세상에 드러내며 세상과 소통하는 것이다. 즉 공공신학은 궁극적으로 그리스도인뿐 아니라 비그리스도인도 복음/복음적 가치를 인식하고 하나님나라 사역에 동참할 수 있게끔 장을 마련하는 것이며, 상호소통하면서 사회정의를 구체적으로 실천할 수 있게 하는 노력이다.[70] 그런데 다양하게 논의되어온 공공신학이 사회적 이슈에 함몰되어 기독교정체성을 상실하지 않는 일이 중요하다. 또 교회가 사회현실에 공감 또는 비판적으로 주목하고 사회현실의 다양한 인식방식, 문제해결 과정과 논쟁하면서 이론과 실천에서 복음의 보편성이 드러나도록 해야 한다. 기독교정체성을 잃지 않으려면 복합적 관계망 속에서 유사성과 상이성을 고려해야한다. 곧 다층 · 다면적으로 얽혀있는 요소들과의 관계 속에서 그리스도인의 소명을 지켜가려면, 공공신학은 교회의 대사회적 책임을 성실히 이행하기 위해 타학문과 적극 교류하면서도 그로 인한 탈기독교화를 막아야 한다.[71]

쌍방적 대화를 통해 드러나는 해석학적 진리주장을 강조하는 트레이시 신학도 기독교절대성에 대한 바른 이해가 그 고정적인 불변성에 있지 않음을 보여주었다. 자기전통에 충실하면서도 타전통에 개방적인, 그래서 상호변혁을 추구하는 그의 대화모델은 기독교 진리주장이 소통과 대화에 의해 약화되지 않음을 강조한다. 그리고 결국 대화의 목적은 이해와 그 이해를 통한 변혁적 실천과 연대에 있는 것이다. 서로의 편견을 확인하여 불필요한 오해를 버리고 화해된 일치를 향해 나아감으로써 세속적 문제나 인권문제에

---

70) 위의 책, 239.

71) 위의 책, 240.

있어 협력을 증진할 수 있을 것이다.[72] 만일 공적영역에서 제기되는 문제들이 질문, 비판, 문제해결을 위해 기독교에 말을 걸어올 때 사회현안에 관한 기독교신학적 제안은 특별한 의미가 있다. 그런데 이때 교회내적인 삶과 생각과 인격이 온전해지도록 끊임없이 노력하는 일이 동반되어야 한다.[73] 이는 세상이 기독교인의 삶과 행동에 대해 물어올 때 그 이유에 대한 답을 준비하는 것이다. 여기에 자우터(Gerhard Sauter)는 각종 다양한 사회현실 속에서 하나님을 소망할 수 있도록 그 이유를 신학적으로 제시하는 과제를 덧붙인다. **즉 공공신학은 현실이나 타학문의 주장에 함몰되어 기독교정체성을 잃지 않도록 해야하며, 또한 부정적인 사회현상에 대한 비판을 넘어서서 하나님의 대안적 행위를 기대할 수 있도록 돕는 작업**[74]이 되어야 한다.

박보경은 지난 수십 년간 진행해온 교회의 전도활동은 복음을 들려주기는 했으나 온전하게 보여주지는 못했다고 주장한다. 기독교에 대한 부정적 이미지로 언어적 차원의 전도가 더 이상 설득력을 잃어버린 오늘날 새롭게 부각되어야 하는 것이 바로 전도의 통전적 이해라고 역설하면서, 복음이 이제는 들려질 뿐 아니라 보여져야 한다고 거듭 강조한다.[75] 사실상 본다는 것은 인간의 인식행위에서 가장 결정적이지 않은가. 영화를 봄으로써 세상을 공감적으로 인식하고 하나님을 인식하는 것은 근본적으로 봄의 행위를 통해 인간의 인식이 이뤄지기 때문이다. 영화로 **부조리와 그릇됨을 보았다면**, 관객은 세상에 대한 지식을 얻는 것이며 자신이 본 고통받는 사람들을 긍휼의 마음과 공감으로 볼 수 있어야하고 동시에 비판적인 태도와

---

72) Wolfhart Pannenberg, 길희성 역, "기독교와 타종교들,"『현대문화 속에서의 신학』(서울: 아카넷, 2001), 221.

73) Stanley Hauerwas, *Community of Character*, 문시영 역,『교회됨』(서울: 북코리아, 2010) 참조.

74) 최성수,『기독교와 영화』, 241-42.

75) 박보경, "지역교회의 문화사역을 통한 복음전도," 111.

직간접적인 반응을 요청하는 소리로 들어야한다. 또 만일 **올바른 것을 보았다면**, 관객은 그것이 재생산되고 확산되어 모두가 공유할 수 있도록 전해야할 책임으로 초대되는 것이다. **영화는 보여줌으로써 공적이슈들을 드러내고 현실을 비판하고 대안적 미래를 준비하게**도 한다. 영화가 직접적으로 이런 것을 강요하는 것은 아니지만, 이는 영화와 현실의 관련성에 비추어 영화와 관객 사이에서 파생되는 윤리적 함의로서 이로써 영화의 공적측면을 확인하게 된다.[76)]

기독교영화가 공적역할을 감당하려면 교회 안에만 머물러서는 안 된다. 선교와 기독교교양 등 그리스도인들의 문화소비를 위해 제작되는 기독교영화가 필요하겠지만, 공적책임을 다하려면 사회적 이슈들을 다각도로 조명하면서 기독교적으로 성찰하고 사회적 책임을 실천할 기회를 제공해야한다. 또한 소비가 생산을 결정하는 현대 대중문화 사회에서 좋은영화, 착한영화에 대한 합법적 소비를 늘려야하며, 기존의 영화에서 다뤄졌던 주제와 이슈를 기독교적 시각으로 재조명할 수도 있겠지만, 때때로 일반영화가 다루지 않은 주제와 영역을 탐색하는 작업도 필요하다. 더 나아가 광의(廣義)의 기독교영화는 기독교적 가치를 지향하는 영화로서 대조·대항·대안문화이기 때문에 천박한 상업주의로 빠지기 쉬운 대중문화를 비판·감시·선도할 수 있어야 한다.[77)]

마지막으로 **미래**와 관련하여 영화의 의미심장함을 살펴보자. 반복하지만 이 사회의 구성원들은 조직화된 종교를 싫어하는 것이지 여전히 영성은 추구하고 있다. 그런데 영성은 이성과 감성의 방향성과 목적을 지배함으로 현대문화 형성과 유통에 가장 큰 기여를 하는 것은 **대중문화의 영성**이며, 그중에 가장 우위를 차지하는 분야는 문학과 음악과 영화다. 영화가

76) 최성수, 『기독교와 영화』, 275-76.

77) 위의 책, 276.

시나리오에 근간한다는 점에서는 문학적 상상력이 더 근본적이겠지만 영상매체의 대중적 호소력으로 볼 때는 영화적 상상력이 중요하므로, 대중문화의 꽃인 영화는 미래문화 형성에서 음악과 문학보다 더 강력한 힘을 발휘할 것이다. 특히 영화는 오늘날 고도의 테크놀로지인 컴퓨터그래픽과 디지털 특수효과 기술의 발전으로 **미래사회에 대한 무제한적 이미지를 만들어낼** 수 있어서, 여타 장르보다 하이테크 영상을 구현하는 데 선구적 위치를 점하므로 **미래와 관련해 그 대중적 영향력**은 단연 최고다. 비현실적으로 보이는 영화속 첨단기기, 건축양식, 머리, 의상, 생활패턴 등이 영화에 대한 폭발적 관심에 부응해 점차 현실화되는 추세여서, 감히 영화 속에 미래가 있다고 말해도 큰 무리가 없을 정도이다. 그런데 미래를 말하는 대부분의 영화는 **'디스토피아'**라는 암울하고 불행한 이미지를 추구한다. 화려한 미래의 그늘진 측면을 결코 숨기지 않는다. 바로 여기에서 **영화의 공적 의미가 연결**된다. 곧 **대중문화의 디스토피아는 현재에 대한 비판과 경고를 위해 고안된 미학적 장치**로서 현실의 부조리를 조명하고 현실을 변혁시키려는 이미지다.[78]

일반적으로 영화적 미래는 과학적 · 종교적 · 영화적 상상력에 기반하기에 기본적으로 인간의 상상력에 의해 구성된다. 인간이 과거를 분석하고 비판적으로 조명한 현재의 결과를 인류의 미래에 투영하기 때문에 그 미래가 인간의 태도에 달려있고 이 과정에서 중시되는 것도 인간의 노력과 희망이다. 지구종말을 다루는 영화의 대부분이 **휴머니즘적 종말론으로 끝나는 이유**가 여기 있으며, 이에 하나님의 미래가 차지할 공간이 없다는 것이 기독교 미래관과 배치된다. 기독교적 미래는 하나님의 약속이 곧 미래이며 약속은 하나님에 의해 성취된다. 이에 인간은 하나님의 말씀에 순종하면서 하나님 앞에 서있는 존재로서 해야할 일들을 수행하면서 오직 기대하고 소

78) 위의 책, 95-99 참조.

망할 뿐이다. 미래는 하나님의 것이며 인간은 단지 초대된 것이라는 점에서 기독교적 미래가 출발한다는 데서 **교회는 영화속의 미래사회 이미지에 관련하여 세상속에서 하나님의 하나님되심을 드러내도록 부름 받은 과제들이 생겨난다.**[79]

첫째 세상을 날마다 새롭게 하시는 창조사역에 동참해 창의성을 계발하여 인류사회에 기여할 새로운 것들을 만들어내는 일과, 끝없이 내달리는 과학기술의 발전가도 앞에 인류의 지속가능한 성장을 위해 절제의 미덕을 보편화시키는 일이다. 둘째 인류의 탐욕으로 고통당하는 피조물을 긍휼히 보시는 하나님의 마음에 공감하고 구조악을 제거하는 공적이슈들에 적극 참여하는 일이다. 셋째 휴머니즘적 미래보다 더 강한 설득력으로 기독교종말론을 입증할 과제를 가진 교회가 바로 소망의 담지자요 구체적으로 실현될 곳임을 다양하게 드러내야한다. 넷째 하나님의 공공성이 먼저 교회 안에서 실현되고나서 대사회적 영향력으로 나타날 때라야 자연스레 밖으로 확장되어감을 명심하자. 인류의 미래를 위한 출발점은 교회[80]이기 때문이다!

VI. 나오는 말: 영화-신학의 대화파트너

장신근은 미래를 일상영성의 시대로 통찰한다. 일상성의 영성, 일상속에서 초월을 추구하는 경향은 자연히 TV, 드라마, 영화, 대중음악 같은 대중문화 현상과 연결된다. 대중문화가 전통적 종교의 영성을 대체하는 영성

79) 아래의 네 가지 과제는 최성수 목사가 제시하는 것을 가져온 것이다.

80) 위의 책, 127-30 참조.

을 추구하는 시대에는 대중문화가 영적인 것을 매개하는 역할을 감당하는 것이다.[81] 따라서 대중문화에 대한 정죄나 우월주의적 자세에서 벗어나 먼저 다양한 대중문화와의 개방적인 대화와 접촉이 필요하다. 그러나 동시에 기독교적 관점에서 대중문화가 제시하는 메시지를 비판적으로 분별할 수 있는 안목도 필요하다. 더 나아가 '기독교적 취향'을 형성하여 대중문화에 대한 이해와 평가의 차원을 넘어서 이웃사랑과 하나님을 즐거워하고 경외하고 예배하는 영성적 · 도덕적 차원의 형성으로 연결되어야[82] 할 것이다.

교회보다 앞장서 세상속에서 일하시는 하나님의 선교에서 영화라는 대중매체는 그 공적인 역할을 감당한다. 구체적인 현실을 시청각이미지로 재현함으로써 현실을 다시 보게 하며, 또 우리 사회에서 은폐된 부조리함을 드러냄으로써 공적책임을 환기시킨다. 복음이 교회 안에만 갇혀있어선 안 된다는 자각은 예수님 시대부터 있었지만, 실제로 복음의 대사회적 영향력을 깨닫고 교회의 공적책임을 고민하게 된 것은 -적어도 한국사회에서는- 그리 오래지 않았다. 교회의 문화사역, 복지사역, 정치적 참여 등도 교회의 공적책임을 자각한 연유로 가능했던 일들이다. 그리스도인이 영화를 본다는 것은 단순한 예술감상만 아니라 하나님의 현실을 보는 것이며, 또 우리가 간과하고 있던 현실과 타자에 주목하는 것이다. 비록 다큐멘터리가 아니더라도 다양한 방식으로 현실을 반영하는 영화를 대하는 관객에게 필요한 것은 새롭게 인식된 현실에 대한 공감적 반응일 것이다. 영화적으로 재구성된 세계와 현실을 무조건 동일시해서도 안 되겠지만, 그렇다고 영화 속 미래사회 이미지를 통해 우회적으로 드러난 현실을 의도적으로 무시하는 안타까움을 범하지 말아야 할 것이다.

---

81) 장신근, "한류를 통해 바라본 미래 대중문화의 방향과 기독교 문화교육," 『선교와신학』 31집 (2013): 305.

82) 위의 글, 312-15.